教育部人文社会科学重点研究基地重大项目
"西北地区灾害环境与城乡发展的历史研究"(16JJD770029)
陕西师范大学一流学科建设基金资助出版

陕西师范大学西北历史环境与经济社会发展研究院学术文库

西北地区人地关系的实证研究

An Empirical Study on the Man-land Relationship in Northwest China

张力仁 ◎ 著

中国社会科学出版社

图书在版编目（CIP）数据

西北地区人地关系的实证研究 / 张力仁著 . —北京：中国社会科学出版社，2021.9

（陕西师范大学西北历史环境与经济社会发展研究院学术文库）

ISBN 978-7-5203-8772-9

Ⅰ.①西… Ⅱ.①张… Ⅲ.①人地关系—研究—西北地区 Ⅳ.①K924

中国版本图书馆 CIP 数据核字（2021）第 150437 号

出 版 人	赵剑英
责任编辑	张　林
特约编辑	周维富
责任校对	韩海超
责任印制	戴　宽

出　　版	中国社会科学出版社
社　　址	北京鼓楼西大街甲 158 号
邮　　编	100720
网　　址	http://www.csspw.cn
发 行 部	010-84083685
门 市 部	010-84029450
经　　销	新华书店及其他书店
印　　刷	北京君升印刷有限公司
装　　订	廊坊市广阳区广增装订厂
版　　次	2021 年 9 月第 1 版
印　　次	2021 年 9 月第 1 次印刷
开　　本	710×1000　1/16
印　　张	27.5
字　　数	423 千字
定　　价	158.00 元

凡购买中国社会科学出版社图书，如有质量问题请与本社营销中心联系调换
电话：010-84083683
版权所有　侵权必究

前　　言

　　西北地区，因其地域辽阔，自然生态环境多样，民族、人口众多，在我国地理分区、行政、经济区划中都是一个独特的地区。今天的人们提到西北地区，多是以地域僻远，荒漠广布，经济落后而视之。但进入历史时期，尤其是国人引以为荣的汉唐盛世时期，则西北地区在其时的中国，乃至在世界历史上都具有极其重要的地位。始于长安，经由西北地区远通古罗马的"丝绸之路"，将古代东方与西方、中国与世界紧密地联系在一起，为世界民族、文化、经济的交流、融合做出了独特的贡献。尽管从隋唐以后，随着中国政治、经济、文化中心的东移南下北上，地处中国大陆腹地内部的西北地区，逐渐淡出中国乃至世界历史的舞台，日益成为僻远、闭塞、荒凉、落后的代名词，人们对西北地区的认知、观念愈来愈模糊。但历史从来没有忘记西北地区，西北地区也从来没有远离历史的视线，清代对西北地区的经营，民国时期对西北开发的呼声、规划，以及中华人民共和国成立后对西北开发的重视，都彰显了西北地区在整个中国政治、经济、文化上不可忽视的地位。20世纪末的西部大开发号角的吹响，再次将西北地区推向了中国政治、经济生活的前台，尤其是始于2013年的"一带一路"倡议的实施，西北地区成为中国乃至世界关注的重点地区。回望汉唐辉煌，更凸显了西北地区在新的世界政治、文化、经济格局中，在中华民族的伟大复兴事业中，其地位，其作用，都愈来愈显示出其重要性、不可替代性。

　　历史是现实的一面镜子，也是今天区域发展的现实基础。了解过去，才能更好地规划未来。西北地区地域广阔，自然生态环境类型多样，生产方式多元，民族、人口众多，这样的自然、社会条件，为西北地区乃至中国社会经济发展提供了广阔而丰富的展布、腾挪空间，今天如此，古代亦然。因此，从历史、地理角度去解读西北地区人与环境的相互作用关系，对于了解、把握、认知影响西北地区经济社会发展变迁的因素，无疑是有益的，也是必需的；对于今天重振"丝绸之路"，构建中国与世界联系的陆上大通道，也是不可或缺的。但需要说明的是，西北地区地域广阔，经济文化类型多样，民族、人口众多，人与环境相互作用关系在不同地域、不同时期、不同层面呈现出极为复杂的形态，需要不同学科之间展开协同集成研究。本书仅以历史时期西北地区人与环境相互作用的几种特殊形式，选取具有典型性的区域，从城市与灾害、民族与文化、经济与社会、技术与环境等四个方面，以"人类"因素为主要考察对象，探讨了历史时期西北地区人地关系演变的基本类型，相对于内涵丰富、形式多样的西北地区人地关系发展过程而言，本书的相关研究，至多是一种蜻蜓点水式的扫描，算是抛砖引玉吧。

目　　录

一　地理界线与人文空间

论汉藏民族居住区域的地理分界线
　　——以河洮岷地区为中心的分析 ………………………………（3）
论地理因素在陇南山地历史发展中的作用与影响 ………………（28）
民国陕绥划界风波述论 ……………………………………………（48）
民国时期陕绥划界纠纷研究中的几个基本问题 …………………（74）

二　政策、制度与人类行为

"国家存在"与清代伊克昭盟南部"禁留地"的放垦 ……………（93）
清代伊克昭盟南部蒙汉经济共同体的建构与解散
　　——以"禁留地"土地利用为中心的分析 ………………（111）
人类行为与环境关系初步研究
　　——以清代陕南秦巴山地为例 ………………………………（135）
流民问题与清代陕南社会动荡 ……………………………………（155）
清至民国时期关中盆地商业经济的区域差异 ……………………（176）

三　农牧变迁与地域文化景观

历史时期河西走廊农牧业的交替演变及其效应 …………………（193）
历史时期河西走廊多民族文化的交流与整合 ……………………（209）
河西走廊民风的濡化与刚化 ………………………………………（224）

河西走廊民风的区域差异 …………………………………………（236）
层化的河西地名的形成及变迁 …………………………………（247）
陕西省政区地名文化景观研究 …………………………………（276）

四 城市、人口与地域环境

清代城市的空间范围及其人口属性
　　——清代城市人口问题研究之一 ……………………………（293）
清代城市人口构成问题研究
　　——以清代陕西县治城市为例 ………………………………（315）
清代陕西县治城市的水灾及其发生机理 ………………………（339）
山崖上的都城
　　——以氐杨政权根据地仇池山为中心的分析 ………………（364）
大夏国都统万城的兴与衰
　　——一段历史的考证和考古调查的推测 ……………………（381）

五 技术转移与社会环境

古代外官本地回避制与东西部技术转移 ………………………（399）
我国古代东西部技术转移与文化摩擦 …………………………（414）

后　记 ………………………………………………………………（431）

一　地理界线与人文空间

论汉藏民族居住区域的地理分界线[*]
——以河洮岷地区为中心的分析

一 引言

  分界线是人类社会生活中广泛存在的一种自然、人文现象，其根本的作用在于区分、辨别界线两侧事物的差异性与相似性。一般而言，除非人为地按政区、国界、军事分界线等呈现较为清晰的线状特征外，大部分分界线都是指或宽或窄的过渡带或交接带，尤其是民族、文化、经济等的分界线就更是如此。如司马迁所规划的龙门—碣石农牧分界线看似线状，事实上表达的却是一个农牧过渡带的概念；长城历来被看作民族、农牧分界线，但长城两侧依然存在宽广的民族文化混合分布带。作为汉藏民族居住区域的地理分界线，其显然表达的是民族、文化过渡特征，或称之为交接带亦未尝不可。之所以采用"分界线"概念，只是出于容易判别或辨别界线两侧汉藏民族文化的相对特征以及论述的方便，此外并无其他含义。

  汉藏民族人口居住的地理分界线是汉藏民族在长期的历史发展过程中对环境选择、适应、利用的一种空间表现。作为同根同源的兄弟民族，虽然早在新石器时代，汉藏先民即已经在经济、文化等方面展开了广泛的交流，但由于生存环境的巨大差异，使汉藏民族各自走过了不同的历

---

[*] 教育部人文社科研究一般项目（10YJA779911），陕西师范大学"211工程"三期重点学科建设项目"西北地区人文社会与资源环境的协调发展"资助成果。

史发展道路。尤其是藏民族生息的青藏高原，不但对藏民族的形成、发展产生了决定性的影响，而且也从根本上影响了汉藏民族的空间分布、交往。众所周知，青藏高原素有"世界屋脊""地球第三极"之称，原体高大，空气稀薄，气候干燥寒冷，生态系统发育原始。青藏高原这种独特的生态环境，"不但使周邻低海拔地区的民族向青藏高原的发展和渗透较为困难，同时也使藏族向周边非高原地区的发展存在自身适应问题，并在相当程度上受到地形及高原生态环境的限制"①。考察历史时期汉民族与周边民族的交往史可以发现，汉藏民族之间的相互迁移、交流频度要远远低于其他民族。很显然，青藏高原的自然环境条件成为汉藏民族交往的巨大地理障碍。对于藏民族而言，自古生息于青藏高原，形成了耐寒、耐旱，适应低压低氧的人类体质结构："皮肤厚且致密，毛孔稀少，皮下脂肪发达，是以能耐寒耐燥，而不宜于炎热溽湿地方"②。藏民族的这种高原体质，决定了藏民族要走下高原，必然要面临高原下低海拔、炎热、溽湿的自然条件的潜在威胁。而对于习于农耕、适应低海拔地区的汉民族而言，要步上青藏高原，不可避免地要克服和解决高原反应以及高寒气候对农业生产活动的限制。尤其是高山（原）反应，对于缺乏"氧气""气压"知识的古人而言，是不可能正确认识由低压、低氧引起的病态（如晕眩、气喘、恶心、疲乏等）和疾病（如心脏病、肺水肿、昏迷等）的③。虽然早在汉代，中国古人对高原反应的现象已经有所描述，如《汉书》卷96《西域上·罽宾》中记载的"大头痛、小头痛之山，赤土、身热之阪"即是典型的高山病病症的地理描述。后世虽然对高山病也进行了多种多样的解释，如中毒说、鬼怪作祟说、瘴气说等，

---

① 石硕：《论藏族历史发展的开放特征》，《四川大学学报》（哲学社会科学版）2000年第4期。

② 转引自林冠群《论唐代吐蕃之对外扩张》，《唐代吐蕃史论集》，中国藏学出版社2006年版，注释88：257。

③ 高原病（high altitude disease），又可以称为"低压—低氧习服不良症"，也有叫作高山（原）适应不全症的。其种类繁多，主要有心脏病、肺水肿、昏迷、红细胞增多症、血压异常症、病窦综合征、神经与精神异常、缺氧性颅内高压综合症、指甲凹陷症等。参见张彦博主编《高原疾病》，青海人民出版社1982年版；谢成范系列讲座《高山病（高山适应不全症）》，连载于《西藏医药》1975年第1期，1976年第1期，1977年第1、2期。

但都流于表象而缺乏实质性认识,因此也没有找到治疗或对付高原反应的有效方法。高原反应因而成为历史时期汉藏民族交往难以跨越的生态屏障。自秦汉至明清,除唐蕃双方出于政治或军事目的而进行的民族往来外,历史上很少有藏、汉民族之间进行主动的交往。正是由于汉藏民族囿于各自"熟悉"的地域环境,形成了基于地理的、生态的、文化的、民族人口的汉藏民族居住区域的地理分界线,这条分界线大致沿中国地形地貌上的一级台地与二级台地之间的缝合线展布。其具体走向从北往南可以依阿尔金山,向东南沿着祁连山一直南下,到积石山,再沿甘青省界山、川青省界到川西高原、横断山脉,并最终到达云南梅里雪山一线。这条界线无论从历史或现实的角度来看,都与中国北方农牧分界线有着紧密的关系,在某种程度上汉藏民族居住区域的地理分界线是司马迁规划的中国北方农牧分界线向西、向南方向的延伸,它与中国北方农牧分界线联袂构成中国域内重要的人文地理分界线,有人将沿甘青界山至祁连山的农牧分界线称之为中国北方高寒农牧分界线[①]。当然,汉藏民族居住区域的地理分界线在历史时期亦曾发生程度不同的东西摆动,但都距此线不远。尤其是在横断山脉、川西高原、祁连山以至北昆仑山一线,基本没有变化。而变化较大且具有指示意义的就是今甘青交界一线,这一地区即是史书所称的河洮岷地区。以藏民族向外扩展的鼎盛时期的吐蕃王朝为例,林冠群先生说:"吐蕃的对外发展,仍有其限制。由于其高原人体质的关系,不适于低湿闷热气候的环境。因此向四川的发展,以四川盆地的西缘为极限;向东南则以云南西北部的丽江县为极限;向东北即向川甘边区、河西走廊、黄河中上游等地,则为其发展的重心所在。"[②] 吐蕃最盛时曾将其势力范围推进到六盘山、陇山一线,且持续长达近百年。当吐蕃王朝崩溃、消解之后,历经宋元明清,汉藏民族居住区域的地理分界线渐次西移,并最终稳定在河、洮、岷一线。汉藏民族居住区域的地理分界线何以会稳定在河、洮、岷一线?依托于军事对峙

---

① 王爱民、刘加林等:《青藏高原东北边缘及毗邻地区自然环境与人地系统响应》,《山地学报》2000年第2期。

② 林冠群:《由地理环境论析唐代吐蕃向外发展与对外关系》,《唐代文化研讨会论文集》,文史哲出版社1991年版。

的唐蕃分界线的东移以及失去军事支撑的汉藏民族居住区域的地理分界线的西移，其内在的决定因素是什么？汉藏民族居住区域的地理分界线两侧的环境对汉藏民族究竟有何意义？对这些问题的回答，不仅对于汉藏民族交往史、发展史上的许多问题的解决有所助益，而且对于今天汉藏民族的"和同一家"、"和而不同"、共同发展亦有现实意义。需要说明的是，本文论述的时间上限原则上以藏民族地域共同体形成的吐蕃王朝为起始点，必要时可作适当的上溯，地域上以河洮岷地区为中心。不当之处，尚祈当世方家指正。

二 河洮岷地区在历史时期汉藏民族交往中的地位与作用

文献中习称的河洮岷地区，大致上相当于今天甘肃省临夏回族自治州、甘南藏族自治州、定西市的岷县、陇南市的宕昌县的全部，以及青海省黄南藏族自治州的一部分。该区域西倚积石山与青藏高原相连接，南部隔西顷山、岷山与松潘高原相邻，东为西秦岭山地，北为黄土高原，是我国黄土高原、西秦岭山地、青藏高原的交汇地带。区域内自然空间复杂多样，为不同民族、文化的进入提供了可供选择的自然环境。而横跨长江、黄河两大水系，由长江、黄河的各级支流如洮河、大夏河、岷江、白龙江、黑河等形成的河流谷地，成为我国西部东西南北不同地域的民族相互交往的天然通道，也是民族学上所称的"藏彝走廊"的北延部分[1]，有人也将之称为中国西部的"民族十字走廊"。河洮岷地区的这种历史地理区位，不但塑造了独具特色的区域发展道路，而且对汉藏民族的空间交往产生了根本性的影响。其主要表现在以下几个方面。

第一，河洮岷地区处于我国地形地貌上的一级台地向二级台地的过渡地带，这种地势条件为青藏高原上的民族和高原下的民族进入对方腹地提供了适应空间。按照现代医学研究，无论是藏民族还是汉民族，面

---

[1] 参见费孝通《关于我国民族的识别问题》，《中国社会科学》1980 年第 1 期；孙宏开《川西民族走廊地区的语言》，《西南民族研究》，四川民族出版社 1983 年版，第 429 页。

对急剧降低或升高的海拔高程，人类体质都会难以适应或产生病变，前者称之为醉氧，后者称之为高山（原）反应。以唐蕃交战为例，在安史之乱前，处于对峙状态的唐蕃双方不断地发生交互战争，但凡在青藏高原交战的，吐蕃胜多负少[1]，而在低海拔地区交战的则是唐胜多负少。虽然战争的胜负最终取决因素是交战双方的政治军事实力，但自然环境条件对唐蕃战争的影响却不容忽视。从唐蕃北起昆仑山南至云南高原的全面接触锋线来看，横断山地、四川盆地高温、闷热的气候条件是吐蕃人无法逾越的生态障碍，而在北昆仑山地一线进入西域则明显是受到由昆仑山到塔里木盆地平均3000—5000米海拔落差所带来的人类体质的不适应，唐人李泌所谓的吐蕃"西迫大食之强，北病回纥之众，东有南诏之防"[2]，只是自然现象的人文表达。而反观以河、洮、岷一线为中心的青藏高原东北缘，其地势呈现由西南向东北缓慢倾斜，即由青藏高原的海拔平均4000米，下降到甘南高原的3000米，再到临夏平原的2000米，这种逐级降低的海拔高程，为汉藏民族相互走入对方腹地提供了"适应"空间。从这个意义上来说，河洮岷地区的地形、地势等自然环境条件是吐蕃人东向扩展战略选择的重要影响因素，这也是以往研究者所忽视的。

第二，河洮岷地区处于我国西部不同地域民族或政权的结合部位，具有十分重要的战略地位。在河洮岷以北地区，是蒙古高原民族、西域民族活动的范围，其西、南是藏民族世代生息的广袤的青藏高原，其东面即为汉民族的传统地区——中原农耕区。处于三大地域民族、经济、文化交汇地带的河洮岷地区，对于任一地域民族政权的生存发展都具有非同寻常的意义。因为占据或控制该地域即意味着在与其他民族的争战、对峙中取得主动权。据有河洮岷地区，既可以东出西进，也可以南下北上。河洮岷地区因而也成为历史时期中原政权、北方草原民族政权与青藏高原民族政权反复争夺、角力的区域。唐蕃的洮河大战，北宋的熙河开边之役，蒙元"先取西南诸蕃，后图天下"的战略实施，都是围绕河

---

[1] 《旧唐书》卷190中记载，吐蕃在青海与唐作战则是"大战则大胜，小战则小胜"。
[2] 《册府元龟》卷446，"将帅部生事"条。

洮岷地区而展开的。以唐蕃对峙为例，民族学家翁独健先生就认为，对于吐蕃来说"只要控制了河陇，既可切断唐与西域的联系，又可成为进攻唐朝心脏地区的跳板。因此，吐蕃的攻唐战略就是先蚕食边境军事据点，然后重点突破陇右，遮断河西，孤立西域，进而兵锋直指唐朝政治中心长安"。①唐开元年间从河西节度使中分出的陇右节度使即是专门为防御吐蕃的侵扰而设②。在此后的唐蕃拉锯战中，看似唐蕃战线南起南诏，北抵西域，但河洮岷地区始终是唐蕃双方争夺的主要战场，其他区域的战争大多具有策应、"过境"甚至是"被卷入"的特征。如唐蕃在剑南西川的战争就具有如此性质③。再者，从唐蕃历次会盟、划界的议题来看，其争夺的重心依然在河洮岷地区，而唐朝的西域羁縻府州和南诏等地与吐蕃的分界问题并没有在双方协议之列，这也充分说明了河洮岷所在的青藏高原东北缘对吐蕃人外向扩展的战略意义。到了元明清时期，随着青藏高原纳入中原王朝的管辖区域以后，河洮岷地区则成为中原王朝经营西番的中心和基地。元朝尚未立国，即于宪宗三年（南宋理宗宝祐元年，1253）设吐蕃宣慰司都元帅府于河州，《明史·西番诸卫》载："元于河州设吐蕃宣慰司，以洮、岷、黎、雅诸州隶之，统治番众。"承元而起的明王朝当然清楚河洮岷地区对于经营西番的意义。从明洪武四年（1371）开始，相继设立了河州卫、西宁卫、岷州卫、洮州卫等，构筑了防御西番的第二道防御体系，即习称的"西番诸卫"。明永乐时解缙亦说河州"国初置陕西行都司于河州，控西夷数万里，跨昆仑，通天竺，西南距川，入于南海"。④明王朝"以茶御番""朝贡贸易"等政策措施的实行亦无不是以河洮岷地区为核心的。因此，不管是战争时期还是和平时期，河洮岷地区的战略地位并没有发生变化。史书所称的"西番门户""中国藩篱"即指此。晚至民国年间，河洮岷地区也早已成为内地，

---

① 翁独健：《中国民族关系史纲要》，中国社会科学出版社1990年版，第345页。
② 《资治通鉴》卷215，"天宝元年正月"。
③ 参见王海兵《唐蕃西川战争及相关路线考辨》，《江汉论坛》2008年第1期。之所以仅以唐蕃西川战争为讨论对象，是因为南诏和西域的唐蕃战争大致相同。
④ 《明经世文编》卷11，《解学士文集·送习贤良赴河州序》。

但时人依然认为今甘南地区"实可为青海文明之原始而西藏开化之先导也"。① 即使在今天，河洮岷地区仍然是内地与青藏高原相互往来的重要通道，费孝通就认为，甘南具有建设西藏经济现代化突破口和发动机的战略地位。

第三，处于中国西部民族走廊的地理区位，使河洮岷地区自古以来就是不同地域的民族、文化相间分布之地。历史时期河洮岷地区曾孕育了羌、氐、叟、党项、吐蕃等众多的高原民族，并在不同的历史时期容纳了汉、月氏、鲜卑、蒙古、回鹘、回回等许多民族。多民族文化的共存共处，使河洮岷地区的文化形态一直处于动态的多元化状态。这种开放、包容的文化形态为不同民族、文化的进入提供了具有亲和力的人文环境。另外，河洮岷地区自然空间的多样性，使不同民族文化在进行碰撞、交流、融合的同时，又在地域上保持了相对的区别与分离，形成形形色色的民族、文化分界线。历史时期河洮岷地区分布最多、空间隔离最常见的形式是关隘、堡寨，文献中所记载的关、戍、砦以及边防要路等都含有此方面的信息②。康熙《岷州志》卷3、卷10分别记录了明末清初土司番兵和官兵所把守的关、隘、堡寨之方位、里程及守兵数目等信息。并在后文解释说"（隘口）是不过番与番、汉与番接壤出入之道路沟堡，即名之曰边隘。其实非经制也"。很显然，隘口是划分番与番、汉与番的界线，"其实非经制也"，是地方制度，反映的是在特定人文环境条件下，人类利用环境的天然分界作用，将不同民族、文化加以划分和隔离。而较为稳定，也具有指示意义的是依附于山脉河流如白石山、白龙江、洮河等所形成的民族文化分界线。东西流向的白龙江在明清时期一直是汉番的天然分界线，"番汉相距，止隔一河，备御实难"③。乾隆《直隶阶州志》亦指出了白龙江南北的差异，"武都属西南陴密迩土番，仅恃白龙江一带水限焉"④。再如洮河，早在魏晋南北朝时期，洮河的民族文化分

---

① 张丁阳：《拉扑楞设治记·自序》，《中国西北文献丛书》第99册，兰州古籍书店1990年影印版。
② 参见宣统《甘肃全省新通志》卷9《关梁》。
③ （万历）《丈地均粮碑》，碑阴文，该碑现存舟曲县文化馆院内。
④ 乾隆《直隶阶州志》卷下《艺文志·重建武阶南浮桥碑记》。

界作用就较为明显,"诸县皆在洮东,洮西悉羌人所居也"①。北宋时期这种格局并没有发生变化②。明代则是"水分羌部落,山绝汉封疆"③。光绪《洮州厅志》卷16《番族》所记载的临口阎门也大部分分布在白龙江、洮河以南。一直到民国年间洮河的这种分界作用还依然存在④。再如白石山⑤,其对不同民族文化的分界作用历史时期一直存在。明清时期变得更为突出,乾隆《狄道州志》就言:"南隔露骨一山,即生番族帐"⑥。乾隆二十七年(1762)以后设循化厅,即以白石山脉为界,分为口外与口内。即使到了民国年间,依然是"自临夏平原入石门峡,即属藏民之游牧带,氇帐酪饮,风尚顿异"⑦。地理学家张其昀就认为,"在民族上观之,白石山亦极重要,此为汉藏民族之界线,白石山上之草原,至今仍为藏民区域,地形影响人文,其著例也。"⑧

第四,历史时期河洮岷地区一直是农牧过渡区域。考古资料表明,在距今8000年至4000年,生活在陇右地区的先民即以农牧兼营为其经济活动方式。此后,虽然随着地域主体民族的变动,其代表性的经济生产方式也曾发生过变化,但农牧兼营、农牧地域混合分布的格局并没有发生根本改变。河洮岷地区这种农牧混合分布格局,因区域自然生境的多样性以及民族文化的多元化,而具有特别的含义:一是农牧业在空间上呈现出互补性,即由低海拔地区到高海拔地区,从河谷平原到山地,依次分布有农业、农牧混合业、牧业等;二是在地域上呈现出明显的差异性和梯度性,其表现是:由内地到边地、由城镇到乡村、由农区到牧区,呈现出由农业到农牧混合业再到牧业的逐级过渡特征,姑且称之为地域

---

① 光绪《洮州厅志》卷首《洮水图说》。
② 《续资治通鉴长编·拾补》熙宁元年、四年、五年条记载,洮水之东多有羌人"熟户"和"生户"散居,而洮西地方则多居住羌人"生户"。
③ 乾隆《狄道州志》卷13《艺文中》。
④ 王志文:《甘肃省西南部边区考察记·自序》,《中国西北文献丛书》第135册,兰州古籍书店1990年影印版。
⑤ 白石山,一名大再加山,一名露骨山、太子山,随地易名,海拔3600公尺。
⑥ 乾隆《狄道州志》卷1《站所·旧府治碑记》。
⑦ 张其昀:《拉卜楞号序》,《方志》第9卷第3、4期,民国25年7月。
⑧ 民国《夏河县志稿》卷1《地形》。

民族文化的梯度性和差异性。文献中所见的"生户""熟户""生番""熟番""藏农""藏牧"以及土司属民与郡县之民的有别,都指示了河洮岷地区农牧业文化的相间分布及其梯度差异。但不管是哪种类型,其无疑还是遵循了自然的规定性。例如,从西顷山原区,往东北到白石山、岷山之间的甘南高原,再到临夏盆地,依次分布有牧区、半农半牧区、农区;在小区域上仍然可以看到自然规律的影响,如岷州,"其地天生寨以东宕昌以南,颇饶谷产果蔬,以西地寒,略种燕麦、青稞,再深入则并此亦无之"①。再如洮河南北环境的不同②,大夏河上、中、下游地形地貌的差异等③,都在很大程度上决定了区域内部农牧业分布的差异。民国年间曾长期在甘南从事基督教宣道会工作的美国人埃克瓦尔为我们更细致、更科学地描述了洮岷地区(沿洮河自下而上)汉文化—汉藏混合文化—藏文化的空间变化序列④。而岷州、洮州旧城、拉扑楞因处于游牧区域和农业区域过渡带上而被称为"接触都市"或"过渡都市"⑤。时至今日,岷县、临潭、夏河区域仍然具有浓郁的农牧过渡特征。

三 汉藏民族居住地理分界线的摆动与稳定

在唐蕃两个强大的民族政权崛起之前,中原人对活动于西藏高原的民族或部落几乎不了解,《旧唐书·吐蕃传》就说吐蕃"历周及隋,犹隔诸羌,未通于中国"。即使是在唐蕃争战、交往极为频繁的时期,中原人依然视青藏高原为"绝域"。以致当雄才大略的松赞干布向开创了"贞观之治"的唐太宗请婚的时候,遭到了盛唐王朝的拒绝。于是年轻气盛的

---

① 宣统《甘肃全省新通志》卷42《兵防志·番部》。
② 顾颉刚:《西北考察日记》二十五《卓尼》(5月18日至20日),《中国西北文献丛书》第107册,兰州古籍书店1990年影印版。
③ 林英文:《甘肃拉扑楞附近之地文》,《方志》第九卷第3、4期,民国25年7月。
④ 陈声柏、王志庆:《一位外国传教士眼中的甘南族群关系》,《兰州大学学报》(社会科学版)2010年第1期。
⑤ (民国)《甘肃省乡土志稿》第二十二章第一节城市概述;俞湘文:《西北游牧藏区之社会调查·自序》,《中国西北文献丛书》第138册,兰州古籍书店1990年影印版。岷县虽然农业经济占据主导地位,但从经济方式、结构、类型来看,其依然具有"过渡都市"的特征。

松赞干布领兵20万，屯于松潘西境，云迎公主。唐王朝则针锋相对，派侯君集领兵5万，分四道迎击吐蕃，双方大战松潘城下。这就是著名的唐蕃松潘大战。这是一次唐蕃双方谁对谁都不了解的情况下的试探性接触。耐人寻味的是，史书记载此战唐胜蕃败，战胜的唐朝却不得不许婚，下嫁文成公主，因而林冠群先生颇怀疑史书记载的真实性[①]。

　　唐代武功可谓中国历史上之"空前盛业"[②]，北面击败东突厥，东面攻灭高丽、百济，西上青藏高原。唐贞观年间，收服党项诸羌，以其地置松州都督府，将黄河源头乃至积石山党项旧地均纳入唐王朝松州版图。《唐会要》卷98记载："贞观五年，诏开其（党项）河曲地为六十州（应为十六州之讹）……自是，从河首大积石山以东，并为中国之境。"[③]然而就是在此情况下，崛起的吐蕃王朝却对唐王朝的西部疆域构成巨大的威胁，至迟在唐贞观末年，唐朝原在党项居地设置的羁縻都督府州由于受到吐蕃的侵逼而相继内迁。仅以松州府为例，据不完全统计，具有明确设置时间后内迁羁縻府州的高达27个[④]。与此同时，唐朝还不断在正州之内设置羁縻府州以安插内附的党项部众，如高宗上元三年（676）于洮州设密恭县，开元十七年（729）于秦、成二州山谷间设置马邑州[⑤]，等等。大约在高宗永隆元年（680），"吐蕃尽收羊同、党项及诸羌之地，东与松、凉、茂、嶲等州相接"[⑥]。也就在唐高宗年间，吐蕃在青海亦与唐朝展开了争夺。先是，龙朔、鳞德中，吐蕃攻灭处于唐蕃中间地带的吐谷浑，直接与唐对峙，唐朝这才意识到面临的严峻局势，于是派遣薛仁贵率十余万众出兵青海，意图帮助吐谷浑复国，结果却在大非川遭到吐蕃军队的毁灭性打击。此战之后，吐蕃不断进扰唐朝的鄯、廓、河、芳、扶、松等州，迫不得已，唐朝于仪凤三年（678）派遣18万大军反

---

①　林冠群：《唐代吐蕃的氏族》，《中国藏学》2010年第2期。
②　陈寅恪：《唐代政治史述论稿》下篇《外族盛衰之连环性及外患与内政之关系》，上海古籍出版社1997年版，第126页。
③　相同的记载见于《新唐书·地理志七（下）》；《册府元龟》卷996。
④　据周伟州《早期党项史研究》第三章《唐代党项的内徙与分布》统计，中国社会科学出版社2004年版。
⑤　《新唐书》卷43《地理七上》。
⑥　《旧唐书》卷196《吐蕃传》。

击吐蕃，结果在青海承风岭又被击败。有研究者指出，这两次唐败蕃胜高山（原）反应起了不可忽视的作用①。而吐蕃攻灭唐属国吐谷浑成为唐蕃交往的重要分水岭，由此展开了唐蕃南起南诏（今云南）经川西高原、河源、日月山至北昆仑山一线的全面接触与对抗，虽然不时有战事发生，但在安史之乱以前，唐蕃分布、对抗的这种格局基本没有发生变化。这期间，唐蕃双方于开元二十二年（734），在赤岭会盟立碑，划定唐蕃疆界。汉文碑文云："赤岭之外，其所定边界，一依旧定"，所谓旧定大概指的是神龙二年（705）盟誓上所定的边界，也是此前唐蕃事实上和观念上雪山（祁连山）—黄河分界线，这就是唐肃州刺史（756—762）刘臣壁给吐蕃大臣的信中所说的："且吐蕃东有青海之隅，西接黄河之险，南有铁岭之固，北有雪山（祁连山）之牢"。

755年爆发的安史之乱，彻底打破了唐蕃的军事平衡，唐西北边兵大量内调参与平叛，陇右空虚，吐蕃趁机大举东进，侵占、蚕食唐西北边疆。《资治通鉴》卷223："及安禄山反，边兵精锐者皆征发入援，谓之行营，所留兵单弱，胡虏稍蚕食之，数年间，西北数十州相继沦没，自凤翔以西，邠州以北，皆为左衽。"唐边塞诗亦有"平时安西万里疆，今日边防在凤翔"②。此时的唐王朝面临腹背受敌的困境，一方面是咄咄逼人的吐蕃军队，另一方面是反叛的藩镇。急于腾出手来对付骄悍藩镇的唐王朝自然希望与吐蕃息兵言和。而吐蕃亦同样面临"土宇日广，守兵劳疲（弊）"的困境，因而急需通过会盟迫使唐王朝承认其对陇山以西唐朝土地占据的事实。于是，唐蕃于建中四年（783）在清水举行会盟，并划定了唐蕃界线。依盟文，大体上黄河以南，自北往南一线，从今六盘山中段开始到陇山南端，中间穿过泾水源头、渭水中游，然后穿西汉水、白龙江，循岷江上游到大渡河，再循河南下。在此线以东归唐管辖，以西归吐蕃管辖。然而就在这一年的冬天，唐内部发生泾原兵变，吐蕃逾界助唐，界碑倒，吐蕃又乘机攻陷盐、夏二州。此后，唐蕃互有攻伐，尤其是在宪宗时期，唐一度将原州城、灵州、夏州等重要据点收复。然

---

① 于庚哲：《疾病与唐蕃战争》，《历史研究》2004年第5期。
② 《全唐诗》卷427，中华书局1960年版。

而，旷日持久的战争使唐蕃双方都认识到谁也不能战胜谁，加之唐蕃双方社会矛盾日渐加深，于是息战言和就又提上议事日程，唐蕃遂于长庆元年（821）举行了著名的唐蕃长庆会盟。从长庆盟文来看，基本上是对清水会盟所划定的分界线进行重新审定和确认，即唐蕃分界线依然维持在六盘山至陇山一线。

大约在9世纪中叶至10世纪初叶，唐蕃两个民族政权相继解体，①原有的唐蕃分界线此时因民族政权的消失而不复存在。无所归依的陇山以西吐蕃则是"族种分散，不相统一"，"大者数千家，小者数百家"②。虽然此后不久，北宋重新统一了中原地区。在面临北方辽、金、夏军事压力下，北宋王朝对陇山以西处于"各自为王"的吐蕃居住区无能为力，甚至以"化外"视之③。虽然宋神宗以后相继有王韶、王瞻、王厚的武力开边熙河湟鄯，移民屯垦，但收效甚微，所谓"功虽讫成，边患不息"④即是指此。甚而面对蕃族的"叛离"和反抗，北宋"朝廷议弃熙河，帝为之旰食"⑤。尽管北宋王朝一度将屯田区域推进到河州、兰州等地⑥，但这种屯田区域的推进呈现的是点状或线状。即是如此，其维持的时间也并不长。甚至有研究者认为，宋在熙、河、湟、廓等地的屯田，由于战争的纷扰、吐蕃人民的反抗而以失败告终⑦。这正如顾祖禹所说："宋承五季之辙，王官所涖，不越秦、成。"⑧可以说，终宋之际，汉藏民族居住区域的地理分界线依然停留在今天水与成县连线附近。这一点，直到元代都没有发生多大的变化。从《元史·地理志》记载的吐蕃等处宣慰司所领的路、府、州和元帅府、万户府等机构辖区来看，元代的汉藏

---

① 关于吐蕃王朝分裂时间，学界有多种说法，参见林冠群《吐蕃王朝的分裂与灭亡》，《西北民族大学学报》（哲学社会科学版）2010年第4期。
② 《宋史》卷492《吐蕃传》。
③ 《宋史》卷492《吐蕃传》。
④ （明）陈邦瞻：《宋史纪事本末》卷41《熙河之役》。
⑤ （明）陈邦瞻：《宋史纪事本末》卷41《熙河之役》。
⑥ 程龙：《北宋西北沿边屯田的空间分布与发展差异》，《中国农史》2007年第3期。
⑦ 杨作山：《试论北宋在西番地区的屯田》，《西北第二民族学院学报》（哲学社会科学版）1992年第1期。
⑧ （清）顾祖禹：《读史方舆纪要》卷60《陕西九·临洮府》。

民族居住区域的地理分界线大致与宋代相当,即在今天水、成县、文县连线附近。这种状况也得到了明初该地区民族分布情况的佐证。明初的岷州是"地连生番"①,因而不堪为州,乃移内地民一里作为"样民"②。河州的情况与岷州相似,明初"河州所属地方多是土鞑番人"③。处于分界线附近的成县,则是"远在天末,虽隶于腹,实系边方,逼近阶文,番族时时蠢动"。④

以大汉族自居的明王朝,对西北边防却采取了比较拘谨的守势,其在西北地区建立了两条用以限隔、区分西番、蒙古的军事防御工程,即所谓的明代河州24关和洮州边墙。河州24关,亦称河州边墙。其北起积石关,南至俺陇关,中沿小积石山、太子山、白石山依次布设。乾隆《循化厅志稿》卷2:"明设二十四关,皆因此山崖谷为之,关内河州境,关外番界。"与河州24关相连接的洮州边墙,历来被作为汉藏或农牧的地理分界标,"边墙自旧洮堡南峪古石崖起,至答家阁门三十里,答家至甘卜他阁门三十里,甘卜他至官洛阁门十五里,官洛至恶藏阁门十五里,恶藏至土桥阁门六十里,土桥至边古壕七十余里,边古壕至上八角山顶石墩河州交界三十里"⑤。边墙内侧的河州、岷州、洮州在明人眼里都是边关,如"河州极临边境,胡马举足即至"⑥,明代学者解缙谪居河州时曾有诗云"几年不见南来燕,真个河州天尽头"。而岷州,"岷西临极边,番汉杂居"⑦。洮州亦是,"洮边郡也,戎羌迫近,兵旅屯集,且多内附之虏,外寄之氓"⑧。明代形成的这种以河州、洮州、岷州为节点,依托山脉河流构筑的河州24关和洮州边墙,无疑以人为界线强化了自然分界的意义和作用。是故,明以后历清至民国,河州24关和洮州边墙的人文分

---

① 《明宣宗实录》卷57,"宣德八年四月癸未"。
② 康熙《岷州志》卷2《舆地上》。
③ 《明宣宗实录》卷37,"宣德三年二月辛未"。
④ 崇祯《成县新志一卷·总纪》。
⑤ 康熙《岷州志》卷3《舆地下》。
⑥ 《明孝宗实录》卷327,"天顺五年四月壬辰"。
⑦ 《明世宗实录》卷497,"嘉靖四十年闰五月乙巳"。
⑧ (明)胡缵宗:《鸟鼠山人后集》卷2《洮郡守李侯去思碑》,《中国西北文献丛书》第16册,兰州古籍书店1990年影印版。

界意义一直存在。现存临夏市博物馆的清光绪年间河州知府所绘的河州24关地图，即表明在清代人们依然视河州边墙是汉藏地理分界线。号称五大关的积石、老鸦、槐树、沙麻、土门，"尤为入腹之门户"①。民国年间时人还说："土门关在地理上有特殊的意义，从民族上说，它是汉回和藏族分界的地方……藏民称土门关外曰差娜，称关内曰瓦娜，凡是关内的人，无论汉回，他们都称为中原人。"② 土门关也是历史上依次分为"关内""关外""汉地""番地""内地""草地"的关界之一。其他如石嘴关、槐树关历史时期都曾立有"汉番交界处"碑石。而洮州边墙，光绪《洮州厅志》卷2《舆地·关隘》："按各关门逼近旧洮，一墙之外，皆为荒野平川"。20世纪30年代末期，著名学者顾颉刚在对"洮州边墙"考察后写道："边墙较人家墙垣为高大而低于城墙，中延谷间，至山顶而止，用以别华夷，盖小规模之长城也。"并说"过阇门后入纯番境，汉语不复通行"③。尽管今天明代边墙的军事防御意义已不存在，代之而起的是民族经济文化的交流与融合，人们在边墙线上感受最多的是汉族的藏化和藏族的汉化，但边墙的分界意义依然存在，今边墙以外仍然为牧业区域，边墙以内为农业区域。

至此，我们可以将明清以来的汉藏空间分布界线复原如下：沿河州西北的小积石山南行，中经河州24关，与洮州边墙连接，又东至岷州，再折而南，沿岷江河谷下行至白龙江趋于东南止于川甘交界。在此线以南，基本上为以游牧为主要生产方式的藏族人民分布地，而此线以北几乎全为农耕民族。与今天甘肃、青海分省政区1∶10万地图对应，可以发现，今天甘肃南部、青海东南部的藏族自治州、县、乡全部位于此线以西、以南，这不是巧合，而是汉藏民族在长期的历史发展过程中对自然环境选择、适应的结果。

---

① 乾隆《循化厅志稿》卷2《关津》。
② 李式金：《兰拉风光》，《中国西北文献丛书》第140册，兰州古籍书店1990年影印版。
③ 顾颉刚：《西北考察日记》三十《临潭黑错途中》，《中国西北文献丛书》第107册，兰州古籍书店1990年影印版。

四 分界线对汉藏民族的意义

分界线的划分是人们为了区别界线两侧事物的差别与联系，其指示意义可能已远远大于界线本身，亦不取决于界线的清晰与模糊。历史时期在青藏高原东北缘曾存在过三条较为清晰的汉藏民族居住区域的地理分界线，一是开元二十二年（734）唐蕃赤岭会盟所划定的雪山（祁连山）—黄河分界线，二是唐建中四年（783）清水会盟所划定的，后经长庆会盟重新审定和确认的六盘山—陇山唐蕃分界线，三是明清以来以河洮岷地区为中心的汉藏人文地理分界线。三条界线形成的机理并不一致，其对汉藏民族的环境意义因而有别。

唐蕃赤岭划界，是唐蕃经过一系列的政治、军事较量之后，依据地理条件最有利原则所进行的势力范围划分。在划界之前，唐王朝在经历大非川、承风岭之战败北之后，即已经意识到"（吐蕃）又止（宋本《册府元龟》作'土'）有瘴气，不宜士马，官军远入，利钝难知"[1]。薛仁贵就曾说过乌海地区"彼多瘴气，无宜久留"[2]。而吐蕃大相论钦陵就更直白地指出，汉人军队无法克服青藏高原上的"疫疠"，因此无力越过乌海、河源威胁吐蕃腹地："今吐蕃块然独在者，非汉不贪其土地，不爱其臣仆，实陵兄弟小心谨密，得保守之耳……且乌海黄河，关源阻深，风土疫疠，纵有谋夫猛将，亦不能为蕃患矣。"[3] 高山（原）反应成为唐军进入青藏高原难以逾越的生态屏障，关于这一点学者已论述至明，此不赘[4]。而对于吐蕃来说，在经历了开元十六年（728）秋之渴波谷、祁连城战役，开元十七年（729）之石堡城战役等的相继败北，尤其是唐蕃洮河大战的惨败，使吐蕃认识到，失去高原环境的有利条件，吐蕃对唐王朝并不占据优势。正是在唐蕃谁也吃不掉谁的情况下，青藏高原与黄土高原之间的地理边界才真正成为汉藏民族分布的边界。从赤岭本身来

---

[1] 《册府元龟》卷991《外臣部·备御四》。
[2] 《旧唐书》卷83《薛仁贵传》。
[3] 《通典》卷190《边防典六》。
[4] 参见于赓哲《疾病与唐蕃战争》，《历史研究》2004年第5期。

看，赤岭（日月山）平均海拔4000米，赤岭以东即为河湟谷地，其平均海拔只有2000米左右（最低处今民和县下川口甚至只有1650米），这一高程与临近的河州、河西走廊地区差别不大。其气候也比高原上其他地方温暖，因此，河湟谷地就成为整个青藏高原北部适于农耕的区域，也是自汉代以来传统的汉族农耕区。而赤岭（日月山）以西则是适合于吐蕃人的畜牧业区，"（日月山是）青海省内、外流域水系分水岭和农、牧区天然分界线，历来被称为'草原门户'和'西海屏风'……自古山东为耕稼社会，山西为游牧部落，气候地势划然为二"①。因此，无论是从界线本身还是界线两侧的环境来看，赤岭划界是唐蕃双方在自然环境最有利原则下的一种势力范围划分。

唐德宗建中四年（783）唐蕃清水会盟所划定的六盘山—陇山分界线，以往学界普遍认为唐蕃以六盘山—陇山连线为界，是唐蕃军事平衡的结果。然而研究者却忽略了这样的历史事实：自从吐蕃占据了陇山以西的黄土高原地区后，京师长安便日夜惊恐，仅代宗时期便八度告急，甚至一度有移都洛阳的打算。郭子仪在大历九年（774）一次上书中所说："今吐蕃充斥，势强十倍，兼河、陇之地，杂羌、浑之众，每岁来窥近郊。"② 处于军事优势的吐蕃仅仅因为"土宇日广，守兵劳疲（弊）"而止步于六盘山—陇山一线，似乎有点勉强。事实上，吐蕃不止一次越过该线。也就在唐代宗宝应二年（763）十月吐蕃调集20万军队长驱直入关中，进据长安。吐蕃占据长安后主要干了两件事：一是拥立金城公主之弟（也有说为其侄）广武王李承宏为帝，改元大赦，置百官；二是洗劫长安③。从前者看吐蕃似乎做了长期的打算。但令人疑惑的是，仅仅15天之后，吐蕃人就匆忙退出长安撤回陇山以西。对此事件，汉地文献记载是郭子仪等在广大军民支持下，设伏于城周，吐蕃退走④。但从当时唐王朝的窘态来看，此类说法明显存在问题，所以葛剑雄先生颇怀疑是吐蕃人在进入关中平原低海拔地区后所产生的醉氧反应，使吐蕃军力严

---

① 《中国大百科全书·中国地理卷》，中国大百科全书出版社1992年版，第398页。
② 《旧唐书》卷120《郭子仪传》。
③ 《资治通鉴》卷223"广德元年十月"，中华书局1956年版。
④ 《新唐书》卷216（上）《吐蕃传》；《资治通鉴》卷223"广德元年十月"。

重下降所致①。关中平原平均海拔仅为500米，相对于青藏高原平均海拔4000米而言，其下降剧烈程度可想而知。尤其是行军作战的快速转移，使吐蕃人失去了适应低海拔地区的时间和空间，从而导致习惯于低压低氧环境的吐蕃人发生醉氧反应。这种状况类似前述唐军快速进入高原所产生的高原反应，只是表现形式不一样，但结果是一样的。不仅如此，在六盘山—陇山以东，吐蕃人还必须面临另一个严重的问题，即高温气候因素的影响。关中平原一带属暖温带半湿润季风气候，最热月（七月）平均气温普遍在24℃以上，极端最高气温可达45.2℃。即便是陕北黄土高原地区，最热月（七月）平均气温也在22℃—24℃，这对习惯于干燥寒冷气候条件的吐蕃人而言无疑是难以适应的。如唐德宗兴元元年（784）四月吐蕃应唐之邀进入关中平叛，取得了武功武亭川斩首万余级的胜利，但由于时值初夏，关中盆地气温上升，吐蕃军队中瘟疫蔓延，没到京师便撤军而回，并由此引发了唐朝毁约的事件②。吐蕃以此为借口，于贞元二年（786）冬攻占盐夏二州。但是到了暮春则开始暴发瘟疫，唐军来攻，吐蕃不得不约和③。因此，与其说是唐蕃在六盘山—陇山一线形成军事平衡，还不如说吐蕃人无法适应六盘山—陇山以东低海拔和高温气候条件，而不得不止步于六盘山—陇山一线。

　　与赤岭划界和清水划界相比，以河洮岷地区为中心的汉藏民族居住区域的地理分界线是在失去政治、军事对峙的条件下，汉藏民族经过长期的历史变迁、环境选择而形成的人文地理分界线。在这一变化过程中，汉藏民族对不同环境条件的评价、利用方式亦即环境经济的理性行为成为汉藏民族空间分布、变迁的内在决定因素。六盘山—陇山以西地区，自古以来就是可农可牧地区，这为具有不同生产方式的民族、人口的进入提供了环境可能性。但同时亦应看到，在可农可牧地区，无论是对于农业还是牧业，其生产条件相对于纯粹的农区或纯粹的牧区而言，都没有优势可言。以靠近内地的渭源县为例，或许能说明问题。渭源县，由

---

① 葛剑雄：《高山反应与汉藏交往》，《华夏地理》2007年第2期。
② （唐）陆贽：《翰苑集》卷4《赐吐蕃书》。
③ 事见：《旧唐书》卷134《马燧传》，《册府元龟》卷980《外臣部·通好》。

于水性寒凉，农产物仅小麦、大麦、豌豆、大豆、稷、黍、高粱、荞麦、菜籽、洋芋、青稞等，且产量极低；而其畜牧业则是"本邑位于山麓，地气极寒，水草含养分最薄，颇不宜于畜牧，故人民对于畜养骆驼马牛一道并不注意"①。渭源县靠近内地，其情况尚且如此，位于其西部的河洮岷地区情况当有过之而无不及。类似渭源县这种土地"多宜性"与限制性并存的现象不限于陇山以西地区，在中国北方以及广大的西域地区普遍存在，即所谓的农牧交错带。而土地利用形态的或农或牧，表面上看是农牧业民族政权扩张的结果，但其实质则取决于两大因素，一是土地的可获得性，二是土地利用的效率。唐安史之乱后，吐蕃之所以大量进入陇右地区，正如唐人所说"河陇之陷也，岂吐蕃力取之，皆因将帅贪暴，种落携贰，人不得耕稼，辗转东徙，自弃之耶"②。因此在军事扩张的前提下，吐蕃人几乎不花什么代价就可以改变土地利用方式，即将农地变为牧地。这也符合"成本—效益"最大化的经济学规律。但牧业本身的粗放型，使其在可农可牧地区的土地利用效率并不高，文献中所见吐蕃居地存在大量的"闲田""荒地""隐田""弃地"即是明证。而这也正是北宋时期农业文化缓慢向陇山以西地区渗透的地域条件。先是，北宋政府在以军事为后盾，对吐蕃居地所存在的"隐田""闲田""荒地"进行带有强制性的"根扩"。但由于常常与蕃人发生冲突，而北宋政府又无力以军事手段加以解决，迫不得已转而利用政治、经济等手段来获得蕃部土地。文献中所见"献田""购买田"即是指此。例如治平三年（1066），郭逵经营渭州时，因捺吴川、青鸡川"二川形胜相恃，新附降羌万余帐，地数百里"，因而先"置酒召诸酋犒燕"，酒酣语之曰："诸羌利牧养而拙耕稼，故二川沃壤鞠为荒莱，汝等可近山畜牧，以闲田献。"于是"得良田千余顷"③。到了北宋后期，通过经济手段获得蕃部土地成为主要方式。《宋史》卷190《兵志四》："熙、河、鄯、湟自开拓以来，疆土虽广而利悉归羌，官兵吏禄仰给县官，不可为后计。仰本路帅臣相

---

① （民国）《渭源县风土调查录》二《内务》、三《实业》，《中国西北文献丛书》第122册，兰州古籍书店1990年影印版。
② 《旧唐书》卷133《李晟传》。
③ 《名臣碑传琬琰集》卷13《郭将军墓志铭》。

度,以钱粮茶彩或以羌人所嗜之物,与之贸易田土"。熙宁五年(1072)十月,宋政府令秦凤路沿边安抚使"支官钱收买镇洮军蕃部田土"①。仅熙宁六年(1073)十月,宋王朝即命令三司:"出绸绢二十万,付王韶买熙河路蕃部余田。"② 以军事开边著称的王韶,也不得不采用经济手段获得蕃占土地,表明即使是在军事短暂征服之后,原有的土地利用形态并不会因军事原因而改变。事实上"蕃汉"土地贸易成为唐蕃以后汉人进入或获得番地的重要途径,直到民国年间汉人通过吃番民兵马田而进入卓尼番区已是当时的"一个普遍现象"③。

接下来的问题是,汉藏民族居住区域的地理分界线何以会稳定在河洮岷地区?除政治、军事、经济、文化等因素外,必然有其基本的、规定性的影响因素。诉诸历史事实,我们认为,地理环境的限制以及人类对环境的选择性利用,是河洮岷地区成为汉藏居住区域地理分界线的根本原因。而地理环境中对人类活动影响最大的因素是气候,气候通过植物的再生产影响人类的生产生活方式。河洮岷地区平均海拔都在2000—3000米,以山地、高原地貌形态为主,山多田少,且气候严寒,对农业生产产生严重限制。即使有农业生产,也仅局限于一些海拔较低、温度较高的河谷地带,且一年一季,产量极低。如靠近内地的岷州,"惟是岷土虽广而多高山巨谷,成熟之地不及中土之小邑"④,有"耕田多向碧山头"之说⑤。光绪《岷州续志采访录·实业》指出了岷州农事之艰涩,"即如农业,以谷为本,而所产惟大小麦、大小豆、荞麦、燕麦、青稞而已。其东北山地,并小麦亦不成熟。地既高寒,岁只一收;亩下籽七升,所获仅二三斗,非广耕不足以自给,故力倍而利半"。而其西部的洮州气候更为寒冷,有"六月炎暑尚著棉,终年多半是寒天"之说⑥。高寒的气

---

① 《宋会要辑稿》第173册《兵四》之六。
② 《续资治通鉴长编》卷247,"熙宁六年十月庚辰"。
③ 谷苞:《汉人怎样定居于卓尼番区》,《中国西北文献丛书》第142册,兰州古籍书店1990年影印版。
④ 康熙《岷州志》卷8《田赋上》。
⑤ 康熙《岷州志》卷19《艺文下》。
⑥ 光绪《洮州厅志》卷15《艺文志》。

候条件严重制约了当地农业生产的发展,"洮地高寒,稻粱不生,布帛丝麻之类,皆来自他邦"①。而具有高原气候特点的夏河县,其农业生产较之于洮岷二地则又等而下之。《拉扑楞设治记》之《舆地记·水利》:"其气候高寒多风多雨,傍河向阳之地,只能耕种青稞。虽有良好水流,无所用其灌溉,不产粮米。"河州虽然海拔相对较低,但三面环山,气候以温凉为主,适于农业生产的土地仅占全州总面积的10%,其余皆为不易耕种的山地和丘陵,这虽然是现今的调查数据,历史时期情况当与此相仿佛。宜农地的有限以及农业生产条件的限制,使该地域农业发展异常艰难。清康熙年间任河州知州的王全臣曾感叹道:"畜牧代耕织,地瘠苦民贫,气寒艰稼穑。"②因而志书有"边民常言'下籽重,打籽轻'"③之说。河洮岷地区这种严酷的农业生产条件,使该区域即使有农业生产亦是入不敷出,晚至民国年间,"本区(岷县、临潭、夏河、卓尼)粮食不能自给,依照各县之个别供需情形而论,其粮食不敷程度,以临潭、卓尼为最大,其次为夏河县,岷县更次之"④。粮食不敷程度虽然与当地农业生产水平、人口总量、可耕地面积有关,但该区域整体上粮食不能自给则是不能忽略的事实,而"考其原因,不外二端:(一)限于自然条件作物之生产价值太低;(二)副业之收益太少"⑤。其中第二个原因,是古代农业中国各地普遍存在的问题。因此,"限于自然条件作物之生产价值太低"才是本区农事艰涩的主要原因。换句话说,在岷县、临潭、夏河等地,农、牧业生产的边际效率已接近极限。由此,我们可以作出如下推论:自然环境条件对农牧业生产的选择与限制,很大程度上决定了唐蕃以后汉藏民族的空间分布及其变动。换句话说,唐蕃以后,汉藏民族居住区域地理分界线的缓慢西移并最终稳定在河洮岷地区,环境经

---

① 光绪《洮州厅志》卷2《舆地志·物产》。
② 康熙《河州志》卷6(上)《艺文志》。
③ 乾隆《循化厅志稿》卷四《族寨工屯》。
④ 王志文:《甘肃省西南部边区考察记》之五《农村及农村经济之剖视》,《中国西北文献丛书》第135册,兰州古籍书店1990年影印版。
⑤ 王志文:《甘肃省西南部边区考察记》之五《农村及农村经济之剖视》,《中国西北文献丛书》第135册,兰州古籍书店1990年影印版。

济这只"隐形"的手是其重要的内在决定因素。

五　余论

　　汉藏民族居住区域的地理分界线，是两个在人类体质、文化、生产生活习俗方面存在巨大差异的人类群体，在生态环境所提供的"可能"与"限制"条件下的一种空间选择与利用。历史时期汉藏民族居住区域地理分界线的摆动与稳定，影响因素固然很多，但以下问题值得我们进一步思考。

　　第一，地理环境在汉藏民族交往中究竟产生了多大的影响？唐蕃赤岭（日月山）划界，是唐蕃双方经过一系列军事较量后的一种地理平衡。其意义在于，对于任何一方越过该线都会使优势变为劣势。但这种情况也仅仅是在唐蕃双方旗鼓相当时地理环境的优势与劣势才会发生表现和转化。同样是高原环境，面对实力强大的唐王朝，吐谷浑人只能是一而再、再而三地以"远遁"来回避唐王朝的军事打击。而当唐王朝西北边军奔赴内地"勤王"，吐蕃军队亦能轻而易举地进入河陇地区，说明赤岭划界对双方并没有决定意义。而清水会盟所划定的唐蕃分界线，是地理环境决定下的唐蕃分界线。换句话说，六盘山—陇山一线以东的低海拔与高温气候条件，决定了依靠军事力量吐蕃人所能到达的极限位置。尽管吐蕃军队曾数次越过该线，但都因环境的"不适"而不得不退回到此线以西。而以河洮岷地区为中心所形成的汉藏居住区域的地理分界线，是在失去军事对峙条件下，汉藏民族依照"环境经济"最有利原则所形成的各自最大分布地域。这条界线的环境意义在于，越过该线，对汉藏民族而言即意味着：要么改变生产方式甚至民族风俗习惯，要么退出该地，迁到"适合"自己原有生产方式的地域去。文献中所见明代秦州、渭州都有不少的番族，但到清代这些番族不再见于记载。其消失不外乎上述两种途径。同理，对于汉族而言，其面临的情况一如游牧民族进入农区一样。如卓尼杨土司所辖南山番族，"分卓挂、铁布二类，桌挂者，其真种也，铁布者，非真种，汉民逃入番地者也"①。位于夏河县之北的保安（今青海同仁县）"有吴屯者，其先盖江南人，余并有河州人，历年既久，言语衣服，渐染夷风，其人自认为土人，而官亦目之为番民"②。即使近内地的岷州早在宋代就有汉户成为番族的③。到了清代依然是，"又有一种奸民，当兵燹之时，民差繁重，因而投入番部巧为规避，驯至今日其子孙竟沦为异类"④。

第二，汉藏民族居住区域地理分界线的摆动与稳定，其主要的影响因素是政治、军事，还是汉藏民族的环境经济理性行为？这可以从两个方面来看，一是依托于军事对峙所形成的汉藏民族居住区域地理分界线，二是失去军事依托的汉藏民族居住区域地理分界线的形成。上文所述的宋代的"根扩田""献田""购买田"以及民国年间汉人通过吃兵马田进入卓尼番地，都表明了环境经济的理性行为成为唐蕃以后汉藏民族空间分布的重要影响因素。而唐蕃对峙时期，情况就有点复杂，需要稍加引申。从唐蕃会盟划界来看，表面上是政治、军事因素起决定性作用，但每一次界线的划分又都无不遵循自然环境最有利原则。唐蕃赤岭划界，表明了河湟谷地以及赤岭以西的自然条件对唐蕃具有不同的环境经济意义。但唐蕃清水划界却值得玩味，安史之乱后，吐蕃曾数次越过六盘山—陇山一线进入关中平原，但都遭遇了种种不利因素而不得不退兵。值得思考的是，吐蕃于763年第一次进入长安，如前文所说是由于低海拔所产生的醉氧反应导致吐蕃撤回陇山以西，那么784年吐蕃又如何会应唐王朝之邀而进入关中平原助唐平叛？虽然此次吐蕃撤军是由于遭遇关中盆地高温气候导致瘟疫暴发而不得已为之，但此事件至少表明，763年的醉氧反应对吐蕃人而言并不严重，否则吐蕃人断不会再冒险进入关中平原。现代医学研究表明，高山（原）反应一般在经过7—10天后，人体会产生自适应。很可能是在陇右地区的长期生活，使吐蕃逐渐适应了低

---

① 宣统《甘肃全省新通志》卷42《兵防志·番部·岷州》。
② 马鹤六：《甘青藏区考察记》，《中国西北文献丛书》第136册，兰州古籍书店1990年影印版。
③ （清）徐松：《宋会要辑稿·番夷》第199册，中华书局1975年版。
④ 康熙《岷州志》卷8《田赋上》。

海拔地区的富氧环境。786年9月吐蕃军队又深入盐、夏二州,虽然最后撤军的理由依然是高温天气导致的疾疫暴发。但令人疑惑的是,吐蕃明知道六盘山—陇山一线以东的高温气候条件对自己构成威胁,却一而再、再而三地冒险越过该线,其原因何在?或许763年吐蕃占据长安后,立广武王李承宏为帝能透露一些信息。一方面是游牧民族对农业民族文化、财富的自然吸引力,但环境对他们又极为不利,这种状况一如中原王朝占据非农区实行羁縻统治一样。另一方面在吐蕃助唐平叛的酬谢条件中,也从未将陇山以东的地域作为条件提出,吐蕃也仅是要求对西域的控制权。凡此均表明,在吐蕃看来,传统的汉族农耕区的自然环境条件对以畜牧经济为主要生产方式的吐蕃人而言,并不是最有利的。其中的利害既有人类体质的原因,也有经济理性的因素。一个极端的案例是,9世纪中叶,吐蕃河陇镇尚思罗、论恐热、尚婢婢相互之间混战20余年,以致"河、渭二州,土旷人稀,因以饥疫,唐人多内徙三川,吐蕃皆远遁于叠、宕之西,二千里间,寂无人烟"①。虽然这是战争环境下的人类空间选择,但从"唐人"和"吐蕃"迁移的区域来看,其无疑是迁向自己最"熟悉"和"有利"的环境中去,这与其说是来自民族记忆,还不如说是源于经济理性。

第三,美国学者拉铁摩尔曾指出,在中国的历史上,很少有一个政权能长时间地拥有农业和牧业两种生产方式,"当草原酋长要治理一个混合社会时,他感到无法调和其原有政权与新增的职权。这种困难在汉族势力深入草原时,中国边疆的统治者也会遇到。无论是游牧民族还是边疆地区的汉人,在混合社会的情况下,其利益基于粗放经济的人就会与利益基于精耕经济的人发生冲突,这种冲突最终将破坏这个混合的社会,在它崩溃时还要出现很大的混乱。当然,混乱可以重返平静,那就是农夫和牧人分别退回到永远对他们各自有利的地理环境中去"②。情况果真如拉氏所说,在农牧混合社会"冲突、混乱"不断,以致要归于平静

---

① 《资治通鉴》卷249,"宣宗大中四年至十三年"。
② [美] 拉铁摩尔著:《中国的亚洲内陆边疆》,唐晓峰译,江苏人民出版社2005年版,第73页。

"农夫和牧人分别退回到永远对他们有利的地理环境中去"吗？这里，拉氏立论的重要依据是农牧冲突，确实，有大量的事例表明，在农牧混合地区，这种冲突是经常发生的。河洮岷地区亦不例外，如明英宗正统二年（1437）三月，岷州卫"累被番贼入境，杀伤军民，抢掠孳畜，其官吏视为泛常"①；洮州亦是，正统年间，番贼劫掠，"都督佥事李达，都指挥佥事李信，职守边陲乃坐视不理"②。很显然，这种冲突只是局部的、小规模的，并没有影响到岷州、洮州地域社会的稳定，否则作为坐镇一方的朝廷命官绝不敢"视为泛常""坐视不理"。事实上，从明清以来，中原王朝不断加强对河洮岷地区的行政建置，如实行土流参设的卫所制、土司制、改卫所为州县③以及实行部落制与里甲制的混合编制④等，这种通过国家力量将农区与牧区、农业与牧业进行的地域整合，在加速民族文化融合的同时，也使农牧对峙发生了实质性的变化。这种变化主要源于处于"中间地带"的熟户、熟番、土人的存在，使农牧对峙变为农业—农牧混合业—牧业之间的对峙。而熟户、熟番、土人是融合了农耕与游牧两大民族文化而形成的新的经济文化共同体，文献中"所称土户不尽其部落也"⑤ 即是指此。这种摆脱了民族局限与地域局限的新的民族复合体，对农牧业民族都具有黏合力——原有的农牧对峙此时就不仅仅是番与汉的对峙，更包含有汉与汉的对峙、番与番的对峙⑥。但不管是哪一种对峙，都从地域层面缓和或消解了农牧直接的对峙与冲突。如"渭源县有赵土司，世居官堡镇桧柏新庄，管番民、土民，土民计分桧柏新庄等十六族，习尚与内地风俗无殊。西南部全属番民，又分为上中下哑，

---

① 《明英宗实录》卷28，"正统二年三月乙未"。
② 《明英宗实录》卷55，"正统四年四月癸丑"。
③ 明代河州、岷州、文县、礼县都曾经历了改卫所为州县的过程。参见《明太祖实录》卷78、123、125。
④ 明代在河洮岷地区实行部落与里甲混合编制，参见（明）张雨著《边政考》卷9《西羌族口》。
⑤ 乾隆《循化厅志稿》卷4《族寨工屯》。
⑥ 有关熟户、熟番、土人既与生番、生户联手对抗汉人，又与汉人联合对抗番族，文献中俯拾即是。参见：《宋会要辑稿·番夷六之七》；《长编》卷244；《明英宗实录》卷29、96。

习俗则自成风气矣。土番民划境而居，视同秦越"①。这种对峙与融合并立的状况，使河洮岷地区正好成为农牧冲突、对峙的缓冲区域，其对农区与牧区的稳定都具有非常重要的意义。当然，此处无意否定拉铁摩尔基于宏观上对中国历史时期边疆社会的思考，而在于指出，拉氏的判断是基于纯粹的农牧业对峙，而纯粹的农牧业对峙本身是不可持续的。仅以唐蕃对峙为例，在长达200年的唐蕃对峙中，双方比较重要的会盟至少有8次，但往往是言犹在耳，而边衅已起。具有指示意义的赤岭、清水会盟划界，也是墨迹未干，界碑即倒。而可持续的农牧对峙是，纯粹的农业与农牧混合的对峙，纯粹的牧业与农牧混合之间的对峙，用图示即为：农业↔农牧混合业↔牧业。从这个意义上来说，多元化的政治制度安排，多民族、多种经济类型以及多种发展方式的区域并存，恰恰成为明清以来河洮岷地域社会稳定的重要因素。

　　本文以河洮岷地区为中心，着重分析了历史时期汉藏民族空间分布的变动及其成因，其目的在于，对于在人类体质、文化、经济方式等方面存在明显差异的民族之间交往关系进行考察时，既要考虑地理环境对人类本身的影响，同时亦应将人类的环境经济理性作为重要因素加以考量。

（原刊《中国历史地理论丛》2013年第2期）

---

① （民国）《渭源县风土调查录》一《总论》、七《土司》，《中国西北文献丛书》第122册，兰州古籍书店1990年影印版。

论地理因素在陇南山地
历史发展中的作用与影响

　　地理环境是人类社会发展的基本舞台，而历史过程又在时间方向上拓展了人类所赖以存在的地理空间。地理环境本身所具有的多元化和差异性与人类社会历史发展的复杂性相互耦合，从而形成千差万别的区域发展道路。处于青藏高原、黄土高原与西秦岭山地交汇地带的甘肃陇南山地，地形地貌复杂多样，河谷、平原、山地、丘陵既相间分布同时又彼此切割，这种既相联系又相对独立的区域地理格局，为不同民族或部落的进入提供了基本的地域环境。历史时期来自北方地区的赀虏、鲜卑、吐谷浑，来自青藏高原的吐蕃、嗢末，来自中原内地的汉族以及南方的板楯蛮等都相继进入陇南山地，在民族、文化交流与整合的同时，也使陇南山地区域历史发展呈现出时间、空间的双重"分异"。尽管秦岭山地、青藏高原将陇南山地与周边区域隔离，但由于洮河、大夏河、白龙江、岷江、西汉水、嘉陵江等长江、黄河的各级支流所形成的河流谷地，成为沟通陇南山地与周边地区物质、人员、信息相互交流的"通道"，翻越秦岭山地可南下巴蜀，北出关中、西域，东沿汉水流域可达江淮平原，西上青藏高原，可往西藏、青海等地。陇南山地"近边"又"近内地"的区位特征，使不同地域背景的民族、人口、文化不断地发生地域重组与分异，其结果是陇南山地的区域历史发展呈现出明显的"边疆化"与"内地化"的双重趋势。这种"边疆化"与"内地化"虽然视不同时期中原王朝与边疆民族自营政权之间政治、军事、经济、文化、人口等实力强弱关系而出现不同表现，但可以肯定的是，陇南山地的地域自然条件对不同民族、人口以及区域社会发展的选择性限制是其根本原因。需要说明的是，文中的陇南山地是指渭水与西汉水分水岭以南的今甘肃南部地区，行政区划上包括今甘肃的甘南藏族自治州、陇南市的全部，以及天水市、定西市、临夏回族自治州的一部分（见图1）。时间上自秦汉至民国，视实际需要做必要的扩展和上溯下沿。

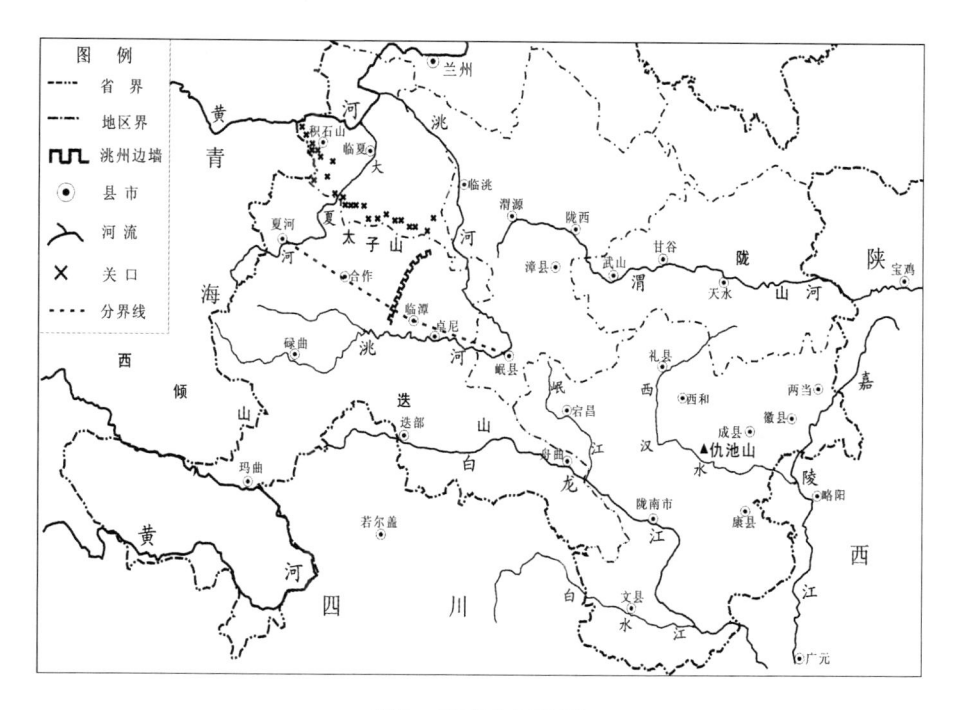

图1　陇南山地地形

一　陇南山地的自然界线与人文界线

所谓自然界线，是指由山脉、河流、隘口等地理实体所形成的不同地理单元之间的交界面；由于民族、部落、文化都与一定的地理空间存在对应与耦合的关系，因此对于古代民族、部落而言，地理界线往往亦是人文界线。但反之却不尽然，这是因为文化整合、扩张以及经济因素驱动，有可能使人文界线突破自然界线的限制。但从本质上来说，自然界线从本底上规定了民族、部落、文化的分布区间和存在方式。

从陇南山地地形、地貌、气候、水文、生物的空间分布来看，大体上可沿今岷县、迭部连线将陇南山地划分为东、西两个不同的地理单元，东部即习惯上称之为陇南丘陵山地，西部称之为甘南高原，东部以丘陵山地和河谷盆地构成其地貌的主要形态，而西部呈现出较为典型的青藏高原气候、地貌特征。自古至今，陇南山地东西部都表现出不同的区域发展道路，无论是民族、部落、人口，还是政治、经济、文化，东西部都存在较大差异。以政治和经济为例，东部丘陵山地以农牧兼营为其经济的主要特征，无论是氐羌部落制时期，还是以中原郡县制为主的时期，农业经济在该区域中一直占据重要地位；而政治上，东部丘陵山地至迟在元代就完成了这种由部落、种姓向郡县制的过渡，尽管元代在文县、阶州、宕昌、西固等地仍然存在一定的部落制残余，但其分布仅局限于白龙江以南的岷峨山地，其代表性的文化形态是郡县制。而在西部甘南高原，游牧经济以及与之相适应的部落、种姓制一直是该地域的主要经济、文化形态。

从南北方向来看，发源于今迭部山地的白龙江，将陇南东部丘陵山地划分为以岷峨山地为主的南部山岭重叠区域和以丘陵山地、河谷盆地为主要地貌形态的北部区域。白龙江以北区域，由于靠近中原内地，又有陈仓道、故道与祁山道相通，故历史时期中原内地人口、文化自北而南不断涌入，使该区域的民族文化融合与整合持续进行，至迟在隋唐时期区域内部落、种姓制为郡县制所取代。而白龙江以南的岷峨山地历史时期一直为牧业民族分布之地，无论是汉唐还是明清这种分布态势均没有改变，"番汉相距，止隔一河，备御实难"①。乾隆《直隶阶州志》亦指出了白龙江南北的差异，"武都属西南陲密迩土番，仅恃白龙江一带水限焉"②。即使到了民国年代，当陇南山地大部分地方都完成了这种由部落、种姓向郡县制的政治转变之后，其南部的叠山山地依然是部落制时代。"重叠的高山把这里和外面隔成了两个截然不同的世界，即使是在不

---

① （万历）《舟曲丈地均粮碑》，碑阴文，该碑现存舟曲县文化馆院内。
② 乾隆《直隶阶州志》卷下《艺文·重建武阶南浮桥碑记》。

断地进化，但，那也是极少改变的……过着原始式的生活。"① 与白龙江的分界作用相似，北秦岭山地对陇南山地的分界作用同样明显，由于靠近内地以及古代东西方交通的主干道丝绸之路，因此历史时期北秦岭山地的夷夏分界一直存在，尤其是分割今临夏平原与甘南高原的白石山②，两汉魏晋时期其分界意义就已经存在，明清时期变得更为突出。乾隆《狄道州志》就言："南隔露骨一山，即生番族帐。"③ 乾隆二十七年（1762）以后设循化厅，即以白石山脉为界，分为口外与口内。即使到了民国年间，依然是"自临夏平原入石门峡，即属藏民之游牧带，氇帐酪饮，风尚顿异"④。地理学家张其昀就认为，"在民族上观之，白石山亦极重要，此为汉藏民族之界线，白石山上之草原，至今仍为藏民区域，地形影响人文，其著例也"⑤。

　　洮河本来不具备自然分界的意义，但由于民族文化分布的差异，赋予了洮河作为不同民族文化分水岭的界线意义。早在魏晋南北朝时期，这种界线作用就比较明显，"诸县皆在洮东，洮西悉羌人所居也"⑥。"甘肃省西南部边区，位于洮河之西，西倾山脉以东，俗称番区。自古为藏民荟萃之所……其风俗习惯、语言、文字，盖与汉人迥然不同者也。"⑦ 顾颉刚更是从地形、地貌、民族、文化、生产方式等方面指出了洮河南北的差异，"洮河（卓尼段）以北为草原地带，番民恃以游牧，洮河以南为山岭地带，野生森林分布甚广，农业则仅于洮河及白水江若干谷地及

---

① （民国）唐薦：《拉扑楞番民的经济生活》，《中国西北文献丛书》140 册，兰州古籍书店 1990 年影印版。
② 白石山，一名大再加山，一名露骨山，一名太子山，随地易名，海拔 3600 公尺。
③ 乾隆《狄道州志》卷 1《站所·旧府治碑记》，《中国西北文献丛书》41 册，兰州古籍书店 1990 年影印版。
④ 张其昀：《拉扑楞号序》，《方志》第九卷第三、四期，1936 年 7 月。
⑤ （民国）《夏河县志稿》卷 1《地形》。
⑥ 光绪《洮州厅志》卷首《洮水图说》，《中国西北文献丛书》49 册，兰州古籍书店 1990 年影印版。
⑦ 王志文：《甘肃省西南部边区考察记·自序》，《中国西北文献丛书》135 册，兰州古籍书店 1990 年影印版。

小型冲积平原中见之"①。这种分界与其说是自然分界，还不如说人文分界强化了自然分界的意义。

陇南山地自然分界线与人文分界线之间相互依托、强化的关系，因其复杂的地理环境以及民族、政治、经济、文化发展的差异，而得以在地域上以不同的形式加以体现。如在西汉水流域，考古调查资料表明远在先秦时期，秦即与西戎隔河而对。不仅如此，人类还往往利用人文界线去强化这种自然分界的意义，如明清时代的边墙、阁门、隘口等，都指示了这种人类在自然界线之上构筑的人文界线对不同文化分野的作用，这一点下文有进一步的分析。而边墙、阁门往往是基于重点防御而设，只分布在一些特定的方位或区间。历史时期陇南山地分布最多、空间隔离最常见的形式是关隘、堡寨，历史文献中所记载的关、戍、砦以及边防要路等都含有此方面的信息，如宣统《甘肃全省新通志》卷9《关梁》，徽县仙人关是"夷夏划乾坤"，阶州直隶州"平定关，在州西北，宋时于福津县西界置以备羌人处"。"峰帖峡砦，在州西二百三十里，地接番戎即今西固峰帖城，九域志福津县有峰帖峡武平沙滩三砦俱在州西境，宋所置以备羌戎处。""久远关，去城三十里内汉外番。"又，《嘉庆武阶备志》卷1《山水》："赤磨岭西南至番界八十里，以赤磨岭为界。（文县境内）大恭岭西北至番界一百三十里，以大恭岭为界。"康熙《岷州志》卷3、卷10分别记录了土司番兵和官兵所把守的关、隘、堡寨方位、里程及守兵数目等信息。并在后文解释说"（隘口）是不过番与番、汉与番接壤出入之道路沟堡，即名之曰边隘。其实非经制也"。很显然，隘口是划分番与番、汉与番的界线，"其实非经制也"，是地方制度，也是地方特色，反映的是在特定人文环境条件下，人类利用环境的天然分界作用，将不同民族、种族文化加以划分和隔离。与陇南东部丘陵山地的关、砦、戍对空间的划分、隔离相比，边墙、阁门、隘口的人文分界意义更为浓厚。而且这种自然界线与人文界线的耦合关系会因时代、环境的变化而不同，光绪年间，"旧志岷州关隘、寨堡，无虑百数十处。盖前明时斯土四面临

---

① 顾颉刚：《西北考察日记》二十五《卓尼》（5月18日至20日），《中国西北文献丛书》107册，兰州古籍书店1990年影印版。

番，在均须列守故也。我朝内番归化，久编齐氓。若东之石关，北之镇平，西之永宁，以及东南之转塔，红崖寺寨均为内地，不烦戍守。惟独西南一带毗连番缴，其关隘40余处，止麻子川设经制一员，妨兵五名。余皆荡然无备，墩台、斥堠，故迹埋没。"①

尽管地理分界、生态分界在陇南山地具有基底甚至决定的意义，但从历史过程来看，似乎其依据民族、部落、文化所构成的分界线已经超越了这种地理的、生态的分界意义，人们更强调其文化生态的含义。如"渭源县有赵土司，世居官堡镇桧柏新庄，管番民、土民，土民计分桧柏新庄等十六族，习尚与内地风俗无殊。西南部全属番民，又分为上中下哑，习俗则自成风气矣。土番民划境而居，视同秦越"②。显然在这里民族、文化之间的界线成为区别、划分地域属性的重要依据。而涉及面较广、影响深远的则是民国年间循化、拉扑楞之间关于黑错寺管辖权问题的争论。从表面上看，这场纷争源于民国七年至十三年（1918—1924）以及民国十四年（1925）西宁道与拉扑楞寺的军事冲突，民国十六年（1927）成立拉扑楞设治局，直隶于甘肃省政府等一系列政治、军事事件，而更深的背景因素则是宗教、文化的冲突。按"黑错地方在拉扑楞东南一百二十里，接近甘肃省的临潭县，就地理上和行政便利两点而论，应归拉扑楞设治局管辖，但是在当时拉循境界未曾划分清楚以前，不免引起隶属问题"。后经切实查勘，始于民国十六年（1927）十二月形成议决："循拉界限，按照西番、南番划分，南番东北土门关晒经滩寺沙沟等处，北面白石崖寺，全归拉扑楞，瓜什济寺归循化，以东即归拉扑楞，大湖滩归拉扑楞，临拉界限，临潭南北番全归拉扑楞，至详细界限，俟测绘员详阅绘呈后再定，但以各族习惯为准。"③ 在这里，无论循化拉扑楞之间的界线还是临潭拉扑楞界线，其划分遵循的原则是民族、种族、

---

① （清）陈平如辑：《岷州续志采访录·关梁》，收于《岷州志校注》，岷县印刷厂，1988年。
② （民国）《渭源县风土调查录》一《总论》、七《土司》，《中国西北文献丛书》122册，兰州古籍书店1990年影印版。
③ （民国）张文郁：《拉扑楞视察记》第三章"建设夏河县治过程中的几个问题"，《中国西北文献丛书》124册，兰州古籍书店1990年影印版。

宗教、文化等人文因素，即以西番、南番、北番以及"以各族习惯为准"的划界依据。这一事件表明，在民族、部落、文化融合整合进入新的历史阶段条件下，多民族、多种族、多文化分布的甘南高原，其地域界线的划分必须依照民族文化的阶段性和整体性原则，而这一点，对于现今我国多民族、多文化分布的边疆地区行政区划管理与调整亦不失其参考价值。

二　陇南山地空间分割与区域的边缘化

上文所述的自然界线与人文界线只是区域与区域之间，或民族、部落之间相互区分、辨别、确认的地理标志，它是线状或带状的地理事物的组合，它强调的是在分界线两侧地理事物的差异性；空间分割与这种自然、人文分界既有联系又有不同，它强调的是地理单元与周边地域的差异与联系，亦即某一地理组合相对于周边地域的独特性。陇南山地区域内部山川纵横交错，形成了大大小小相对独立的地理单元。而历史上陇南山地民族、部落众多，又从人文意义上强化了这种地理单元的独立性。

但在大的地貌格局控制下，这种空间隔离的社会表现形式极为不同。由西汉水、嘉陵江、白龙江与秦岭山地所分割、构成的陇南山地东部丘陵山地，往往由于地方势力占据一定的独立空间而将地域空间外化为地方政治的独立性，其著者如魏晋南北朝时期的杨氏所建立的仇池地方政权。一般而言，学术界将杨氏政权分为前仇池国、后仇池国、武都国、武兴国、阴平国，这五个政权其国都无不选择在易守难攻、地形相对独立的区域。如仇池国国都仇池山，"山在上禄县南八十里，上有数万家，因山筑城，四面壁立峭绝，一人守关万夫莫开。上有平地方二十里，田百顷泉九十九源"[1]。武都国据白崖，史家评论说"其据白崖也，犹前世之据仇池也"[2]。史书中常有杨氏"恃险不服"或"恃险骄慢"之类的记

---

[1] 光绪《阶州直隶州续志》卷2《山川》。
[2] 李祖桓：《仇池国志》第八卷《仇池地理表》。

载，杨氏正是利用了陇南山地这种相对隔离的机制与中原政权相对抗，张维先生对此分析道："山岭丛峻，易守难攻，族类劲强，易动而难靖，长时陆梁，厥因在是。"① 在长达380余年的杨氏地方割据政权时期，论疆域面积、人口还是经济、军事实力，杨氏政权都不能与南北政权相颉颃。南北军事集团也曾轮番打击杨氏政权，但大部分以失败收场。南北政权对杨氏政权之所以无可奈何，其原因正如后秦姚兴参军所说："先皇神略无方，威武冠世，冠军徐洛生猛毅兼人，佐命英辅，再入仇池。无功而还。非杨盛智勇能全，直是地势使然也。"② 而诸如仇池山、白崖之类的地形地貌结构，在陇南东部丘陵山地随处可见，如天生寨，"山峰卓立，四面峭壁如城，番界之仇池也"③。其他如泥功山、祁山、方山、青塘岭等都相仿佛，其共同的特点是，独立成局，单元内部一般是丰水泉，具有一定的可耕地面积，四面险绝，自成防卫体系，所不同的是"局度大小"而已。陇南山地这种地域空间的分割，使一些有势力的部族、种姓、地方酋豪，容易产生非分之想，大者如仇池国、宕昌国等，小者有如明代文县千户张嘉因获龙马而自立为王④，诸如此类的事例在陇南山地不时出现。之所以会出现如此现象，显然是陇南山地的地理格局为地方势力提供了基本的条件和想象空间。诚如嘉庆《武阶备志》所言"武阶山谷险峻，有事则易守攻难"。⑤ 光绪《文县志》载："文山高而土瘠，颇饶清秀之致。故雄于文者踵相接，岂非地气使然哉。"⑥

与陇南东部丘陵山地相比较而言，陇南西部的甘南高原这种空间分割性因游牧经济本身的流动性而表现得更为分散，这种分散往往是以部落为基本单位。如两宋时期，"洮岷番族甚盛"⑦，仅古叠州就有"四十三族、十三城，三十万户"⑧。曾发动熙河之役的王韶在《平戎策》中

---

① 张维：《仇池国志·疆域》，甘肃省银行印刷厂承印本，1950年。
② 《晋书》卷117《姚兴上》。
③ 光绪《岷州续志采访录·山水》。
④ 光绪《文县志》卷1《沿革表》。
⑤ 嘉庆《武阶备志》卷4《陇塞》。
⑥ 光绪《文县志》卷1《沿革表·形势》。
⑦ 《续资治通鉴长编》卷247，"神宗熙宁六年冬十月"。
⑧ 《金史》卷98《完颜纲传》。

言："其种落大者不过一二万，小者二三千人，皆分散离处，不相统一。"① 据汤开建研究，宋金时期见于文献记载的部落、种姓，秦州至少有39姓，洮岷叠宕阶文等州超过60族。北宋虽然曾一度收复洮、叠、岷等州，但依然是"今生羌久与中国隔绝，其有力量与无力量皆非中国所知"②。事实上等同于化外。宋太平兴国八年（983）太宗召献贡的吐蕃酋长于崇政殿，厚加慰抚，赐以束帛，并对宰相说："（吐蕃）自唐室以来，颇为边患。以国家兵力雄盛，聊举偏师，便可驱逐数千里外。但念其种类蕃息，安土重迁，倘因攘除，必致杀戮，所以置之度外，存而无论也。"③ 这种部落、种姓"各自为王"、互不统属的状况一直要持续到明代。明清时代陇南山地行政管理发生了根本性的改变，虽然此时部落制依然存在，但明王朝通过将部落酋长或首领授予官职，将其纳入中原王朝的行政管理体系之中，即是后来研究者所指的"多封众建"。嘉庆《武阶备志》卷20《蕃夷》："明初洮岷三十六族归附，朝廷鉴前代之弊，分其部族，大者数千人，小者数百，量置宣慰抚安抚招讨等使以统之，使之岁一朝贡，优具赏赉，由是西番之势益分，其力益弱。"有的学者据《明实录》及各种方志文献的记载，对甘青藏区各卫的藏族部落做了详细的统计，其中岷州卫有140族，秦州卫有39族，洮州卫有110族④。应该指出的是，明代虽然将西番部族纳入王朝的管理体系，从国家政治层面承认了种姓力量的存在，但其本质依然是对元代陇南山地地域政治格局的继承和承认。但到了清统治时期，情况发生了变化，"洮岷番人三百八十余族，今皆不与朝贡之列"⑤。这句话言下之意是，在此之前，亦即康熙四十一年（1702）以前，洮岷380余族是作为独立实体而各自朝贡的，而自此以后，其不再作为一种政治实体而存在。联系到康熙年间对土司事权的限制、打击以及番族的"认贡纳赋"，可以肯定地说，清代对陇南山地实施了"实质管理"，由此亦可以理解方志所说的"当今边塞晏

---

① 《太平治蹟统类》卷16《神宗开熙和》。
② 《续资治通鉴长编》卷230，"熙宁五年（1072）二月甲子"。
③ 《宋史》卷492《吐蕃传》。
④ 陈庆英主编：《中国藏族部落》，中国藏学出版社2004年版，第567—689页。
⑤ 康熙《岷州志》卷6《典礼志·番贡》。

然，生番争相归命，较诸明季，固有安危治乱之不同"所表达的地域政治变迁含义。然而，在空间分割与民族、人口多元化的双重作用下，地域政治属性的变化并没有从根本上改变甘南高原"分裂性社会结构"[1]状态。

从区域地缘格局来看，南北秦岭山地、青藏高原将陇南山地与周边区域"自然分割"。如果说陇南山地内部的空间分割使陇南山地形成区域文化的多元化和发展的不平衡性，那么与周边区域的"自然分割"则在整体上将陇南山地置于边缘化状态。尽管沿西汉水、嘉陵江、白龙江、洮河、大夏河、岷江等河流流域都有交通孔道沟通了陇南山地与巴蜀盆地、关中平原、西域、青藏高原之间的联系，其中较为著名的道路有陈仓道—故道、祁山道、岷江道、洮河道、阴平道、松潘道等，但由于这些道路穿行在崇山峻岭之间，道路通达性较差，因此只有在特定环境下，这些道路才被视为"干道"。如三国时期祁山道的启用，魏晋南北朝时期白龙江道、岷江道趋于重要，是因为沿渭河的古丝绸之路以及陈仓金牛道被阻塞而被迫启用。而在通常情况下，这些通道往往被视为"间道"，如由祁山道、故道与阴平道联袂构成的沟通关中与巴蜀的通道就被视为"间道"[2]。只有当陈仓道—故道—金牛道被阻塞或分割，祁山道才被迫作为"主干道"。而这种交通条件常常使陇南山地的发展被搁置在主流社会发展之外。于是我们看到无论是在王朝的政治制度安排、行政措施还是社会主流意识，陇南山地概无例外地被"边缘化"。历史时期中原王朝经略边地的制度、措施大部分在陇南山地被安排和实行过，如郡县制、属国制、道制、羁縻都督府制、卫所制、土司制等，这种政治制度的边缘化来自长期的社会意识的边缘化，无论是刘秀时期的"置之度外"[3]、魏晋南北朝时期"仇池国""宕昌国"被视为"要服""荒服"之国，还是两宋时期"化外"之地[4]，历史时期中原王朝对陇南山地的区域定位以及

---

[1] 王明珂：《华夏边缘——历史记忆与族群认同》，社会科学文献出版社2006年版，第70—72页。

[2] （清）顾祖禹：《读史方舆纪要》卷59《陕西八》。

[3] 嘉庆《徽县志》卷2《沿革志·杂记》。

[4] 《宋史》卷492《吐蕃传》。

社会认识，使陇南山地一直被摒弃在中原文化的主流意识之外，所谓"陇西县世皆指目为边鄙地也"① 即是指此。而西部的甘南高原，由于处于青藏高原的东北部，无论是地形、地貌、气候、水文环境都形成了难以逾越的生态屏障，其在中原王朝的政治格局中一直是被作为"荒外"之地对待的，从秦汉以至明清，今岷县、临潭都是中原王朝处置、流放罪犯之地②。即使到了民国年间，人们依然摆脱不了传统的认识模式，"陇上古称边塞，拉扑楞尤群番之所居，其俗陋，其地荒，其气寒，其物敝"③。国人还认为甘南高原为一"秘密区域"。可见即使到了近代社会，甘南高原依然因其鄙塞而处于"内地之边疆"状态。

三 岷县、临潭、夏河所构成的弧带：汉藏分界线的地理学分析

考察历史时期中原王朝经营甘南高原的地理轨迹，我们可以发现一个很有意思的史实：秦代以今岷县为夷夏分界点，明代以临潭（古洮州）为经营前哨，到清代推进到更西的拉扑楞寺，这三点恰似一条弧线由东南向西北延伸④。在这一历史发展过程中，尽管其推进的区域因王朝经营思想、侧重点以及政治军事实力的不同而不同，但如论是秦汉还是隋唐，乃至明清，2000年来都自觉或不自觉地遵循了由岷县—临潭—夏河所构成的汉藏分界线。当然，用线状来表达，只是为了容易标识和明确。事实上，作为民族、文化的地域分界从来都不可能是线状的，即使划然如秦汉长城。因此，此处所谓的分界线包含有界线两侧的区域，具体说是以今岷县、临潭、夏河县域为汉藏过渡区域。

---

① （民国）《首阳山志》序。
② （清）佚名辑：《巩昌府洮州抚番厅安置军流人犯案清册》，《清代边疆史料抄稿本汇编》，国家图书馆。
③ 《张丁阳拉扑楞设治记叙》，《长春楼文草偶存》，《中国西北文献丛书》175册，兰州古籍书店1990年影印版。
④ 由岷县、临潭、夏河与明代所修"汉番分界"的24关共同构成东起岷县、西北至黄河的汉藏分界线，因其临近秦陇，故其政治、经济、文化等的分界就具有指示意义。

提出这一看法主要是基于以下几个方面的考虑。

1. 岷县、临潭、夏河在历史时期存在区分、限隔不同民族、文化的地理标志物。秦始皇统一全国，修建了万里长城，其西段起点即在今岷县，史书记载："及秦始皇攘却戎狄，筑长城，界中国，然西不过临洮（今岷县）"①。在此后的两千余年间，秦长城夷夏分界意义一直存在。明王朝建立后，为了防御西番蒙古，曾在西北边境构筑了两大防御体系，其一即是以岷州为核心，以"洮州边墙"及隘口、阁门为设施的防御体系。"边墙自旧洮堡南峪古石崖起，至苍家阁门三十里，苍家至甘卜他关门三十里，甘卜他至官洛关门十五里。"②光绪《洮州厅志》卷2《舆地》（关隘）："按各关门逼近旧洮，一墙之外，皆为荒野平川"。而隘口是番与番、汉与番接壤出入之道路沟堡，又名之曰边隘。20 世纪 30 年代末期，著名学者顾颉刚在对"洮州边墙"考察后写道："阁门者，明代所筑边墙之门也。阁义不可解，疑一番语。边墙较人家墙垣为高大而低于城墙，中延谷间，至山顶而止，用以别华夷。盖小规模之长城也。过阁门后入纯番境，汉语不复通行"③。尽管今天明代边墙的军事防御意义已不存在，代之而起的是民族经济文化的交流与融合，人们在边墙线上感受最多的是汉族的藏化和藏族的汉化，但其分界意义依然存在，今边墙以外仍然为牧业区域，边墙以内为农业区域。其二是沿东西走向的白石山修筑了大大小小的"防番要隘"，即所谓的二十四关（见图1）。而二十四关东起岷州界④。乾隆《循化厅志稿》："明设二十四关，皆因此山崖谷为之，关内河州境，关外番界"⑤，其中积石、老鸦、槐树、沙门、土门号称五大关，"皆为入腹地之门户"。"土门关，为明代所筑，从前是一个很重要的关隘，现在为临夏和夏河的分界处。土门关在地理上有特殊的意义，从民族上说，它是汉回和藏族分界的地方。从地形上说，它是黄土高原区

---

① 《汉书》卷96《西域传》。
② 康熙《岷州志》卷3《舆地下·番属》。
③ 顾颉刚：《西北考察日记》三十《临潭黑错途中》，《中国西北文献丛书》107 册，兰州古籍书店1990 年影印版。
④ 乾隆《循化厅志稿》卷1《建置志·沿革》。
⑤ 乾隆《循化厅志稿》卷2《山川》。

和西藏高原边线黑土区的过渡地带……藏民称土门关外曰差娜，称关内曰瓦娜，凡是关内的人，无论汉回，他们都称为中原人。"①

2. 岷县、临潭、夏河为汉藏等多民族多文化分布的区域。历史时期羌、藏、唃末、汉、匈奴、鲜卑等民族或部落，都曾以各种不同的方式迁入该区域，使岷县、临潭、夏河区域一直处于不同地域文化的相互碰撞、交流与融合之中，因而该地域文化形态既不同于内地，又与青藏高原有差别。康熙《岷州志》就说岷地习俗"秦自陇山以西，婚姻之礼，已异于中土。岷州僻处边末，且汉番杂居，则更非临巩之比，然与番族迥别"②。洮州的情况就更甚之，"洮州去岷更西，地气充寒。旧志称人性劲悍，好习弓马，衣褐食乳，以射猎为生"③。光绪《洮州厅志》卷16《番族·茶马》："洮地三面临番，其环而居者生熟不下六七百族。"所谓"洮州隘塞临边隅，按籍大半番人居"④即是指此。处于青藏高原东北边缘的拉扑楞地区则是"宅居羌夷历数千年"，至民国十六年（1927）设拉扑楞设治局，才"始同于郡县"⑤。即使如此，拉扑楞依然是"汉番集处风俗固塞"⑥，其人民风俗习惯"和内地各省不同"⑦。多民族的共处共存，民族、文化的交流与融合，必然促使地域文化呈现更多的复合性和多元性。如岷州，"国朝洪武中曹国公取其地降其人号为属番。其在前元降者为土民，总为里十有六，又徙内地民一里以实之，不堪为州，乃设军民指挥使司，戌以甲卒万儿建学焉。民之徙者卒之戍者，居既久，土民举止言语与内民无大相远，秀且文者亦时有之"⑧。洮州情况与此相类似，明代洮州卫守军就地落籍，与当地民族杂居，习俗相染，故康熙

---

① 李式金：《兰拉风光》，《中国西北文献丛书》140册，兰州古籍书店1990年影印版。
② 康熙《岷州志》卷11《风俗志·婚姻》。
③ 康熙《洮州卫志》卷7《风俗》。
④ 康熙《岷州志》卷19《艺文下》。
⑤ 张丁阳：《拉扑楞设治记》序四，《中国西北文献丛书》99册，兰州古籍书店1990年影印版。
⑥ 张丁阳：《拉扑楞设治记》序一，《中国西北文献丛书》99册，兰州古籍书店1990年影印版。
⑦ 马鹤六：《甘青藏边区考察记·谈谈拉扑楞的风俗》，《中国西北文献丛书》136册，兰州古籍书店1990年影印版。
⑧ 张维：《陇右金石录》卷7《洮岷边备道题名碑》。

《洮州卫志》说："故其仪之礼节夺徙内郡，第民间丧尚浮屠，婚论财贿，颇染边风"①，其"内地番人颇染汉风，其俗务黎习工作，事畜牧，高楼暖炕，皆与汉人无异"②。不仅如此，这种民族文化融合还呈现出了由内地到边地、由城市到乡村逐级过渡的特征，姑且称之为地域民族文化的梯度性和差异性。如岷州"番人去城近者居土室，有力者居板屋；去城远者居帐房，以牛毛为之"③。民国年间曾长期在甘南从事基督教宣道会工作的美国人埃克瓦尔为我们更细致、更科学地描述了洮岷地区（沿洮河自下而上）汉文化—汉藏混合文化—藏文化的空间变化序列④。地理学家张其昀先生更从宏观角度将甘肃西南隅接连青边川边之藏民，依其与汉民距离之远近、同化程度之深浅，分为半藏、近藏、远藏三种⑤。这种处于动态性、多元化、复合性的地域民族文化正体现了该区域"内地之边疆"与"边疆之内地"的过渡区域特征。

3. 历史时期岷县、临潭一直是中原王朝经营西番的"门户"和前哨阵地。康熙四十一年（1702）纂修的《岷州志》卷2《舆地上》开宗即言："岷固从来用武之国也。其地面山带河，形势险阻。西亘青海之塞，南临白马之氐，东连熙巩，北并洮叠；内则屏瀚蜀门，外则控制番境，百二疆场，实有赖焉。"⑥ 明马文升有诗云："蕞尔羌戎敢犯边，王师问罪驻岷川。"⑦ 可以说形象地勾勒了岷州在古代中原王朝经营西番的战略地位。而洮州则是"三面临番，松藩连界，接蒙古边境，一墙之外，直通

---

① 康熙《洮州卫志》卷7《风俗》。
② 宣统《甘肃全省新通志》卷42《兵防志·番部》。
③ 康熙《岷州志》卷10《风俗志》。
④ 陈声柏、王志庆：《一位外国传教士眼中的甘南族群关系》，《兰州大学学报》（社会科学版）2010年第1期。
⑤ 所谓半藏，"俗称半番，向化内附，为日已久，与汉人从迹甚密，混有汉人血统，居川口，成农村，生活习惯浸染华风"；近藏，"俗称熟番，又称'龙娃'，近城中，通汉语，半耕半牧，渐成熟地，居土屋，有力者亦居木板屋，高楼热炕，仓贮充盈，惟服饰仍存藏俗"；远藏，"俗称生户，即纯粹游牧族，不通汉语，不受影响，插帐迁移，不知庄稼"。民国张其昀纂：《夏河县志稿》卷3《生物》中国地方志集成，《甘肃府县志辑》42。
⑥ 康熙《岷州志》卷2《舆地上》。
⑦ 康熙《岷州志》卷19《艺文下》。

青海黄河……西控诸番，东屏两郡，南俯松叠，北蔽河湟，西南之要害也"①。自"汉唐以来为备边要地"②。洮岷的地位与作用相近，因此历史上常常将洮岷并称，"洮岷为秦陇藩篱，洮又岷之襟喉，旧洮又洮之门户……洮当孤悬，岷先震恐，临巩不得安枕矣"③。《清代西北竹枝词辑存》亦有"漫说岷洮容易治，汉回集处又西羌，战场自古在岷洮，夜半哥舒尚带刀"之说④。即使从区域内部来看，前文所述的长城、边墙、关隘、堡寨及"通路"等，都反映了历史时期中原王朝通过经营洮岷从而达到稳定西番的努力。

4. 该地域在历史时期一直是农牧过渡区域。考古资料表明，在距今8000—4000年，生活在陇右地区的原始人类即以农牧兼营为其经济活动方式。先秦时期西戎、氐、羌等文化逐渐发生分野，今岷县、临潭、夏河区域主要居民为西戎和羌族，其农业生产在经济活动中的比重趋于下降⑤。从秦霸西戎以后一直至今天，虽然历史时期该地区随着主体民族的变动，经济活动的方式也曾发生过变化，但农牧兼营、农牧地域混合分布的格局没有发生根本改变。尤其是汉唐时代，其农业区域甚至远推至今夏河县西北的甘加滩高原地区。尽管在两宋时期该区域被以"化外"视之，但依然"秦州古渭之西，吐蕃部族散居山野，不相君长，耕牧自足"⑥。《续资治通鉴长编》卷247载："王韶入岷州，辖乌察及本淋沁来降，两人各献大麦万石"⑦。辖乌察与本淋沁各为一部落首领，一个部落一次能捐出1万石大麦，亦可见当时农业生产在游牧民族经济中所占的地位。明清时期，随着民族交往与融合大面积展开，农牧兼营以及农牧业的交错分布在不同层次、不同地域持续进行。熟番、生番、土民或半

---

① 光绪《洮州厅志》卷2《舆地志·形胜》。
② 光绪《洮州厅志》卷9《兵防志·营制》。
③ 光绪《洮州厅志》卷2《舆地志·形胜》。
④ 《清代西北竹枝词辑存》，叶礼撰《甘肃竹枝词》，《中国西北文献丛书》176册，兰州古籍书店1990年影印版。
⑤ 参见陈逸平《试论历史时期陇右地区的经济开发》，《天水师范学院学报》2006年第3期。
⑥ （宋）韩琦：《安阳集》卷2《家传》。
⑦ 《续资治通鉴长编》卷247，"熙宁六年九月壬戌"。

藏、近藏、远藏的文化区分，以及土司属民与郡县之民的有别，都表明了该区域农牧文化的混合特征。民国年间，岷州、洮州旧城、拉扑楞因处于游牧区域和农业区域过渡带上而被称为"接触都市"或"过渡都市"①。时至今日，岷县、临潭、夏河区域仍然具有浓郁的农牧过渡特征。

5. 该地域是黄土高原、青藏高原、西秦岭山地的过渡地带。按地理学地形地貌分区原则，岷县地处青藏高原边缘，是甘南高原向黄土高原、陇南山地的过渡地带。其西的临潭则为青藏高原与黄土高原的交汇地带，而夏河县已属青藏高原，其气候、地形、地貌、生物已具有高原特点。得益于洮河、大夏河纵横流贯其间所形成的大大小小河谷平原，使岷县、临潭、夏河连线区域，空间复杂多样，山地、丘陵、河谷、平原、森林、草原均有分布。由于海拔高度及其经纬度的差异，使各种类型的地域生境极为不同。如洮河南北环境的不同，大夏河上、中、下游的地形地貌也有所差异②。历史时期该区域多种文化、多种生产方式的并存，其原因也概在于此。

诚然，历史时期无论是中原汉族还是青藏高原的藏民，在其力量强大之时，都曾深入对方腹地，但都为时不长。如盛唐时期中原王朝也曾将统治区域伸展至岷峨山地、三江源地区；而中唐以后，来自青藏高原的民族也曾耀兵于长安，将陇山以西的广大地区置于"番化"区域。但由于瘟疫、疾病、自然条件、生产生活方式的不适应，当吐蕃军事力量消解的时候，以游牧为主要生产方式的藏族迅速向西南方向撤退，其撤退的边界便是今岷县、临潭、夏河一带，而留居在此线以北的藏族此后大部分融入以农耕为主的汉民族之中。如康乐县"八松高姓自认都是汉化吐蕃"，"苏集乡包姓、普八乡八龙包家自认也是吐蕃"③。反之亦然，

---

① 《甘肃省乡土志稿》第二十二章"甘肃省之重要都市"第一节"城市概述"："昔日临洮旧城（临潭旧城）当汉藏贸易要冲，为纯粹之商业都市（亦称接触都市），言其在农业区域与游牧区域接触之处也)。"俞湘文《西北游牧藏区之社会调查》自序：拉扑楞寺"其东均为宅居人民，其西则为游牧部落"。《中国西北文献丛书》138 册，1941 年。岷县虽然农业经济占据主导地位，但从经济方式、结构、类型来看，其依然具有"过渡都市"的特征。

② 林英文：《甘肃拉扑楞附近之地文》，《方志》第九卷第三、四期，1936 年 7 月。

③ 康乐县志编撰委员会编：《康乐县志》，生活·读书·新知三联书店 1995 年版，第 356 页。

当中原汉人越过此线进入高原腹地面临的同样是不适应，于是要么被"番化"，要么退出该区域。如卓尼杨土司所辖南山番族，"分卓挂、铁布二类，桌挂者，其真种也，铁布者，非真种，汉民逃入番地者也"①。位于夏河县之北的保安（今青海同仁县）"有吴屯者，其先盖江南人，余并有河州人，历年既久，言语衣服，渐染夷风，其人自认为土人，而官亦目之为番民"②。即使近内地的岷州亦"又有一种奸民，当兵燹之时，民差繁重，因而投入番部巧为规避，驯至今日其子孙竟沦为异类"③。而三面临番的洮州（今临潭县），历史时期一直存在"守"与"不守"的争论，如宋哲宗"元符二年（1099）尝得之，寻弃而不守"④，等同于化外；明攻下洮州但守边大将因"饷艰民劳"上奏朝廷"弃而不守"，但明太祖朱元璋清醒地认识到："洮州西控番戎，东蔽湟陇，自汉唐以来备边要地也。今羌虏既斥，若弃之不守，数年之后，番人将复为边患矣。"⑤事实上，洮州的得失不仅仅是一城一地的安危，而是事关临巩乃至秦陇的安危。光绪《洮州厅志》就言"洮岷为秦陇藩篱，洮又岷之襟喉，旧洮又洮之门户，洮当孤悬绝域，环诸番，迫强氏，防备稍疏，岷先震恐，临巩不得安枕卧矣"⑥。因此，除个别情况外，中原王朝都会将其统治区域推进到洮岷一带，洮岷因而也成为封建社会事实上的汉藏混合区域或称之为过渡区域。

汉藏分界线长期稳定在由今岷县、临潭、夏河所构成的连线附近，除政治、经济、文化、历史习惯等因素而外，必然有其基本的、规定性的影响因素。诉诸历史事实，我们认为，地理环境的限制以及人类对环境的选择性利用，是岷县、临潭、夏河区域成为汉藏分界线的根本原因。而地理环境中对人类活动影响最大的因素是气候，气候通过植物的再生产影响人类的生产生活方式。岷县、临潭、夏河均为山地、高原地貌形

---

① 宣统《甘肃全省新通志》卷42《兵防志·番部·岷州》。
② （民国）《夏河县志稿》卷9《历史》。
③ 康熙《岷州志》卷8《田赋上》。
④ 光绪《洮州厅志》卷2《舆地志·沿革》。
⑤ 《明史》卷330《西番诸卫传》。
⑥ 光绪《洮州厅志》卷2《舆地沿革》。

态，山多田少，且气候严寒，对农业生产产生严重限制。即使有农业生产，也仅局限于一些海拔较低、温度较高的河谷地带，且一年一季，产量极低。如靠近内地的岷州"惟是岷土虽广而多高山巨谷，成熟之地不及中土之小邑"①，有"耕田多向碧山头"之说②。光绪《岷州续志采访录·实业》指出了岷州农事之艰涩，"即如农业，以谷为本，而所产惟大小麦、大小豆、荞麦、燕麦、青稞而已。其东北山地，并小麦亦不成熟。地既高寒，岁只一收；亩下籽七升，所获仅二三斗，非广耕不足以自给，故力倍而利半"。而其西部的洮州气候更为寒冷，有"六月炎暑尚著棉，终年多半是寒天"之说③。高寒的气候条件严重制约了当地农业生产的发展，"洮地高寒，稻粱不生，布帛丝麻之类，皆来自他邦"④。而具有高原气候特点的夏河县，其农业生产较之于洮、岷二地则又等而下之。《拉扑楞设治记》之《舆地记·水利》："其气候高寒多风多雨，傍河向阳之地，只能耕种青稞。虽有良好水流，无所用其灌溉，不产粮米。"《拉扑楞设治记》之《民风记·垦荒》："拉扑楞以东荒地甚多，尚能种植青稞，民商有原开垦者，拉扑楞以西则高山寒地，六月飞霜，每种青稞多不成熟，是故番民专业牧畜，不愿开垦。"其西部的捏贡川土壤为黑钙土，极适农业，"但地势在三千公尺以上，气候寒冷，作物生长期甚短，农业大受限制。高原民族，仍以游牧为生计，即欲实行农垦，亦仅能种植早熟之青稞"⑤。清乾隆年间，政府曾有过开发捏贡川的动议，但因塞外地高土冷，"九月即已下雪，翌年四月雪始消……秋霜早来而晚霜迟去，九月中旬即降早霜者。无霜时期仅120余日，故作物生长期极短，仅早熟及耐寒之谷类和青稞者方可种植，欲发展农业殊为不易"⑥而无下文。由上论述可以看出，自东而西也即从岷县、临潭到夏河，农业发展的难度因气候条件

---

① 康熙《岷州志》卷8《田赋上》。
② 康熙《岷州志》卷19《艺文下》。
③ 光绪《洮州厅志》卷15《艺文志》。
④ 光绪《洮州厅志》卷2《舆地志·物产》。
⑤ 马鹤六：《甘青藏边区考察记》（六日）《六月薄雪》，《中国西北文献丛书》136册，兰州古籍书店1990年影印版。
⑥ （民国）《夏河县志稿》卷2《气候》。

的限制而变得愈来愈大，加之可耕地稀少、田土硗薄等因素的限制作用，使该区域即使有农业生产亦是入不敷出，即使晚至民国年间，"本区粮食不能自给，依照各县之个别供需情形而论，其粮食不敷程度，以临潭卓尼为最大，其次为夏河县，岷县更次之"①。于是农事之外兼营牧业，所谓"家家农猎"②即是指此。岷县较之临潭、夏河农业经济较为发达，但畜牧仍然"不失为岷县农民经济上重要之一环"③。农牧经济的互补在本区域具有特别的意义，它含有农牧业经济自身的互补以及农业区与牧业区之间的经济互补性。而本区域农牧业的生态环境也从根本上限制或决定了古代社会农牧业民族所能分布的极限位置。这也从经济支撑角度或社会成本角度表明了历史时期中原王朝先岷县、再临潭、最后夏河的经营开发序列的根本原因。

四　讨论与结论

甘肃陇南山地"近边""近内地"的地理区位，使陇南山地历史发展呈现出明显的"内地化"与"边疆化"的双重趋势。而处于青藏高原、黄土高原、西秦岭山地过渡带的地形地貌结构，又从本底上规定和影响了陇南山地的历史发展进程。纵横交错的山脉河流在划分和切割陇南山地自然空间的同时，又成为各种不同地理单元接触的锋面，历史时期陇南山地民族、部落、文化的多元化以及多元化的民族、部落、文化的空间格局及其地域不断地分异与重组，其形成的原因也概在于此。西汉水、白龙江、岷江、洮河、大夏河既是不同民族、部落、文化的分界线，同时又是民族文化交流与融合的通道。而依托于各种自然分界线所构筑的长城、边墙、关隘、堡寨等人文界线又在一定程度上强化了自然分界的意义和作用，历史时期陇南山地汉地与番地、藏民与汉民、熟番与生番、

---

① 王志文：《甘肃省西南部边区考察记》五《农业与农村经济之剖视》，《中国西北文献丛书》135 册，兰州古籍书店 1990 年影印版。
② 光绪《洮州厅志》卷 15《艺文志》。
③ 王志文：《甘肃省西南部边区考察记》六《农牧现状及其前途》，《中国西北文献丛书》135 册，兰州古籍书店 1990 年影印版。

关内与关外的区分，正是这种自然、人文分界在地域上的表现。而影响最大、延续至今仍然具有指示意义的分界线为岷县、临潭、夏河三地连线所构成的汉藏分界线。诚然，汉藏分界线的内涵极为丰富、复杂，本文只是粗浅地提出这一概念，以求教于学界同人。

至此，我们可以得出如下认识：由岷县、临潭、夏河连线所形成的汉藏分界线，既是自然的也是人文的，既是生态的也是历史的。尽管这条分界线在历史时期因朝代不同而发生摆动，但都与此线相距不远，这种相对稳定性，既表明了地理的、生态的分界线对人类活动的约束与限制作用，同时也反映人类对环境的认识是一个渐进的过程，并且人类能够在最大程度上利用自然界线所提供的可能。

（原刊《中国历史地理论丛》2012年第1期）

民国陕绥划界风波述论

边界，是政区构成的基本要素之一，其客观存在性、人为划分性、历史动态性，使边界成为展示政治过程对地理区域影响的缩影，历来都是政治地理关注的主要内容之一。发生于民国初年的陕西省与绥远特别行政区之间的划界风波，是一场各种政治军事力量介入，参与人群众多，涉及地域广泛的行政区划事件。该事件以北洋政府议决"成案"始，却以"暂缓施行"终，其影响不仅在当时，甚至一直延续到2001年蒙陕省界全面勘定之前。在1998—2001年蒙陕省界勘定中，仅解决争议线就长达399公里，占蒙陕省界线全长的60%。其中31公里的边界线是以"维持现状"经中央政府裁决而划定的[①]。透视争议地段的争议问题，仍然显示或折射出民国陕绥划界风波的影子。而遗憾的是，以往学界虽然对民国陕绥划界风波不乏关注与探讨，但对此次事件的基本要素如时间、地点、参与人群等都极为笼统与模糊，大部分论述均停留在将此事件与清代蒙地垦殖活动进行因果分析[②]，以结果代替过程。对于争论的核心或焦点问题如蒙汉界线（址）、伙盘地界线更是不明就里，随意穿插借用，从而使该问题变得更为扑朔迷离。因此，重建或复原民国陕绥划界的基本过程，从中央政府、地方政府以及基层民众的角度，探讨历史、自然、

---

① 民政部全国勘界工作办公室编：《中国勘界纪实》（上卷），中国社会出版社2003年版，第160—167、23—24页。
② 较有代表性的论述有：梁冰《鄂尔多斯通史稿》，内蒙古大学出版社2009年版，第1125—1136页；张淑利：《"禁留地"的开垦及晋、陕、宁、绥间的边界纠纷》，《阴山学刊》2005年第1期；王晗：《"界"的动与静：清至民国时期蒙陕边界的形成过程研究》，《历史地理》第25辑，上海人民出版社2011年版。

经济、政治、文化等因素在行政区划过程中的作用,不但具有理论意义,亦具有很强的现实价值。

一 民国陕绥划界风波的基本概况

通常所说的民国陕绥划界风波,事实上是由两个前后既相关又彼此独立的事件构成,即第一次陕西省和绥远特别行政区之间的划界风波与第二次绥远"收界放垦"纠纷。关于陕绥划界风波的起始点,多数学者认为是民国八年（1919）一月,其说法依据是《陕绥划界纪要·叙》提到的"（民国）八年（1919）一月间,绥远蔡都统援照民国二年国务会议议决成案,迳行派员来陕划分汉蒙界址,意欲指边墙为鸿沟"。然而,仔细通读民国《陕绥划界纪要·叙》（以下简称《叙》）全文,将民国八年（1919）一月作为陕绥划界风波起始的时间点,显然是上了古人文字游戏的当。紧接着上文,《叙》作者是这样说的:"先岁（按指民国七年,1918）蒲城王卓亭公奉命来尹兹土,鉴于此案之已成大错,急宜设法挽回。甫下车,即广咨博访……"王卓亭公,即王健,民国七年（1918）四月被任命为榆林道道尹。文中所言的"鉴于此案之已成大错",就成为我们判断此次风波起始的关键依据。但由于该《叙》并没有交代"此案"所指,因而只能加以推测和分析。"此案",按民国陕绥划界过程可有两种解读,一是指民国二年（1913）北洋政府置绥远特别行政区时,曾命令绥远与毗连的山西、陕西、甘肃勘划边界之事;二是蔡成勋当政绥远时[1],向北洋政府"条陈"划界之事。如按第一种推测,难于理解何以王健会认为"此案之已成大错"。因为早在民国二年（1913）,划分蒙疆之议已起[2]。但由于时局动荡,军阀混战,有关涉事方都无暇顾及此事,因而只"议"而无实际的行动,也就不存在纠纷之说。此后,绥远都统和榆林道道尹都是走马灯似的更换,却并未见其间有若何关于划界的举动和纠纷,因而王健此说便毫无来头。有且只有唯一的可能是,在王健就

---

[1] 蔡成勋当政绥远时间为民国六年（1917）八月至民国十年（1921）五月。
[2] 樊士杰等编:《陕绥划界纪要·叙》,民国二十一年（1932）,铅印本。

任榆林道道尹之前，蔡成勋即已向北洋政府提出了"条陈"，以是才有王健的举动。可以与之佐证的是，民国七年（1918）九月二十四日，艾如兰、高照初等22人以"陕北榆绥延鄜公民代表"的名义，请求陕西当局"据情陈请国会列入议案，咨明政府改正区域，仍以鄂尔多斯所属之鄂套、乌胜、扎萨克台吉、郡王、准格尔五旗划归陕北区域"①。如果没有蔡成勋的"旧事重提"，何以事隔四五年之后，陕北民众会主动请求政府"改正区域"②？尽管此时陕绥双方处于隔空交锋的状态，但划界一旦付诸实施，其结果应如榆林道道尹王健所说"将见边墙以外所有已垦膏腴之田尽归绥区"③，这是陕西方面未雨绸缪的重要原因。如果此推测成立，那么，陕绥划界风波的起始点应该以蔡成勋向北洋政府"条陈"的时间为准。但蔡成勋"条陈"的具体时间现有文献表述得极为模糊，无法查实。文献可查的只有北洋政府议决通过"条陈"的时间，即民国八年（1919）一月二十五日④。目前，关于蔡成勋"条陈"出笼的时间，学术界有一种朦胧的说法⑤，其大意是，民国七年（1918），陕西督军陈树藩被"靖国军"围困在西安，绥远都统蔡成勋所属李际春"第四支队"奉命援陕，随即开赴、驻扎在榆林境内，看到这里经过二百余年的开发已为成熟的农业区，引起了蔡成勋扩大财源的欲望，因而才有"条陈"划界之事。而核查历史资料，这一说法本身就不成立。据民国《申报》报道，李际春的"第四支队"驻扎榆林时间为民国八年（1919）二月十日⑥，其时，北洋政府已议决通过蔡成勋的"条陈"。因此，关于蔡成勋"条陈"提出的时间、缘由，目前的说法都不对。如果将王健高度重视的

---

① 《陕北榆绥延鄜公民代表呈文》（民国七年九月二十四日），《陕绥划界纪要》卷1。

② 参见：《陕北沿边六县人民代表呈文》（民国八年五月十二日），该呈文即是"事缘绥远都统条陈拟将伊克昭盟各蒙地山西、陕西、甘肃各县管理者全部划归绥区，酌设县治，经国务院会议决咨行划分一案"。文见《陕绥划界纪要》卷1。

③ 《榆林道道尹呈省长文》（民国八年五月七日），《陕绥划界纪要》卷1。

④ 上海申报馆：《申报》，民国八年一月二十五日星期六，戊午年十二月二十四日，第16504号，第6版。

⑤ 该说法最早见于伊克昭盟地方志编纂委员会编：《伊克昭盟志》，现代出版社1994年版，第356页。此后该说法被研究者广泛援引。

⑥ 上海申报馆：《申报》，民国八年二月十日星期一，己未年正月初十日，第16513号，第3版。

"此案之已成大错"，作为判断民国陕绥划界风波发生的可信依据，那么其起始点至迟不晚于民国七年（1918）四月①，甚至更早。

在北洋政府议决通过蔡成勋"条陈"之后，陕绥行政区域界线划分正式进入操作层面，陕、绥当局都遵照北洋政府指令派员会勘划界。然而，随后发生的一系列事件，却逐渐改变了陕绥会勘划界的走向。先是，民国八年（1919）三月间，绥远所派勘界人员在边墙外到处踏勘，测绘地图，"居民之供给稍迟，马上之鞭挞立至"，以致"绅士总甲因有洒粮之役，皆闻风远扬"②，引起陕北沿边地方社会的极大恐慌和动荡。继之，该年四月二十九日，绥远委员所带兵丁赵有福、刘长恩在神木属活鸡尔兔沟地方枪杀本排排长赵德谦后，又窜至距神木县城20里的木头沟地方，抢劫村民骡马，打死打伤村民孟蛆则、孟侯栋。这一非常事件使不明真相的伙盘地居民更是惶恐异常，"纷纷逃避有如寇至"③。受此事件影响，已于五月三日抵达神木的绥远委员许敬藻，也不得不折返绥远，拟议中的陕绥会勘划界被迫"暂即搁置"④。

绥远方面的这一系列行动，引起了陕西方面的极大不满和反对，"连日各界绅民函禀交驰，纷纷争论，情词激昂"⑤，并公推代表朱维勤赴京请愿。民国八年（1919）五月十二日，张立仁、高普煦等12人以榆林、神木、府谷、横山、靖边、定边等沿边六县"全体人民代表"的名义，向北洋政府、陕西省政府呈文"公恳停止划界"，并从陕边不能划分、绥远不必划分、蒙古未可划分等方面陈述了"仍以照旧管理为宜"的理由⑥。榆林道道尹王健不但以官方名义联合旅京陕北同乡会向北洋政府陈

---

① 与此说接近的是霍世春在《民国初期陕绥划界始末》中提出的民国七年六月说，可惜论者并未出示判断的依据，因而也未引起学术界的重视。文见《陕西地方志》1993年第5—6期。
② 《神木县知事呈文》（民国八年六月五日），《陕绥划界纪要》卷1。
③ 《神木县绅民代表呈文》（民国八年五月十二日），《陕绥划界纪要》卷1。
④ 《神木县知事呈文》（民国八年五月十五日），《陕绥划界纪要》卷1。
⑤ 《榆林道道尹致西安省长电》，《陕绥划界纪要》卷1。
⑥ 《陕北沿边六县人民代表呈文》（民国八年五月十二日），《陕绥划界纪要》卷1。

请①，而且以私人身份相商甘肃督军马福祥"一致进行"②。在京的陕籍国会议员宋伯鲁、高增爵等也向国会提交"停止划界，已固边圉"议案。陕西省政府也鉴于划界"影响陕北行政事宜"，而呈请北洋政府"停止划界，以顺舆情而固边圉"。一场由民而官，由沿边而及内地，由陕西而波及甘肃、山西的陕绥划界风波，逐渐演变为涉及地域范围广大的行政区划事件。在巨大的社会政治舆论压力下，北洋政府遂于该年六月二十四日议决陕绥划界一案"暂缓施行"③。

然而，由于北洋政府国务会议议决"仍应照原议办理，惟现值蒙疆不靖，暂缓施行"，这种息事宁人的处理办法，等于将问题搁置，也为陕绥划界再起波澜留下了隐患。对于这一点，陕绥双方都心知肚明。就在划界风波平息后不久，陕西省即着手对边外伙盘区域社会经济状况展开调查④，而绥远则进行收界放垦工作。所谓"收界放垦"，是指由蒙员指界，绥员勘收，"加租另放"。由于绥远此次收界放垦的土地，是清康熙以来历次开放、展界的土地，其土地权属历来纠葛不清，情形极为复杂，任何形式的土地权属变动，都会直接触动蒙汉双方利益的再分配，也必然会引起地域社会的躁动不安。因此，当绥远委员会同指界蒙员勘收勘放之时，陕北沿边居民"一时民情惶恐，奔走号呼，几如上年（即民国八年，1919）沈旅长（即沈广聚）带兵焚抢之惨剧，又至惶惶不可终日"⑤。于是，陕绥划界纠纷再次爆发。

到民国九年（1920）十月至十一月，绥远所派收界委员在府谷、神木草牌地面"沿途测勘，向西而去"，又有"一曾姓委员（按即曾广润）名曰乌、扎两旗收界员，随带兵役多名，在神木边界内之水磨河择地设局收租"⑥。对于绥远方面的这一系列收界放垦举动，陕北沿边民众是极

---

① 《旅京陕北同乡会来函》（民国十年四月二十六日），《陕绥划界纪要》卷2。
② 《榆林道道尹覆函》（民国十年五月九日），《陕绥划界纪要》卷2。
③ 《陕西省长公署训令第2402号》（民国八年六月二十八日），《陕绥划界纪要》卷1。
④ 《陕西省长公署训令第2856号》（民国八年九月三日），《陕绥划界纪要》卷1。
⑤ 《陕北榆横府神靖定沿边六县争存会呈文》（民国十年二月二十二日），《陕绥划界纪要》卷2。
⑥ 《沿边六县公民争存会呈文》（民国九年十一月二十五日），《陕绥划界纪要》卷2。

力反对，纷纷上书请愿①，"或质问理由，或历陈苦况"②。由陕北沿边州县士绅发起、成立的"陕北榆横府神靖定沿边六县争存会"③，也于民国九年（1920）十一月二十五日、十年（1921）二月二十二日两次经呈陕西当局"所有饵蒙报垦，诬熟为荒，重卖双租，请转祈中央禁止"④；民国十年（1921）一月十三日，以郑肯堂、董文林等7人为陕北延长县公民代表，在向陕西省政府呈文"恳请力争"的同时，还"函请旅京陕北同乡会暨陕北各县一致抵抗共图挽回"⑤。更为严重的是，陕西方面认为此次绥远"收界放垦"等同于"收界划线"。民国十年（1921）一月三日，陕西省省长刘镇华在给榆林道道尹王健的电文中，就明确表示："此次若竟听勘放，恐现在所放之界即将来所划之界，且恐四旗之地愈劝愈报，愈报愈收，愈收愈多，愈放愈远，则横山、榆林各县沿边之地将玉斧踵至划隶绥区，似于陕边极有关系"，并要求榆林道道尹"即详查前案，妥酌现情，豫杜后患"⑥。然而，就在陕西方面"函电交驰"据理力争之际，民国十年（1921）初发生的"验契画字"事件，不但改变了陕绥"收界放垦"纠纷的性质和走向，也将盟（蒙）旗推向纠纷的核心。事情的经过大致是这样的：民国十年（1921）一月十二日，有四名准格尔旗蒙兵来到府谷县属沙梁村。据沙梁村民人刘存舍报称该"蒙兵四人，各乘马匹，声称验契画字，沿村挨户，先恣意勒索马工钱若干，嗣索供应洋烟肉食又若干，再每契价银百两索银八两，倘稍供给不周，银钱不便，立即弔拷鞭打，血肉狼藉，呼号惨痛，不忍闻睹，小民畏其拷打，老幼男妇罔敢家居。现值隆冬，似此饥寒交迫，其不死者几希。民等出而解劝，该蒙兵等凶暴不服，除送款先回旗一人，其余三人遂同民等来

---

① 《榆林道道尹覆电》，《陕绥划界纪要》卷2。
② 《神木县知事函禀》（民国十年三月十九日），《陕绥划界纪要》卷2。
③ "陕北榆横府神靖定沿边六县争存会"成立时间为民国八年（1919）十一月，会址设在榆林城。
④ 《陕北榆横府神靖定沿边六县争存会呈文》（民国十年二月二十二日），《陕绥划界纪要》卷2。
⑤ 《延长公民代表呈文》（民国十年一月十三日），《陕绥划界纪要》卷2。
⑥ 《西安省长来电》，《陕绥划界纪要》卷2。

县理论"①。尽管准格尔旗对此事有不同说法②,但陕西方面认为蒙旗"纵兵入境,肆意进行","实属妄为不法",因而在府谷县"暂扣蒙兵"的同时,陕北镇守使也派兵"力为弹压",陕绥"收界放垦"的矛盾、冲突火药味愈来愈浓③。而本来就对绥远"收界放垦"极度惊恐、怀疑的陕北沿边民众,不满情绪达到极点,尤其是"郡、札两旗草牌地垦务分局"所在的神木县,当地居民在质询绥远垦务局"收归国有,加租另放"④缘由后,"或百余人或数百人联合来署,泣陈苦况,情词悱恻,愤不可遏",以致"民情日趋激烈"⑤。在此形势下,陕西督军、省长遂于该年二月三日,分别去电北洋政府与绥远都统蔡成勋,请求内务部"迅电绥远都统停止收界",要求绥远垦务总局在府、神草牌地面停止设局收界放垦。面对来自各方面的质询、反对声音,绥远都统蔡成勋于该年二月中旬分别电复北洋政府、陕西省政府、旅京陕绅高增爵等,声明收界放垦"暂从缓办"⑥。

然而,令人困惑的是,民国十年(1921)三月一日,绥远垦务局却又以《筹办勘放郡、扎两旗报垦地亩暂行办法十三条》咨行陕西,其中该办法的第七条"此次设局办理郡、扎两旗垦地应请令饬第四支队随时派兵保护",被陕西方面解读为绥远以武力强行放垦⑦。于是纠纷平地再起,反对"收界放垦",请求"政府将绥远收界放垦一事明令停止",成为陕西官民一致的呼声与要求。后在北洋政府的一再过问下,在旅京陕绅高增爵等的追问下,以及社会各界的呼声和舆论压力下,绥远当局才明令垦务总局"遵照办理",而此时已是民国十年(1921)四月底。到该

---

① 《府谷县知事呈文》(民国十年一月十四日),《陕绥划界纪要》卷2。
② 《准格尔旗公署公函》(民国十年一月二十六日),《陕绥划界纪要》卷2。
③ 《陕西榆林道公署指令第210号》,《榆林道道尹呈省长文》(民国十年一月二十三日);《榆林道道尹咨镇守使文》(民国十年一月二十四日);《陕北镇守使咨文》(民国十年二月二日),《陕绥划界纪要》卷2。
④ 《沿边六县公民争存会呈文》(民国九年十一月二十五日),《陕绥划界纪要》卷2。
⑤ 《神木县知事呈文》(民国十年二月六日),《陕绥划界纪要》卷2。
⑥ 以上引文见《陕西省长公署训令第1190号》(民国十年三月二十三日),《陕绥划界纪要》卷2。
⑦ 《陕北镇守使、榆林道道尹会呈督军、省长文》(民国十年三月二十日),《陕绥划界纪要》卷2。

年五月，随着蔡成勋被调离绥远，持续长达三四年的陕绥划界纠纷才逐渐淡出人们的视野。

二 陕绥划界纠纷争论的核心问题

民国陕绥划界，是经北洋政府批准并责令有关当事方进行的行政区划工作，本为"定案"。然而，"暂缓施行""暂从缓办"的无奈结局，却从侧面表明，此次划界所引爆的矛盾与纠纷远远超过陕绥乃至北洋政府之所料。仔细梳理此次风波缘起、发展，陕绥双方争论的核心问题主要集中在以下几个方面。

（一）习惯界线与事实界线之争

所谓习惯界线，是指长期以来形成的约定俗成的界线，它既可能是有形的地理标志物，也可能是无形的观念形态；而事实界线，或是双方实际管辖区界，或是争议双方默认或认可的界线，它是以地理事物的客观存在为基础。从陕绥两方对拟议边界划分的主张与依据来看，其纠纷的实质是习惯线与事实线之争。

如绥远都统蔡成勋提出的划界原则是"拟将伊克昭盟各蒙地陕西、山西、甘肃三省各县管理者，均请划归绥区，酌设县治，自行治理"[1]。这里"伊克昭盟各蒙地陕西、山西、甘肃三省各县管理者"，是指明长城以北自清以来历次放垦的地域，文献上对该地域有禁留地、伙盘地、牌界地、黑界地、白界地等不同的称谓与所指。据说，随"条陈"一起呈请的还有"伊盟各蒙地疆界绘图"。该地图虽已无从查考，但从当时的政治军事形势以及绥远方面并无测绘地图举动这一事实来看，蔡成勋所呈地图极有可能来自贻谷所修的《绥远志》[2]，而《绥远志》的"伊盟地

---

[1] 《陕西省长公署训令第502号》附《绥远都统蔡成勋条陈》（民国八年二月六日），《陕绥划界纪要》卷1。

[2] 《绥远志》卷1《疆界公所图》，光绪三十四年刻本。该志又名《绥远旗志》或《绥远全志》。

图"其底本应为乾隆五年（1740）蒙文版"鄂尔多斯七旗地图"①。在这些地图上，都是将长城作为伊盟与南部州县的分界标志。在随后与陕西方面会勘划界时，绥远委员更明确表示了以明长城为此次陕绥划界的依据②。而以长城为陕绥行政区划界依据，事实上是以习惯上的、认识上的蒙汉界线为政区界线。

而在陕西方面来看，此次划界"只有援照清初建置成案，仍依汉蒙旧界酌量区分"，并认为，清初锁定边墙外五十里之地，"即汉蒙分界处所，亦即陕绥应行划界之点"③。洞悉边地特别情形的榆林道道尹王健说得更明白："鄙见此案欲求从速解决，宜筹一简易办法，似应即以陕民已垦之地作为陕界，蒙民已垦及游牧之地作为绥界，则经界既正，不惟行政前途诸称便利，即异日边防有事，不至互相推卸贻误戎机。"④ 强调以客观存在的"伙盘地"为划界的依据，是陕西方面对此次陕绥划界的基本思路和看法。

不管是绥远主张的习惯界线还是陕西强调的事实界线，二者有一点是共同的，即都认为蒙汉界线亦即是陕绥行政区界线。这里，无论是古人还是今人，都陷入了一个先导性的认识误区。蒙汉界线，是蒙汉两个民族、人口、经济、文化的习惯界线，其与政区界线原则上是两个概念。如以绥远所主张的习惯线——长城为例，长城作为蒙汉分界的标志物，是长期历史形成的约定俗成的蒙汉界线，是人们在认识、观念上区分汉地与草地、农区与牧区的符号或表征，其象征意义大于实际意义，这也即是陕西方面所说的"非如长城之为华夷界也"⑤。至于将长城标注在地

---

① 作出此判断，理由有二：一是乾隆五年鄂尔多斯七旗地图是清时最早绘制的伊盟蒙文地图，乾隆以后的嘉庆、道光、咸丰、同治、光绪时期，理藩院曾要求各旗绘制地图"呈报"，但多是沿用旧图以复命。二是对比乾隆"鄂尔多斯七旗地图"与《绥远志》"伊盟地图"，二者的地形、地貌、河流、疆域形势基本一致；且，《绥远志》成书过速，大部分资料取材于已有档案或志书，更不可能去重新测绘地图。

② 《神木县知事呈文》（民国八年五月十六日），《陕绥划界纪要》卷1。此处文献记载是以明成化年间余子俊所修边墙，有误，实为弘治年间巡抚文贵所修"大边"，即今陕北明长城。

③ 《榆林道道尹呈省长文》（民国八年四月三日），《陕绥划界纪要》卷1。

④ 《榆林道道尹覆函》（民国十年五月十日），《陕绥划界纪要》卷2。

⑤ 《陕北沿边六县人民代表呈文》（民国八年五月十二日），《陕绥划界纪要》卷1。

图上，是从宋代以来的习惯做法，其本身并不具备法定或多方认可的边界性质。历史上，长城沿线大部分时间是多民族、多部落、多文化的分布之地，游牧和农耕的混合分布是这一地域的常态景观，即使如截然分明的明代，依然有春去冬归、摇摆于长城内外的"雁行人"，更不用说深入草地的内地商业经济。因之，长城作为蒙汉历史习惯线是一个粗略的地理概念，其大部分还只是"地带"而非"界线"。可以佐证的是，清康熙、乾隆、光绪时期的展界、勘界，也仅是勘划游牧地与伙盘地的界线①，并未将长城作为蒙汉界线。可以反证的是，当定边县志将边墙作为县域北部界线时，民国《续修陕西通志稿》就认为"按北至、东北西北至，依县志伙盘界里数舆图，本依边墙为界，非也"②。民国三十七年（1948）鄂尔多斯七旗地图仍然是以长城为界，但此时长城并不是盟旗与州县的分界线，更不是蒙汉界线。

同样，陕西所主张的事实界线，无论是其依"汉蒙旧界"酌量区分还是"以陕民已垦之地作为陕界，蒙民已垦及游牧之地作为绥界"，都陷入了理论与现实的双重困境。自清康熙年间开放禁留地以来，长城边外区域一直是"人、地"的两属分管，虽然陕北沿边州县通过管理"雁行人"，而行使对伙盘地的实际管辖，但这种实际管辖，也仅仅停留在事实层面，其并未得到中央政府及盟旗的认可，因而也不代表陕西省界的正式北移③。尽管清康熙、乾隆时通过勘界，控制或限定了汉农垦殖的地域范围，却并没有改变该地域多民族、多文化的混合分布态势④。清同治年间，为了对抗陕甘回民起义，清廷"将住于边墙附近之诸台吉、阿拉巴

---

① 大部分学者将清康熙、乾隆、光绪时期的展界、勘界看作勘分蒙汉界线，这是一种认识上的误区。清朝历次勘界，严格意义上勘划的是伙盘地与游牧地界线，其既与行政区划无关，也与蒙汉界线无关。

② （民国）《续修陕西通志稿》卷5《疆域》。

③ 参见：《榆林道道尹覆函》（民国十年五月九日），该文提出政府应将陕绥划界一事"早为规定"。文见：《陕绥划界纪要》卷2。另，《陕绥划界纪要》编辑的目的是"万一此案重提，茫然无所依据"。

④ 清康熙二十一年，禁留地首先对蒙旗开放，三十六年对汉农开放。此后，由于农牧争地而于康熙五十八年、乾隆八年两次勘划游牧与伙盘地界。

图及其牲畜等迁移至离本旗边界二百里之腹地内",严禁牧民游牧于边墙外①。有文献记载,清末"自陕西省接壤处至甘肃省,东西长一千二百余里,境内蒙古,既有从事农耕者,亦有放牧牲畜者"②。甚至在 1949 年之后,该地域依然是游牧倒场③与"远耕游农"并存。因此,事实界线所面临的不仅仅是理论问题,更会遭遇现实难于解释的观察。

(二) 划界与勘界之异

一般而言,划界是指邻国或邻省(区、市)、邻县之间签订条约,并在条约中确定邻国或邻省(区、市)、邻县之间的共同边界走向;而勘界,即勘定行政区域界线,是对行政区域界线进行实地调查、勘察地形,搞清边界线实地位置的一项工作。因此,划界与勘界,二者目的、性质均不相同。在民国陕绥划界纠纷中,虽然双方都认为"蒙汉界址(线)"是陕绥行政区的共同边界走向,但因陕绥双方对"蒙汉界址(线)"的理解、看法并不一致,从而形成不同的划界思路:在绥远,是以蒙汉历史习惯线——长城进行划界,而陕西则认为应依蒙汉旧界为基点,以实际测量为手段④,进行"会勘划界"。如此一来,戏剧性的一幕出现了,当陕西省政府遵照北洋政府指令准备派员会勘划界,"一俟绥区派员至日,妥为接洽,会同履勘,查照图志,征以故老传闻,指明旧日界牌确点,绘图帖说",以"呈候核夺"⑤之时,绥远所派勘界人员已以蒙人为乡导,"伙盘内外到处踏看,宣言凡边墙以外之地俱划归绥远,与陕无涉"⑥。因此,陕、绥双方对划界的原则、依据与主张的根本性差异,从一开始就注定了此次陕绥划界必然是无果而终。

---

① 《为禁止在边墙附近放牧札鄂托克旗文》(同治五年十二月十四日),金海等编译:《准格尔旗扎萨克衙门档案译编》第 2 辑,内蒙古人民出版社 2008 年版,第 488 页。
② 《盟长处为绘制地图等事札郡王旗等六旗文》(光绪二十四年正月十一日),金海等编译:《准格尔旗扎萨克衙门档案译编》第 3 辑,内蒙古人民出版社 2007 年版,第 618 页。
③ 《鄂托克前旗志》编纂委员会:《鄂托克前旗志》,内蒙古人民出版社 1995 年版,第 31、36—37 页。
④ 《榆林道道尹致西安省长电》,《陕绥划界纪要》卷 1。
⑤ 《陕西榆林公署训令第 516 号》(民国八年四月十四日),《陕绥划界纪要》卷 1。
⑥ 《神木县知事呈文》(民国八年六月五日),《陕绥划界纪要》卷 1。

(三)"收界放垦"与划界问题

收界放垦,又称为"收地放垦"。虽然文献表述略有差异,但其所指是相同的,即是将清代历次放垦的长城边外伙盘地"收回另放"。按绥远方面的说法,此次"收界放垦"是援照前清"成案",由蒙旗报垦,绥远勘收勘放。而所谓前清"成案",是指清光绪年间贻谷以"国家名义"进行的蒙地放垦工作。

按理来说,绥远此次放垦,与前清做法并无不同。这一点,陕西方面也予以认同:"推其所持理由,亦属正当"[1]。言下之意是,绥远此次放垦,是延续历史习惯做法,并无不妥。即使是陕绥划界风波结束之后,榆林道道尹在给"旅京陕北同乡会"的覆函中亦说:"此间近况如恒,并无其他重大问题,惟关于划界一事,虽经一再结束,而从旁窥测,该区垦务局尚仍多方经营,大有不能中遏之势。"[2] 这里,王健的潜台词是,放垦是放垦,划界是划界,原则上二者并无必然联系。而陕西方面之所以怀疑与反对绥远"收界放垦",其原因概在于"查绥远前因划界不成,复更易手法,改为向蒙旗单独收界"[3]、"以事理言之,勘收即勘放之张本,勘放即划界之张本"[4];而"未奉部令",又使得绥远"收界放垦"并不具备贻谷以"国家名义"进行放垦的合法性,"况界未划,又何由其收"[5],故"吾陕官厅既未与闻其事,自不能认为有效"[6]。尽管绥远方面一再解释,"此纯系放垦,与上年陕绥划界一案本为两事"[7],但陕西方面并不这么认为,"虽就表面而论似为垦务起见,与划界政策截然两途,然此事一经实行,则府、神、榆、横等县数十万边民固有之田土一旦划归

---

[1]《陕西榆林道公署牌示第七号》(民国十年一月二十三日),《陕绥划界纪要》卷2。
[2]《榆林道尹覆函》(民国十年五月九日),《陕绥划界纪要》卷2。
[3]《神木县知事呈文》(民国十年二月六日),《陕绥划界纪要》卷2。
[4]《西安省长来电》,《陕绥划界纪要》卷2。
[5]《沿边六县公民争存会呈文》(民国九年十一月二十五日),《陕绥划界纪要》卷2。
[6]《神木县知事呈文》(民国十年二月六日),《陕绥划界纪要》卷2。
[7]《陕西督军省长指令第2733号》附《照抄绥远来电》(民国十年三月二十五日),《陕绥划界纪要》卷2。

乌有"①。对于绥远在神木属什拉沟设局收租一事,亦认为其"始而设局,继而置吏"②,"且土地权设不能保,则一切司法行政权亦势必相随消减"③。如果"任其设局收界,势必籍保护局务之名,驻扎重兵,于一切行政司法强使职权,将来改局为县",划界必然成为事实④。因此,放垦与划界"名义虽别,事实相同"⑤,这是陕西方面反对绥远此次收界放垦的根本原因。

(四) 争"地"与争"人"之纠葛

争"地"与争"人"问题,即是学术界所谓行政区划的两个基本原则——属地主义与属人主义。前者是先确定地的归属,然后以其居人归隶于已经界定的行政区域;后者则强调民籍的归属决定地的归属。前后历时三四年的陕绥划界风波,从表面上看,绥远是以争"地"为目的,陕西是以争"人"为核心,但其实质则是,绥远通过争"地",进而实现对人的管辖;而陕西则是以人的归属从而达到对地的行政管辖。陕绥双方的争论也由此展开。

在绥远方面看来,由于一旗之地,"有归两省两县管理者,又有一省四县管理者,甚有归三省四县管理者"⑥,其疆域、行政纠纷不一,障碍尤多,因而请将"伊克昭盟各蒙地"归各省各县管理者,均划归绥区以资治理。而陕西方面则认为,"何县人管耕之地,即归何县"⑦是开放地域的习惯做法,"以汉民而居蒙地,凡黑界以内均租自蒙人,永远管业,迄今二百余年,耕凿相安(乡井),是故讼狱之县,差徭应县"⑧,因之

---

① 《陕北镇守使、榆林道道尹会呈督军、省长文》(民国十年一月三日),《陕绥划界纪要》卷2。
② 《沿边六县公民争存会呈文》(民国九年十一月二十五日),《陕绥划界纪要》卷2。
③ 《府谷县知事呈文》(民国十年一月二十五日),《陕绥划界纪要》卷2。
④ 《府谷县知事呈文》(民国十年一月二十二日),《陕绥划界纪要》卷2。
⑤ 《陕西督军省长指令第2733号》附《会覆绥远电文》(民国十年三月二十五日),《陕绥划界纪要》卷2。
⑥ 《陕西省长公署训令第502号》附《绥远都统蔡成勋条陈》(民国八年二月六日),《陕绥划界纪要》卷1。
⑦ 道光《神木县志》卷1《舆地志(上)·疆域》。
⑧ 《神木县知事呈文》(民国八年六月五日),《陕绥划界纪要》卷1。

"毋论界内界外，均归地方官管辖"①。况且，自"清朝定鼎以来，迭次展界，皆在百里以外，民先世出价耕种，代传子孙，生于斯，长于斯，庐舍丘墓于斯……一旦使舍而之他，情何以甘？"②地域文化的内在一致与同一，使人与地不可分割③。而更为重要的是，如果以长城为界，不但"沿边数十万领垦之户亦将一变而为绥远之民"④，而且边民历来耕种牧养之区"全行囊括以去"⑤。如此一来，则陕北沿边六县"陡蹙百余里之地，减少数十万之民，已失设治资格"⑥，这是陕西方面极力反对绥远以长城为界的深层次原因。

  上述四个方面，分别从不同角度解析了民国陕绥划界纠纷的症结所在。但从本质上来看，民国陕绥划界之所以矛盾纠葛丛生，其根源在于清初划定的"禁留地"以及此后"禁留地"的开放。"禁留地"作为清初划定的既不许汉人耕垦亦不许蒙人游牧的"国家空地"或"国家公地"，已成为事实上的蒙汉公共边界。但随着"禁留地"的渐次放垦，公共边界变为蒙汉利益共享区。而对蒙汉利益共享区进行归属划分，势必是将共有利益变为独有利益，对抗与冲突也就在所难免。有意思的是，绥远"收界放垦"所持理由之一即是将历次放垦土地"收归国有"⑦。因此，民国陕绥划界纠纷的根源在于"国家公地"变成"公地混界"，而清朝对"禁留地"政策的不明与摇摆不定⑧，就已经为该地域的行政归属埋

---

① 《查界委员、榆林县知事会呈文》（民国九年三月四日），《陕绥划界纪要》卷2。
② 《神木县知事呈文》（民国八年六月五日），《陕绥划界纪要》卷1。
③ 参见《查界委员、神木县知事会呈文》（民国八年十一月十八日），《陕绥划界纪要》卷1。
④ 《榆林道道尹呈省长文》（民国八年四月三日），《陕绥划界纪要》卷1。
⑤ 《陕绥划界纪要·叙》。
⑥ 《榆林道道尹呈省长文》（民国八年五月七日），《陕绥划界纪要》卷1。
⑦ 《沿边六县公民争存会呈文》（民国九年十一月二十五日），《陕绥划界纪要》卷2。
⑧ 清康熙三十六年（1697），清廷在同意伊盟盟长贝勒松阿喇布"乞发边内汉人，与蒙古人一同耕种"奏请的同时，亦设置了严苛的开放条件，"日后倘有争斗、蒙古欺凌汉人之事，即令停止"（《清圣祖实录》卷181，康熙三十六年三月乙亥）；雍正八年（1730），理藩院尚书特古塔奏准："五十里禁留之地，蒙古何得收租？议令征收粮草，归地方官贮仓"（道光《神木县志》卷3），将康熙三十六年赋予蒙古的"禁留地"收租权收归国有。虽然两年后（事实上不到两年），由于伊克昭盟发生荒歉，清政府又将伙盘地收租权归还蒙古。在对开放地域的管理上，实行的是蒙人归旗管理，民人归内地州县管辖，蒙汉交涉事务归理事衙门管理，这种多头、分层、分类、分离管理的结果是形成地域管理事实上的"政治真空"。

下了隐患。

三　谁是决定性力量：政府抑或民间？

民国陕绥划界，留给历史的最大看点是，经中央政府批准的绥远特别行政区域划分，本已成为"铁案"，但由于种种原因而不得不"事遂中寝"。是什么力量改变了事件的走向？

在民国陕绥划界纠纷中，相继参与或介入的社会团体、人群、政治力量有中央政府、绥远当局、陕西省政府、蒙旗政府、陕北沿边州县政府、沿边公民争存会、陕北公民代表、在京陕西士绅、旅京陕北同乡会、甘肃省政府等，其中，除中央政府作为划界裁决机构以及甘肃省政府发挥侧应作用以外，其他社会、政治力量都直接参与并影响了事件的发生、发展过程。在这一过程中，除绥远当局、沿边六县民众、在京陕西士绅、旅京陕北同乡会对划界事件的立场、态度是明确的、一贯的，即一方坚持划界，另一方反对划界。而作为陕绥划界主体之一的陕西地方当局，其态度变化最值得玩味，也需要人们给予更多的思考。

客观地说，在风波之初，陕西省政府的态度、立场是明确的。如在答复"陕北榆绥延鄜公民代表"呈请政府改正区域时，陕西督军、省长就认为"此事手续繁多，一时难于办到""此事窒碍甚多，徒兹烦扰，无裨实事"①；即使是在民国八年（1919）一月以后，陕西省政府也是饬令榆林道遵照国务会议议决"照办"。但榆林道道尹王健的态度却极为复杂，在他转呈沿边六县公民代表呈文时，也一同表达了自己的看法："（道尹）覆加考查，该公民等所请，实为永弥边患，便利民生起见，未便壅淤上闻。"② "未便壅于上闻"，这一看似无态度的态度，表达的是处于官民交接点上的榆林道道尹的艰难处境。而随着事件的发展，王健对划界的态度也逐渐由模糊变为清晰，由隐晦变为公开，如其在民国八年

---

① 《陕西督军署指令第5834号》（民国七年十月二十八日）；《陕西省长公署指令第2899号》（民国七年十月二十一日），《陕绥划界纪要》卷1。

② 《榆林道道尹转呈督军、省长文》（民国七年九月二十六日），《陕绥划界纪要》卷1。

（1919）四月三日给陕西省政府的呈文就认为"遽言划分，漫无标准"，并间接否定了绥远以长城为界的划分办法："连日督同熟悉边情人员，参稽志乘，悉心考核，只有援照清初建置成案，仍依汉蒙旧界，酌量区分"①；而在同年五月十一日致省长电文中，王健进一步陈述道："愚见此事根本解决，非从实地测量，别无入手之方"，因而请求陕西省政府"暂缓派员会勘，并转商蔡都统会订测量办法"②。在王健的不断呈文陈述下，陕西省政府的态度、立场也逐渐发生变化，在该年四月二十九日、五月三十一日陕西省省长刘镇华两次给榆林道道尹的函电中，先是认为王健所陈"不为无见，已据情咨呈国务院分咨内务部核办"；继之予以充分肯定"言之确有见地，已分别转咨查核办理"③。由此，陕西督军、省长对陕绥划界也由前期的"照办"转变为二者联名向北洋政府呈文"请将原案提出会议停止划界"④。

也许是受到陕绥划界"结果"的影响，也许是鉴于清末贻谷放垦的经验与教训⑤，在第二次"收界放垦"纠纷中，陕西省政府对绥远"收界放垦"的态度与此前划界时截然不同。尽管对于绥远"收界放垦"之事，陕西省长刘镇华一开始并不确信，但当他于民国十年（1921）一月三日正式接到绥远垦务局关于"郡、准、扎、乌四旗报垦地亩暂行办法"咨文后，立即致电榆林道道尹了解情况："蒙旗报垦案沿前清，民国继续进行，已逾廿载，陕边各县前清有无已收已放之地，民国有无继收继放之地，收放完竣之后，陕省是否仍有主权。"并征求"应否及早力阻及为何严词拒绝之处"，要求王健"于接电三日内详细电复，以凭核办。本署呈府咨院咨部覆绥，即当以为根据，勿略勿迟，至要至要"⑥。与陕西省长对此事的高度关切相比，榆林道道尹王健更是从官方层面予以反对、

---

① 《榆林道道尹呈省长文》（民国八年四月三日），《陕绥划界纪要》卷1。
② 《榆林道道尹致西安省长电》，《陕绥划界纪要》卷1。
③ 《西安省长覆电》；《陕西省长公署指令第2181号》（民国八年五月三十一日），《陕绥划界纪要》卷1。
④ 《陕西督军署训令第394号》（民国八年七月二十二日），《陕绥划界纪要》卷1。
⑤ 清末贻谷以"国家名义"放垦长城边外黑界地，因此起彼伏的抗垦运动而收效甚微，贻谷本人也因"二误四罪"被革职拿问。
⑥ 《西安省长来电》，《陕绥划界纪要》卷2。

抵制。早在民国九年（1920）十二月三日，当王健知悉绥远垦务局已派员收界放垦之后，随即"咨覆该垦务局，请其从缓办理"①；对于绥远垦务局请求榆林道协助放垦时，也被王健以匪患未静、边地不宁，而予以委婉拒绝②；在府谷沙梁"验契画字"冲突中，王健不但对府谷县知事"暂扣蒙兵"平息事态的做法持肯定态度，而且迅速商由榆林镇守使派兵弹压，这一前所未见的举动，充分表明榆林道道尹对绥远"收界放垦"的公开反对；在接到府谷县转呈的绥远垦务局关于郡、扎垦务所拟十三条办法之后，当即指令府谷县知事"所有该局进行事宜应不予承认"③。不仅如此，王健对包括沿边民众等在内的各阶层、各地域团体的抗争举动也都给予了充分的肯定和公开的支持，如在转呈"争存会"呈文时，王健即认为"其情诚非得已，且查核所称饵蒙、诬熟、双租三项及报复侵掠各节均属非诬"；当"争存会"将绥远派员沿途测绘、设局收租等情呈报时，王健的反应是"事关议决重案，自应据理力争"④；在回复延长县公民代表呈文时，王健的态度更为坚决："（划界缓办）在绥远都统固不能弁髦法令，蚕食邻封，在本署亦岂能任其侵吞，不事干涉"，"该公民代表等出而奔走呼号，正可籍资臂助，本道尹披览之余，殊深嘉许"⑤；在给"旅京学会"覆函中，王健依然表达了同样的观点，而其目的是"以期收众擎易举之效"⑥。官、绅、民互动，成为第二次纠纷与第一次风波最大的不同。

　　行政区划，"事关厘正区域，本属行政范围"⑦。民国初年陕绥划界从程序上来说，也是由政府主导的"自上而下"的行政区划过程，但其结果却是以维持"原状"而结束。尽管从表面上来看，陕西省政府态度的转变，是纠纷最终得以解决的关键，亦如《陕绥划界纪要·叙》所说：

---

① 《榆林道道尹覆电》，《陕绥划界纪要》卷2。
② 《榆林道道尹咨绥远垦务总局文》（民国十年二月一日），《陕绥划界纪要》卷2。
③ 《陕西榆林道公署指令第562号》（民国十年三月十五日），《陕绥划界纪要》卷2。
④ 《陕西榆林道公署牌示第130号》（民国九年十一月二十八日），《陕绥划界纪要》卷2。
⑤ 《陕西榆林公署牌示第7号》（民国十年一月二十三日），《陕绥划界纪要》卷2。
⑥ 《榆林道尹覆函》（民国十年三月二十八日），《陕绥划界纪要》卷2。
⑦ 《陕西督军署训令第289号》附《抄咨呈原件》（民国八年七月五日），《陕绥划界纪要》卷1。

"然非当轴者大力主持，为民请命，断难收此效果"。然而，如果没有公民代表或民间社会团体的上书、奔走、请愿，也就不可能有政府态度的转变，如陕北沿边六县"全体人民代表"在给北洋政府内务部、陕西省省长及榆林道道尹的呈文中就说："当不能坚执成案，置六县废兴及其人民公意于不顾，而迳行划分也"①；而"延长县公民代表"，更以"个人和全陕"名义呈请政府"明令阻止"，"否则，吾人为自卫计，只有联络各县，为最后自决之一法耳"②。这一近乎威胁的口吻，不但陕西省政府即使是中央政府也不能等闲视之。尤其是有组织、有纲领、有目的的地域民间社会团体——"陕北沿边六县公民争存会"的成立，使地域性的民间力量由隐性上升为显性，如"争存会"在给陕西督军、省长、陕北镇守使、榆林道道尹的呈文中就说："（敝会）奉父老兄弟之付托，又以地方安危所系，只得举我数十万人民之生存问题，与该局为最后之奋争，一日不达目的，实一日不敢放弃责任。"③ 这种以"数十万人民之生存问题"为己任，其责任、担当与影响，显然是政府决策不可忽视的因素。而旅京陕北同乡会的持续介入，又使陕绥划界纠纷被赋予了更为广泛、复杂的地域社会背景因素，其不但请愿北洋政府、登报反对，而且"联络各县人民以停止纳税为抵抗条件向政府力争"，甚或"联络甘省一致反对"④。因此，与其说是陕西省政府"为民请命"，还不如说是民间力量迫使政府改变立场，从而也改变了整个事件的走向。在第一次划界纠纷中，北洋政府之所以收回成命，其重要原因是"政府鉴于舆情不可拂，复经国务会议议决，以暂缓划分一语权告结束"⑤。随之，陕西督军、省长也要求榆林道道尹将国务会议议决"一体知照"榆林等县人民代表张

---

① 《陕北沿边六县人民代表呈文》（民国八年五月十二日），《陕绥划界纪要》卷1。
② 《延长公民代表呈文》（民国十年一月十三日），《陕绥划界纪要》卷2。
③ 《陕北榆横府神靖定沿边六县争存会呈文》（民国十年二月二十二日），《陕绥划界纪要》卷2。
④ 《旅京陕北同乡会来函》（民国十年四月二十六日），《陕绥划界纪要》卷2。
⑤ 《陕绥划界纪要·叙》。

立仁等①。而"群情所注,动起误会"的收界放垦"暂从缓办"之后,陕西督军、省长立即转电"旅京陕绅并行知镇道及各县"②;榆林道道尹还以快邮代电的方式告知"榆林、横山、府谷、神木、靖定边、陕北榆横府神靖定沿边六县争存会"等并转饬"该县绅民一体知照,各该县公民一体知照"③。可以说,正是因为"舆情不可拂",才促使地方政府乃至中央政府对划界态度的转变,从而也直接影响了事件的结局。这一现象,在中国行政区划史上,尤其是高级(省级)政区的调整上,是不多见的。

四 民国陕绥划界的经验与教训

行政区划是国家政治生活中的大事。辛亥革命以后,随着国家政体的变化,原有的行政区划体系也随之发生相应变动,厘清或勘划行政区域界线是民国政府一直致力的政治活动。但像陕绥划界这样,牵扯问题之复杂,涉及地域之广泛,参与人群之众多,影响之深远,结局之无奈,却是不多见的。因此,总结其经验教训,无论是对历史,还是对今天蒙陕交界地区乃至中国沿边地区、民族交汇地区经济社会的稳定与协调发展,都具有重要意义。

(一) 陕绥乃至中央政府对陕绥交界地区缺乏必要的了解与认识

陕绥交界地区,即鄂尔多斯高原南部,其在历史上一直是民族往来交错地区,行政建制变动不定,加之生活在该地域的人口多为游牧民族,鲜有文字记载。仅有的关于该地区的地理、历史、人口等情况,不是来自旅人的游记,就是出自陕北沿边州县的模糊性记述。如道光《神木县

---

① 《陕西省长公署训令第2402号》(民国八年六月二十八日);《陕西省长公署训令第2543号》(民国八年七月十五日);《陕西督军署训令第394号》(民国八年七月二十二日),《陕绥划界纪要》卷1。

② 《陕西督军省长指令第2733号》附《会覆绥远电文》(民国十年三月二十五日),《陕绥划界纪要》卷2。

③ 《榆林道道尹快邮代电》,《陕绥划界纪要》卷2。

志》卷2《蒙地》:"惟神木分管之郡王、扎萨克二旗,举目所及,悉缀诸后,谓之杂记。"光绪《靖边县志稿》卷1也说:"今边墙外一带伙盘地错互五堡,其地界租户蒙俗略入杂志。"民元之初,陕北长城边外地域仍然延续着前清的景观格局,即使是蔡成勋于民国六年(1917)出任绥远都统,他对这一地域的认识也是模糊的、朦胧的,甚至关于长城边外土地的放垦仍然沿用传统做法,即委托陕北沿边州县代为进行。而伙盘地"界自内外,官由内治"①,使得该地域长期处于"政治真空"状态,亦即文献所言"在该管长官几不知所属为何地,在民人几不知本管为何人"②。因此,陕西方面对长城边外地域实际状况的了解,并不比绥远多多少。提出以伙盘地为划界依据的王健,之所以感到茫然,其原因概在于"惟历年已久,故址就湮,究竟从前旧界现在何处,其中村落系何名称,均非详加考察不可"③。榆林道道尹如此,陕西省乃至绥远当局及北洋政府对伙盘地的了解,概可想见。

就在第一次划界纠纷结束之后不久,北洋政府和陕西省政府都迫切需要了解和掌握陕北长城边外的实际情况,"查,陕绥划界一案,前以虽经国务会议议决从缓施行,惟以治理所及,若无祥晰图册亦不足以资参考,请密令榆林等六县,将各该县边外垦地分别调勘明晰,绘具详细地(图),并叙明开放管辖沿革以及征收租税、交通、道里、四至界址情形"。并特别强调"事关边县地界,亟待查考"④,且一再催促陕西省从速"核办"。陕西省政府也于民国八年(1919)九月三日、九月二十日,九年(1920)四月二十八日、六月十八日命令榆林道道尹迅同省派查界委员巫岚峰、贾永德等详细、实地调查,"以明真象(相)"⑤。因此,无论是在划界之前还是划界之中,陕绥乃至北洋政府对陕北长城边外伙盘地的历史与现实、人口与土地、蒙汉关系等基本地域情况,缺乏必要的了解和认识,为划界而划界,是此次陕绥划界纠纷不了了之的重要原因。

---

① 道光《神木县志》卷1《舆地志上》。
② 《陕北榆绥延鄜公民代表呈文》(民国七年九月二十四日),《陕绥划界纪要》卷1。
③ 《陕西榆林道公署训令516号》(民国八年四月十四日),《陕绥划界纪要》卷1。
④ 《陕西省长训令第1791号》(民国九年四月二十八日),《陕绥划界纪要》卷2。
⑤ 《陕西省长公署训令第2856号》(民国八年九月三日),《陕绥划界纪要》卷1。

（二）中央政府职能的缺失，是此次陕绥划界"半途而废"不可忽视的政治因素

勘界，是一种政府行为。一般而言，一国之内的省级行政区域划分，原则上是由中央政府主导，由划界双方参与、协商、会勘，最终形成具有法律效力的界线走向、标识以及关于划界原则、依据的政府存档文本。但民国初年的陕绥划界，北洋政府在同意绥远划界提案之后，并未直接或间接派员参与，而是责令当事双方派员会勘。作为划界主体兼仲裁机构的北洋政府"置身事外"，从划界之初就从现实操作层面带来了诸多的不确定因素。第一，陕绥双方都在地方本位思维的驱使下，提出各自的划界原则、依据与主张。于是，就出现了看似合理实则矛盾的划界现象——在陕西是"会勘划界"，而绥远则依长城直接进行划界。显然，北洋政府划界主体职能的缺位，使陕绥划界的分歧与矛盾难于协调一致。第二，缺乏陕绥双方都基本上认可的划界方案。我们当然不能要求民国初年陕绥划界时，有一部较为完备的划界法令或章程，但划界本身是一项复杂的区域政治地理过程，它不但要遵照或按照国家的有关法律、规章、议案，也要考虑历史、地理以及地方居民利益。因此，划界应在调查、研究的基础上，经过当事双方的充分协商，形成一定的划界原则和依据，制定各方基本认可的划界实施方案。但纵观民国陕绥划界过程，以上划界的程序、步骤、要素都不具备。而仅凭中央政府一纸行政命令，就希冀划清彼此界线，只能说是一厢情愿。第三，中央政府职能的缺失，使此次划界成为陕绥双方的单边行动。客观地说，在划界初始，陕绥双方都按照北洋政府的要求，派员会勘。但当绥远方面先行派员测绘地图，继之以长城为界径行划分，拟议中的"会勘划界"已失去意义。这虽然是来自陕西方面的说法，但从后来陕西方面"暂缓派员"以及对划界提出"动议"来看，"会勘划界"已名存实亡。第四，中央政府仲裁背后的隐患。北洋政府虽然以"暂缓施行"而使纠纷暂时得以平息，但矛盾与问题依然存在，这成为此后陕绥边界纠纷不断的历史根源。

（三）盟（蒙）旗缺位划界，是此次陕绥划界纠纷复杂的重要因素

省级行政区域界线的划分，说到底还是基层政区县、乡、区、镇之间界线的划分。民国陕绥政区界线的划分，实质上是陕北沿边州县与毗连的盟（蒙）旗之间的界域划分。但奇怪的是，陕绥双方在议定边界划分的过程中，却又都将盟（蒙）旗排除在划界"当事人"之外。而盟（蒙）旗在这一地域的客观存在，又使得陕绥双方都拿盟（蒙）旗来说事。尤其是在"收界放垦"纠纷中，陕绥双方围绕盟（蒙）旗的争论已由理论、认识角度进入现实层面。如绥远方面之所以进行"收界放垦"，是因为"郡王旗、准格尔旗、扎萨克旗、乌审旗先后报垦沿边一带草牌地，出具印文，请派员勘收"①。对此，陕西方面并不认可，"查向日蒙旗报垦，必先有款项纠葛，经理藩院数次之强迫压制而后勉强应命。"② 这里所言是指清末贻谷放垦蒙地的历史事实。据此陕西方面怀疑此次由"蒙员指界，绥员收界"的真实意图。况且，数百年来"汉租蒙地，蒙取汉租"，蒙汉息息相依，因而遽言划分是"绝蒙人之生计，重汉人之负担"③，不但蒙古方面"未可划分"，即"陕绥蒙三处有不能划分之理由"④；如划分，则"为政治整肃起见，此后亦不必再沿前清纠纷之治议给蒙租"⑤，问题由此被上升到事关边地民族、人口、社会稳定的大问题。而盟（蒙）旗的被"介入"，不但无助于划界问题的解决，反而使纠纷变得更为复杂⑥，"查绥远都统对蒙族仅一监视关系耳，并无主管之分，其土地管辖及自治各权悉由蒙人自主，待遇条例载之极详，而竟提议划分，酌设县治，祗知冀彼方岁入之增加，未虑损陕病蒙之巨祸"⑦。由盟

---

① 《绥远垦务局咨文》（民国九年十二月十六日），《陕绥划界纪要》卷2。
② 《陕北榆横府神靖定沿边六县争存会呈文》（民国十年二月二十二日），《陕绥划界纪要》卷2。
③ 《查界委员、靖边县知事会呈文》（民国九年二月十六日），《陕绥划界纪要》卷2。
④ 《陕西督军署训令第394号》（民国八年七月二十二日），《陕绥划界纪要》卷1。
⑤ 《榆林道道尹呈省长文》（民国八年四月三日），《陕绥划界纪要》卷1。
⑥ 有迹象表明，蒙旗在此次划界事件中，逐渐由边缘走向中心，其表现：一是蒙旗报垦，绥远收地；二是府谷沙梁地方蒙兵的"验契画字"，引发蒙汉直接冲突。
⑦ 《查界委员、府谷县知事会呈文》（民国八年十二月三十日），《陕绥划界纪要》卷1。

（蒙）旗进而对绥远划界的主体性产生怀疑。因此，划界中盟（蒙）旗法律地位的模糊与迷失，是民国陕绥划界矛盾纠葛丛生，双方各执一词，公说公有理、婆说婆有理的根源所在。

（四）划界中如何看待和处理历史问题

任何区域都是其前后相继历史发展过程的某一个断面，忽视或无视区域历史问题，既不现实，也无可能。在民国陕绥划界纠纷中，陕绥双方对长城边外地域的历史问题都予以承认，也都将区域历史问题作为己方划界主张的依据。如绥远方面提出的划界缘由是"而一旗地内居住汉蒙人民应纳之租税并呈控之诉讼，趋赴县署或一二百里或数百里者，奔驰之苦，久称不便，且对于行政各要端障碍尤多，此疆界纠纷、政权不一之实在情形也。粤稽前清时代，绥远将军专管军事，兼辖两盟，其行政事务均归地方官厅管理。今政体变更，事权亦异，而地方行政若仍沿照习惯，则于政务既多废弛，又于人民诸称不便，殊非治政之道。兹经博考舆情，斟酌现状，自非划清行政疆域，实不足以资治理"①。对此，陕西方面则从蒙地开放历史、人口、经济、文化等方面，陈述了不可以长城为界划分的理由，"按边口外有所谓伙盘黑界者，民人出口种地，定例春出冬归，暂时伙聚盘居，故谓之伙盘，犹内地之村庄也……近年以来开垦愈多，村庄愈密，向之称为伙盘者，今则成为村庄也"②。况且，"数百年来，内地民人以口外种地为恒产，蒙古亦资地租为养赡，相依若命，耦俱无猜"③。这里，无论是绥远"久称不便"还是，陕西方面所强调的"数百年来"蒙汉错居、相依、相安以及行政管辖沿革，都是以该区域发展的历史过程为基本出发点，不同点在于，绥远方面看到的是"历史中的现实"，而陕西方面强调的是"现实中的历史"。

政区不是虚空的王朝经野符号，它是真切的地域社会要素以及实在的历史空间过程。自清康熙年间开放"禁留地"以来，清王朝对该地域

---

① 《陕西省长公署训令第502号》附《绥远都统蔡成勋条陈》（民国八年二月六日），《陕绥划界纪要》卷1。

② 《查界委员、榆林县知事会呈文》（民国九年三月四日），《陕绥划界纪要》卷2。

③ 《陕北榆绥延郿公民代表呈文》（民国七年九月二十四日），《陕绥划界纪要》卷1。

的行政管理实行的是"有民无土"的州县制和"有土无民"的理事厅制，二者的重叠与交叉，使该地域的行政管辖权属一直模糊不清。虽然陕西通过管"人"而行使伙盘地的实际管理权，但伙盘地的所有权仍然归属盟（蒙）旗①。尽管如此，由于行政管辖沿革以及蒙汉之间土地租、佃、典、卖等原因，在陕北长城边外区域又客观存在陕西实际管辖的区域，"如靖边之宁条梁地方，经部核准，设置县佐一缺，历时已久，当然不属于绥区"②，这里的"历时已久"是指自清乾隆朝以来。而"其余如府谷之哈拉寨、沙梁，榆林之五口外，横山之纳泥河等处，类皆沿边精华萃聚之所，内地民人领照承垦，久成邑聚，断难弃之不顾"③。不仅如此，深入草地的"通哈朗都喀兔"与"三里界"④，由于种种原因，自清末以来即成为陕西在蒙地的插花地。更为关键的是，清末贻谷以"国家名义"放垦蒙地时，曾明确划定过郡王旗、扎萨克旗、准格尔旗放垦地的行政管辖区界，如以活鸡儿兔沟为界，划分神木县与东胜厅管辖范围，据此民国陕西省志认为神木属地"始有定界"⑤；而对于准格尔旗黑界地的划分，则以"义""礼"两段地之间的河流作为山、陕管辖区的分界线。诸如此类的历史问题，都成为陕西方面质疑、否定绥远以长城划界的重要行政依据。

五 结论与讨论

当代学者梁冰认为，民国陕绥划界之所以会产生如此大的冲突与纠纷，是因为其划界的时间、地点都不对。如果此事发生在清末贻谷放垦之时，可能就顺理成章，不会引起如此大的风波⑥。作出如此判断，研究

---

① 在府谷沙梁事件中，准格尔旗所持理由即是"敝旗物权所在，未便抛弃"。参见《准格尔旗公署公函》（民国十年一月二十六日），《陕绥划界纪要》卷2。
② 《清高宗实录》卷502，"乾隆二十年十二月己巳"。
③ 《榆林道道尹致西安省长电》，《陕绥划界纪要》卷1。
④ "通哈朗都喀兔"，汉文献称之为"通岗浪"，该地距神木县城约二百三十里；三里界地，距神木县城一百八十余里。民国六年（1917）通岗浪正式划为神木县第七区。
⑤ （民国）《陕西通志稿》卷28《田赋三·屯垦》。
⑥ 梁冰著：《鄂尔多斯通史稿》，内蒙古大学出版社2009年版，第1129—1130页。

者只看到了贻谷钦差大臣和理藩院尚书的头衔以及政府在划界中的主导作用,忽视了政区划分本质上是地域政治、经济、文化等多重因素所交织的历史过程和结果。而无论行政因素有多么强大,其最终还必须寻求区域因素的支撑。这一点,贻谷本人也已意识到,如在关于郡王旗、扎萨克旗、准格尔旗黑界地属秦属晋一事上,贻谷以专注于放垦,"于划界分疆一事,尚无暇及此"①,而有意回避。但其真正的原因则是"况划留之地,作为蒙地,政治仍难统一,作为民地,蒙旗必不认可"的两难境地。因此,绥远都统蔡成勋只是在不恰当的时间与地点,引爆了该地域社会"固有"的矛盾与冲突。

不止于此,从宏观的地域、政治背景来看,陕绥划界结果不但会触发陕北长城边外区域社会的变动,也将会直接或间接影响绥远与甘肃、山西等"沿边界址与陕北情事相同"省份的边界划分,其关联和示范效应是不言而喻的。加之,民元之初,时局动荡,军阀混战,陕绥政局如同全国局势一样是你方唱罢我登场,中央政府在很大程度上已失去对地方政局的掌控,划界所必要的政治环境不存在,诚如《陕绥划界纪要》所言"良以国家多事之秋,此种纷更政策最足以启边衅而肇乱萌,诚非可造次行之者也"②。而"蒙疆多故,陕乱未平",在此"内忧外患,纷至叠乘,当此之时,即按循旧治,整军安民,犹且时怀隐忧,虑不终日。若必骤事更张,恐因划界之纠纷启蒙边之争执,审时衡事,未知其可"③。因之,民国陕绥划界之所以困难重重,不是行政之难,而是政治之难。

行政边界是一条关乎重大实际利益乃至人们认同意识的分界线,凝结着政府和民众两个主体及其不同层次的本位诉求。因此,在行政区划中,争议是客观存在的,但问题不在争议本身,而在于如何处理和解决争议的原则与措施。在民国陕绥划界纠纷中,由于盟(蒙)旗"当事人"角色的被忽视以及中央政府划界主体职能的缺失,使划界争议双方各说各话,南辕北辙。原本为"清理积年纠纷"的陕绥划界,却因此而引起

---

① 《准格尔旗垦务资料》,整理番号86。
② 《沿边六县公民争存会呈文》(民国九年十一月二十五日),《陕绥划界纪要》卷2。
③ 《陕西督军署训令第289号》(民国八年七月五日),《陕绥划界纪要》卷1。

地域社会的持续动荡与对抗，这是包括北洋政府在内的划界涉事各方所未曾料到的结局。

尽管如此，我们仍然应该看到，民国陕绥划界使原本"地形捍隔，声气难通"的陕北长城边外区域，从此进入公众视野。长城边外地域社会的发展，也不再是陕西不问、绥远不闻的状态。就在此次划界风波之中，陕绥双方出于各自需要都对长城边外土地展开了调查与研究，尤其是陕西，派出查界委员会同沿边六县知事、士绅等对边外伙盘地展开翔实的调查，举凡"陕绥交界之处，关于地址、物产、交通、风俗以及汉蒙人民相处情形，襄昔交涉成案各项"等，按县形成调查报告，并绘具图帖，"计呈赍总地图二份，清册各二份（计十二本），分图各二份（计十二张）"[1]。而在划界风波之后，伴随着开发西北、巩固国防的需要，各社会团体、新闻媒体以及学术界等纷纷对鄂尔多斯高原进行考察、调查与研究，产生了一批内容丰富、实用价值和史料价值都较高的调查报告和志书，如民国十二年（1923）撰成的《鄂托克富源调查记》，是民国内蒙古第一部蒙旗简志；成书于民国二十八年（1939）的《伊克昭盟志》，是内蒙古第一部盟志[2]。这些志书的刊行，逐渐揭开了鄂尔多斯高原朦胧的面纱，也使得该地域社会发展不再是游离于国家政治经济生活之外，而是与国家领土完整、边疆稳定与安全息息相关。从这个层面来看，民国陕绥划界的意义已远远超过纠纷本身。

（原刊《人文杂志》2016 年第 10 期）

---

[1] 《榆林道道尹呈省长文》（民国九年六月二十七日），《陕绥划界纪要》卷 2。
[2] 忒莫勒撰：《建国前内蒙古方志考述》，内蒙古大学出版社 1998 年版，第 160—161、167—171 页。

民国时期陕绥划界纠纷研究中的几个基本问题

发生于民国初期的陕西省与绥远特别行政区之间的划界纠纷，是一场各种政治军事力量介入，参与人群、阶层众多，涉及地域广泛的重大行政区划事件，其影响不仅在当时，甚至一直持续到今天①。对于该事件的研究，学术界也予以持续的关注。然而，在有关陕绥划界纠纷研究中，一些基本问题如陕绥划界纠纷的起始时间、"禁留地"的放垦与陕绥划界的关系以及《陕绥划界纪要》资料的价值等，学术界并没有一个客观、明晰的认识，而对这些基本问题的厘清或解决，是我们复原民国陕绥划界风波的基本过程，探讨民国陕绥划界纠纷缘由、实质不可或缺的一环。基于此，本文尝试对上述几个问题作一辨析。不当之处，尚祁当世方家予以指正。

一 民国陕绥划界纠纷的起始时间

关于民国陕绥划界纠纷起始时间，目前学术界主要有两种说法：一是民国七年（1918）六月，二是民国八年（1919）一月。前一说是霍世

---

① 在1998—2001年的蒙陕省行政区域界线勘定中，仅解决争议线就长达399公里，占蒙陕省界线全长的60%。其中31公里的边界线因双方争议过大，虽经中央政府裁决划定，但仍然是以"维持现状"而平息争议的。透视争议地段的争议问题，仍然显示或折射出民国年间陕绥划界事件的影子。参见民政部全国勘界工作办公室编《中国勘界纪实》（上卷），中国社会出版社2003年版，第160—167页。

春在《民国初期陕绥划界始末》一文中提出的①，但由于该文并未出示判断的依据，因而也未曾引起学术界的重视。而广泛被认可、援引的是民国八年一月说，其来源与依据是民国《陕绥划界纪要·叙》中提到的"（民国）八年（1919）一月间，绥远蔡都统援照民国二年国务会议议决成案，径行派员来陕划分汉蒙界址，意欲指边墙为鸿沟"，其史实和文献记载都比较清楚，这是多数学者认同该说法的重要原因之一。然而，仔细通读民国《陕绥划界纪要·叙》（以下简称《叙》）全文，将民国八年（1919）一月认定为陕绥划界起始时间，显然是上了古人文字游戏的当。

紧接着上文，《叙》作者是这样说的："先岁（按，指民国七年，1919）蒲城王卓亭公奉命来尹兹土，鉴于此案之已成大错，急宜设法挽回。甫下车，即广咨博访……"王卓亭公，即王健，民国七年（1918）四月被任命为榆林道道尹。文中所言的"鉴于此案已成大错"，就成为我们判断此次事件起始的关键依据，但由于《叙》文中并没有交代"此案"所指，因而只能加以推测和分析。"此案"，按陕绥划界过程可有两种解读：一是指民国二年（1913）北洋政府置绥远特别行政区时，曾命令绥远特别行政区与毗连的山西、陕西、甘肃按照所属勘划边界之事；二是蔡成勋当政绥远时②，向北洋政府"旧事重提"划分绥远与周边相邻省份的行政区界。如按第一种推测，难于理解何以王健会认为"此案之已成大错"，因为早在"民国成立之二年，政府置绥远特别区域，隶以鄂尔多斯七旗，于是划分蒙界之议起"③，但由于时局动荡，军阀混战，各方都无暇顾及此事，因而只"议"而无实际的行动，也就不存在纠纷之说。此后，绥远都统和榆林道道尹都是走马灯似的更换，却并未见绥远与陕西有若何关于划界的举动和纠纷，因而王健此说便毫无来头。有且只有

---

① 霍世春《民国初期陕绥划界始末》："民国七年六月至十年三月（1918.6—1921.3），由于绥远特别区的设置，在陕绥交界地区酝酿划界和绥远垦务总局收界放垦，曾引起两次轩然大波"，文载《陕西地方志》1993年第5—6期。另，张淑利《"禁留地"的开垦及晋陕宁绥间的边界纠纷》一文中也认为民国陕绥划界纠纷起始时间为民国七年，但由于该文表述极为模糊，难于使人从信，其原文是："民国七年（1918），绥远都统蔡成勋曾发起一次山西、陕西划界事件，但由于陕西沿边各县的坚决反对，未能成行"，文载《阴山学刊》2005年第1期。

② 蔡成勋当政绥远时间为民国六年（1917）八月至民国十年（1921）五月。

③ 樊士杰等编：《陕绥划界纪要·叙》，民国二十一年（1932），铅印本。

唯一的可能是，在王健就任榆林道道尹之前，蔡成勋即已向北洋政府提出了"条陈"，于是才有王健的举动。可以与之佐证的是，民国七年（1918）九月二十四日，艾如兰、高照初等22人以"陕北榆、绥、延、鄜公民代表"的名义，向当时的榆林道道尹、陕西督军、省长呈文，请求"据情陈请国会列入议案，咨明政府改正区域，仍以鄂尔多斯所属之鄂套、乌胜、扎萨克台吉、郡王、准格尔五旗划归陕北区域"①。如果没有蔡成勋的"旧事重提"，何以事隔四五年之后，陕北民众会主动请求政府"改正区域"②？尽管此时陕绥双方是处于"隔空交锋"的状态，但划界一旦付诸实施，其结果应如榆林道道尹王健所说"将见边墙以外所有已垦膏腴之田尽归绥区"③，这是陕西方面未雨绸缪的重要原因。如果此推测成立，那么民国陕绥划界纠纷的起始时间点应该以蔡成勋向北洋政府"条陈"的时间为准，但蔡成勋向北洋政府"条陈"的具体时间现有文献表述得极为模糊，无法查实。文献可查的只有北洋政府国务会议议决通过蔡成勋"条陈"的时间，即民国八年（1919）一月二十五日④。以此为参照，蔡成勋"旧事重提"的时间，应该在民国八年（1919）一月之前。目前，关于蔡成勋"条陈"出笼的时间，学术界有一种朦胧的说法⑤，其大意是，民国七年（1918），陕西督军陈树藩被"靖国军"围困在西安，绥远都统蔡成勋所属李际春的"第四支队"奉命援陕，随即开赴、驻扎在榆林境内，看到这里经过二百余年的开发已成为成熟的农业区，引起了蔡成勋扩大财源的欲望，因而才有"条陈"划界之事。而核对历史资料，这一说法本身就不成立。据民国《申报》报道，蔡成勋

---

① 《陕北榆绥延鄜公民代表呈文》（民国七年九月二十四日），《陕绥划界纪要》卷1。
② 民国八年五月十二日《陕北沿边六县人民代表呈文》即是因为"事缘绥远都统条陈拟将伊克昭盟各蒙地山西、陕西、甘肃各县管理者全部划归绥区，酌设县治。经国务会议决咨行划分一案。"
③ 《榆林道道尹呈省长文》（民国八年五月七日），《陕绥划界纪要》卷1。
④ 上海申报馆《申报》，中华民国八年（1919）一月二十五日星期六，戊午年十二月二十四日，第16504号，第6版。
⑤ 该说法最早见于伊克昭盟地方志编纂委员会编：《伊克昭盟志》，现代出版社1994年版，第356页。此后该说法被研究者广泛援引。

所属李际春"第四支队"驻扎榆林时间为民国八年（1919）二月十日①，其时，北洋政府国务会议已议决通过蔡成勋的"条陈"。因此，关于蔡成勋"条陈"提出的时间、缘由，目前的说法都不对。如将榆林道道尹王健高度重视的"此案之已成大错"，作为判断民国陕绥划界纠纷发生的可信依据，那么其起始点至迟不晚于民国七年（1918）四月，甚至更早。

二 "禁留地"的放垦与民国陕绥划界纠纷的关系

在有关民国陕绥划界纠纷研究中，几乎所有的研究者都将"禁留地"②的放垦与陕绥划界纠纷做因果关系分析③，由此得出的认识或结论必然是，"禁留地"的开放开垦是民国陕绥划界纠纷产生的主要且是终极原因。人们有理由追问，这一认识或结论符合历史事实吗？或者是我们据此可以厘清或解释民国陕绥划界纠纷的实质吗？

在回答上述疑问之前，我们先看一个基本史实。"禁留地"的放垦，在民国陕绥划界纠纷之前、之中、之后一直在进行。划界之前或之后的"禁留地"放垦，暂且不论。即使是在陕绥划界纠纷之中，当时的纠纷双方——陕绥当局都未曾将"禁留地"的放垦作为矛盾的焦点，反而都认同"禁留地"的放垦是一种历史习惯做法。如绥远方面"收界放垦"的缘由即是援照前清"成案"④，由蒙旗报垦，绥远勘收勘放，并且声明

---

① 上海申报馆：《申报》，民国八年（1919）二月十日星期一，己未年正月初十日，第16513号，第3版。

② 从严格意义上来说，从清康熙三十六年（1697）"禁留地"开放以后，"禁留地"这一概念已不复存在，取而代之的是由"禁留地"衍生出的"伙盘地""牌界地""黑界地"等历史地理概念。但为了简明且扼要地体现该地域的特点或特质，本文仍然采用初始的"禁留地"概念来指代放垦后的"禁留地"。

③ 较有代表性的论著有：梁冰著《鄂尔多斯通史稿》，内蒙古大学出版社2009年版，第1125—1136页；张淑利：《"禁留地"的开垦及晋、陕、宁、绥间的边界纠纷》，《阴山学刊》2005年第1期；王晗：《"界"的动与静：清至民国时期蒙陕边界的形成过程研究》，《历史地理》第25辑，上海人民出版社2011年版。

④ 所谓前清"成案"，是指清光绪年间贻谷以"国家名义"进行的蒙地放垦工作。

"此事纯系放垦,与上年(指民国八年,1919)陕绥划界本为两事"①;当榆林道道尹王健接到绥远垦务局关于"收界放垦"咨文后,亦认为"推其所持理由,亦属正当"②,言下之意是,绥远此次放垦,是延续历史习惯做法,并无不妥。即使是持续长达三四年之久的陕绥划界纠纷结束之后,榆林道道尹王健在给"旅京陕北同乡会"的覆函中亦说:"此间近况如恒,并无其他重大问题,惟关于划界一事,虽经一再结束,而从旁窥测,该区垦务局尚仍多方经营,大有不能中遏之势。"③ 这里,在榆林道道尹王健看来,放垦是放垦,划界是划界,原则上二者并无必然联系。而之所以会有"大有不能中遏之势",是因为此前绥远"收界放垦"被陕西方面认为是"收界划线"的缘故④。

如果我们再回溯到清末贻谷对有关放垦地域行政管辖权的处置方式,问题也许会看得更为清楚。清末,贻谷在以国家力量放垦长城边外"禁留地"时,曾在局部地段划分过行政管辖地域界线,如以活鸡儿兔沟为界,沟南为神木属地,沟北为东胜厅粮地⑤;以"义""礼"两段地之间的一条河流作为准格尔旗黑界地分属山西、陕西管辖区的分界线⑥,等等。从形式上看,贻谷的划分,是对该地域行政管辖权属的明确界定,但同时亦应当看到,这种行政管辖界域的划分,是以承认或保留盟(蒙)旗的收租权为前提的⑦。换句话说,贻谷的划分,仅仅是对自清康熙、乾隆以来该地域分类、分层、多头交叉行政管理体系的调整、整顿(参见

---

① 《陕西督军省长指令第2733号》附《照抄绥远来电》(民国十年三月二十五日),《陕绥划界纪要》卷2。
② 《陕西榆林道公署牌示第七号》(民国十年一月二十三日),《陕绥划界纪要》卷2。
③ 《榆林道道尹覆函》(民国十年五月九日),《陕绥划界纪要》卷2。
④ 《西安省长来电》,《陕绥划界纪要》卷2记载,民国十年(1921)一月三日,陕西省省长刘镇华在给榆林道道尹王健的电文中,就明确表示:"查蒙旗报地,勘收在先,勘放在后。以事理言之,勘收即勘放之张本,勘放即划界之张本……此次若竟听勘放,恐现在所放之界即将来所划之界,且恐四旗之地愈劝愈报,愈报愈收,愈收愈多,愈放愈远,则横山、榆林各县沿边之地将玉斧踵至划隶绥区,似于陕边极有关系。"
⑤ (民国)《陕西通志稿》卷28《田赋三·屯垦》。
⑥ 清光绪初年,曾将准格尔旗黑界地划分为"仁、义、礼、智、信"五段地。
⑦ 当时章程规定,岁租由厅县征收,按二八分成,(盟)蒙旗获得岁租的80%,尽管盟(蒙)旗岁租是以分成地租的形式出现的,但表明(盟)蒙旗拥有放垦"禁留地"的收租权。

下文相关论述），是对放垦"禁留地"的盟（蒙）旗收租权、汉民垦殖权与行政管理权的明确、划一，其原则上与地域行政区划无关。这一点，用贻谷的话来说就是由于专注于放垦而"于划界分疆一事，尚无暇及此"①，有意回避。而其真正的原因则是"况划留之地，作为蒙地，政治仍难统一，作为民地，蒙旗必不认可"的两难境地。更进一步说，贻谷之难，难在他无法在"禁留地"的国家属性与事实上的盟（蒙）旗收租权、汉农垦殖权之间取得一致。在此顺便指出，以往学者在研究陕绥划界纠纷时，曾将清康熙、乾隆时期的勘界、展界行为作为陕绥划界纠纷产生的历史原因，这是错误的认识。从严格意义上来说，清康熙、乾隆时期的展界、勘界，仅仅勘划的是伙盘地与游牧地的界域范围②，而与行政区域划分无关。

　　毋庸讳言，从表面上来看，民国陕绥划界所有的纠纷或纠纷的核心，都是以放垦的"禁留地"为基础和参照的，无论是绥远方面提出的以明长城为界的行政区域划分，还是陕西方面认为的应以客观存在的"伙盘地"为陕绥划界的基本依据，也无论是绥远方面以争"地"为目的还是陕西方面以争"人"为核心③，其实质或矛盾的焦点则是关于五十里"禁留地"的行政归属问题。

　　"禁留地"，是清初为隔绝蒙汉往来，而沿长城北侧人为划定的一条东西长两千余里、南北宽五十里的长条形禁地——禁留地④，该地域是

---

①　《准格尔旗垦务资料》，整理番号86。
②　清康熙五十八年、乾隆八年的两次勘界，均是恐"游牧窄狭"等情由盟（蒙）旗申请，而由政府勘定"农耕地界"。参见道光《榆林府志》卷21以及《尚书班第、总督根福奏为复议榆林附近民人口外耕地并定界加租恭折》（乾隆八年十二月初七日），金海等编译《准格尔旗扎萨克衙门档案译编》第1辑，内蒙古人民出版社2007年版，第10—14页。
③　在民国陕绥划界纠纷中，绥远是以争"地"为目的，陕西则是以"人"的归属为核心，但其实质则是，绥远通过强调"地"的行政属性，进而实现对"人"的地域管辖；而陕西则是以"人"的归属从而达到对地的行政管辖。参见：《陕西省长公署训令第502号》附《绥远都统蔡成勋条陈》（民国八年二月六日）、《神木县知事呈文》（民国八年六月五日）、《陕绥划界纪要》卷1；《查界委员、榆林县知事会呈文》（民国九年三月四日），《陕绥划界纪要》卷2；以及道光《神木县志》卷1《舆地志（上）·疆域》。
④　道光《神木县志》卷3《建置志上·附边界》。

"蒙旗、汉人皆不能占据"①，因而"禁留地"的土地权属既不在伊盟各旗，也不从属于陕北沿边地方政府，而成为事实上的"国家公地"或"国家空地"。清王朝对"禁留地"的这一性质定位，从根本上影响或规定了"禁留地"的地域社会生态，即使是在"禁留地"开放开垦之后，清廷依然通过各种途径与方式，来宣示放垦的"禁留地"的"国家公地"属性。如在同意盟（蒙）旗开放开垦"禁留地"的同时，清廷亦设置了严苛的开放条件，"日后倘有争斗、蒙古欺凌汉人之事，即令停止"②；而对于放垦地域的收租权，清廷也表现出极大的灵活性和弹性，在清雍正八年至十年间，清廷即将原赋予盟（蒙）旗的收租权收归国有③，尽管此后清廷又将放垦地域的收租权归还盟（蒙）旗，但此举足以表明"禁留地"的所有权与处置权掌握在清廷手中。不仅如此，清廷还通过勘界和官定差别性地租价的方式，来调适和控制"禁留地"放垦的进程和范围，如康熙五十八年（1719）的勘界，就是于五十里（禁留地）界内"有沙者以三十里为界，无沙者以二十里为界，准令民人租种"，并且规定当时的租税为"每牛一犋（约二百七八十亩），准蒙民征粟一石，草四束，折银五钱四分"④；而乾隆八年（1743）的再次勘界，则是"有于旧界（康熙五十八年界外稍出二三十里，仍照旧耕种，其并未出界者，仍照前办理。有出界五十里之外，将种地民人收回，五十里之内，给予空闲地亩耕种"。并规定了新的租税标准"租银分别界内界外，界内者照旧租不加，其界外者每牛一犋除旧租糜子一石、银一两之外，再加糜子五石、银五钱"⑤。值得引起注意的是，乾隆八年（1743）的勘界，在对康熙五十八年（1719）后民人越界垦殖行为确认的同时，亦严格限定、禁止民人越过五十里（禁留地）进行垦殖，同时以编定永远章程的形式对"禁

---

① （民国）《河套图志》卷5《水陆交通》。
② 《清圣祖实录》卷181，"康熙三十六年三月乙亥"。
③ 道光《神木县志》卷3；道光《增修怀远县志》卷4《边外》。
④ 道光《榆林府志》卷3《舆地志·疆界》。
⑤ 道光《榆林府志》卷3《舆地志·疆界》。

留地"的放垦以及垦殖民人的管理作出明确规定①,此后一直到清末贻谷放垦之前,该章程都是"禁留地"放垦的基本法律依据。然而,随着垦殖范围与蒙汉交往的扩大、深入,以永远章程规定、限定的盟(蒙)旗收租权、汉农垦殖权与"禁留地"的国家属性三位一体格局逐渐被打破,乾隆以后尤其是嘉庆、道光时期,私放私垦以及蒙汉之间土地租、佃、典、卖及其纠纷持续、大面积地发生②,表明放垦"禁留地"的收租权、垦殖权已"永远"固化或沉淀在蒙汉双方手中,尤其是盟(蒙)旗的收租权,无论是在认识层面还是实践层面,都已等同于放垦地域土地的所有权。于是我们看到,清末贻谷虽然以"国家名义"将历次放垦的"禁留地"收归国有,但又不得不承认或保留了盟(蒙)旗对放垦地域的收租权,这种看似矛盾实则合理的处理办法,等于是变相承认了盟(蒙)旗对放垦地域的所有权。而在其后的民国陕绥划界纠纷中,绥远方面所持"收界放垦"的理由即是"率同蒙人指明历次放垦地界收归国有"③,这几乎是清末贻谷放垦模式的翻版;在府谷沙梁"验契画字"事件中,准格尔旗方面所持理由亦是"敝旗物权所在,未便抛弃"④。与之相对应的是,陕西方面反驳或否定盟(蒙)旗土地所有权的依据或证据,仍然来自清廷对放垦"禁留地"的政策与做法,如其声称"雍正八年(1730),理藩院条奏五十里禁留之地,何得蒙古收租?议令地方官征收粮草。后因鄂尔多斯荒歉,奉特恩仍给鄂尔多斯养赡,并照旧界给租。此前清抚夷柔远之略,非常例也"⑤。况且,自"清朝定鼎以来,迭次展界,皆在百里以外,民先世出价耕种,代传子孙,生于斯,长于斯,庐

---

① 《尚书班第、总督根福奏为复议榆林附近民人口外耕地并定界加租恭折》(乾隆八年十二月初七日),金海等编译:《准格尔旗扎萨克衙门档案译编》第1辑,内蒙古人民出版社2007年版,第10—14页。

② 从乾隆以后一直至清末,私放私垦以及土地租典及其买卖纠纷已成为开放"禁留地"主要的地域社会问题,尤其是道光时期更为严重,由此可以理解,何以道光时期编纂的陕北沿边地方志开始追溯历史,强调"五十里禁留之地为中国之界"的原因。参见金海等编译《准格尔旗扎萨克衙门档案译编》第1辑、第2辑、第3辑,内蒙古人民出版社2007—2010年版。

③ 参见《沿边六县公民争存会呈文》(民国九年十一月二十五日),《陕绥划界纪要》卷2。

④ 在民国陕绥划界纠纷中,准格尔旗之所以"验契画字",其所持理由即是"敝旗物权所在,未便抛弃"《准格尔公署公函》(民国十年一月二十六日),《陕绥划界纪要》卷2。

⑤ 《榆林道道尹呈省长文》(民国八年四月三日),《陕绥划界纪要》卷1。

舍丘墓于斯"①。因此,民国陕绥双方关于放垦"禁留地"的收租权、垦殖权乃至所有权之纠葛、矛盾,其根源在于清王朝对放垦"禁留地"的政策摇摆与模糊不定。

不仅如此,在放垦"禁留地"的行政管理制度设计上,清王朝一如其对"禁留地"的收租权、垦殖权的处置一样模棱两可,其既没有采用内地州县制,亦没有套用蒙地的盟旗制,而是针对放垦地域实际的人和事作出相应的机构和人员安排——由理事司员、查旗制度与州县制共同构成该地域的管理体系。换句话说,清王朝对放垦"禁留地"的行政管理实行的是,蒙人归属盟旗管理,民人归内地州县管辖,而对蒙汉交涉事务则由设于宁夏、神木的理事司员衙门管理。这一行政管理制度安排的实质是,内地州县的管理权属是属于有民无土"境外管理"或"遥治"模式,而理事司员衙门则是清理藩院的派出机构,其主事官员无论是理事官还是理事同知,都是既无属土也无属民的官员②。清王朝对放垦"禁留地"的这一行政管理架构,表达的是清王朝对放垦"禁留地"行政管理权处置的矛盾与纠结:一方面希望通过开放开垦"禁留地"实现清政府、蒙古贵族、汉族移民三者之间的利益共享和区域社会经济利益的最大化;另一方面,将放垦"禁留地"的人、事管辖权分离,又不失其隔绝与限定蒙汉交往的初衷。然而,历史发展的现实并不如制度设计者所愿,这种多头或分层分类又相互交叉的地域管理方式,虽然最大限度地维持或保持了"禁留地""蒙旗、汉人皆不能占据"的"国家公地"性质,但却不可避免地造成该地域管理上的"政治真空"——"在该管长官几不知所属为何地,在民人几不知本管为何人"③。放垦"禁留地"的这种地域社会政治现实,正是民国陕绥双方提出不同划界原则与主张的行政依据,如绥远方面提出的划界缘由是"然一旗之地,有归两省两县管理者,又有一省四县管理者,甚有归三省四县管理者,而一旗地内居住汉蒙人民应纳之租税并呈控之诉讼,趋赴县署或一二百里或数百里者,

---

① 《神木县知事呈文》(民国八年六月五日),《陕绥划界纪要》卷1。
② 梁卫东:《清代汉族移民与鄂尔多斯行政体制重构》,《首都师范大学学报》(社会科学版) 2011年第1期。
③ 《陕北榆绥延鄜公民代表呈文》(民国七年九月二十四日),《陕绥划界纪要》卷1。

奔驰之苦，久称不便，且对于行政各要端障碍尤多，此疆界纠纷，政权不易之实在情形也"。为了划一行政事权，因而"拟将伊克昭盟各蒙地陕西、山西、甘肃三省各县管理者，均请划归绥区，酌设县治，自行治理"①。而陕西方面则认为，"何县人管耕之地，即归何县"②是开放地域的习惯做法，而"以汉民而居蒙地，凡黑界以内均租自蒙人，永远管业，迄今二百余年，耕凿相安乡井，是故讼狱之县，差徭应县"③，因之，"毋论界内界外，均归地方官管辖"④。显然，清王朝对放垦"禁留地"的分层分类行政管理制度安排，是民国陕绥划界纠纷发生的主要地域政治因素。

通过以上论述可以看出，民国陕绥划界纠纷的根源在于清王朝对放垦"禁留地"的收租权、垦殖权乃至行政管辖权处置的模棱两可与政策的摇摆不定，而清王朝对放垦"禁留地"政策及做法缘于其对"禁留地"的性质定位。因此，从本质上来看，民国陕绥划界纠纷的根本原因并不在于"禁留地"的开垦，而在于清初"禁留地"设置本身，在于放垦"禁留地"的"国家空地"或"国家公地"性质。作为隔离与限定蒙汉交往的"禁留地"，已然成为有清一代蒙汉事实上的公共边界。随着"禁留地"的渐次放垦，公共边界变为蒙汉利益共享区。而民国初年绥远特别行政区与陕西省之间的行政区域划分，其实质上是对"禁留地"行政管辖属性进行划分，是将放垦"禁留地"的共有利益变为独有利益，纠纷、矛盾乃至对抗与冲突也就在所难免。

三 《陕绥划界纪要》资料的评价

《陕绥划界纪要》（以下简称《纪要》），是由陕北沿边六县士绅樊士杰等16人，将民国初期陕西省和绥远特别行政区之间关于划界及其纠纷

---

① 《陕西省长公署训令第502号》（民国八年二月六日）附《绥远都统蔡成勋条陈》，《陕绥划界纪要》卷1。
② 道光《神木县志》卷1《舆地志（上）·疆域》。
③ 《神木县知事呈文》（民国八年六月五日），《陕绥划界纪要》卷1。
④ 《查界委员、榆林县知事会呈文》（民国九年三月四日），《陕绥划界纪要》卷2。

资料的汇总、编辑,资料收录起讫时间为民国七年(1918)九月二十四日至民国十年(1921)五月九日。《纪要》除《叙》外,共分为八卷,卷一和卷二是有关民国陕绥划界纠纷的往来电文、函件及有关调查报告,卷三至卷八以表格形式记录了清末民初陕北沿边府谷、神木、榆林、横山、靖边、定边等六县边口外的村庄名称、住户数量、土地类型与数量、开放年代、物产、风俗、管辖沿革、租税、距边墙里数等内容。该《纪要》在客观、全面展示清末民初陕北长城边外、鄂尔多斯高原南部区域社会状况的同时,亦按时间顺序较为详尽地记录了民国陕绥划界及其纠纷的缘起、过程及结果,是目前有关民国陕绥划界纠纷研究重要且是主要的资料来源。但由于该资料汇编是由陕北沿边六县士绅"将关于划界档案饬科捡发摘要撮录",其目的是"万一旧案重提","令吾沿边人士咸晓然于疆域之沿革利害之关系与夫此案争执之要点"①,因此,该书在编排方式、结构安排到资料择录等方面,都体现了编辑明显的目的性、倾向性和选择性。如果我们对该资料的客观性、真实性不加甄别、辨析、区分,很可能会因此而得出错误的判断、认识或看法,从而使我们远离民国陕绥划界纠纷的历史"原貌"。

以《纪要》卷一和卷二为例,在卷一和卷二中,共收录电文、函件、调查报告106篇(件)②,其中来自绥远方面的只有4篇(件),不到总数的4%,即使将附录于陕西方面函电文之后的绥远函电文3篇(件)计入,也仅约占总数的7%。显然,这与持续长达三四年、双方函电交争、矛盾纠葛丛生的陕绥划界纠纷并不相符。在民国九年(1920)六月二十七日《榆林道道尹呈省长文》中说:"仍恳宪台据情转咨部院,详加审查,幸毋偏重一面之词,致失全局之控驭"③。因此,有理由相信,作为矛盾对立统一体的另一方——绥远方面,其大部分信息被《纪要》编者有意地过滤了,而仅有的绥远函电就成为我们客观、全面地认识、复原民国陕绥划界纠纷的缘起、过程、性质,以及判断《纪要》所收录资料

---

① 《陕绥划界纪要·叙》。
② 统计原则是以民国《陕绥划界纪要》目录为准,对于附录于陕西方面函电之后的绥远函电,文中根据需要作出相应说明。
③ 《榆林道道尹呈省长文》(民国九年六月二十七日),《陕绥划界纪要》卷2。

的真实性、可靠性提供了可资对比的分析样本。以民国十年（1921）一月十二日府谷沙梁地方发生的"验契画字"事件为例，《纪要》收录了陕绥两方面关于"验契画字"来往函件7篇，较为完整地呈现了此次"验契画字"事件的基本过程。为了便于比较，兹将其中两件原文摘录如下。

其一，府谷县知事的表述："呈为呈请核办事。本年一月十二日，案据（属）县沙梁民人刘存舍等呈称为蒙兵讹诈不堪，公恳作主交涉以恤民命事。窃府谷年景荒歉，民不聊生，嗷嗷待哺，流离失所者不一而足。仰蒙设局赈抚在案。刻下民等牌下忽来蒙兵四人，各乘马匹，声称验契画字，沿村挨户，先恣意勒索马工钱若干，嗣索供应洋烟肉食又若干，再每契价银百两索银八两，倘稍供给不周，银钱不便，立即弔拷鞭打，血肉狼藉，呼号惨痛，不忍闻睹，小民畏其拷打，老幼男妇罔敢家居。现值隆冬，似此饥寒交迫，其不死者几希。民等出而解劝，该蒙兵等凶暴不服，除送款先回旗一人，其余三人遂同民等来县理论，为此公恳鉴核……署理府谷县知事李荣庆　中华民国十年（1921）一月十四日"①。

其二，准格尔旗方面的表述是："迳启者案查府谷沙梁地方，本系蒙疆，向遇典质地土须由敝公署派人画字，稍取费用以资办公，犹之内地官中取诸买卖，并非验契，惯例相沿，迄今二百余年，相安无异。（敝）公署前派书记巴得玛等三人前赴该处画字，当经函致府谷县知事，请其协助。乃日前沙梁团丁及民人刘存舍等将巴得玛等三人殴打捆缚捕解县署，并掠去洋票等物，（敝）公署与县交涉，现虽将人释回，惟准该县来咨，将画字误为验契，有呈请贵道尹停办之语。（敝）公署物权所在，未便抛弃，至该县另咨民人刘存舍等呈控蒙兵讹诈等情，试问（敝）旗画字人是否武装，有无军器，勒索各物有何证据？（敝）旗果派兵士，何仅三人，是其任意妄控，已可概见。除巴得玛等伤痕已由县当堂验明外，相应函请贵公署查照，希即饬县治刘存舍等擅捕之罪，并追还掠去洋物，以申法纪，无任感盼。此致，陕西榆林道道尹　准格尔旗公署谨启（一月二十六日，二月五日到）"②。

---

① 《府谷县知事呈文》（民国十年一月十四日），《陕绥划界纪要》卷2。
② 《准格尔旗公署公函》（民国十年一月二十六日），《陕绥划界纪要》卷2。

对比府谷县知事和准格尔旗政府的表述，二者对此次事件的认识差异主要集中在两个方面：是"验契画字"还是"画字"？是旗公署人员还是蒙兵？尽管我们已无从判断哪一方的说法更"接近历史的真实"，但有关涉事方对同一事件的不同陈述，却为我们客观、全面地认识该事件的原貌提供了参照和依据。

类似如府谷沙梁事件的资料收录极为有限，但由于陕西方面出于辨析、申诉、反驳的需要，在其官民来往函电中，仍然有意无意地夹杂或透露出绥远方面的若干信息，尽管这种信息是以只言片语的引文形式或是大意叙述的方式出现。如关于绥远方面派员收界放垦之事，在民国十年（1921）二月二十二日《陕北榆横府神靖定沿边六县争存会呈文》中的相关表述是，"此次放垦既无中央明令，亦无章程规则，所奉为金科玉律者，仅有该总局关于此次垦地之训令指令暨收界委员周庆慈之呈文，与夫该分局所持之垦地节略等类"。除训令、指令等原则性文件外，收界委员周庆慈之呈文与郡、准两旗垦务分局之垦地节略，是此次绥远方面关于收界放垦的重要函件，该呈文对此有所摘录："其文云：此次勘收郡王旗旧草牌地亩酌拟押荒等则五种，水地每顷洋二百元约地一百五十顷，其余旱地每顷定为三十元者，约地八百五十顷，二十元者约地一千顷，十元者约地四千顷。此项押荒收入除照章（本无章程，此章不知又何所提）提经费三成，以充局费外，其余蒙汉各提半数，以昭平允而裕公蒙。岁租一项，拟请改为洋一元及五角四角三角之分，尽数归蒙，官租数目亦与之相等，尽数归公。收款期限应遵核定缩短办法办理等语……一该总局指令周委员庆慈文内有地价字样，一律改为押荒，籍增符原例云云……一即周委员庆慈呈中所称岁租一项，内分官租蒙租并行一事……"陕西方面摘录绥远方面函件内容虽然不完整，但通过对陕西方面函电内容的区分、解读与辑录，我们仍然可以获取来自绥远方面的若干信息。又如民国十年（1921）二月六日代理神木县的知事冯炳奎给榆林道道尹王健的呈文，该呈文谓："此次于接奉绥远垦务局训令后，该委员曾广润旋即来署接洽并据交阅勘收郡札两旗旧草牌地图二纸，核其所划地点，在旧扎萨旗界内西自小保当起，越乌鸡滩直东至王家沟为止，南北约四五十里暨六七十里不等，在旧郡王旗界内，西自新伙盘地起经海阳村达補兔沟生地峁迤逦至府谷境内之小厂沟等村,直将全部伙盘地囊括靡遗。"① 该呈文所述内容,是对民国九年(1920)十二月十六日《绥远垦务局咨文》的补充,也使得绥远垦务局关于收界放垦一事具有实质内涵。诸如此类信息,虽然是以陕西方面转述或摘录的方式出现,但其所述史实基本可靠②。

应当引起注意的是,并不是所有陕西方面转述或摘录的绥远方面的函电都是真实、可靠的,有时陕西方面在转述或摘录绥远方面的函电时,很可能受到地方本位思维的影响而改变原函电的内容,从而也在某种程度上改变了有关事件的性质。以"收界放垦"事件为例,《纪要》共收录有关"收界放垦"往来电文 50 篇(件),其中陕西方面的函电 47 篇(件),绥远方面的函电只有 3 篇(件),有 2 篇(件)绥远函电是以抄件的形式附录在陕西方面函电之后,这为我们对比、判断陕西方面转述内容的客观性、可靠性提供了参照和依据。以绥远方面关于"自办"垦务的缘由为例,陕西方面的转录是"兹准绥远都统敬电覆称,本区盟旗垦地,凡与陕省接壤较近者,向委托附近之地方官代为招放,兹以乌扎两旗报垦之地为数较多,筹商事项较繁,是以委派专员前往调查,预备自办……"③ 而绥远方面函电原件则是:"查本区盟旗垦地,凡与贵省接壤较近者,向委托附近之地方官代为招放,兹以乌扎两旗报垦之人为数较多,筹商事项殷繁,是以委派专员前往调查,预备自办……"④ 对比两厢陈述,其最大的也是根本性的差异是,绥远方面"自办"垦务的缘由是"报垦之人为数较多",而在陕西方面摘录或转述之后则变成"报垦之地为数较多",虽仅为一字之差,但其内涵、性质却有天壤之别。"报垦之地为数较多",是强调蒙旗报垦的土地面积数量较大;而"报垦之人为

---

① 《神木县知事呈文》(民国十年二月六日),《陕绥划界纪要》卷2。
② 如关于绥远垦务局"筹办勘放郡、扎两旗报垦地亩暂行办法十三条",在陕西官方的转录中虽然内容不完整,但其所述内容、史实基本与原件相符。参见《西安省长来电》,《府谷县知事呈文》(民国十年三月五日)附抄件,《陕绥划界纪要》卷2。
③ 《陕西省长公署训令第1190号》(民国十年三月二十三日),《陕绥划界纪要》卷2。
④ 《陕西督军、省长指令第2733号》附《照抄绥远来电》(民国十年三月二十五日),《陕绥划界纪要》卷2。

数较多"则是指领垦之民人数量众多,二者不是一回事。而如果我们不能将矛盾对立双方的观点态度加以综合考量的话,很可能会步入某一方面设置的文字陷阱,从而不可避免地作出"不客观"的判断。尽管陕西、绥远的说法孰对孰错,我们已无从查证,但如果将此内容与民国十年(1921)三月二十日《陕北镇守使、榆林道道尹会呈督军、省长文》联系,或许可发现形成这一表述差异的根本原因。在该联合呈文中,陕西方面是这样说的:"查绥远以划界不成,激于意气变而为收地放垦之举,计设局已五阅月,并无一人领垦,民情之向背概可想见。"① 由此推测,很可能是《纪要》编辑为了更好地说明伙盘地居民反对绥远"收界放垦"而人为地改变了原文本意。由此亦可以认为,正是由于《纪要》收录的资料大部分来自陕西方面,绥远方面的信息被以摘录或转述的方式出现,在很大程度上《纪要》成为陕西方面自说自话的单边陈述,这使得《陕绥划界纪要》资料的客观性、公正性大打折扣。如果我们不加辨别地采用该资料,很可能会从初始和客观上就已经偏离或远离了事件的本来面目,此点应引起今天研究者的格外注意。

尽管《纪要》在编辑宗旨、结构安排、资料取舍甚至人为地改变资料内容等方面存在不足或缺陷,但这都无损《纪要》资料的历史价值。第一,《纪要》较为完整地记录了民国陕绥划界风波的基本过程,比如时间、地点、人物(群体)、事件等基本要素,《纪要》都按照事件发生的前后顺序进行了较为完整的展示,尤其是《纪要》将绥远收界放垦作为陕绥划界风波的一部分,充分表明《纪要》编辑者的历史眼光和担当;第二,《纪要》直接或间接记录的民国陕绥划界纠纷中,相继参与或介入的社会团体、人群、政治力量有中央政府、绥远当局、陕西省政府、蒙旗政府、陕北沿边州县政府、沿边居民、陕北公民代表、在京陕西士绅、旅京陕北同乡会、甘肃省政府等,从社会与政治两个层面展示了民国陕绥划界纠纷的地域广泛性与复杂性;第三,在《纪要》卷1和卷2收录的106篇(件)函电中,直接涉及府谷、神木的函电达33篇(件)之

---

① 《陕北镇守使、榆林道道尹会呈督军、省长文》(民国十年三月二十日),《陕绥划界纪要》卷2。

多，约占总函件篇（件）数的1/3，间接指示了此次陕绥划界纠纷的重点地区是府谷、神木边口外放垦地域，这为人们认识和判断此次风波的性质提供了参照；第四，《纪要》卷3至卷8，以表格形式记录了清末民初陕北长城边外放垦地域的村落名称、住户数量、土地状况、开放年代、管辖沿革、物产、风俗、租税以及距离边墙里数等详细的调查资料，其中除个别地段土地开垦面积不实外，其他资料记载的数据可信度较高①。这为我们复原、研究清至民国长城边外伙盘地的社会、经济、文化及其区域发展演变提供了第一手资料。

综括以上所述，《陕绥划界纪要》资料的价值应予以肯定，只是我们今天在利用该资料的过程中，应充分考虑资料的不完整性，在分析和辨别的基础上，挖掘《纪要》资料的合理内涵，唯其如此，才能发挥《纪要》的历史价值。

［原刊《内蒙古大学学报》（哲学社会科学版）2016年第5期］

---

① 参见王晗《"界"的动与静：清至民国时期蒙陕边界的形成过程研究》，《历史地理》第25辑，上海人民出版社2011年版。

二　政策、制度与人类行为

"国家存在"与清代伊克昭盟南部"禁留地"的放垦[*]

"禁留地"[①],是清初为隔绝蒙汉往来,在鄂尔多斯高原南部与山西、陕西、甘肃交界地区,依明长城向北,划定的一条东西长两千余里、南北宽五十里的长条形禁地。自从清康熙年间相继开放开垦以来,随着不同民族、人口、生产方式的进入,"禁留地"放垦范围内的人地关系发生了缓慢而又剧烈的变动,也早已引起了学术界广泛而持续的关注。学者分别从"禁留地"的放垦背景、放垦进程、土地利用、土地权属及蒙汉关系等方面,广泛探讨了"禁留地"放垦后该地域人地关系的演变过程及其驱动机制。但不足点是,大部分研究都是重结果而轻过程,重自然而轻人文,尤其是对放垦主体"国家"因素的考察就更不多见。作为"国家公地"性质的"禁留地",其区域发展无不受到"国家存在"的影响,无论是清前期的"禁耕禁牧",还是"禁留地"放垦后的历次勘界、展界,甚或是清末贻谷放垦时的"收归国有",都显示或折射了"禁留地"的"国家存在"。其影响不仅在当时,甚至一直持续到今天。民国初

---

[*] 教育部人文社会科学重点研究基地重大项目"西北地区灾害环境与城乡发展的历史研究"(16JJD770029)资助成果。

[①] 从严格意义上来讲,从清康熙三十六年(1697)宣布开放开垦"禁留地"之后,"禁留地"这一概念,便不复存在,取而代之的是伙盘地、牌界地、黑界地等地域概念。但为了叙述方便以及指代明确,本文仍然使用"禁留地"来代表开放开垦后的区域。

年的陕绥划界纠纷以及 1996—2000 年蒙陕省界勘划的波折①，无不隐现着"国家存在"的影子。因此，从"国家"政策、制度层面去观照、考察"禁留地"区域历史发展过程，不但是我们解析、研究黑界地、牌界地、伙盘地等特定地域概念的前提或依据，也是我们认识、把握清至民国时期陕北长城边外区域土地利用、土地权属、土地沙化、蒙汉关系乃至行政区划等种种地域问题的逻辑起点，其理论与现实意义重大。

一 "禁留地"的"国家公地"性质

清初划定的"禁留地"，并不是清王朝的创新，它是清王朝对明代陕北长城边外地域社会政治生态格局的继承和延伸。在明代，陕北长城边外土地被目之为"空闲土地"②，清前期文献依然称之为"闲地""空地"③。但与明代有些许差异的是，清代所称的"闲地""空地"，是清政府"封禁"政策与制度作用下的"官荒空闲地"，其土地所有权、处置权既不在蒙旗一方，也不在沿边内地州县，而是为清廷所拥有。即使是在"禁留地"放垦之后，清王朝对放垦地域特殊的行政管理架构安排——有民无土的内地州县制与无土无民的理事司员衙门共同"遥治"，导致放垦地域长期处于"政治真空"状态，这即是文献所说的："在该管长官几不知所属为何地，在民人几不知本管为何人"④。之所以会如此，其根源在于清初划定的"禁留地"本身，在于"禁留地"的国家属性。为了表征、指称这一地域土地的性状、特征、属性，本文将其称作"国家公地"或

---

① 关于民国陕绥划界纠纷过程、实质，请参见拙文：《民国陕绥划界纠纷述论》，《人文杂志》2016 年第 10 期；1996—2000 年蒙陕省界勘划波折，见民政部全国勘界工作办公室编《中国勘界纪实》上卷，中国社会出版社 2003 年版，第 23—24、160—167 页。

② 魏焕：《皇明九边考》卷 7《榆林镇·经略考》。

③ 清前期文献多以"闲地""空地"指称该地域。如《康熙朝实录》"康熙九年癸未"条就称张家口、喜峰口、独石口等边外地为闲地；雍正朝更明确指称："宁夏横城口及黄甫川边外闲地与鄂尔多斯接壤，内地民人越界耕种而蒙古等私索租价，每致生事互争"（《雍正朝汉文谕旨》第 4 册，雍正九年九月初一日，第 79 页）；甚至到了乾隆初年，延绥总兵米国正在给朝廷的奏折中依然说"榆林、神木等处边口越种蒙古余闲套地约三四千顷，岁得粮十万石"（《乾隆实录》"乾隆元年三月丁巳"条）。

④ 《陕北榆绥延鄜公民代表呈文》（民国七年九月二十四日），《陕绥划界纪要》卷 1。

"国家空地"。

"禁留地"的"国家公地"或"国家空地"性质,在清初体现得极为明确。清顺治至康熙初期,清廷在三令五申严禁汉民出边的同时,也禁止鄂尔多斯诸部进入"禁留地"。清康熙二十一年(1682),当蒙古贝勒达尔查因游牧地方蔓生药草不宜畜牧,而奏请于近边地方暂借游牧时,康熙皇帝即将此事交与议政大臣议覆,其结果是:"臣等之意,若此地暂予游牧,将来撤还,彼必谓久许游牧,又何撤为?如此,则日后似有未便。"① 对此,康熙皇帝予以肯定:"然。理藩院甚为含糊,并未详加揆度。着遣该衙门堂官一员详阅地方情形来覆。"② 显然,在清廷看来,"禁留地"的"国家公地"或"国家空地"性质不容改变。尽管清廷最终同意了蒙古的请求,但其原因却是暂借游牧之地的车林他拉、苏海阿鲁诸地,"离定边兴武营等边或五六十里,或百里不等,并非边内耕种之地等语"。这里的"五六十里,或百里不等,并非边内耕种之地等语",颇具有想象空间。如果文献所说属实,那么离边"五六十里,或百里不等"均为清初划定的"禁留地"范围。由此引出的问题是,清初划定的"禁留地"并不是后世所说的"五十里禁留之地"?更进一步地追问是,"五十里禁留之地"又产生于何时?何以会以"五十里"划定?诸如此类的问题,都值得人们去思考、去研究。

客观地说,自从清康熙三十六年(1697)放垦"禁留地"之后,严格意义上的"禁留地"概念及其所代表的特定地理实体已不复存在,取而代之的是牌界地、黑界地、伙盘地、白界地等地域概念。即使如此,依然没有改变"禁留地"的"国家公地"性质。清康熙三十六年(1697),清廷在同意了蒙古贝勒松阿喇布"乞发边内汉人,与蒙古人一同耕种"的同时,亦设置了严苛的开放开垦条件:"令贝勒松阿(喇)布等地方官,各自约束其人,勿致争斗","日后倘有争斗,蒙古欺凌汉人之事,即令停止"③。很显然,在放垦初期,"禁留地"的所有权与处置

---

① 《康熙朝实录》卷108,"康熙二十二年三月甲子",中华书局1985年版。
② 《康熙朝起居注》,康熙二十二年三月。
③ 《康熙朝实录》卷181,"康熙三十六年三月乙亥",中华书局1985年版。

权毫无疑问为清廷所拥有。即使对放垦地域的收租权,清廷也表达了其拥有绝对的控制权。清雍正八年(1730),理藩院尚书特古忒奏议:"五十里禁留之地,蒙古何得收租?议令征收粮草,归地方官贮仓。"① 尽管两年后的雍正十年(1732),因鄂尔多斯再次发生饥荒,清廷将放垦地域的收租权又归还给蒙旗,但此举足以表明,清廷赋予蒙旗的收租权是一种"暂时收租权"。不仅如此,清廷还通过勘界、展界以及官定地租额度的方式,来控制、限定民人垦殖的进程与范围。清康熙五十八年(1719),清廷对民人垦殖范围作出勘定,即于五十里界内"有沙者以三十里为界,无沙者以二十里为界,准令民人租种"。并规定当时的租税为"每牛一犋,准蒙民征粟一石,草四束,折银五钱四分"。而清乾隆八年(1743)的勘界,更展示了清廷对"五十里禁留之地"开放开垦的强力掌控。当蒙古提出仍以康熙五十八年(1719)勘定的界线为民人垦殖的界线时,即遭到勘划钦差大臣的否定。最终是既没有"统以五十里为界",也没有按照康熙五十八年(1719)勘划的界线划定,而是以民人实际垦殖范围划定蒙汉耕牧界域,即"有于旧界(康熙五十八年界)外稍出二三十里,仍照旧耕种,其并未出界者,仍照前办理。有出界五十里之外者,将种地民人收回,五十里之内,给予空闲地亩耕种"。并规定了新的租税标准:"租银分别界内界外,界内者照旧租不加,其界外者每牛一犋除旧租糜子一石、银一两之外,再加糜子五石、银五钱"②。这条资料透露的信息是:放垦地域的所有权与处置权在清廷,民人垦殖的最大范围是"五十里禁留之地","禁留地"也是清王朝放垦边外土地的政策底线。

值得指出的是,乾隆八年(1743)的勘界、展界,清廷是以"永远章程"的形式,对放垦地域范围内的行政管理、蒙汉交涉事务、租税额度、土地纠纷等方面作出了制度性的安排和规定③。此后一直到清末贻谷放垦之前,"永远章程"都是放垦"禁留地"的基本法律依据。也正是从

---

① 道光《神木县志》卷3《建置志·上》。
② 道光《榆林府志》卷3《舆地志·疆界》。
③ 《尚书班第、总督根福奏为复议榆林附近民人口外耕地并定界加租恭折》(乾隆八年十二月初七日),金海等编译:《准格尔旗扎萨克衙门档案译编》第1辑,内蒙古人民出版社2007年版。以下引文凡出自本文献者,均以"出处同前注"标注。

此开始，清廷逐渐退出了对放垦地域的实际掌控。但此并不意味着"禁留地"的"国家公地"性质发生若何变化，其作为放垦地域的"底层"因素持续影响着"禁留地"的放垦进程及其地域形态。清末贻谷放垦时，即是将放垦地域"收归国有"。甚至到了民国初年，绥远当局在对陕北长城边外土地"收界放垦"时，其所持理由之一仍然是将清代历次放垦地域"收归国有"①，足见"禁留地"的"国家公地"性质影响之深远。

二　政策的滞后性与放垦规模的失控

作为"国家公地"性质的"五十里禁留之地"，其放垦从一开始就与"国家"政策、措施紧密相关。

清康熙三十六年（1697），清王朝虽然在政策上宣布了"禁留地"的开放开垦，但并没有制定相应的配套措施，只是规定了民人垦殖"春出秋归"的总原则，这使得民人出边垦殖从一开始就处于高度的"自由"状态。随着民人垦殖范围的扩大，农耕与游牧争地矛盾逐渐显现。康熙五十八年（1719），在蒙古贝勒达锡拉布坦以"民人种地，若不立定界址，恐致游牧窄狭等情申请"②，清廷才被迫对民人垦殖范围进行勘划、限定，这即是学者所谓的"康熙线"③。但从当时勘划依据"有沙""无沙"来看，其界域划分是笼统的、不清楚的，甚至是不完善的。因此，我们不能对康熙五十八年（1719）的勘界划线作用估计过高。也就在康熙五十八年（1719）勘界后不久，陕西地方官员相继对康熙五十八年（1719）勘划的蒙汉耕牧界线提出"动议"，这或许已经暗示了"康熙线"作用的有限性。清雍正三年（1725）八月初四日，陕西榆林道官员朱曙苏在向雍正皇帝奏《密陈治理地方管见五条摺》中，即认为民人出边垦殖"旧例以出边墙百里皆可耕种，自康熙五十八年间鄂尔多斯忽以游牧偏小兴词，约定三十里为界，地既窄狭，耕种不广，是以家无蓋藏，

---

① 《沿边六县公民争存会呈文》（民国九年十一月二十五日），《陕绥划界纪要》卷2。
② 道光《榆林府志》卷3《舆地志·疆界》。
③ 王晗：《"界"的动与静：清至民国时期蒙陕边界的形成过程研究》，《历史地理》第25辑，上海人民出版社2011年版。

一岁不收则饥，再岁不收则逃亡相继，家室难保矣。伏乞敕谕鄂尔多斯及陕省督抚遣官踏看，仍以去边墙百里为界，在彼略无所损，而边民得以广种薄收，边塞自此充实矣"①。虽然该奏折并没有得到清廷的批准，但其透露的信息值得我们重视："旧例以出边墙百里皆可耕种"。问题也随之而来，陕西官员何以提出百里为界，并称其为"旧例"？虽然文献并未说明"旧例"所指，但从行文逻辑看，这个"旧例"应指康熙五十八年（1719）勘界以前民人垦殖的地域范围。到了雍正九年（1731），川陕总督玛尔台又提出"统以五十里为界"②的"动议"。何以陕西官方会如此在意出边民人垦殖的界域范围？很可能在当时民人早已越过"康熙线"而从事垦殖活动。就在朱曙荪、玛尔台稍后的乾隆元年（1736），有文献记载"榆林、神木等处边口越种蒙古余闲套地约三四千顷，岁得粮十万石"③，这"三四千顷"的土地起码需要几万人以上的农民来耕作④。有迹象表明，乾隆初期，在郡王旗，民人垦殖已深入蒙旗腹地百里之地，而在扎萨克旗也已"越过六七十里"⑤。民人垦殖范围扩展速度之快，是清政府和蒙古贵族所始料不及的。于是，乾隆八年（1743），又是因"各旗贝子等以民人种地越出界处，游牧窄狭等情呈报"⑥，清廷不得不再次对民人垦殖范围进行勘划、限定，此即所谓的"乾隆线"。

然而，现实并不如政策制定者所愿。在经济利益的驱动下，"越界""违例"持续发生，垦殖面积、范围不断扩大。清乾隆元年（1736），榆林、神木两县边外合计才有伙盘地三四十万亩，但到乾隆三十七年

---

① 《雍正朝汉文朱批奏折汇编》第5册，"雍正三年八月初四日"，第727页。
② 《尚书班第、总督根福奏为复议榆林附近民人口外耕地并定界加租恭折》（乾隆八年十二月初七日）。
③ 《清高宗实录》，"乾隆元年三月丁巳"。
④ 哈斯巴根：《鄂尔多斯农牧交错区域研究（1697—1945）——以准格尔旗为中心》，内蒙古大学出版社2007年版，第83页。
⑤ 《尚书班第、总督庆复奏有关鄂尔多斯开垦事宜折》（乾隆八年十二月七日，准格尔旗扎萨克衙门档案，（全宗号）001-1，（卷宗号）A001-3，（文件号）22。
⑥ 道光《榆林府志》卷3《舆地志·疆界》。

(1772)，仅郡王一旗就有伙盘地达 54 万亩[①]；到了乾隆四十八年(1783)，府谷县五口边外已有伙盘地 449 处，开垦土地 2226 牛犋，折合耕地面积为 60 余万亩[②]。上述几组数据，虽然在地域范围上并无一致性，但其反映边外民人垦殖规模扩大趋势应是毫无疑问的。这一点，就连查禁主体神木理事司员、蒙旗官方也在无奈中予以承认。清乾隆五十九年(1794)，神木理事司员在致准格尔旗贝子文书中，就直斥蒙人招募民人越界开垦“几至无法无天的地步”[③]；嘉庆六年（1801），副盟长鄂尔多斯扎萨克贝子色旺喇什也坦言：“越界”民人，“有种指定地者，亦有跟从而来之民人或强行开垦，无智蒙民亦籍以招民耕种，致不得收拾矣”[④]。因此，乾隆八年（1743）所勘划的蒙汉耕牧界线已形同虚设，蒙汉耕牧已突破了清王朝一以贯之的“中外疆域不可混同”[⑤] 的政策底线，于是重新设定或划定“隔离”蒙汉耕牧区界线便再次提上议事日程。清乾隆六十年至嘉庆六年间（1795—1801）出现在沿边各旗南界的“黑界地”，便是清廷为隔离蒙汉耕牧区而人为划定的“朝廷禁垦之地”。然而，与乾隆八年（1743）的勘界一样，事后的查禁、隔离手段——“黑界地”，只能是补救，却无法从根本上阻挡、限定蒙汉“违例”“越界”行为的发生。到了道光时期，情形变得更为糟糕。道光二年（1822）发生的准格尔旗四等台吉确喇西状告全旗官员放垦“黑界地”案件，不但揭开了蒙汉私放私垦的面纱，也使“黑界地”成为神木理事司员、沿边内地州县、盟旗官方乃至清理藩院关注的焦点[⑥]，并由此引发了准格尔旗“重定”“黑界地”事件。据确喇西诉状称，准格尔旗官员“将蒙古人赖以为生之牧

---

① 《扎萨克多罗郡王车凌多尔济、协理台吉旺丹等致盟长贝子爷、乾清门行走副盟长等书》（乾隆三十七年十二月十五日）（全宗号）511 -1 -1（上）：“边外所种地，给本王公等分给一千犋外，分给下等人等有一千来犋。”按每牛犋 270 亩估算，二千犋应为 54 万亩。

② 乾隆《府谷县志》卷 2《田赋》。

③ 《神木理事司员为查禁旗地札准格尔贝子文及其复文》（乾隆五十九年三月二十五日）。

④ 《前清门行走副盟长鄂尔多斯扎萨克贝子色旺喇什致驻神木处理蒙汉交涉案件理事司员书》（嘉庆六年三月八日），（全宗号）001 -1，（卷宗号）A003 -3，（文件号）54 -24。

⑤ 道光《神木县志》卷 3《建置志·上》。

⑥ 在道光二年“确喇西事件”之前，陕西神木同知、陕西地方官员和准格尔旗官方，查禁的重点在牌界地北界即“黑界地”南界，而对“黑界地”并不关注。

场、耕地、所属旗之闲散地以及乾隆五年钦差呼乐图、阿兰泰等大臣划定永不得耕种之封禁之地十里地及二十里地黑石牌地方连年租与民人雷大龙、魏和连、袁少志等几千民人耕种"①。这"几千民人耕种"的土地面积，据准格尔旗官员估计"约为一千六百十八牛犋"，折合地亩面积近 44 万亩，其多为陕西府谷县民人耕种②。而乾隆四十八年（1783）府谷县五口外"合法"放垦的土地面积也才 60 余万亩，且其放垦区域"数倍"于"黑界地"。如是，则准格尔旗"黑界地"已几乎被开垦殆尽。到了道光十年（1830），绥远城将军升寅在奏报伊克昭盟情况时说："兹闻各扎萨克贝勒、贝子、公以及台吉、官员、平人各将草场任意私放，以至口内民人希冀渔利，接踵而至，日聚日多……"③ 可以肯定，至迟在道光十年（1830）之前，蒙汉私放私垦已不限于"黑界地"，而是越过"黑界地"进入蒙古游牧之地。早在嘉庆二年（1797），神木理事司员在为办理越界耕种事宜札准格尔旗文中就称："本官奉命查阅档案，方知贵旗每年皆有蒙古伙同民人擅自越界耕种旗地之事，此举实属违例"④。到了道光年间，蒙汉私放私垦已呈蔓延之势。道光六年（1826），神木理事司员在致准格尔旗台吉文中即称："经查，鄂尔多斯各旗皆存在所属蒙古招收民人私行耕种，民人非法越界耕种事……由是，蒙古民人非但没有悔过之心，今年仍继续耕种，以致今全旗私行耕种地之面积达数千牛犋。"⑤ 而道光二十二年（1842），神木理事司员一次就查获准格尔旗私放私垦封禁旗地蒙、汉人等多达 494 人，其开垦规模之大，涉案人数之多，

---

① 《台吉确喇西为所属旗蒙古申冤向理藩院状告准格尔旗大小官员之诉状》（道光二年三月二十二日）。

② 《盟长处为转行理藩院责令延榆绥道员、神木理事司员、伊克昭盟盟长三方会审准格尔旗私行招民垦种案札饬准格尔旗文》（道光六年十月初三日）记载："又据神木衙门呈报，鄂尔多斯贝子察克都尔色楞旗（准格尔旗）越界私行耕种之民人中府谷县民人居多。"

③ 绥远城将军升寅：《奏报伊克昭盟鄂尔多斯有关办理土地阿勒巴面二事来京控件要陈》，道光十年八月二十二日（朱批），中国第一历史档案馆，（档案号）4/322/1。转引自祁美琴《伊克昭盟的蒙地开垦》，《内蒙古近代史论丛》第 4 辑，内蒙古大学出版社 1991 年版。

④ 《神木理事司员衙门为办理民人越界垦种事札准格尔旗贝子色旺喇什等文》（嘉庆二年二月十九日）。

⑤ 《神木理事司员衙门为将私行耕种所得收成没收入官之事札准格尔旗协理台吉文》（道光六年八月十六日）。

被官方认为"此乃已至无视法度至极"①的地步。而在神木理事司员有关查禁之事的档案文本中,均出现"鄂尔多斯各旗皆存在所属蒙古招收民人私行耕种"字样,很显然,类似如准格尔旗这种私放私垦现象在沿边各旗都程度不同地存在着。虽然神木理事司员、理事同知间年巡查,且严令盟旗衙门实力查禁,然而一切都无济于事,私放私垦由民而官,由隐蔽变为公开,由个体变为群体,放垦规模已无法控制。这一点,作为查禁主体的神木理事司员也不得不予以承认:原定律例"几成具文"②"连年放地已成事实"③。

道光以后,虽然清廷反复重申严禁蒙汉私放私垦,历任神木理事司员、理事同知都按制度定期查禁。然而,终清一代,蒙汉不断"违例""越界",私放私垦趋势一直没有改变。这正如民国时人的调查报告所言:"自清康熙末年,山、陕北部贫民,由土默特而西,私向蒙人租地垦种;而甘省边氓亦复逐渐开垦,于是伊克昭盟七旗境内,凡近黄河、长城处,所在皆有汉人足迹。"④

三 "黑界地"的出现与"公地混界"

前文已经提及,由于放垦规模的失控,蒙汉耕牧区已趋于混同,因而清廷不得不在蒙汉耕牧区之间人为划定"隔离地带"——"黑界地"。关于"黑界地"设置的具体时间,文献没有明言。据学者研究,"黑界地"大致出现在清乾隆六十年至嘉庆六年(1795—1801)之间⑤。其设置缘由,道光年间神木理事同知松阿礼曾有追溯:"据查,康熙、雍正、乾隆年间所定(准格尔旗)二、三十里牌界,为允准内地民人耕种之地,

---

① 《盟长棍藏拉布坦扎木苏为出关巡查旗地时查出私行招募民人耕种封禁土地事札准格尔旗贝子察克多尔色楞、协理台吉文》(道光二十二年四月二十六日)。
② 《神木理事司员为查禁旗地札准格尔贝子文及其复文》(乾隆五十九年三月二十五日)。
③ 《神木理事司员为严禁私招民人开垦旗地札准格尔旗贝子文》(道光十三年三月十六日)。
④ 潘复:《调查河套报告书》,京华印书局1923年版,第219页。
⑤ 吴承忠、韩光辉、舒时光:《清陕西内蒙"黑界地"的由来与发展研究》,《西南民族大学学报》(人文社会科学版)2014年第5期。

并非黑牌子界地。彼时，蒙古以游牧为生。后蒙古牲畜减少，耕种者愈多，若不设黑牌子界地，无法分清内外边界，故有黑牌子界地一说。"①按松阿礼的说法，"黑界地"设置是由于蒙古自耕农业的发展，导致蒙古耕牧区与民人伙盘区相交错分布，以致"无法分清内外边界"。因此，"黑界地"的诞生，其作用一如清初划定的"禁留地"。但与"禁留地"又有差异，"黑牌子界地乃朝廷禁垦之地，绝不可与牧地相提并论"，"实为查禁之地"②。从这个角度来看，"黑界地"是查禁蒙汉"违例""越界"的手段，是蒙汉农垦地隔离的"界线标志"或"地域标志"。

"黑界地"在初始划定时，其南北宽度在沿边各旗南界均为"十里"。但文献记载表明，至迟到道光年间，准格尔、郡王、扎萨克等三旗的"黑界地"已不是"十里"，而是仅为"一二里"。郡王旗、扎萨克旗由于乾隆八年（1743）勘界时，民人"合法"垦殖区域已覆盖"五十里禁留之地"，重新划定"黑界地"时为"一二里"容易理解，但准格尔旗伙盘区域为康熙五十八年（1719）划定的"二三十里"地域范围，其"黑界地"才仅"一二里"，颇让人费解，是什么原因导致的？在道光年间，准格尔旗与神木理事司员、盟长处曾就该旗"黑界地"一事，有过多次函件往来，从中我们或许能寻觅到"黑界地"变化的一些缘由。道光十四年（1834）三月十日，神木理事司员行文准格尔旗要求实力查禁"黑界地"时，准格尔旗方面先是说本旗"绝无分定黑界之（事宜）"③，"据查，本旗南界边墙之外地方，于乾隆八年（1743）钦差大臣所定十里或二十里牌子界内耕种之民人，每垧交纳租银二两，租糜一石，均给旗内中等民众。民人照例春来秋归，每岁司员及同知轮班巡查，但从未在牌子界外指定所谓黑牌子界"④。进而又说："查案，康熙五十九年（1720），雍正九年（1731）多次经由钦差大臣奏准，未于本旗指定黑牌

---

① 《神木理事司员衙门为勘定黑牌子界地札准格尔旗贝子察克都尔色楞及协理台吉等文》（道光十五年三月初六）。
② 《神木理事司员衙门为查禁黑牌子界地事札准格尔旗贝子察克都尔色楞及协理台吉等文》（道光十九年三月十五日）。
③ 《道光十四年往来文书档册》（道光十四年三月十日），19b–21a。
④ 《准格尔旗为办理黑牌子界地事致神木理事司员复文》（道光十四年二月二十四日）。

子界地，惟于伙盘地头设立轮番地"①。对于准格尔旗的说法，遭到神木理事司员的否定，"据查，贵旗二三十里土地内可合法招引民人前来耕种，此地以北有一石牌，乃蒙古民人土地之界碑，原立之石牌其地界宽度几许，贵旗档案应有明确记载。又，不久前所立之新石牌，贵旗亦十分清楚"②。神木理事司员不但援引伊盟盟长处档册、理藩院规定，甚至派人直接查核，确认准格尔旗伙盘地之北有旧石牌（康熙五十八年）、新石牌（道光十九年重新界划）、黑石牌以及石牌地、黑石牌封禁地，也承认了蒙人在此区域有长二三里、七八里不等的自行耕种地范围③。神木理事司员何以会承认准格尔旗开垦"黑界地"这一现实，其缘由用准格尔旗官方的话来说就是这些开垦的"黑界地""皆属蒙古自己之地"④，"若以黑牌子为界，实行查封，必使众蒙人无地耕种，难以糊口而四处溃散"⑤。很显然，准格尔旗在"黑界地"设置之初即已将其视为招垦区域。因而，到清末贻谷查收准格尔旗"黑界地"时，已是"垦熟之地，约有三四成，计可放地三四千顷之谱"⑥。

因此，在清廷划定"黑界地"之始，其"国家公地"性质即受到挑战。乾隆五十九年（1794），新履新的神木理事同知就怒斥："本官到任后，经查看档册，发觉近几年来，贵旗（准格尔旗）蒙古每年私行招募民人，合伙越界垦种地亩，且竟编造谎言，隐瞒不报，或借故推诿，从不尽力查禁，实属可耻可恶。前任理事司员，虽经屡次饬交各自地方实力查禁，然据探察访得，贵旗从未遵照办理……现查得，贵旗界内地亩，

---

① 《副盟长察克都尔色楞及协理台吉等为押送涉案人员事呈绥远将军衙门文》（道光十八年三月二十九日）。

② 《神木理事司员衙门为饬令核查新旧界牌地一事札准格尔旗协理台吉等文》（道光五年八月初一日）。

③ 《神木理事司员衙门为催促报送黑牌子界地原定旧档之事札饬鄂尔多斯扎萨克固山贝子察克都尔色楞及协理台吉等文》（道光十四年十一月初二日）。

④ 《盟长处为谨慎对待耕种面积及非法招引民人耕种事札准格尔旗协理台吉等文》（道光六年二月二十日）。

⑤ 《准格尔旗衙门为勘定边界、设立界牌之事呈神木理事司员衙门文》（道光十四年二月初三日）。

⑥ 《前绥远垦务总局资料——伊克昭盟·准格尔旗》，整理番号26，蒙古联合自治政府地政总署，1940年。

四处均招募民人开垦种地。"① 以致到了"蒙人为得利与民人合种,而分不清界牌内外"的地步②。这种情况,在郡王旗也同样存在。道光二十年(1840),盟长准发神木理事司员衙门禁文给郡旗:"今年二月二十三日收到神木理事司员衙门禁文:牌界地以外的地全属蒙古人牧场,严禁汉人越界擅自开垦。但近期(贵旗)越界开垦的人很多,而且蒙汉串通,蒙人放地开垦的人也较多,主要缘于贵旗不严惩违法者。"③ 这里,神木理事司员将破坏"黑界地""禁垦"规定的责任,推定为蒙古官员与平人的私放私垦。其实,并不完全如此,内地州县官员对民人越界开垦采取的放任态度,也起到推波助澜的作用④。嘉庆六年(1801)二月,郡王旗与准格尔旗甚至相互控告对方,"越界耕种黑牌子界地"⑤。到了嘉庆十八年至十九年(1813—1814),准格尔旗贝子等官员甚至共议:公开放垦土地,将旗所属之闲弃牧场分为上、中、下三个等级,共计七百三十七犁土地租与民人耕种⑥。尽管这次公开放垦为时很短,仅仅过了约两年时间,到嘉庆二十年(1815)准格尔旗又将放垦之地封闭。但此事件足以说明,蒙古官员、平人招民越界垦殖已不是秘密,"黑界地"也已失去其"限隔"蒙汉耕牧区的作用。这很可能就是道光二年(1822)准格尔旗四等台吉确喇西状告全旗官员私放私垦"禁耕地"的源头。进入道光年间,私放私垦已呈无法阻挡的客观事实。据文献记载,道光四年(1824),有准格尔旗官员称"蒙古(准旗)自行耕种之土地面积约为一千六百十八牛犋",到道光七年(1827),盟长派人核查准格尔旗

---

① 《神木理事司员为查禁旗地札准格尔贝子文及其复文》(乾隆五十九年三月二十五日)。

② 《副盟长扎萨克贝子喇什多尔济、协理台吉等致鄂尔多斯准格尔旗扎萨克贝子书》(乾隆五十九年四月二十日),(全宗号)001-1,(卷宗号)A002-8,(文件号)20-4。

③ 《盟长扎萨克多罗郡王贝勒索诺木喇布斋根敦札扎萨克多罗郡王额尔恒毕力格管印协理台吉贡楚克道尔吉文》(道光二十年三月初一),《鄂尔多斯左翼中旗(郡王旗)扎萨克衙门档案(1649—1949)》,(档案号)513-2-1073。

④ 吴承忠、韩光辉、舒时光:《清陕西内蒙"黑界地"的由来与发展研究》,《西南民族大学学报》(人文社会科学版)2014年第5期。

⑤ 《盟长喇什达尔济为会同办理争夺地事札准格尔旗贝子色旺喇什等文》(嘉庆六年二月初六日)。

⑥ 《准格尔旗协理台吉等为据实呈报嘉庆十八、十九年土地开垦情况呈神木理事司员及盟长处文》(道光四年闰七月二十六日)。

放垦面积时，发现"原黑石牌界现已全部废弃，已开垦耕种之地连绵不断，任意之民人比比皆是"[①]。

正是由于"黑界地"已被大部开垦，使得其区分、隔离蒙汉垦殖区的作用已经变得愈来愈模糊，甚至已不存在。文献屡屡所言"无法分清内外边界""分不清界牌内外"正是这一现实的反映。"黑界地"的这种朦胧状态，甚至连道光十一年（1831）编纂的《神木县志》也无法厘清。在该志"蒙地"一节中，对"黑界地"是这样解释的："其准格尔、郡王、扎萨克、五胜、鄂套五旗地，南自边墙直北五十里，有沙者以三十里为界，无沙者以二十里为界，准令民人耕种，仍归蒙古收租。伙盘地外，在五十里之内，或三十里或二十里，谓之黑界，蒙古、民人皆不准租耕。黑界以外，则为游牧地矣。"而在同书的"疆域附牌界"中，关于"黑界地"和"伙盘地"的辨析又是另一种表述："黑界即牌界，谓不耕之地，其色黑也。定议五十里立界，即于五十里地边，或三里或五里垒砌石堆以限之，此外即系蒙古游牧地方……而凡边墙以北，牌界以南地土，即皆谓之伙盘，犹内地之村庄也。"道光《神木县志》这种看似矛盾实则合理的表述，其实正是"黑界地"被开垦后，其原有的"分界"作用已变为"公地"混界，其演变一如"禁留地"的"国家公地"变为"公地混界"一样[②]。所不同的是，"黑界地"是在"混界"中诞生，又在"混界"中消亡，其命运似乎从一开始就被注定了。

四 "国家存在"与放垦区域的土地权属问题

近年来，关于清代陕北长城边外土地权属问题逐渐引起了学术界的关注。其中，尤以哈斯巴根着力最多，他在《鄂尔多斯农牧交错区研究（1697—1945）——以准格尔旗为中心》一书中，经过较为详细的考察后，认为"土地问题是清代鄂尔多斯农牧业交错地带蒙古人、民人关系

[①]《盟长处为谨慎对待耕种面积及非法招引民人耕种事札准格尔旗协理台吉等文》（道光六年二月二十日）。

[②] 张力仁：《民国陕绥划界纠纷述论》，《人文杂志》2016年第10期。

的焦点","其中,尤其以围绕土地所有权发生的问题非常引人注目"①。哈斯巴根的认识,是基于对伙盘地、黑界地、蒙汉关系、土地纠纷等因素分析的基础上得出的,其认识无疑是正确的。但由于他并未注意到或忽视、忽略了"禁留地"作为地域"底层"因素对该区域土地权属关系的影响,其认识是不全面的。

正如前文所述,在清乾隆八年(1743)以前,放垦"禁留地"的所有权与处置权为清廷所拥有。而乾隆八年(1743)以后,情况发生了些许变化。由于清廷是以"永远章程"的方式将放垦地域土地的收租权、租种权(或耕种权)"固定"或"沉淀"在蒙汉双方手中,尤其是蒙旗收租权的"永远"拥有,等于是从国家层面默认或承认了其对收租土地的所有权。但由于租佃额度以及租佃处分权并不在蒙旗,因此,蒙旗拥有的收租土地的所有权,严格意义上只是"有限"所有权或称之为"实际所有权"。乾隆《府谷县志》卷2《田赋》在详细记载了各边口民人租地数量(牛犋)、租银租糜数量以及口外伙盘(处)数目后说:"此项地土租种时,蒙古地主皆立档子与民人收执,每年收租,地主自来伙盘,种地民人同该管总甲牌头亲交。"另外,由于官定租额的"永远"不变,使民人手中的租佃权等于永租权,"以汉民而居蒙地,凡黑界以内均租自蒙人,永远管业。"② 而永租土地是没有租种年限的,是长租约,其租佃权是"许退不许夺"。因此,不管何人租种,只要名义上向地主缴纳议定的地租,租种权就归其所有。这种状况正如文献所说:"民人租种蒙地,每年出钱若干,谓之地谱,设令蒙地主累世相传,不知其地之所在,则只按年凭账吃租,并不问其地有无变迁及转移何人,故有蒙古吃租认租不认地之说。"③ 随着土地租、典、佃、卖等行为持续、大面积地发生,民人所拥有的耕种权也逐渐侵占蒙人所拥有的土地所有权。如同治元年(1862)五月二十六日发生的民人张轩与蒙古老哈太争地一案,即是因为民人张轩自道光年间即以九千文价格租得蒙古梅林巴图孟和两牛犋地,

---

① 哈斯巴根:《鄂尔多斯农牧交错区域研究(1697—1945)——以准格尔旗为中心》,内蒙古大学出版社2007年版,第133页。
② 《神木县知事呈文》(民国八年六月五日),《陕绥划界纪要》卷1。
③ (民国)《绥远通志稿》卷63《司法》。

到了同治元年蒙人老哈太来抢夺耕地而引发的纠纷①。而发生在蒙人巴图孟克身上的土地反租事，更具有代表意义。同治六年（1867），准格尔旗的巴图孟克先是把生计地的一块租给汉人，但到了同治七年（1877），巴图孟克为了种植鸦片又不得不从租种他生计地的汉人手里反租其土地二顷②。这一事例表明，蒙人一旦将土地出租，其对土地的自主处分权也随即失去，即使是蒙人的生计地也是如此。

　　清乾隆八年（1743）以后，放垦地域土地权属关系的这种状况，在清末贻谷以"国家名义"放垦时，表现得极为明显。贻谷放垦，遭到蒙汉群体的反对、抗争，这是自清代放垦"禁留地"以来所不曾出现的现象。而之所以会如此，正如贻谷所说：伊盟七旗"或接壤秦边，或毗连甘境，其间阡陌相望，势等鞭长，纠葛丛生，棼如丝乱……案案牵连，人人待质"③，"牌界成熟已久，转相授受，价亦不赀"④。在农业较为发达的准格尔旗，情况远超贻谷的想象："窃谓准旗垦事以地土人情而论，皆较他处为难，牌界尤非可以造次……"⑤ 一切都如贻谷所言，其在准格尔旗的放垦遭遇了蒙汉群体的激烈反抗，甚至是武装抗垦，尤以"丹丕尔事件"为代表。贻谷最终也因"丹丕尔事件"而被"革职拿问"。事后，查办大臣鹿传麟在分析蒙汉抗垦的原因时说：伊盟放垦是"垦荒非垦熟"，而"垦局即欲多收地价，亦应先尽原佃承耕。而垦员贪利恃强，必尽逐原佃而转卖之，以图厚利，遂致蒙汉交愤，聚众抗官，丹丕尔之

---

① 《扎萨克贝子扎那济尔迪及协理台吉等为民人垦种蒙古地亩一案呈神木理事司员衙门文》（同治元年五月二十六日），金海等编译《准格尔旗扎萨克衙门档案译编》第 2 辑，内蒙古人民出版社 2008 年版。
② 《准格尔旗协理台吉恩克图鲁、巴图仓等致府谷县衙门书》（同治九年七月四日），（全宗号）511－1－47，（页数）91b－92a。
③ 内蒙古自治区档案馆编：《清末内蒙古垦务档案汇编》，内蒙古人民出版社 1999 年版，第 178 页。
④ 内蒙古自治区档案馆编：《清末内蒙古垦务档案汇编》，内蒙古人民出版社 1999 年版，第 537 页。
⑤ 内蒙古自治区档案馆编：《清末内蒙古垦务档案汇编》，内蒙古人民出版社 1999 年版，第 538 页。

狱由此。乌审全旗，至今聚众抗垦，亦由此"①。鹿传麟的分析，仅仅是从垦务局放垦措施不当或掠夺式经营为基本出发点，而并未注意到贻谷将清代历次放垦地域"收归国有"的直接结果是——汉人失地、蒙人失租。由此，使原来因土地权属纠葛不清甚至对立、冲突的蒙汉双方，转而结为反对贻谷放垦的利益共同体。清光绪三十二年（1906），当垦务官员查勘准格尔旗地时，即发生了地户借蒙古为地主而拒绝查勘之事。据文献记载，垦务局"令刘司事赴仓房梁一带，行抵该处地户张姓家，声称，非有蒙古到场，不能查勘。刘司事再三开导，该地户非特违抗不遵，且将随兵殴打"②。由此可见，基于以土地租佃关系为核心所形成的蒙汉关系之固定。

清末贻谷的放垦，在一定程度上来说，是用"国家力量"来重新构建该地域的土地权属关系。在贻谷放垦之前，该地域的土地经过清康熙、雍正、乾隆乃至道光时期的"奏放""部放"，土地收租权与耕种权已长期"固化"或"沉淀"在蒙汉双方手中，蒙汉以土地利用为中心的共生关系，由此而构建。贻谷之所以将原"部放""奏放"的土地"收归国有"，其根本原因在于"奏放"或"部放"仅仅从国家层面许可、承认了汉民的耕作权与蒙民的收租权，而土地所有权依然为国家所有。贻谷在解释其做法的缘由时说，"凡地经民人租典，虽曾出过价值，尚非永业"③，如"依限呈缴荒银再行换给印照，此后永远为业，子孙相承，再无侵夺之患"④。说白了，贻谷放垦就是以"部照"的形式确认汉民的土地所有权，以与"国家分成地租"的方式显示蒙旗的收租权。这种处理办法，是贻谷面对清开放开垦该地域以来土地权属纠葛不清的无奈选择。

---

① （清）贻谷：《蒙垦陈诉供状》附《鹿传麟、绍英：奏为查明垦务大臣被参各款谨分别轻重据实胪陈并保荐贤员办理善后事宜以绥蒙藩而收实效折》，《中国近代农业史资料》第1辑，第820页。

② 《前绥远垦务总局资料——伊克昭盟·准格尔旗》，整理番号38，蒙古联合自治政府地政总署，1940年。

③ （清）贻谷：《绥远奏议》，《近代中国史料丛刊》续编，第11辑，第103册，文海出版社1966年版。

④ 《前绥远垦务总局资料——伊克昭盟·准格尔旗》，整理番号23，蒙古联合自治政府地政总署，1940年。

但其现实的结果是，使放垦地域的土地所有权自清乾隆八年以来在清廷、蒙旗、民人三者之间分割、漂移的模糊状态，变得明确、固定，即将蒙旗的实际所有权通过收归国有，进而由国家通过"部照"的形式转移、固定在汉民手中。这正如民国《绥远通志稿》所言："在前清时，全绥土地之开辟，始于清康、雍，而盛于乾嘉。逮光绪季年，又有放垦之地，而从前包租遂归公而起征年租矣。"① 需要指出的是，蒙旗的收租权虽然予以保留，但是以国家"代征蒙租"的形式出现，其已与具体的土地所有权没有关系，也与此前蒙旗拥有的实际收租权有天壤之别。虽然蒙旗为收回收租权也做过种种努力，如准格尔旗黄河畔翟林窑子地放垦后，其地租由托克托厅征收，黑界地的地租由河曲县衙门征收。为此准格尔旗方面屡次提出要求收回征租权。宣统元年（1909）的呈文中说："……现今卑旗旗小，别无进项，债负实大，诸般拮据，困苦已极，恳恩将本旗黄河畔翟林窑子等处地，发交回本旗外，并将南边黑牌子地，每年应收租银。近年以来，河曲县衙门征收，似以将此确情，再行具实呈明，恳请钦差大臣将军电鉴，逾格赐恩，将此租银，已极翟林窑子等处地，一并发交回本旗施行。"② 但都被贻谷以"核与原案不合"为由加以拒绝③，终清末，蒙旗始终没有收回收租权。从此角度来看，贻谷将蒙旗收租权即实际所有权的收回、转移，从根本上解散了自清康熙以来围绕土地利用所形成的蒙汉利益共同体，这可能是蒙汉联合抗垦的根本原因。

然而，应该看到，清末贻谷以"国家力量"对"五十里禁留之地"的土地权属、地域归属以及蒙汉租佃关系，进行了"一刀切"式的强行解决，不但没有解决放垦地域"固有"的问题与矛盾，反而制造或引发了新的地域问题。这正如民国咨议王承朴分析（贻谷）官垦时所说："凡民垦之地，一概夺之归官，而租之民间者，又各加以重租。以故蒙人失

---

① （民国）《绥远通志稿》卷42《农业》。
② 《前绥远垦务总局资料——伊克昭盟·准格尔旗》，整理番号105，蒙古联合自治政府地政总署，1940年。
③ 《垦务大臣批准旗分局详准旗贝子等恳请自行向民户征收岁租仰即转行该旗仍遵照定章办理附呈》，《垦务大臣批林毓杜禀议复开放准旗牌界地事分别批示附禀》，内蒙古自治区档案馆编《清末内蒙古垦务资料汇编》，内蒙古人民出版社1999年版，第540页。

地，汉人失垦，蒙汉皆反抗之，卒以致败。自后，谬误相沿，变本加厉，民力不支，往往弃地而逃。"① 因此，贻谷以"国家力量"去解决放垦地域的"国家存在"问题，本身就陷入了难以摆脱的困境，其放垦"中途而废"也只是时间问题而已。民国初年持续长达三年的陕绥划界纠纷，虽然并不都是贻谷放垦该地域所造成的，但贻谷对放垦地域的处理方式、结果却成为陕绥双方提出各自划界主张的"行政依据"②。这一点，可能并非贻谷所愿。

五 结语

清初划定的"禁留地"，是既不许蒙旗游牧，也不许汉民耕作，而成为事实上的"国家公地"。清王朝对"禁留地"性质的这一定位，成为此后该地域开放开垦的基本"底层"影响因素。放垦地域的土地利用、土地权属、租佃纠纷、蒙汉关系甚至行政归属，之所以纠葛不断、矛盾重重，其根源莫不在于放垦地域的"国家存在"。应该指出，本文仅是对"国家存在"与"禁留地"放垦关系做了粗略的扫描，更深入细致的解读、刻画，还有待于学者从不同角度、不同层面的共同参与。如因拙文而能推动学界对这一问题的关注，是为幸。

（原刊《兰州学刊》2017 年第 10 期）

---

① "咨议王承朴条陈"：《农商公报》106 号，1923 年 5 月。《中国近代农业史资料》第 2 辑，第 665 页。
② 张力仁：《民国陕绥划界纠纷述论》，《人文杂志》2016 年第 10 期。

清代伊克昭盟南部蒙汉
经济共同体的建构与解散[*]
——以"禁留地"土地利用为中心的分析

自从德国社会学家 F. 滕尼斯提出"共同体"概念之后,"共同体"这一概念便被广泛用于观察和解释人类社会的地域结构和行为。随着研究的扩展与深入,"共同体"逐渐成为一个包罗万象的词语,其既可指"原始共同组织",也可以指资本主义以前"诸生产方式"[①]。在具体形态上,小可以是一个家庭、家族、群体,中可为阶级、组织、利益群体,大可以为一个民族、国家甚至天下、世界。中国大陆学术界以前对大共同体的讨论集中于历史上少数民族的演化进程,近年来对小共同体的讨论渐趋热烈,如钞晓鸿对关中水利共同体、钱杭对湘湖水利集团的考察等[②]。在海外,以日本和美国的中国史研究为代表。半个多世纪以来,"共同体"长期是日本的中国史研究关注的主题之一,以清水盛光、丰岛静英等为代表的一批日本学者对中国"水利共同体"展开了热烈的讨论,尤其是丰岛静英,他以绥远、山西等地为例,以地、夫、水之间的有机

---

* 教育部人文社会科学重点研究基地重大项目"西北地区灾害环境与城乡发展的历史研究"(16JJD770029)资助成果。

① [日]大塚义雄:《共同体的基础理论》,于嘉云译,联经出版事业公司1999年版,第4页。

② 钞晓鸿:《灌溉、环境与水利共同体——基于清代关中中部的分析》,《中国社会科学》2006年第4期;钱杭:《共同体理论视野下的湘湖水利集团——兼论"库域型"水利社会》,《中国社会科学》2008年第2期。

统一关系为切入点，阐述了"水利共同体"的理论①，由此将"水利共同体"的研究推向深入。美国学者施坚雅，以四川盆地为例，提出了中国封建社会"基层市场共同体"的理论，在国内外学术界产生了深远的影响，很长一段时间都被中国学术界奉为经典，即所谓的"施坚雅模式"。这些研究，都大大推进了人们对中国历史上所形成的地域团体或集团的认知和解释。

本文所考察的清代伊克昭盟南部蒙汉经济共同体，是中国域内历史时期众多"共同体"的一个特殊类型。与以往学术界关注的"水利共同体""基层市场共同体"乃至村落、家族等"自然的"共同体不同，清代伊克昭盟南部的蒙汉经济共同体，是以"国家"放垦政策、制度为框架而人为建构的，也是在国家公权直接介入下人为解散的。这种"人为的"蒙汉经济共同体，其结构与形式是什么？共同体内部各成员之间的权利与义务是如何被规定的？其维持、运转的机制是什么？对这些问题的思考与回答，不但有助于推进学术界对"人为的"共同体的认知、研究，也对时下热议的、由各方特别制度安排的"丝绸之路经济共同体""东北亚经济共同体"以及"东盟经济共同体"等共同体的建构，提供可资借鉴的历史案例。

靠近长城沿线的伊克昭盟南部地区，在清代是一个具有特定历史地理内涵的区域，即俗称的"禁留地"。随着清王朝对"禁留地"政策由禁垦到限垦再到全面放垦的逐步转向，持续、大规模的人类活动，对于处于我国北方黄土—沙漠过渡地带的伊克昭盟南部地区的社会、生态乃至区域历史发展、演变，都产生了广泛而深远的影响，也早已引起了学界的关注。学者们从国家政策、放垦过程、土地租佃关系、农牧经济关系以及贻谷放垦的作用与影响等方面，分别论述了清至民国鄂尔多斯农牧交错区域的蒙汉关系发展、演变过程②。如哈斯巴根从国家政策、放垦过

---

① ［日］丰岛静英：《中国西北部にずけ水利共同体にいて》，《历史学研究》1956年第201号，第23—35页。

② 有关这方面较重要的论著有：哈斯巴根：《鄂尔多斯农牧交错区域研究（1697—1945）——以准格尔旗为中心》，内蒙古大学出版社2007年版；闫天灵：《清代及民国时期塞外蒙汉关系论》，《民族研究》2004年第5期；王晗：《清代毛乌素沙地南缘伙盘地土地权属问题研究》，《清史研究》2013年第3期；等等。

程、土地租佃关系以及社会生活等方面，较为详细地论述了清至民国鄂尔多斯农牧交错区域的蒙汉关系发展、演变过程①；闫天灵应用社会交换理论，从农牧经济的互补性、客居依附效应与私人情谊、利益双赢机制等方面，探讨了清代塞外蒙汉关系发展演变的深层机制②；王晗则从蒙边垦殖过程、差异化空间界域以及贻谷放垦与土地权属变更等方面，论述了清代毛乌素沙地南缘土地权属关系的演变过程③。以上研究，无疑推进了我们对清代伊克昭盟南部地域社会发展、演变的认识，但由于学者的关注点及旨趣不同，蒙汉经济共同体并非学者分析的重点。鉴于此，本文以放垦"禁留地"土地利用为研究视角，复原、重演放垦地域蒙汉经济共同体建构与消散的过程及其内在机制，从人类社会地域结构与行为层面，或可为清代伊克昭盟南部的土地利用、土地沙化、蒙汉关系乃至人地关系的演变提供一种解释路径。不当之处，尚祈当世方家指正。

一 蒙汉经济共同体的建构

清代伊克昭盟南部的蒙汉经济共同体的发展、演变，是以清初设定的"禁留地"为"公共地域"，以放垦"禁留地"为蒙汉之"共同利益"。而所谓的"禁留地"④，是指清初为隔绝蒙汉往来，清廷沿晋陕边墙以北划出的一块东起山西偏关关河口，西迄宁夏宁城口，东西长二千余里、南北宽五十里的长条形禁地。该禁地是"蒙旗、汉人皆不能占据"⑤，实即"官荒空闲地"——或称其为"国家公地"⑥亦可。

自清康熙三十六年（1697）放垦"禁留地"以来，历经康熙五十八

---

① 哈斯巴根：《鄂尔多斯农牧交错区域研究（1697—1945）》，内蒙古大学出版社 2007 年版。
② 闫天灵：《清代及民国时期塞外蒙汉关系论》，《民族研究》2004 年第 5 期。
③ 王晗：《清代毛乌素沙地南缘伙盘地土地权属问题研究》，《清史研究》2013 年第 3 期。
④ 从严格意义上来说，自清康熙三十六年放垦以后，"禁留地"这一概念便不复存在，取而代之的是其衍生概念如"牌界地""黑界地"等。为了研究方便，本文仍以"禁留地"概念来指代该地域。
⑤ （民国）《河套图志》卷 5《水陆交通》。
⑥ 张力仁：《民国陕绥划界风波述论》，《人文杂志》2016 年第 10 期。

年（1719）、雍正九年（1731）、乾隆元年（1736）、乾隆八年（1743）乃至道光十七年（1837）的勘界、展界之后，以"禁留地"土地利用为中心的蒙汉经济共同体得以逐步建立。

在蒙汉经济共同体的建立过程中，康熙五十八年（1719）和乾隆八年（1736）是两个重要的时间节点。康熙五十八年（1719）的官定地租额度，使蒙汉租佃耕种成为具有官定契约性质的经济合作制度，而乾隆八年（1736）制定的"永远章程"，则为蒙汉经济共同体的稳定、运转提供了制度和政策保障。在康熙五十八年（1719）之前，蒙汉经济关系是模糊的、不稳定的。按蒙古贝勒松阿喇布的说法是"乞发边内汉人，与蒙古一同耕种"①，这种放垦初期蒙汉"一同耕种"，究竟是一种生产组织形式，还是含有"分成租制"的"伙种"、"伴种"或"合种"② 经营单位，由于文献记载过于简略，已难知其具体所指。道光年间编纂的《神木县志》，在追叙"禁留地"放垦之初蒙汉关系时说，蒙古"伙同民人耕种，蒙民两有裨益"③，其含义似乎是主佃"合力共耕"下的互惠关系。但又不尽然。道光十四年（1834），神木理事司员曾对蒙汉合伙越界耕种有一个概括性描述："其中有合伙耕种者，有平分粮食者，亦有以租抵债者"④。此处将"合伙"与"平分粮食者""以租抵债者"并列，表明蒙汉初期的"合伙"与传统的租佃制不是一回事。道光二十四年（1844）前后，法国旅行家古伯察借用蒙人之口描述了当时蒙汉经济合作的一种方式："二十年之前（指道光初年——引者），有几家人前来要求我们接纳他们。由于他们很穷，所以大家便允许他们耕种土地，条件是

---

① 《清圣祖实录》卷181，"康熙三十六年三月乙亥"，中华书局1985年版。
② "伙种"、"伴种"或"合种"，是传统小农经济中，两人以上农民为补充各自劳动之不足而形成的一种协力、合作经营单位。参见今堀诚二《农村合伙诸形态》，《中国封建社会构成》，日本学术振兴会刊，1978年；铁山博《清代农业协理共同关系——"伙"诸形态》，《清代农业经济史研究》，御茶水书房1999年版。
③ 道光《神木县志》卷3《建置上·附牌界》。
④ 《神木理事司员衙门为审办越界垦种之事札准格尔旗贝子文》（道光十四年二月二十四日），金海等编译《准格尔旗扎萨克衙门档案译编》第1辑，内蒙古人民出版社2007年版（以下乾隆、嘉庆、道光时期档案资料出处同此，不复注）。

他们每年收获之后都要向当地台吉们交纳一些莜麦面"①。按古伯察的描述，蒙汉初期的经济合作关系是以蒙汉自愿为基础，以私人情谊为纽带的"约地而耕"，民人并不需要缴纳地租，只是向蒙旗官员或蒙古族地主送些茶酒、布帛、粮食作为礼物，以及秋后再请酒吃饭表示谢意，此谓"办地人情"②。这种以私人情谊为纽带的"约地而耕"，是一种含有租佃成分的蒙汉互惠合作关系。直到1940年前后，保尔坦窑子李三狗丑接受采访时亦谈道："同治十年（1871）前后，我们一家从河曲移住到本地，当初和蒙人打个招呼就开了荒，没必要缴押荒、地价之类的东西。作为人情送茶、酒等，或有时候请客就可以了。"③ 与"约地而耕"不同，"平分粮食者"，是指蒙汉按各自提供的生产资料方式、类型，事先商定收益分配比例，或二八分成（蒙二、汉八，下类同），或五五分成④。如道光初年蒙人色登与民人合伙耕种即属此类，据"色登供称：本人虽有土地但无种子，无奈之下向临近民人求助合伙耕种。秋收后除保留种子五桶外，其余收成两家平分，并未向民人收缴租银"⑤。这种田主与无田者"合伙"的租佃关系，是一种类似于传统农业区的"分成租制"。但从《民国神木乡土志·风俗·农界》将"租种人田""伙种"以及"受雇佣"并列叙述来看，一直到民国年间，当地流行的"伙种"仍然与传统的租佃关系不同⑥。

清康熙五十八年（1719），清政府在勘界的同时也首次规定了放垦地域蒙汉租佃额度。当时勘划的民人垦殖范围为五十里界内"有沙者以三十里为界，无沙者以二十里为界，准令民人租种"。并规定租税为"每牛

---

① ［法］古伯察著：《鞑靼西藏旅行记》，耿升译，中国藏学出版社1991年版，第221页。
② 张植华：《清代蒙汉关系小议》，《内蒙古大学学报》1992年第3期。
③ ［日］安斋库治：《蒙疆土地分割制的一个类型——伊克昭盟准格尔旗河套地土地关系的特质》，"南满"铁道株式会社1942年版，第10—11页。
④ 《神木理事司员衙门为遵照理藩院饬令严惩擅自招募民人越界耕种事札准格尔旗贝子察克都尔色楞及协理台吉等文》（道光十九年二月初四日）；《盟长棍藏拉布坦扎木苏为审理蒙古伙同民人耕种事札萨克贝子察克都尔色楞及协理台吉等文》（道光二十五年七月二十日）。
⑤ 《偏关县令为查处所属民人与蒙古勾结私行耕种事咨准格尔旗贝子文》（道光五年三月十一日）。
⑥ 郭松义：《清代农村"伙种"关系试探》，《中国社会经济史研究》1989年第2期。

一犋，准蒙民征粟一石，草四束，折银五钱四分"。到清乾隆八年（1743）清廷再次勘划农耕地界，即"有于旧界（康熙五十八年界）外稍出二三十里，仍照旧耕种，其并未出界者，仍照前办理。有出界五十里之外者，将种地民人收回，五十里之内，给予空闲地亩耕种"。同时规定了新的租税标准："租银分别界内界外，界内者照旧租不加，其界外者每牛一犋，除旧租糜子一石、银一两之外，再加糜子五石、银五钱"[①]。自此之后，以"官定地租为核心的蒙汉租佃经济关系"，成为放垦"禁留地"区域蒙汉经济合作的主要且是普遍的形式[②]。

按文献记载，蒙汉租佃关系可分为三种不同的形态。①因"不能自种"，蒙人通过将一部分土地租佃给民人，以获取一定的收益。如准格尔旗"该旗四十二苏木之人，从前各自耕种，绝无招民之事。后因大畜受损，濒临死光，不能自种。道光五年（1845）开始偷偷分租给民人，欲以地租（买）来牛犋等工具"[③]。②纯粹以出租土地谋生者，即所谓的"蒙利汉租，汉得蒙地"。如准格尔旗蒙民户口地（阿拉特阶层）"大部租于汉人耕种，藉收地租银以维持生活，其自种自给者甚少"[④]。③以租抵债，是指在蒙汉经济生活往来中，蒙人因欠民人债务无力清还者，即以出让土地租佃权的形式偿还债务。道光十四年（1834），准格尔旗因欠民人吕傻子等四十多名民人八万余两银，即私行放垦以抵债[⑤]。"以租抵债"，在嘉庆以后极为普遍，现存扎萨克衙门档案所记录的蒙汉租佃纠纷大部分都与此有关。

从宽泛意义上来说，无论是"约地而耕""平分粮食者"还是租佃耕种，都是一种租佃契约关系，且依当地的习俗，这种契约关系在大部分情况下都是一种"口约"性质，所谓"虽未立约，实出两愿"即是指此。

---

① 道光《榆林府志》卷3《舆地志·疆界附边界》。
② 蒙藏委员会调查室编印：《伊盟右翼四旗调查报告书》，1939年，第49—50页。
③ 《乾清门行走盟长扎萨克多罗贝勒纪录二次的索德纳木喇卜寨根顿致扎萨克贝子纪录一次的茶客多尔色楞及协理台吉等书》，（全宗号）511-1-11。
④ 蒙藏委员会调查室编印：《伊盟左翼三旗调查报告书》，1941年，第25页。
⑤ 《扎萨克察克都尔色楞为禁止蒙汉民私行开垦地亩呈神木理事司员衙门文》（道光十四年三月末）。

但又有不同,"约地而耕"与"平分粮食者",多为熟人之间的口头约定,这种"熟人口约"是建立在民间习惯法基础上的"契约关系",其合作关系是直接的、紧密的,但也是最不稳定的,契约关系视土地出租方与承租方经济地位的变化而变化。如乾隆五十六年(1791),府谷县民人华卫元父子与蒙人什日曼"议定合伙种地",当年秋收后商议再种之事,蒙人什日曼即因"来年自己耕种",而径直解除了与民人华卫元的"伙种"关系[1]。前文所引古伯察对蒙汉约地而耕的观察,亦属此类。在经过初期蒙汉"如同兄弟一般共同生活"之后,古伯察接着说,和平局面没有持续多久,"他们不是满足于已出让给他们的东西,而是随心所欲地扩大其耕地,一声不响地夺占了许多地盘。当他们富裕之后,就再不想向我们交纳已经谈好的莜麦面了"。于是,蒙人便联合起来,以踩踏青苗、砸坏牛犋、捣毁窑洞等方式驱逐民人[2],从而导致这种蒙汉经济合作关系的直接解体。

与"约地而耕"的执行方为出租方不同的是,以官定地租为纽带的蒙汉租佃耕种,其"口约"[3] 执行方不在土地出租方的蒙旗,而是在"国家"。文献所谓"边外向有征收户口地租银之定例"[4],即是指这种建立在官定地租基础上的"口约",是具有强制约束性的官定契约。准格尔旗文书《扎萨克贝子察克都尔色楞及协理台吉等为地租银两事咨河曲县衙门文》,在详细列出本旗牌子地(即牌界地,又称伙盘地)内征收租银、米粮之事以及欠租民人姓名、租银数后说:"查案,乾隆朝所定律例:在本旗牌子地十里、二十里内耕种之民人每犋应交纳二两银、一石米,春出边外,秋回边内。现在民人周二先生、杨秦等,不守法令,常川霸占蒙古地亩,并不交纳租银租米,该民人等显系目无法纪,理应转

---

[1] 《神木理事司员衙门为结案札准格尔旗贝子文》(乾隆五十六年十月初四日)。
[2] [法] 古伯察:《鞑靼西藏旅行记》,耿升译,中国藏学出版社1991年版,第189—190页。
[3] 除非特殊情况下如以租抵债,需要特别约定有关事项的,蒙汉双方才订立文书契约。如乾隆五十四年,喇嘛昭都巴与民人梁广富约定四年后债清地归原主(见道光五年三月二十九日《神木理事司员衙门为审理府谷县旧案札准格尔旗协理台吉等文》)。
[4] 《扎萨克贝子察克都尔色楞及协理台吉等为民人抗阻一事呈神木理事司员衙门文》(道光二十八年五月二十八日)。

饬地方官审办"①。而府谷县民人柯家从乾隆五十九年至道光二十六年（1794—1846）未交租银租粮，也被以"显系目无法纪"而告至官府要求查办②。与私放私垦"黑界地"③所发生的欠租纠纷"实属不成事体""于理不符"④等缘由相比，放垦地域蒙汉租佃"口约"显然与契约文书具有同等的法定效力。道光年间专门负责蒙汉交涉事务的神木理事司员对此有一个定性的说法："如为准耕之地，则租地之民人理应如数交纳租金……如将租金如数交纳，恐不能无故将其赶走……如证实此众民人确实越界私行耕种，则严加惩治，不得拖延"⑤。在这里，神木理事司员说出了三层意思：一是放垦区域蒙汉租佃关系是受法律保护的；二是民人只要交纳议定租金，即取得合法的耕种权，亦即获得了蒙汉经济共同体成员资格；三是蒙旗或蒙人无权解除与民人"合法"的租佃关系。

按神木理事司员的说法，以"官定契约"为纽带的蒙汉租佃经济关系，其稳定、运转，不取决于蒙汉经济共同体本身，而是取决于国家公权外部介入的力度。因此，这里有必要对放垦"禁留地"区域的政治生态做一番考察。

在清乾隆八年（1743）对民人垦殖范围进行勘划的同时，清廷也对放垦地域范围内的行政管理、蒙汉土地租佃关系、土地纠纷、蒙汉交涉事务等方面的管控以"永远章程"的方式作出了制度性的安排和规定⑥，

---

① 《扎萨克贝子察克都尔色楞及协理台吉等为地租银两事咨河曲县衙门文》（道光二十三年七月二十二日）。

② 《扎萨克贝子察克都尔色楞为征租地银两事咨府谷县知县衙门文》（道光二十六年夏）。

③ "黑界地"乃清乾隆年间为限制、区分、查禁民人耕地与蒙旗耕牧而划定的"朝廷禁垦之地"，其性质类似于清初设定的"禁留地"。

④ 咸丰八年六月二十日《扎萨克贝子扎那济尔迪、协理台吉等为黑牌子界地内民人拒不交纳租银事呈神木理事司员都统衙门文》，《准格尔旗扎萨克衙门档案译编（第二辑）》，金海等编译，内蒙古人民出版社2007年版（以下咸丰、同治时期档案出处同此，不复注）；光绪十一年十二月初九日《伊克昭盟长为民人拒交官租事咨托克托厅通判衙门文》，《准格尔旗扎萨克衙门档案译编（第三辑）》，金海等编译，内蒙古人民出版社2007年版（以下光绪、宣统时期档案出处同此，不复注）。

⑤ 《神木理事司员为审理民人非法占据土地并霸占蒙古妻儿等事件札准格尔旗文》（道光八年二月初一日）。

⑥ 《尚书班第、总督根福奏为复议榆林附近民人口外耕地并定界加租恭折》（乾隆八年十二月初七日）。

此后一直到清末贻谷放垦之前,"永远章程"都是开放开垦"禁留地"的基本法律依据。但由于有关政策与制度是以"容民人开垦而禁蒙古招募"为基本出发点,其矛盾与缺陷也就在所难免。这可以从两个方面来看,一方面是放垦地域事有专责,蒙汉交涉事务实行归口管理。如在原理事司员基础上再设立三处理事同知官,以专管与开垦之事有关的蒙古民人交涉事件①。并且制定了"管制民人之律例",规定每至"秋间,各总甲仍将种地人民姓名、牛犋、租银、租糜数目开载明确,到县投递,考核、造册、申奏,本道府理事厅暨驻劄神木理藩院部郎各衙门以备查考"②。而"如有欠租者,官为严追;有盘剥蒙古者,援远年债务一本一利之例,速为判结,则相安无事,可长享其利也"③。直到清光绪年间依然是"每年由蒙员催收,有事仍禀县核追"④。虽然"因地滋事时有之",但在国家公权外部介入下,"其强种勒索者禁止"⑤,蒙汉围绕"种地吃租""各得生理",结成了一个十分紧密的互惠互利、相互依存的地域利益群体。清末,贻谷放垦蒙地,有民户即声称"非有蒙古到场,不能查勘",甚至不惜爆发暴力对抗⑥,足见这种以"官定契约"为纽带的蒙汉经济共同体的稳定与持久。然而,另一方面,由理事司员、查旗制度与州县制所构成的放垦地域行政管理体系,对蒙汉经济共同体的稳定与维持具有明显的负面影响。按,这一行政管理体系的实质是,蒙人归属盟(蒙)旗管理,民人归内地州县"境外管理"或"遥治",而对蒙汉交涉事务则由既无属土亦无属民的宁夏、神木的理事司员衙门管理⑦。清王朝对放垦"禁留地"行政管理架构的独特安排,表达的是其对放垦地域行政管辖权处置的矛盾与纠结:一方面希望通过放垦"禁留地"实现国家、蒙旗、民

---

① 道光《榆林府志》卷3《舆地志·疆界附边界》。
② 乾隆《府谷县志》卷2《田赋·附人民租种五堡口外蒙古鄂尔多斯地土内》。
③ 道光《增修怀远县志》卷4《边外》。
④ 光绪《靖边县志稿·凡例》。
⑤ 《乾隆朝实录》,"乾隆元年三月丁巳"。
⑥ 《前绥远垦务总局资料——伊克昭盟·准格尔旗》整理番号38,蒙古联合自治政府地政总署,1940年。
⑦ 梁卫东:《清代汉族移民与鄂尔多斯行政体制重构》,《首都师范大学学报》(社会科学版)2011年第1期。

人三者之间的利益共享和区域社会经济利益的最大化;另一方面,将放垦"禁留地"的人、事管辖权分离,又不失其隔绝与限定蒙汉交往的初衷。然而,历史发展的现实并不如制度设计者所愿,这种多头或分层分类又相互交叉的地域管理方式,虽然最大限度地维持或保持了"禁留地""蒙旗、汉人皆不能占据"的"国家公地"性质,但却不可避免地造成地域管理上的"政治真空"——"在该管长官几不知所属为何地,在民人几不知本管为何人"①。现实的蒙汉租佃关系因而也处于高度的"自由"状态:"蒙利民租,汉利蒙地,自行交易,官厅概取放任主义,不加干涉"②;"不加干涉",字面背后的意思是政府职能的缺位以及无处不在的政策与制度的客观存在。而行政管理设计上的叠床架屋及相互掣肘,从政治层面为蒙汉租佃关系中出现的诸如擅自提高地租、欠租、抢耕、强占等"异己"因素增加了变数,如对于普遍发生的欠租行为,蒙人地主虽多控于官,但由于"蒙人事务原由部员处理,而汉人事务则由地方官管辖,如有民人拖延地租等事,地方官以部员非专管上司为由不出力追缴,致蒙人多为无奈"③。类似如府谷县民人柯家从乾隆五十九年至道光二十六年(1794—1846)拖欠地租长达半个世纪之事,在清代放垦地域极为普遍。清末贻谷放垦时,郡王旗之所以报垦黑牌子地,即是"因取租不易,是以呈报"④。因此,放垦地域行政管理的两重性,是造成蒙汉经济共同体系统的稳定与局部或个体的不稳定同时存在的制度原因。

如果说,"民人负耒出疆,爰得我所,民质田得以养其生,民有余力假蒙地以耕之,蒙有余地假民力以耘之,公平交易,人之常情"⑤,是一种自然、历史、经济、社会的复合发展过程,那么依赖国家政策、制度

---

① 《陕北榆绥延鄜公民代表呈文》(民国七年九月二十四日),樊士杰等编《陕绥划界纪要》卷1,民国二十一年,铅印本。
② (民国)廖兆骏:《绥远志略》,正中书局1937年版,第16页。
③ 《尚书班第、总督庆复奏为有关鄂尔多斯开垦事宜之折》(乾隆八年十二月初七日),《准格尔旗扎萨克衙门档案》,(全宗号)001-1,(卷宗号)A001-3,(文件号)22。
④ 宝玉:《清末绥远垦务》,内蒙古地方志编纂委员会总编室印《内蒙古史志资料选编第一辑(下)》(内部资料),1985年,第19页。
⑤ (清)贻谷:《绥远奏议》,《近代中国史料丛刊续辑》第103册,台湾文海出版社1984年版,第326页。

建构的蒙汉经济共同体，则明显具有人为建构性。与"自然的"共同体不同，这种人为建构的蒙汉经济共同体，其形态、结构及其各组分之间的相互关系，不取决于共同体内部，而是受制于预先设定的制度、政策及其配套措施。因此，国家外部介入，就成为人为建构的蒙汉经济共同体稳定、维持的必要且是根本条件。

二 蒙汉经济共同体的解体

清光绪二十八年（1902）四月，清廷任命贻谷为垦务大臣，正式宣布以"国家名义"放垦蒙地，到光绪三十四年（1908）四月"垦务弹劾案"爆发，历时六年的贻谷大规模放垦蒙地趋于停顿。关于贻谷放垦蒙地的过程、结果、影响，学术界已有较为深入的讨论，但大部分论述均集中在蒙汉租佃关系的变化、放垦与土地利用方式以及土地沙化、环境变化等方面，而很少注意到贻谷放垦对区域业已形成的蒙汉经济共同体的作用与影响。

清末贻谷放垦蒙地，当然不限于"禁留地"，但"禁留地"的"再放垦"，却让贻谷大费周章，用贻谷的话来说就是伊盟七旗"或接壤秦边，或毗连甘境，其间阡陌相望，势等鞭长，纠葛丛生，梦如丝乱……案案牵连，人人待质"[①]。而在农业相对较为发达的准格尔旗，情况远超贻谷的想象："窃谓准旗垦事以地土人情而论，皆较他处为难，牌界尤非可以造次……"[②] 之所以会如此，其原因概在于自康熙三十六年（1697）放垦"禁留地"以来，放垦地域的收租权、耕种权以官定地租的方式已逐渐"沉淀"或"固化"在蒙汉双方手中，而土地所有权的模糊以及蒙汉对土地所有权的争夺，使得放垦地域的土地租佃关系极为复杂。缘于此，垦务大臣贻谷针对蒙旗的收租权（实即所有权）以及汉民的"永租权"采用了不同的策略和办法，如对于蒙旗，"令限于两个月内由蒙民备

[①] 内蒙古自治区档案馆编：《清末内蒙古垦务档案汇编》，内蒙古人民出版社 1999 年版，第 178 页。

[②] 内蒙古自治区档案馆编：《清末内蒙古垦务档案汇编》，内蒙古人民出版社 1999 年版，第 538 页。

价赎回，若逾期不赎，即发归汉人永远管业"①。然而由于"牌界成熟已久，转相授受，价亦不贵"②，对于普遍趋于贫困化的蒙旗或蒙人而言③，"备价赎回"等于是蒙旗不得不放弃其原有权利。虽然贻谷仍然保留了蒙旗的收租权，但已与此前有本质不同，它是以蒙旗与国家"分成地租"的形式出现④，用贻谷的话说就是蒙旗"户口之地，酌提二成发给蒙古原主，用示体恤"⑤。这种停留在名义上的蒙旗收租权，已然宣告了蒙旗收租权被隐性地转移至国家，对此民国《绥远通志稿》作如是言："在前清时，全绥土地之开辟，始于清康雍，而盛于乾嘉。逮光绪季年，又有放垦之地，而从前包租遂归公而起征年租矣"⑥。而对于汉农的耕种权，在贻谷看来，"凡地经民人租典，虽曾出过价值，尚非永业"⑦，汉农如"依限呈缴荒银再行换给印照，此后永远为业"⑧。经此过程，不但蒙旗所拥有的放垦权、收租权被剥夺，汉农的"永租权"也被取消，汉农不再直接向蒙旗交纳蒙租，而是成为"国家"赋税体系中的组成部分。至此，自清康熙以来以放垦"禁留地"而构建的蒙汉租佃关系被"人为"地解散了。

不仅如此，贻谷放垦还从根本上摧毁了蒙汉经济共同体存在的地域基础。在贻谷放垦之前，无论是"奏放""部放"还是私放私垦土地，都已成为蒙汉混合分布区域。在贻谷放垦之后，随着土地收归"国有"，放

---

① 贺扬灵：《察绥蒙民经济的解剖》，商务印书馆1935年版，第108—110页。
② 内蒙古自治区档案馆编：《清末内蒙古垦务档案汇编》，内蒙古人民出版社1999年版，第537页。
③ 哈斯巴根：《鄂尔多斯农牧交错区域研究（1697—1945）》，内蒙古大学出版社2007年版，第199—221页。
④ 按各旗所放土地岁租的分配比例不一。如扎萨克旗，"所征岁租二成归公，二成存储，其余六成拨归该旗"；民众抗垦较严重的乌审旗"所收岁租先提经费一成，其余分作十成，二成存储，八成拨归该旗"。参见民国《河套新编》之《河套垦务调查记》。
⑤ （清）贻谷：《绥远奏议》，《近代中国史料丛刊》续编，第11辑，第103册，文海出版社1983年版。
⑥ （民国）《绥远通志稿》卷42《农业》。
⑦ （清）贻谷：《绥远奏议》，《近代中国史料丛刊》续编，第11辑，第103册，文海出版社1983年版。
⑧ 《前绥远垦务总局资料——伊克昭盟·准格尔旗》，整理番号23，蒙古联合自治政府地政总署，1940年。

垦地域的土地制度由此前的封建国家所有和蒙旗不同程度的土地公有一变而成为完全意义上的封建土地私有。案，贻谷放垦的基本程序是，由蒙旗报垦、指界，垦务局勘收、挂号、放垦，汉农交纳荒价银、领垦，再由垦务局以"红照"的形式对汉农领垦土地的所有权、耕种权予以确认。与清代历次放垦不同的是，贻谷官垦时期蒙旗报垦的是区域而非地段，汉农领垦的土地也不再是仅有耕种权，而是以"红照"形式确认的土地所有权。这一实质性改变，不但领垦汉农成为封建国家赋税体系的一员，也使放垦区域成为国家直接管辖的地区。如郡王旗，"报垦的地已划入东胜县管辖，该旗的属地缩小三分之二……"① 扎萨克旗"旗下报垦地方的农民，除南部早已归属榆林、神木外，均为东胜县属"②。如果再联系清光绪二十八年（1902）裁撤神木理事司员一事③，是否可以这样认为，在贻谷放垦之前伙盘地或牌界地业已变为伙盘区域或农耕区域。而随着放垦地域的国家管辖，由此导致蒙旗的生产生活空间被大大压缩，这迫使蒙旗展开对生存空间的争夺。清光绪二十九年（1903）七月，郡王旗协理台吉补音吉尔格朗在给贻谷的"敬陈管见十款请采择事"首款中，就提出："正经界以别蒙汉也，本旗（指郡王旗）已指之地，既有四至可查，其在未指界外者，为蒙人耕牧之厂，如有旧住民人驱赶新垦地内，备价承垦，可杜互串别生枝节"④。这类似清康熙五十八年（1719）、乾隆八年（1743）因"游牧窄狭"而对民人垦殖范围进行的勘划与限定。事实上，在台吉补音吉尔格朗建策稍前的六月份，郡王旗在报垦该旗东边、东南数千顷土地的同时，也向垦务大臣提出将本旗西边西至扎萨克旗、北至杭锦旗界的一段地（即俗称的西界地），从光绪三十年（1904）进行封闭，以留作"扎萨克所属官员、人众游牧草场"，并且由旗政府向西界地内私垦民户发出告示，要求私垦民户移到东边开放地内领地承种，

---

① 张乐轩：《伊克昭盟志》第十一章"郡王旗"第七节"农民与商人"。
② 张乐轩：《伊克昭盟志》第十章"扎萨克旗"第七节"农垦"。
③ 《郡王旗协理台吉布仁吉尔格勒致准格尔旗协理等书》（光绪二十八年），（全宗号）511 - 1 - 84。
④ 内蒙古自治区档案馆编：《清末内蒙古垦务档案汇编》，内蒙古人民出版社 1999 年版，第 450 页。

此即是史料中所称的"西界地亩禁闭一案"①。但由于"私垦汉民不肯迁走",遂爆发蒙汉直接冲突,甚至武力对抗,因而不得不"暂缓闭地"。后因蒙旗官民不断地奔走、控告、上访,到清光绪三十一年(1905),才由地商、民户、垦务局以及陕西地方政府等各方力量参与、协商拟定了分三年"将民移往开垦田地之处"②的闭地方案,此即是后来文献所说的"分年闭地之法"。该办法虽然最大限度地照顾到各方的利益诉求,但仍然引起蒙、汉的不满,尤其是蒙旗认为"是明为分起闭地,实则三年后,始行议闭,况必不能闭也"。随后该办法实施的结果,也印证了蒙旗的担忧,本应于光绪三十三年(1907)冬全部封闭的西界地亩,直到光绪三十四年(1908)垦务弹劾案发,依然是私垦民户"占垦如故"。之所以会如此,其原因正如查办大臣鹿传麟所指责贻谷的"垦员自知夺地之非,佯指黑界恶地与之,以荒易熟,民不肯迁,又设分年闭地之法,未迁则征原佃之租。俟其既迁,坐得上腴之价"③。"分年闭地之法"因而也成为贻谷垦务弹劾案的罪状之一。

在一定程度上,清末贻谷放垦,是以"国家名义"将自康熙以来历次放垦土地收归"国有",由"国家"重新进行土地分配及土地所有权的确认。而国家外部的"刚性介入",在改变地域利益分配体系的同时,也解散了自康熙以来所形成的利益攸关、互为牵制的蒙汉经济共同体,由此所引发的蒙汉矛盾、冲突以及地域动荡,已远远超过放垦本身。清光绪三十二年(1906)就有报道说:"查准格尔旗黑界地亩,计自(光绪三十二年)二月间开丈,至七月底,一律丈竣,共得净地一千六百余顷,惟时有随丈随放者,有原户观望于前,丈地后与新户相争者,有一地而数人分领,仍求划分复丈,或领地而希图减价,一时未能骤定者,纠纷

---

① 苏德:《清末伊克昭盟郡王旗西界地亩禁闭一案始末》,内蒙古档案局、内蒙古档案馆编《内蒙古垦务研究》第1辑,内蒙古人民出版社1990年版。

② 内蒙古自治区档案馆编:《清末内蒙古垦务档案汇编》,内蒙古人民出版社1999年版,第455页。

③ (清)贻谷:《蒙垦陈诉供状》附鹿传麟、绍英:《奏为查明垦务大臣被参各款谨分别轻重据实胪陈并保荐贤员办理善后事宜以绥蒙藩而收实效折》,《中国近代农业史资料》第1辑,第820页。

滋蔓，讼案亦多"①，以至地户"春集秋散，不事力田"。光绪三十三年（1907）十一月，办理准格尔旗垦务分局的姚世仪就说准格尔旗河套川地归公收租之后，民户"已不认蒙旗为主"②。到宣统元年（1909），甚至出现了多个地域性的农户自发组织——"农民社"。如准格尔旗，"查，光绪三十四年（1908）夏，在本旗格楚河、查干敖包等地方经营商铺、务农、放牧之民人楼四海、韩永来、王四等突然结帮拉伙，成立所谓农民社，并分为六股社团，抗拒本旗应征之徭役、赋税等"，甚至被蒙旗官方指责为"煽动安分农民，拉帮结伙，与本旗对抗，滋生事端"③，进而爆发严重的武力冲突④。这只是问题的一个方面。另一方面，"正经界以别蒙汉也"，在伙盘地（即牌界地）也遇到了麻烦，民国《陕西通志稿》在回顾蒙汉历史时对此说道："蒙地与内地接壤之区名曰伙盘地，向系蒙汉杂处……自垦务兴办规定报垦，其伙盘地蒙人均当外迁，然迄今尚有盘踞不去，居牧如故者，以致领地之户不能执业……缘是叠相竞争膠葛难清，边患亦往往因之而起"⑤。蒙汉对立、冲突一如"封闭西地"事件一样地重复上演。

三　限制与突破："国家"、蒙旗、民人之间的博弈

与历史上"索粮接济""蒙汉互市"等方式所形成的蒙汉经济关系不同，清代伊克昭盟南部蒙汉经济关系，是以放垦"禁留地"为基础而人为建构的。然而，由于"禁留地"的"国家公地"性质，使得放垦"禁留地"成为"国家"、蒙旗、民人三者之间的"公共产品"，而"公共产

---

① 《前绥远垦务总局资料——伊克昭盟·准格尔旗》，整理编号62，蒙古联合自治政府地政总署，1940年。
② 《前绥远垦务总局资料——伊克昭盟·准格尔旗》，整理编号88，蒙古联合自治政府地政总署，1940年。
③ 《准格尔旗为驱逐农民社首领楼四海等事咨神木同知衙门文》（宣统元年七月二十日）。
④ 《准格尔旗为该旗民人成立农民社事呈盟长处文》（宣统元年十月二十二日）。
⑤ （民国）《续修陕西通志稿》卷28《田赋三》。

品"的本质决定了参与分配的成员都希冀"公共利益"向己方倾斜。因之,"国家"、蒙旗、民人以利益为指向的矛盾与冲突,便在不同地域、不同层面上持续展开,其中既有蒙汉与"国家"之间的博弈,也有蒙汉之间的矛盾与冲突;既有群体性、整体性的对抗,也有小规模、局部的利益之争。清康熙五十八年(1719)、乾隆八年(1743)的勘定农耕地界,即是蒙汉农牧争地的结果;而雍正八年至十年(1730—1732)放垦地域收租权的收归州县,以及清末准格尔旗与垦务局关于"黑界地"岁租征收权的争夺①,则反映了"国家"与蒙旗之间的利益之争。至于普遍发生的私垦、强耕、抢占、欠租、私索租价等案件,则是蒙汉局部、个体的利益之争。在清代伊克昭盟南部,持续时间长、规模大、影响深远的"国家"、蒙旗、汉民三者之间的利益之争,当属蒙汉私放私垦"黑界地"以及清末贻谷放垦时期"国家"与蒙汉的利益争夺。

清乾隆八年(1743),清政府在勘划蒙汉农耕地界范围、制定管制民人之律例基础上,也建立了以理事司员、理事同知、盟长处、扎萨克衙门、沿边州县政府以及基层总甲、达庆等"查禁"主体。但在共同利益驱使下,如同康熙五十八年(1719)勘界之后一样,蒙汉"违例""越界"私放私垦,不断挑战、突破国家的"封禁"政策与制度。清乾隆五十四年(1789),时任盟长栋罗布色稜从京城返回路过准格尔旗时即发现"民人越界种地、盖房、开场储草、开垦,以致使众人无法放养备用军马及四项牲畜"②。到清乾隆五十九年(1794),新履新的神木同知就直斥:"本官到任后,经查看档册,发觉近几年来,贵旗(指准格尔旗)蒙古每年私行招募民人,合伙越界垦种地亩……几至无法无天之地步","以至原定律例几成具文"③。由此导致乾隆八年(1743)所勘划的蒙汉耕牧界线已形同虚设,也已突破了清王朝"中外疆域不可混同"的政策底线。于是,在乾隆六十年至嘉庆六年(1795—1801)之际,清廷不得不在各

---

① 哈斯巴根:《鄂尔多斯农牧交错区域研究(1697—1945)》,内蒙古大学出版社2007年版,第159页。
② 《盟长栋罗布色稜为从速办案札饬扎萨克贝子色旺喇什文》(乾隆五十六年四月二十五日)。
③ 《神木理事司员为查禁旗地札准格尔贝子文及其复文》(乾隆五十九年三月二十五日)。

旗南界，沿乾隆八年（1743）勘定农耕地界北侧又人为地划定了一条南北宽十里的"朝廷禁垦之地"——"黑界地"①，以此限隔、区分、查禁蒙汉私放私垦行为。然而，事后的查禁、隔离手段——"黑界地"，不但没能阻止蒙汉私放私垦行为的发生，反而成为蒙汉联合与"国家"展开争夺的目标。清嘉庆七年（1802），托克托厅通判衙门就曾咨文准格尔旗："贵旗蒙古有擅自将牧地租与民人耕种者，且所租地方乃理藩院封禁之地"②；嘉庆十八年（1813），准格尔旗甚至公议将旗所属之闲弃牧场共计七百三十七犁土地租与民人耕种③。尽管此次公开放垦为时仅为两年，即到嘉庆二十年（1815）准格尔旗又将放垦之地封闭。但此事件足以说明，放垦与不放垦，不取决于清政府放垦政策与制度的规定，而是以蒙汉"共同利益"为旨向，所谓"商定为放垦则耕种，封禁则不耕种"④即是指此。进入道光年间，情形变得更为严重。道光二年（1822）发生的准格尔旗四等台吉确喇西状告全旗官员放垦"黑界地"的案件，揭开了蒙汉大规模私放私垦的面纱。据确喇西诉状称，准格尔旗官员"将蒙古人赖以为生之牧场、耕地、所属旗之闲散地以及乾隆五年钦差呼乐图、阿兰泰等大臣划定永不得耕种之封禁之地十里地及二十里地黑石牌地方连年租与民人雷大龙、魏和连、袁少志等几千民人耕种"。这"几千民人耕种"的土地面积，据准格尔旗官方估计"约为一千六百十八牛犋"⑤，按每牛犋二百七十亩折算，其时开垦的黑界地亩数高达约44万亩。而光绪三十二年（1906）贻谷放垦准格尔旗"黑界地"时，垦务局丈得黑界

---

① 吴承忠、韩光辉、舒时光：《清陕西内蒙"黑界地"的由来与发展研究》，《西南民族大学学报》（人文社会科学版）2014年第5期。
② 《托克托厅通判衙门为办理越界耕种蒙地民人事咨准格尔旗贝子文》（嘉庆七年六月初二日）。
③ 《准格尔旗协理台吉等为据实呈报嘉庆十八、十九年土地开垦情况呈神木理事司员及盟长处文》（道光四年闰七月二十六日）。
④ 《遵命驻神木处理蒙汉交涉案件同知觉罗吉致鄂尔多斯准格尔扎萨克贝子等书》（道光九年三月十日），a008-1，001，39。
⑤ 《盟长处为转行理藩院责令延榆绥道员、神木理事司员、伊克昭盟盟长三方会审准格尔旗私行招民垦种案札饬准格尔旗文》（道光六年十月初三日）。

地亩才一千六百余顷①，仅及道光年间私垦地亩的三分之一强，可见早在道光年间准格尔旗"黑界地"就已被开垦殆尽②。

确喇西案件所暴露的严峻现实，引起了包括神木理事衙门、绥远城将军衙门、理藩院等清政府有关部门的高度关注。在查核、审理确喇西案件之后的道光五年（1825）四月，神木理事司员即向各旗发布"禁令"："责令甲喇章京、什长等严格查封蒙地，禁止蒙古民人相勾结私行耕种，如有违反此禁令之蒙古及扎萨克贝子，一律严惩不贷并呈报理藩院处置"③。紧接着，道光六年（1826）十一月，理藩院亦重新制定了惩处蒙古私行招民垦种之律例，加大了对蒙汉私放私垦行为的处罚力度，规定："今后各扎萨克王、贝勒、贝子、公及闲散王、贝勒、贝子、公如擅自招民垦种，招民一到十人者，由原来之罚俸一年改为罚俸两年；招民十一到二十人者，由原来之罚俸两年改为三年……"依此类推"招民五十一人以上者，照旧例革职，今改为革职并罚三九牲畜……"对于"无俸之协理台吉、塔布囊、闲散台吉、塔布囊等"以及平民，新定律例也详细规定了处罚措施④。国家从行政层面加大了对蒙汉私放私垦的处罚力度，尽管如此，依然无法阻止蒙汉大规模私放私垦的行为。据准格尔旗扎萨克衙门档案记载，从道光六年至道光十二年（1826—1832），准格尔旗放地蒙人数量逐年大幅度增加，除道光六年（1826）私放"黑界地"的蒙人人数大幅低于道光五年（1825）外，从道光八年至道光十二年（1828—1832），放地蒙人数量逐年大幅度增加，尤其是道光十年（1830）、十一年（1831）、十二年（1832）连续三年私放"黑界地"蒙

---

① 《前绥远垦务总局资料——伊克昭盟·准格尔旗》，整理番号62，蒙古联合自治政府地政总署，1940年。
② 《准格尔旗贝子为其外出之际旗地被民人耕种殆尽之事呈盟长处文》（道光十年闰四月十五日）。
③ 《盟长处为转行神木理事司员衙门之禁令札准格尔旗协理台吉等文》（道光五年四月二十九日）。
④ 《盟长处为转行理藩院宣谕惩处私行招民垦种之新定律例札准格尔旗协理台吉等文》（道光六年十一月十二日）。

人数量均大幅度超过道光五年（1825）①，且有进一步扩大之趋势②。道光十年（1830），绥远城将军升寅在奏报伊克昭盟的情况时就说："兹闻各扎萨克贝勒、贝子、公以及台吉、官员、平人各将草场任意私放，以至口内民人希冀渔利，接踵而至，日聚日多……"③ 以"致不得收拾矣"④。这种状况，不仅仅发生在准格尔旗，"经查，鄂尔多斯各旗皆存在所属蒙古招收民人私行耕种、民人非法越界耕种事"⑤。虽然神木理事司员、理事同知间年巡查，且严令盟旗衙门实力查禁，然而，在"共同利益"的驱使下，蒙汉均无视"禁令""律例"，私放私垦已由民而官，由隐蔽而公开，由个体变为群体，放垦规模已无法控制。这一点，作为查禁主体的神木理事司员也不得不予以承认：蒙汉私放私垦"无视律例，连年放地已成事实"⑥。

在查处蒙汉私放私垦案件过程中，从绥远城将军、神木理事司员到盟长处，都将蒙汉私放私垦之责推定为蒙旗官方的不实力查禁，但却对蒙旗官员参与放垦遮遮掩掩，"蒙古私行放垦牧地，如未滋生事端，则官员获益；如滋生事端，则谎称民人强行耕种，且呈报本衙门转饬地方官员查办"⑦。然而，无法回避的事实是，不但时不时可见蒙旗政府公开放垦，如嘉庆十八年（1813）准格尔旗公议放垦该旗牧地，光绪四年

---

① 据记载，道光五年、六年、八年、十年、十一年、十二年，准格尔旗放垦"黑界地"蒙人数分别为182人、65人、75人、201人、242人、250人。见《道光五年至十二年间放地招民之蒙人名单》（道光十三年）。

② 参见《神木理事司员为严禁私招民人开垦旗地札准格尔旗贝子文》（道光十三年三月十六日），《盟长棍藏拉布坦扎木苏为出关巡查旗地时查出私行招募民人耕种封禁土地事札准格尔旗贝子察克都尔色楞、协理台吉文》（道光二十二年四月二十六日）。

③ 绥远城将军升寅《奏报伊克昭盟鄂尔多斯有关办理土地阿勒巴面二事来京控件要陈》，道光十年八月二十二日（朱批），中国第一历史档案馆，（档案号）4/322/1。转引自祁美琴《伊克昭盟的蒙地开垦》，《内蒙古近代史论丛》第4辑，内蒙古大学出版社1991年版。

④ 《前清门行走副盟长鄂尔多斯扎萨克贝子色旺喇什致驻神木处蒙汉交涉案件理事司员书》（嘉庆六年三月八日），（全宗号）001-1，（卷宗号）A003-3，（文件号）54-24。

⑤ 《神木理事司员衙门为将私行耕种所得收成没收入官之事札准格尔旗协理台吉文》（道光六年八月十六日）。

⑥ 《神木理事司员为严禁私招民人开垦旗地札准格尔旗贝子文》（道光十三年三月十六日）。

⑦ 《神木理事司员衙门为抓捕越界垦种民人事札准格尔旗贝子察克都尔色楞文》（道光二十年三月十一日）。

(1878)、二十二年（1896）准格尔旗政府更是两次"先斩后奏"放垦"黑界地"①。而蒙旗官员参与放垦不但人数众多且极为普遍，前揭文《道光五年至十二年间放地招民之蒙人名单》中，逐年均有蒙旗大小官员的身影。如，道光五年（1825）神木理事司员在暗查中就"发现准格尔旗贝子、协理台吉、管旗章京、梅林、台吉、甲喇等大小官员皆有招引民人越界耕种之事"②；而在查办道光十八年（1838）、十九年（1839）私垦案中，神木理事司员更是明言"据查，两次放垦案涉及之蒙官、蒙人甚多"③。延至清末，贻谷更是直指准格尔旗"黑界地"尽为其东协理台吉丹丕尔"盗放"④。在现存准格尔旗扎萨克衙门档案中，大部分私放私垦纠纷都与蒙旗官方尤其是负有具体"掌界""查禁"责任的达庆、达拉古等蒙旗官员有关。蒙旗官方（员）的介入、参与，在一定程度上使私放私垦具有官方性质。而"查禁"者成为被查禁的对象，其必然的结果是"无法查禁""难以禁止"。这种制度设计本身的缺陷，使清政府出台的任何针对私放私垦的政策、制度、措施，在蒙汉对"黑界地""公共利益"的争夺面前，都显得苍白无力。

也就在道光年间，准格尔旗官方甚至与神木理事司员、盟长处曾就该旗"黑界地"归属问题，展开旷日持久的争论。如，道光十四年（1834）三月十日，神木理事司员行文准格尔旗要求实力查禁"黑界地"时，准格尔旗方面先是说本旗"绝无分定黑界之（事宜）"⑤，进而又说："查案，康熙五十九年（1720），雍正九年（1731）多次经由钦差大臣奏

---

① 《副盟长扎那济尔迪为开垦黑牌子界地以救济旗民事咨神木同知衙门文》（光绪四年六月初六日），《准格尔旗为知会已放垦该旗南部荒地事咨同知衙门文》（光绪二十二年八月十四日）。

② 《准格尔旗为无法遵照指令拘留私行耕种之涉案人候审一事呈盟长处文》（道光五年十二月初九日）。

③ 《神木理事司员衙门为会审蒙古伙同民人耕种一案札准格尔贝子察克都尔色楞文》（道光二十五年二月初九日）。

④ （民国）《绥远通志稿》卷38《垦务》。

⑤ 《道光十四年往来文书档册》（道光十四年三月十日）。转引自哈斯巴根《鄂尔多斯农牧交错区域研究（1697—1945）》，内蒙古大学出版社2007年版，第39页。

准，未于本旗指定黑牌子界地，惟于伙盘地头设立轮番地"①。对于准格尔旗的说法，神木理事司员援引伊盟盟长处档册、理藩院规定予以明确否定②。但令人困惑的是，神木理事司员在派人直接核查、确认准格尔旗伙盘地之北有南北宽"十里""黑界地"的同时，也承认了蒙人在此区域有长二三里、七八里不等的自行耕种地范围③。神木理事司员何以会承认准格尔旗开垦"黑界地"这一现实，其缘由用准格尔旗官方的话来说就是这些开垦的"黑界地""皆属蒙古自己之地"④，很显然，准格尔旗俨然已将"朝廷禁垦之地"作为自己的私产，在"黑界地"设置之初即已将其视为招垦区域。这种状况在郡王旗、扎萨克旗更为明显，此二旗的"黑界地"南北宽仅"一二里"，以致到了"蒙人为得利与民人合种，而分不清界牌内外"的地步⑤。到清光绪年间，蒙汉私放私垦甚至由惯例、事实而变为"合法化"。据档案记载，"查，内地民人擅自越界私行开垦蒙地而获取利益后，却不愿交纳官租，实与理不符"⑥。事实上，从道光以后，官方查禁的仅是蒙汉私放私垦牧地行为，而对蒙古自耕地（户口地）的蒙汉合伙、租佃则不再查禁，甚至这些私垦民户已成为蒙旗乌拉（差徭）的承担者⑦。现存蒙档光绪年间《准格尔旗地租记录》中，就将封禁地亩的地租额度与征租人、承种人与牌界地并行记录⑧，这等于从官方层面承认或认可了蒙汉私放私垦"黑界地"行为的合法性。

自康熙年间以来，蒙汉联合与"国家"关于放垦"黑界地"之争，

---

① 《副盟长察克都尔色楞及协理台吉等为押送涉案人员事呈绥远将军衙门文》（道光十八年三月二十九日）。
② 《神木理事司员衙门为饬令核查新旧界牌地一事札准格尔旗协理台吉等文》（道光五年八月初一日）。
③ 《神木理事司员衙门为催促报送黑牌子界地原定旧档之事札饬鄂尔多斯扎萨克固山贝子察克都尔色楞及协理台吉等文》（道光十四年十一月初二日）。
④ 《盟长处为谨慎对待耕种面积及非法招引民人耕种事札准格尔旗协理台吉等文》（道光六年二月二十日）。
⑤ 《副盟长扎萨克贝子喇什多尔济、协理台吉等致鄂尔多斯准格尔旗扎萨克贝子书》（乾隆五十九年四月二十日），001-1，A002-8，20-4。
⑥ 《伊克昭盟长为民人拒交官租事咨托克托厅通判衙门文》（光绪十一年十二月初九日）。
⑦ 《准格尔旗为办理民人拒不交纳地租案咨神木同知衙门文》（光绪十五年十月十八日）。
⑧ 《准格尔旗地租记录》（光绪十四年）。

到清末贻谷官垦时期,转变为"国家"与蒙汉全面的利益争夺。

清末贻谷放垦,是以"国家"名义将历次放垦土地一概收归"国有","官为经营"①。与此前国家仅仅充当蒙汉利益分配的调控者角色相比,在贻谷放垦之后,国家成为放垦地域利益的最大争夺者,由此迫使原来矛盾、对立的蒙汉双方转而结成统一体与"国家"展开利益争夺。清光绪二十八年(1902)八月,也就是贻谷刚刚开始放垦之时,伊克昭盟七旗王公扎萨克、协理台吉等大小官员联名上书清廷"停止开办官田,轸念众蒙古奴仆"。虽然贻谷通过威逼利诱、打压结合的方式,迫使蒙旗官方同意报地放垦。但在具体的收地放垦过程中,又遭到蒙汉民众的联合反抗,风起云涌的"独贵龙"②运动,几乎遍及伊盟各旗,尤以乌审旗的"独贵龙"运动为代表。就在贻谷放垦之始,乌审旗全旗即成立了12个"独贵龙"组织,并以海流图为中心联合组建了具有明确斗争纲领的"独贵龙"总部,来统一协调、指导"独贵龙"运动。从光绪二十九年至三十一年(1903—1905),在西盟垦务局三次放垦乌审旗新、旧牌子地中,"独贵龙"领导的武装抗垦运动,通过缴毁放地文契、捣毁垦局、驱逐垦务官员等行动,迫使垦务局不得不暂时停止放垦。而在农业较为发达的准格尔旗,贻谷放垦更是遭到蒙汉官民的联合武力抗垦,发生了"摇动西蒙全垦大局"的丹丕尔事件。该事件的导火索是,清光绪二十九年(1903),准格尔旗贝子珊济密都布把原报河套川地改为报垦接近长城的"黑界地",此举不但直接侵犯了署理旗务的东协理台吉丹丕尔管辖的收租领地,也使下层民众失去原有利益,因而从报垦之初即遭到包括丹丕尔在内的蒙汉官民的联合反对。清光绪三十一年(1905)二月,当垦务局着手放垦准格尔旗"黑界地"之时,丹丕尔不但禁止当地蒙汉人民向垦务局挂号或认领土地,而且多次带领蒙汉民众武装驱逐前来丈放的垦务局官员。至该年夏,抗垦运动达到高潮,准格尔旗蒙汉民众携带火

---

① (清)朱寿朋:《光绪朝东华录》(四),第3956页。
② "独贵龙",是清代伊克昭盟蒙古族民众反帝反封建的一种独特形式。参加"独贵龙"的群众到约定的地点开会,与会者坐成圆圈共同讨论斗争的问题,并在讨论通过的决议上,或在给王公官府的呈文上签名成圆圈,以示不易暴露领导者。"独贵"在蒙语中是圆的意思,"独贵龙"一词也是由此意而来。

枪土炮攻打设于准格尔旗的垦务分局，烧毁垦务局公文、账簿，赶跑垦务人员。与此同时，丹丕尔还派人联络乌审旗、郡王旗、达拉特旗、扎萨克旗，准备发动全盟武装抗垦斗争。虽然最终贻谷以武力镇压了由丹丕尔领导的武力抗垦运动，并以"叛逆"罪名处决了丹丕尔等抗垦组织者，但由此引起了蒙旗更大的愤慨和反抗，"垦员以为戮此一人，则蒙旗破胆，永无抗垦之虞，而不知三字狱成，两盟（指乌、伊两盟）心痛，益播垦局之恶声也"①。为了平息事态，清政府被迫于光绪三十四年（1908）以"二误四罪"将贻谷革职拿问。至此，历时六七年的贻谷蒙地放垦趋于停顿。

　　清末贻谷官垦，之所以会出现蒙汉联合反对，其根本原因在于，贻谷改变了该地域的蒙汉经济利益分配体系，使蒙汉之间的利益冲突演变为蒙汉联合体与"国家"之间的利益之争，这正如查办大臣鹿传麟在解释蒙汉反对官垦情形时所说的："朝廷开放蒙地，乃恤蒙以实边，非攘地以图利也。即顾名思义，乃垦荒非垦熟也。而贻谷视为谋利之道，于蒙古报地，则多益求多；于地户征租，则该益加刻。取游牧之地而垦之，而蒙民怨矣；夺垦熟之地卖之，而汉民怨矣"，"遂致蒙汉交愤，聚众抗官，丹丕尔之狱由此。乌审全旗，至今聚众抗垦，亦由此"②。事实上，蒙汉反对的不是放垦，而是以"国家名义"进行的"官为经放"，"故蒙民对于官办垦务，皆上下一心，抵死顽抗；而对于农民直接租约，则欢迎之。官府虽多方禁止，然私相授受，在所难免"③。从这个角度来看，贻谷放垦使"国家"从蒙汉租佃关系的干预者、调控者变为放垦地域利益的最大争夺者，蒙汉由原来的对立、冲突、纠葛不断转而结成一个利益攸关的群体或集团，共同对抗来自外部的最大"异己"因素——"国家"。

---

　　① （清）贻谷：《蒙垦续供》，《近代中国史料丛刊续编》第11辑，文海出版社1983年版。
　　② （清）贻谷：《蒙垦陈诉供状》附《鹿传麟、绍英：奏为查明垦务大臣被参各款谨分别轻重据实胪陈并保荐贤员办理善后事宜以绥蒙藩而收实效折》，《中国近代农业史资料》第1辑，第820页。
　　③ "咨议王承朴条陈"，《农商公报》第106期，《中国近代农业史资料》第2辑，第663—664页。

四　结论

　　清代伊克昭盟南部蒙汉经济共同体，是在"国家"政策、制度的规定、调控下人为建构的，也是在"国家"外部介入的情况下，人为解散的。在这一过程中，"禁留地"的"国家公地"性质，从根本上影响或决定了围绕放垦"禁留地"所构建的蒙汉经济共同体的形态、组织结构及其成员或群体之间的相互关系。放垦"禁留地"范围内土地所有权在"国家"、蒙旗、民人三者之间的"漂移"状态，使蒙汉经济共同体成为一个既利益攸关同时又互为牵制的矛盾统一体。"国家"放垦政策、制度、措施等，从根本上规定或限定了以土地租佃为中心的蒙汉经济关系，从而也影响或决定了蒙汉经济共同体的稳定与运转。蒙汉经济共同体成员资格的获取以及共同体"异己"因素的控制、消解，并不取决于共同体内部，"国家"预先设定的制度、规定乃至措施，既是蒙汉经济共同体结构相对稳定的外在条件，同时也成为蒙汉经济共同体发展、演变的桎梏。

（原刊《人文杂志》2018 年第 3 期）

人类行为与环境关系初步研究

——以清代陕南秦巴山地为例

地理学研究的核心内容是人地关系，多年来，学者们借助于协同论、耗散论、熵论等对人地关系从理论到实践进行了深入的探讨，并建立了有关人地关系的模型、方案。但由于"例外"的出现，使模型、方案都难于具备实践性，正如有关学者所指出的人地关系研究"几十年来没有理论发展，流于哲学观念而缺少实践力量"[1]。因此，认识和把握人地关系中主体"人"的空间行为特征，就成为研究进一步深化的关键。从人类行为本身来看，由于受到自然、社会、文化等多重因素的叠加影响，不确定性和复杂性成为人类行为的基本特征。而传统的人类活动和环境变化关系研究，在很大程度上忽视了人类情感、习俗等因素对人类行为的影响，从而导致了难于解释的观察。本文尝试运用当代学术界提出的"有限理性人"理论[2]和历史地理学的剖面分析法，从人类因素角度探讨清代陕南流民行为与环境的关系，为认识人类如何适应环境、改造环境提供历史依据[3]。

始于清乾隆初年止于道光后期的陕南政策性流民潮，早已引起了学

---

[1] 许世远、王铮、丁金宏：《可持续发展的理论建设问题》，《科学对社会的影响》1995年第4期。

[2] Scheff, Thomas J., *Rationality and Emotion*, *Rational Choice Theory: Advocacy and Critique*, Edited by J. Cole-man and T. Fararo. London: Sage Publications, 1992.

[3] 葛全胜、何凡能、郑景云等：《21世纪中国历史地理学发展的思考》，《地理研究》2004年第3期。

界的关注，学者们在陕南人口变迁、山区开发、环境恶化等方面进行了较为深入的探讨。但由于研究者几乎遵循相同的思维模式，即在流民垦殖活动（事件 a）与环境变化（事件 b）之间寻找"简单"的因果关系，在逻辑推理过程中有意无意地排斥或忽略了事件 a 的社会性行为，排斥或忽略了事件 a 发生的前提和内在影响因素，从而模糊了我们捕捉事物发展变化本质的可能。基于此，本文以影响人类行为的文化、风俗等人文因素为切入点，分析了清代陕南流民空间行为选择遵循的基本原则以及环境变迁条件下流民的行为取向。

一 地理环境的多样性与人类行为选择的差异性

陕南，习惯上是指陕境秦岭以南区域，大致上包括今汉中、安康、商州三市所辖范围，面积约为 7 万平方公里，其中丘陵山地约占 90%（见图 1）。处于我国南北方过渡带的自然区位以及由秦岭山地、汉水谷地和大巴山山地等自然资源迥异的三大地理单元组合而成，为人类行为空间选择提供了多种可能性。

（一）清代陕南自然差异与人文差异的关系

差异性是地球表面事物分布的基本特征之一，差异性也从空间上规定了事物联系的方式和强度。人类活动由于各自文化模因的不同，使千差万别的自然差异通过社会组织、结构、规模等系统转化为地域人文差异。反过来，人类活动的空间选择性又强化了自然差异的等级和水平，二者的交互运动构成了区域之间既有摩擦又相互依赖的发展态势。陕南秦巴山地河谷平原、丘陵山地相间分布，不同的地形地貌、水热组合条件形成了陕南区域内部的自然差异，这种自然差异从一开始就影响到流民的区位选择。而不同地域文化背景的人口在地域上的集结分布，又加大了陕南区域内部的空间差异。

（二）清代陕南流民行为选择遵循人文阻力最小原则

人类行为的决策并付诸实施，很大程度上是受到人类所接受的环境

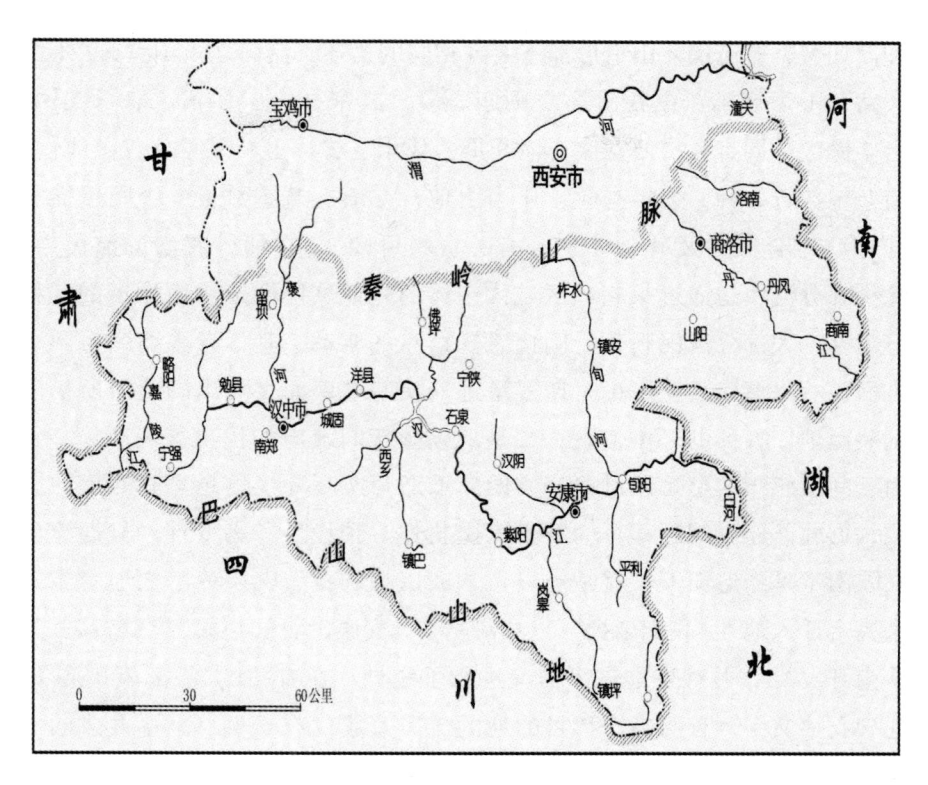

图 1　陕南秦巴山地示意图

信息的影响，它包括人类对空间的感知以及所形成的地方观念。不同的地理环境所形成的环境映像不同，人类行为取向因而也不相同。

由巴山北坡山地、汉水谷地和秦岭南坡山地等不同的自然地理单元，构成了陕南秦巴山地既有水平地带性展布又有垂直方向的分异。由南至北，由下趋上，依次分布有亚热带、暖温带、温带、寒温带、亚寒带等景观类型，多样而又彼此镶套的自然资源组合为人类活动提供了多种可能性。但在清康熙、雍正时期，由于受地方习惯以及政府政策、制度的影响，陕南秦巴山地是地荒人稀，处于事实上的"边荒"地区。清乾隆六年（1741），以晚征、少征、免征为核心内容的陕南徕民政策调整为标志①，爆发了波及全国的流民入徕浪潮。乾隆、嘉庆时期陕西地方官毕沅

---

① 《清乾隆朝实录》卷 146，乾隆六年七月陕西巡抚张楷奏疏；乾隆《商南县志》卷 4。

138　/　二　政策、制度与人类行为

和严如煜,对流民入山情形都有大致相同的描述:流民之入山者,"不由大路,不下客寓。夜在沿途之祠庙岩屋,或密林之中住宿。取石支锅,拾柴做饭。遇有乡贯便寄住写地开垦,伐木支椽,上覆茅草,仅蔽风雨。借杂粮数石作种,数年有收,典当山地,方渐次筑屋数板,否则仍徙它处"①。结合家谱及碑刻铭文等有关资料可知②,在涌入陕南的流民中,除少部分流民是通过家族或区域内个体的先期试探性迁移而作出的迁移行为外,大部分流民则是受间接感知信息的驱动。其信息主要来自两个方面,一是清康熙至雍正时期零星进入陕南垦殖而又移出的人口所扩散的陕南地广人稀的环境信息;二是清乾隆年间政府的优惠徕民政策。但由于间接感知信息是经过第三方的扩散而与实际环境信息具有一定的差距,据此而作出的迁移行为就带有随机性、预设性和易变性。早期流民在陕南不是随遇而安,就是通过占卜或以打狗棍、碗筷掉落之地的方式来决定迁入地③。我们依据《汉中碑石》《安康碑石》以及《湖广移民与陕南开发》等书对陕南流民情况进行了统计,在有关的 27 部族谱和 17 通碑石铭文中,有明确迁移目的地的流民家族仅有 6 例,高达九成的流民家族是以占卜或随遇而安的方式进入陕南的。流民徙入陕南的这种盲目性和不确定性,使其与环境的关系表现为复杂而多样。

从社会环境方面来看,清代陕南地域行政建置的滞后与社会控制的松懈,也为流民空间"自由"选择提供了社会环境。如镇坪地方,当顺治康熙时"在此实无一人一民出作其间,因山未垦林未开,为户役全书所不载之地。乾隆中,江南湖广人来此渐事开垦,来者日众,于是设巡检缉捕盗贼,仍不知赋役之谓何"④。乾隆年间陕抚毕沅在《兴安升府奏疏》以及嘉庆时期的严如煜在《三省边防备览》中,都曾因所辖地方"官司耳目难周"而建议析县置厅,从后来清政府采纳他们的建议先后增

---

①　(清)严如煜:《三省边防备览》卷11;《皇朝经世文编》卷36。
②　家谱及碑刻铭文资料分别来源于张沛编著:《安康碑石》,三秦出版社1991年版;陈显远编著:《汉中碑石》,三秦出版社1996年版;陈良学:《湖广移民与陕南开发》,三秦出版社1996年版;李启良等编著:《安康碑版钩沉》,陕西人民出版社1998年版。
③　道光《紫阳县志》卷1《地理志》。
④　(民国)《镇坪县乡土志》卷2《赋役志第五》。

置留坝、佛坪、定远等6厅县的行政举措来看，乾嘉时期流民进入陕南不仅自然空间是"自由"的，而且社会空间也是"自由"的。而由先期流民对环境的感知以及所形成的社区小环境对后续流民空间选择行为产生了决定性的影响，文献中所谓的"依亲傍友""遇乡贯便寄住写地开垦"即是明证。流民空间选择的这种指向性表明，人类迁移行为遵循人文阻力最小原则，即文化地域认同以及消除迁入地的陌生感和不安全感是流民首要考虑的因素。而这种以家族、乡贯及同籍人群的集结分布，所形成的以血缘和地缘为纽带的流民地域共同体——从地域和文化方面为流民提供了认同感，如"客头""客懂"所代表的区域①。即使在今天，我们依然可以看到流民按风俗相近原则所形成的地域集结分布痕迹。如洵阳县赵湾区枫树乡南坪村，一条山沟内全部居住着湖南崇阳人，汉阴县蒲溪区田禾、龙门、庵梁等乡则聚集着大批湖南长沙、湘潭、宁乡等地的移民。

（三）清代陕南流民空间选择机会成本最低原则

就一般意义而言，人类空间迁移遵循经济成本最低和文化可进入度原则，清代陕南流民亦不例外。如临近四川的巴山山地多为巴蜀流民入居，陕南西部的略阳、宁羌因与甘肃地界相连，因而成为甘陇流民的首选区域。同理，位于陕南东部的商州、安康等地，因与河南、湖广等地犬牙交错，而多豫楚江南流民分布，处于秦岭山地的佛坪、宁陕、孝义（今柞水）等地因与关中临近，因而成为秦岭以北秦晋之人徙居之区域。

清代陕南流民对空间的差异性选择，是与陕南在西、南、东方向上分别与甘陇、巴蜀、楚豫犬牙交错的地缘形势密切相关。不同行政控制区域之间所形成的交界地区，其经济、社会、风俗相对于各自行政中心而言都具有离心现象，而与临近区域却具有更多的同一性，交界地区因而也成为临近区域人口相互流动的过渡带和适应区。清代陕南流民空间迁移也往往是以交界地区为基点，由近及远，扇形楔入。这种空间迁移趋势，正是人类遵循迁移经济成本最低和文化可进入度原则的具体体现。

---

① 光绪《孝义厅志》卷1《方舆志·保甲》。

而在局部区域，这种趋势表现得更为明显，如褒城县"其声音山南近蜀则如蜀，山北近秦则如秦"，设治于嘉庆八年（1803）的定远厅则是"烟户渐多，川人过半"①。而位于陕南东部的洵阳县"今流寓日多，大抵皆荆、扬之人也"②。流民按地域临近度集中分布表明，其空间选择行为遵循的是风俗文化相近原则，而不是自然地理环境最优原则。在这里需要指出的是，地理学上作为我国自然地理南北分界线的秦岭山脉，同样也是陕南与关中等北方地区重要的自然人文分界线，但自元代陕西行省跨越秦岭将汉中、安康等地纳入管辖范围之后，由于行政区域对人文事象的整合作用，使其地"风俗类秦"③，秦岭山脉的文化界线意义已被淡化。而陕南与巴蜀分界的巴山山地其北坡地形"类蜀"，为四川及江南流民的入居提供了较为"熟悉"的地理环境，如位于巴山腹地的定远，"地形大概类蜀，每越一二大梁即有平坝"④。因此，与其说巴山山地是陕南与巴蜀差异的分界线，还不如说巴山山地强化了陕南与巴蜀空间联系的方式和强度。

（四）交通因素对清代陕南流民行为选择的影响

由于受地理空间的相对有限性以及区域之间的通达性的影响，流民在空间区位选择上往往具有更大的主动性。陕南最大的河流为东西走向的汉江，由汉江及其谷地构成陕南东西方向联系的天然通道，学术界通用的"汉江走廊"应该说形象地表达了汉江在群峰耸峙、交通不便的陕南东西方向的交通地位。从南北方向来看，发源于秦岭南坡山地和巴山北坡山地的汉江各级支流，构成了陕南南北方向联系的重要通道，北方流民借此南往巴山等陕南南部地区，而来自南方的流民亦由此进入秦岭山地。湖广江浙一带流民则循汉江及其支流而上，分布于陕南秦巴山地各个地方，由此形成了清代陕南不同风俗文化的流民插花状分布格局。但相比较而言，汉江谷地及交通线延伸区域，流民地域色彩更为多样，

---

① （清）卢坤：《秦疆治略》，"定远厅"条。
② 乾隆《洵阳县志》卷11《风俗》。
③ （民国）《洋县志》卷3《风俗志》。
④ 光绪《定远厅志》卷3《地理志·堰附》。

如西乡县，"居川边者多杂川音，邻石泉县者多杂楚音。大体而论，既异于城、洋等邻县，尤与川音迥殊"①，其原因是"盖川民之由西而东，楚民之由东而西，皆以邑为尾闾，故邑虽弹丸而五方杂处"②。而宁羌、略阳由于地处川陕交通咽喉，所以是"风气兼南北，语音杂秦蜀"③。总括而论，秦岭山地多秦晋等北方擅长旱作农业的流民入居，而巴山山地则以巴蜀等南方流民为主，汉江谷地因介于二者之间，为南北各地流民混合分布区域。

（五）清代陕南人文差异的区域效应

清代陕南流民大集中、小分散的分布格局，不但强化了陕南区域内部差异，也在文化上规范和界定了流民行为选择，时人对此有明显的感受，道光时期卢坤在《秦疆治略》安康县条就对此有较为详细的区分："此地山内情形与山外不同，近郊地方与远乡迥异"，其西乡山不甚高，土沃水美宜稻谷麦黍，因而"风气淳厚"；而北乡皆崇山峻岭，土地瘠薄，因而"风俗亦甚浇薄，鲜知礼让，斗恨轻生，繁兴讼狱"。再如洋县，"老民者即城乡各村镇土著之户，语音衣服风俗仪节近乎秦川，其所谓新民人者即南北二山中乾隆以前外省迁来之户……语沿其乡之音，事循其乡之礼，零星而居因地成市，其所招佃尽属川北棚民，年丰则添，岁歉则减，此来彼往，罔非蜀人气象，衣冠宛然巴里。虽皆汉户，与土著严二类矣。"④ 这里指出了叠加在自然差异上的人文差异，并在事实上对不同风俗人群进行归类与认同。

不仅如此，当时在城镇及土客混合分布的区域还存在一种感觉界线，如镇安县，"土著呼客籍为下河人，客籍呼土著为本地人"⑤，而习惯上更多的是以"老民"与"新民"，"土著"与"侨户""客籍"来加以相互区分和认同。由于不同人群"性情各异，风俗亦不同"，其间摩擦、争

---

① （民国）《西乡县志·民俗志第四·方言》。
② 《西乡县乡土志（不分卷）·户口》。
③ 嘉庆《汉南续修郡志》卷21《风俗·附山内风土》。
④ 《洋县乡土志（不分卷）·人类》。
⑤ 民国《重修镇安县志》卷9《风俗》。

斗、融合在所难免，如嘉庆时安康砖坪地方"川楚流户，比屋杂处，奸诈日滋，其俗贪利轻生，好勇斗狠"①；道光以前，"石泉土著寥寥，四方商旅聚而成族，其间冠婚丧祭之仪，岁时伏腊之习，各不相同，互相揶揄矣"②。清代陕南社会存在的这种现实界线与意象界线，在风俗文化上界定和规范了不同流民行为的选择，如南郑县汉江以南称为南坝，多系四川、湖广、江西等处外来客民佃地开荒，而北坝人民聚族而居，民俗素称敦朴，南坝"五方杂处民气最为嚣陵，一应命盗奸拐赌博案情出自南坝者十有八九"③。而不同风俗人群的插花状分布形态，使得以地域为属性的各种人群之间的隔阂难于消弭，举凡土地租佃纠纷、水利纷争等都在客民与客民、土著与客民之间经常发生，且一直持续到清末民国年间。如安康"民多客籍，与土著不相关顾，庆吊鲜通"；山阳"乡里械斗之习，视为故常，固于僻处山陬，亦土客之势积不相能有以酿之也"④。

因此，基于自然差异的人文差异，反过来又强化了自然差异的等级和水平，并从时空层面上割裂了清代陕南区域文化的整体性，由此也加剧了清代陕南各种地域社会矛盾。

二 人类行为对环境的合理性选择

（一）环境可能性与清代陕南流民行为的选择

人类对土地的开发，总是在一定的社会历史条件下，利用一整套生物技术，对土地进行长期的和多样化的经营。清代陕南流民对秦巴山地的开发活动，依据迁入地域的不同而采用了不同的开发方式，如在汉水谷地，流民利用水、热、土匹配的自然优势，发展了以灌溉、深翻土壤、套种、轮作等为主的精耕细作农业，而在低山丘陵地带则以休耕制为主导的粗放耕作农业，中高山地广为流行的耕作方式则是刀耕火种。人类

---

① 嘉庆《安康县志》卷10《建置考上》。
② 道光《石泉县志》卷1《地理志·风俗》。
③ （清）卢坤：《秦疆治略》，"南郑县"条。
④ 陕西宪政调查局编：《陕西宪政调查局法制科第一股第一次报告书民情类》，第13、23页。

对环境利用、改造方式的不同，产生了不同的环境响应。汉水谷地经过流民用"南方渠堰之法"的开发，不但"风景绝似江南"，而且使当地的人文环境为之一变，"地虽属陕而服食、器用、文字、语言实有南方风气"①。而刀耕火种则不同，从清代到现在，人们普遍认为流民在陕南秦巴山地刀耕火种是陕南环境趋于恶化的主要原因且是终极原因。何以会形成截然不同的结果和看法，除客观原因而外，人类主观认识的偏颇也是不可忽视的因素。

（二）清代陕南刀耕火种与环境的关系

1. 有关"刀耕火种"的讨论

"刀耕火种"是唐宋以后我国山地开发的一种普遍的生产方式，直到现在刀耕火种还是我国西南山地民族采用的耕作形式。但长期以来，"刀耕火种"这种生产方式受到的"非议"要远远多于对其的"理解"，人们过多地关注于刀耕火种本身及其环境效应，"而对于从事刀耕火种的民族及其相关的社会和文化，则置之度外"②。尹绍亭在《人与森林》一书中，运用人类生态学的理论与方法，对云南山地少数民族刀耕火种进行实态分析后认为，"刀耕火种是山地民族的一种生计，是他们对森林环境的适应方式，是森林孕育的农耕文化，是一个山地人类生态系统，是一个文化生态体系"。本文赞同尹文的观点，从"了解之同情"以及"他者"的观点来看待刀耕火种，也就不存在所谓的"落后"与"先进"、"原始"与"现代"的评判。当然，我们也应该看到，由于人们所处的社会位置的不同，以及在人地矛盾尖锐条件下进行的刀耕火种，是与森林茂密、人口稀少、人地矛盾不尖锐而生产力水平较低的地区进行的刀耕火种还是有本质区别的。任何盲目地肯定或否定"刀耕火种"都可能带来我们认识上的混乱。清代陕南刀耕火种是在特定社会背景条件下发生的、有目的的社会群体行为，因此，其含义更为复杂，其与环境的关系

---

① （民国）《商南县志》卷2《风险附宗教》。
② 尹绍亭：《人与森林——生态人类学视野中的刀耕火种》，云南教育出版社2000年版，第10页。

也更耐人寻味。

2. 清代陕南的"刀耕火种"形式

按照乾隆《洵阳县志》卷1、道光《紫阳县志》卷7以及民国《镇安县志》卷9的记述，清代陕南刀耕火种与宋代陕南的刀耕火种形式并没有多大差别，其式"大抵先斫山田，虽悬崖绝岭，树木尽仆矣。其干且燥，及行火焉。火尚炽，即以种播之"。而"播种时，备鸡黍先约曰：某家某日有事于畬田，如期而集，耰锄随焉。至则行酒啖炙，鼓噪而作，援桴者勉励督责之，语若歌曲然。更互力田，人人自免。"① 从这段引文可以看出，刀耕火种是一种以人力为主要手段，以互换工值、相互协作为主要内容的耕作组织形式，它可有效解决山区地广人稀、劳动力相对不足的问题。由此我们也不难明白陕南秦巴山地的刀耕火种从宋以迄明清，且一直延续到清末民国年间的原因所在。然而，令人疑惑的是，同样方式的刀耕火种，清代与其前的结果何以会不同？严重的水土流失以及所引起的陕南生态环境的持续恶化也成为清代及以后学者指责、非议陕南刀耕火种的直接证据。难道仅仅是如研究者所认为的，清代陕南刀耕火种的规模和强度超过了陕南生态环境的容许度，但持此论据者却忽视了清代陕南的实际情况。也就在清嘉庆年间，由于白莲教动荡而陕南人口锐减，流民开发活动受阻，秦巴山地植被有所恢复，"三省教匪之乱，依林为巢，人莫敢入，木益蕃"②，但此时陕南水旱灾害频率却趋于加大，达到了清代267年的最高值。同样，在同治年间，由于太平天国运动，陕南发生了类似于明末清初的人口锐减，而此时陕南的旱涝灾害频次却比其前的咸丰年间高。如此情况均提示我们，陕南生态环境的恶化可能与流民刀耕火种并不存在必然联系③。

在此，我们无意进行就事论事或从原因到结果、由结果反溯原因的争论。之所以造成上述看法的差异，其关键问题在于我们如何认识刀耕火种，以及我们判断刀耕火种与环境关系的标准是什么？本文认为，判

---

① （清）王禹偁：《小畜集》卷7《出守黄州上史馆相云》，《四部丛刊》初编本。
② （清）路德：《柽华馆全集》卷5"周侣佼基志铭"，光绪七年刊本。
③ 佳宏伟：《清代陕南生态环境变迁的成因探析》，《清史研究》2005年第1期。

断一种开发方式与环境的关系，应坚持合理性标准。所谓合理性标准，即技术（工具）的合理性、环境的合理性以及目的的合理性。准此，我们来分析清代陕南刀耕火种与环境的关系。

3. 清代陕南刀耕火种存在的自然规定性

刀耕火种在陕南长期存在，并在清代被来自精耕细作地区的流民所采用，除习俗影响而外，自然的规定性应是人们放弃集约农业转而采用粗放耕作方式的主要原因，"山坡地土，原系瘠薄，种植之后，必须歇力，间年耕种，方能有收"①，此其一。其二，陕南秦巴山地，群峰耸峙，山高坡陡，农业活动中的水利灌溉、施肥等受到极大限制，即使以畜力为动力的深翻土地也难于施展，所谓"仅恃一人一锄之力与瘠地争功"②即是指此。其三，从垦殖效率来看，刀耕火种在初期往往能够获得较好的收益，按严如熤的说法就是"往往种一收百"③。因此，毁林开荒所带来的较高的收益符合"佃而耕"的流民在山地开发中所期望的阻力最小和收益最大原则。但依靠草木灰为主要肥力支撑的刀耕火种，随着地力自然衰减及受水土流失的影响，往往三四年后便不堪再种，而"俟其草木茂密，砍伐烧灰，然后再行耕种"④。因此，拥有数倍的后备适耕地和相应的森林环境是刀耕火种依存的前提条件，这一点在清代的陕南是完全具备的。早期地旷人稀，山深林密自不用说，即使在清后期依然是"山地多于平地十倍，农民旷地甚多"⑤。而从发展经济学的角度来看，在土地极易获得而劳动力资源较为稀缺的条件下，通过提高单产的途径来增加农业产出一般比较困难，而通过扩大耕地面积的途径则要相对容易。因此，清代陕南秦巴山地地广人稀，森林茂密，适耕地资源丰富是流民主动选择刀耕火种粗放耕作方式的客观因素。

4. 清代陕南刀耕火种依存的社会条件

从社会环境方面来看，乾嘉时期政府有关徕民垦殖政策、措施几乎

---

① 乾隆《续商州志》卷3《田赋·开荒》。
② 《陕境汉江流域贸易表卷下》，《关中丛书》第四集。
③ （清）严如熤：《三省山内风土杂识》（不分卷），《关中丛书》第三集。
④ （清）严如熤：《乐园文钞》卷7《汉南杂著·畿辅水利附》。
⑤ 光绪《凤县志》卷1《地理志·水利》。

全部鼓励、支持流民毁林开荒。尤其是嘉庆时期，嘉庆皇帝甚至连续两次下达谕旨给地方政府："朕意南山内既有可耕之地，莫若将山内老林，量加砍伐，其地亩即可拨给流民自行垦种。"次年（嘉庆五年，1800）再次谕令："将南山老林等处可以耕种之区，拨给开垦，数年之内，免其纳粮，俟垦有成效，再行酌量升科"①。而陕西地方政府甚至走得更远，乾隆年间陕西巡抚陈宏谋即申饬地方各属开垦山地，"如一二年后无收，仍可歇耕，另垦另处"②，嘉庆中汉中知府严如熤更提出砍尽老林以收兴利除奸之效③。对陕南颇有调研的严如熤之所以提出让后人不可思议的主张，应该不仅仅是出于政治考虑，当时的农业生产情况确实不可能预见到后来的发展。嘉庆年间是清代陕南农业发展的黄金时期，以汉中、西乡盆地为例，稻谷单产嘉庆中期比乾隆中期增加一倍以上，亩产可达3石，水田冬小麦亩产可达1.3石。甚至有研究者认为，当时2/3的劳力从事农业生产可以养活全部人口④。从这个角度来看，刀耕火种是与陕南秦巴山地自然人文相适应的，至少在乾隆以及嘉庆时期是合理的。

5. 清代陕南刀耕火种与水土流失

刀耕火种等粗放耕作方式必然带来山地水土流失，这是一个不争的事实，尤其是陕南秦巴山地石杂土中，易冲易崩，即使没有人类活动的扰动，水土流失以及由此形成的自然灾害依然存在。以水灾为例，康熙朝61年间陕南共发生水灾65次，而大规模徕民垦荒的乾隆朝60年间仅发生水灾41次⑤，水灾频次远远低于康熙时期。然而，同样是处于寒冷时期，同样是处于灾害高发期，同样是流民大规模垦殖时期，嘉庆时期与道光时期情形就迥然不同，以农业生产为例，道光初期与嘉庆中期相比，稻谷单产下降16%—33%，小麦和玉米单产下降37%—60%⑥。当

---

① 《清仁宗实录》卷53、卷61"嘉庆四年冬十月""嘉庆五年三月"。
② 乾隆《镇安县志》卷10《艺文》。
③ （清）路德：《柽华馆全集》卷5《周侣俊墓志铭》，光绪七年刊本。
④ 杨起超主编：《陕西省汉中地区地理志》第20章，陕西人民出版社1993年版，第413—428页。
⑤ 陕西气象台编：《陕西省自然灾害史料（内部资料）》，1976年，第31—124页。
⑥ 杨起超主编：《陕西省汉中地区地理志》第20章，陕西人民出版社1993年版，第413—428页。

时以及后来人都将此时期陕南生态环境的恶化归结于流民刀耕火种，其中具有代表性的就是卢坤在《秦疆治略》中所说的："南山一带，老林开空，每当大雨之时，山水陡涨，夹沙带石而来，沿河地亩屡被冲压"。但此问题在嘉庆时期就已经存在，何以会在道光时期成为人们关注和关联的焦点？严如熤在《三省边防备览》卷9中就说："老林开垦，山地挖松。每当夏秋之时，山水暴涨，挟沙拥石而行，各江河身，渐次填高，其沙石往往灌入渠中，非冲坏渠堤，即壅塞渠口。稻田正含胎扬穗，待泽甚殷。而挖筑之工，所费不赀，民颇病之。"多数研究者仅仅引用严氏此话的前半段，而忽视了后半段所暗含的逻辑关系，即山地与平原的一体性，山地人类行为与平原地带人类行为的关联与互动。一方面，随着山地人口不断增多，导致刀耕火种范围扩大和土地复垦率提高，按严如熤的说法就是"停种三四年始一耕获"①。而据地理学的有关调查，这种刀耕火种所撂荒的土地需10年方可恢复草灌植被，15年可恢复杂灌植被。因此，嘉庆以后陕南刀耕火种土地复垦率的提高，土地轮歇周期的缩短，在降低土地肥力的同时，也加剧了山地水土流失，这也是道光时期人们不断抱怨土地瘠薄与水患频繁的直接根源。另一方面，从平原来看，人类不合理的垦殖行为又放大了灾害的"负效应"。下文的分析将支持我们的这一观点。

（三）清代陕南不同区域人类行为之间的环境互动效应

在清代以前，陕南的水利灌溉工程主要分布在平原盆地区域。但乾嘉时期，善于水田的湖广、安徽、四川流民大批进入秦巴山区以后，用"南方渠堰之法"，将水利工程的修筑推进到丘陵山地等河流中上游地区，如兴安府属平利县"凡傍山小田，能引水灌溉之处，均由乡民自行修浚，移徙无常"；汉阴县据卢坤《秦疆治略》记载，"其渠堰之在官者十九处，民河私堰不下数百处"。而傍山夹沟修筑的民渠私堰与山地环境并不适应，嘉庆《汉南续修府志》卷二十就指出这种垒石溪中，筑堤障水所带来的危害："然至夏秋山涨，田与渠尝并冲淤，故不得名水利也"。光绪

---

① （清）严如熤：《三省边防备览》卷14《史论》。

年间兴安知府童兆蓉论及安康黄洋河渠工利害时曾总结道："凡各处开渠，类从山涧截流，壅沙抬高水势，日积月累，河身遂高"①。与各小渠堰的存废无常以及无法避免的冲淤废弛相对应，平原内的一些大的水利工程受其影响，灌溉面积也是赢缩不定，如城固三分堰，嘉庆年间册载灌溉面积 6800 余亩，但到同治年间册载灌溉面积仅为 3800 亩，失额达 44% 之多，并由此引发水利工程修浚费用矛盾②。而类似现象在五门堰、山河堰、汉阴凤亭堰等都程度不同地存在着。

因此，平川地带人类不合理的生产行为，加剧或放大了刀耕火种所带来的环境负"效应"，其中违背山地水文自然规律，各图一己之利而修筑的民渠私堰对山地河流性状的改变，是民间反有水患而无水利的根源所在。而失去了水利支撑的平川地带的农业生产又从根本上排挤相对较密的人口存在，农田地亩不是因水灾被冲压，就是因灌溉失时而减产或绝收，失去土地或无地佃耕的人口只能向山地寻求生存资源，导致刀耕火种范围扩大，垦殖高度节节上升，甚至到了令人难以置信的高度，如巴山西部宁羌州的青木川，海拔 1800 米左右，道光年间有为数众多的流民在其间垦种老林③；而海拔近 2200 米的平利县化龙山西侧地名"千家坪"者，嘉道时亦聚集了以种植马铃薯为生的流民④。从族谱及方志记载的情况来看，平川地带人口向山地移动是清代陕南区域内人口流动的主要方向⑤，光绪九年（1883）孝义厅（今柞水县）的人口调查也显示了这种趋势（见表1）。

来自陕南东部山阳县康熙、嘉庆时期的人口空间分布数据也支持了本文的上述观点⑥。据萧正洪研究⑦，清代陕南人口由低海拔向高海拔的

---

① 《覆陈黄洋河渠工利害禀》，《童温处工遗书》卷 3。
② 《修理杨填堰告示碑》（同治九年十一月），陈显远编著《汉中碑石》，三秦出版社 1996 年版，第 310 页。
③ 道光《续修宁羌州志》卷 1《关隘》。
④ （清）《平利县乡土志（不分类）·地理录》。
⑤ 清咸丰七年编修的《潮州谢氏族谱》记载：其支脉分别由始居地迁往石泉、留坝、紫阳等地。此书现存汉阴县民间。另光绪《佛坪厅乡土志·人类》也有类似记载。
⑥ 嘉庆《山阳县志》卷 2《疆域下》。
⑦ 萧正洪：《清代陕南流民与人口地理分布的变迁》，《中国史研究》1992 年第 3 期。

扩展，主要是由外来流民所致。而无论是流民中低山地的玉米、马铃薯种植，还是高寒山地以药材、漆树采割以及木材采伐为主的经济活动，都对陕南山地生态环境带来了根本性的破坏，致使山地水土流失加剧，并由此引起平川地带生态环境的连锁反应。这就是在此需着重强调的，也是长期以来所忽视的，山地与平川是一个系统，是相互依存的动态系统，仅仅看到山地对平川地带的影响，而忽视川坝平原人类活动对山地的作用，是不科学的和不符合历史事实的。

表1　秦岭山地人口分布与海拔的关系（光绪九年，孝义厅）

海拔（米）	500—600	601—800	801—1000	1001—1200	1201—1400	1401—1600
人（口）数（人）	1477	2139	4128	14044	2198	23
所占百分比（%）	6.2	8.9	17.2	58.5	9.2	0.1

资料来源：萧正洪：《清代陕南流民与人口地理分布的变迁》，《中国史研究》1992年第3期。

三　环境变迁与人类行为的指向性选择

（一）社会"位置"与清代陕南流民行为取向

人类行为都是一定社会目的驱动下的行为，不同社会角色下的人类对环境利用、取舍态度因而也有差异。20世纪30年代何庆云在考察秦巴山地后就指出："南郑秦巴山中各森林，向称最富，只以佃户居住不定，无久远经营心，只知砍伐，不愿培植，故林木茂密之庄，多系自耕农，反之，童山濯濯者，一望而知其为佃农区域。"[1] 这里，事实上指出了土地所有权和使用权的分离对流民行为选择的影响。而清代陕南流民大部分处于"佃而耕"的状态，有"开荒种地多属寄籍"之说[2]，即使买地

---

[1] 何庆云：《陕西实业考察记》，文海出版社1976年版，第45页。
[2] 道光《石泉县志》卷4《事宜附录》。

落业之户，也是"婚姻必择同乡，丧葬多回原籍，亦难必其永为编氓"①。这种流移和"寄籍"的心态，使得短期收益以及追求效益最大化的价值取向成为清代陕南流民普遍遵循的行为原则。

但在不同时段、不同区域，流民行为呈现了不同的选择态度。如在山地，流民行为更多地受到环境所提供的可能性的限制，所谓"刀耕火种""今年在此，明年在彼，迁徙靡常"，都反映了流民行为是环境压迫下的有限选择。而流移和"寄籍"的心态，使流民行为随着环境的波动而变化，"年丰则添，岁歉则减"。与山地垦荒流民行为不同的是，在平川地带，流民行为更多地体现为主动的逐利行为。如在乾隆年间，流民以自己的技术优势在陕南辛勤劳作，并因之而致富，这在当时就引起人们的广泛关注，所谓"今新民十人九裕，土著十人九窘"②即是指此。但到了道光年间，随着流民人口的机械性增加，佃争的加剧，佃农小型化、贫困化趋势日益明显，流民为了获得最大效益，转而展开了对社会公共资源的争夺和占据，规模最大、影响最深远的就是对水利资源的争夺。

（二）环境压迫与清代陕南流民主动逐利行为

按照现有文献的说法，在南方流民到来之前，陕南水利事业是处于停滞或倒退状态，所谓"秦俗又不谙沟泄之法"即是指此。乾嘉时期，擅长水田耕作的湖广、江南流民的徙入迅速改变了陕南土地利用形态，尤其是将旱田改做水田就成为当时流民普遍的一种行为趋向。张鹏飞《来鹿堂文集》卷三就记载，安康著名的千工堰以北、西沟河以东的大片地区"地平如掌，国初均种粟稷，近自乾嘉以来，民习水利，均鳞次改田"。汉中府属南郑县利用班公堰水利工程，嘉庆中一次即改旱为水达9400亩之多③。但水资源的有限性，大规模的旱地改作水田，必然打破原有的用水定例，进而引发用水冲突。到了嘉庆末年，汉中知府严如熤还曾发布禁令："各堰各洞所灌田亩均有定数，射利之徒，间有将旱地开作

---

① 嘉庆《山阳县志》卷12《杂集志》。
② （清）赵祥、郝英：《安康县兴贤学仓志》卷下《艺文志》。
③ （清）严如熤：《乐园文钞》卷7《汉南杂著·畿辅水利附》。

水田。垦田日增,需水亦多,往往不循旧例,恃强争水……再有将旱地开作水田者,立即查究。"① 即使如此,依然难于阻隔那些"射利之徒""恃强争水"。而到了道光年间,随着佃农"永佃权"的丧失,地租的大幅度上升,流民生存环境急剧恶化,对水利资源的争夺已不限于旱田改作水田,而是延伸到水利灌溉的方方面面。道光二十五年(1845)的《南山保甲书保甲应行查禁善后事宜示》对此做了多方面的严厉示禁:"近来人心不古,或将塍边旱地私改水田,占用渠水,或堰头私开新渠,窃水归己,或与邻田不睦,将余水掘沟泄放,不许下接,或于渠水两分之处,暗地抛佃沙石,使之侧注己田"等等。然而在利益驱动下,人们依然置公共利益与政府禁令于不顾,屡屡挑起争端,道光至咸丰年间发生在沔县泉水堰的改水、霸水事件就具有代表性。该堰创自明代,原为12家军户所修私堰,沿河两岸支流汛泉,外人不得开地作田,阻截上流。据说一直"无敢违者"。但到道光十一年(1831),"有客民陈正秀开地作田,违例霸水,被堰长投约,处明具结,永不得拦截堰水。十四年,又阻拦堰水,亦具有结。又十五年,张文兴、李普、王修德等估截此堰上流之水,被堰长具禀在案,蒙县主李断令仍照旧例,立碑为记,外人不得紊乱"。讵料截水者不仅未立碑,反而于道光二十年(1840)、二十一年(1841)和咸丰九年(1859)先后有陈、张、李族人多次恃强违例拦截堰渠上游之水,甚且反控堰长,聚众滋事。20余年间,虽经官府多次理断、禁令,但陈、张、李、王诸家竟五次拦截堰水,直视官府禁令如儿戏②。光绪年间前后任兴安知府十余年的童兆蓉曾就安康县千工、万工两堰水争指出"每逢夏旱,民以争水灌田,纠众持械辄酿巨案,前此判斯狱者讫不能决。"③ 如此状况在陕南各渠堰水利所在之处都有发生,如唐公车湃、凤亭堰、月河补济堰等都发生了程度不同的霸水、改水、偷水事件。

然而,与此相对照的是,在维护和修浚水利工程问题上,流民的态

---

① 光绪《洋县志》卷4《水利志》。
② 《处理泉水堰纠纷碑》(咸丰九年立石),录文见陈显远编著《汉中碑石》,三秦出版社1996年版,第293页。
③ 《兴安府绅民缕陈政绩禀》,见童兆蓉《童温处公遗书》卷1。

度却截然相反，立石于道光四年的褒城县《荒溪堰条规碑》就记载有："无奈时移事易，人心不古，竟有奸诈之徒，拣好修者修之，至难修者遗之。"而光绪三十年（1904）立石的《留坝厅水利章程碑》对此分析说"用水则争先恐后，修渠则退避不前，趋利避害，狱讼繁滋"①。这种情况并不是个别现象，如五门堰、杨填堰、城固唐公车湃、安康大济堰、西乡金洋堰等都与此相仿佛。"趋利避害"，从表面上看，是清代陕南自然环境的恶化，水土流失的加剧，水患日益增加，水利工程修浚费用不断上涨，用水成本与佃农期望的收益矛盾难于调和的结果。其深层次的原因则是，流民追逐短期收益和效益最大化的行为价值取向使然。

（三）流民逐利行为与清代陕南生态环境变化的关系

清道光以后，随着陕南生态环境的持续恶化，农业以及依附于农业生产的其他产业因此而陷入停滞、倒退甚至破产的边缘，无以为生或受日益稀缺的生存资源压迫的人口被迫对社会公共资源展开争夺，甚至抢夺或占据他人的生存资源。其危害最大、影响最深远，引起连锁反应的行为表现就是在农业生产过程中对水利工程的失修、破坏，由此使得清代陕南农业生产陷入恶性循环之中：一方面是旱涝频发、灌溉失时；另一方面是公共水利工程失修或修浚不力，甚至人为地毁坏水利工程，使水利工程失去了其灌溉、蓄洪的功能②。而农业生产环境的不断恶化，也从根本上动摇了陕南地域社会稳定的基础。失去控制和规范的人类行为反过来又加剧了陕南地域社会生态环境的不断恶化。这正如马克思主义经典作家所言，"当一种历史因素一旦被其他的、归根到底是经济的原因造成的时候，它也影响周围的环境，甚至能够对产生它的原因发生反作用"③。

---

① 《留坝厅水利章程碑》（光绪三十年立石），录文见陈显远编著《汉中碑石》，三秦出版社1996年版，第370页。
② 光绪《白河县志》卷3《疆域山川渠堰附》。
③ 《马克思恩格斯选集》第4卷，人民出版社1972年版，第502页。

四 结论

人类行为的社会性特征,决定了其与环境的关系是一种动态的、非线性的关系[①]。本文研究结果表明,人类行为与环境处于相对较为"自由"状态的前提下,人类行为更多地表现为人文因素的影响,而在环境变迁及环境压迫下,则体现为环境有限选择和被动选择。清代陕南流民的空间行为选择,为我们认识人类行为与环境的关系提供了基本的出发点。

(1)地理环境的差异性在大区域、长时段上决定了人类活动的空间差异,但在小区域、短尺度范围内,由于人类文化模因的不同,人类空间行为因而不同。清代陕南流民空间选择行为表明,人类空间行为往往并不遵循地理环境最优原则,而是遵循文化风俗相近原则。

(2)人类行为效果的最大化原则。人类生存和发展的内在需求,使追求行为效果的最大化成为人类的天性,尤其是人类与环境关系较为"自由"或环境作为一种无代价资源时,利益最大化就成为人类行为的必然指向。清代陕南流民虽然依据不同的环境条件,采取了不同的行为,但无论是山地刀耕火种等粗放耕作农业还是平川地带以水利灌溉为主导的精耕细作生产方式,追求单位时间上效果的最大化是流民行为选择的普遍趋势。

(3)人类行为是有限选择。这有两层含义,一是人类任何行为的选择都受制于地理环境所提供的可能性的制约;二是人类对环境的利用具有选择性。陕南秦巴山地空间类型多样,既有平原河谷又有丘陵山地,环境在为流民提供多种可能性的同时,也从根本上规定和制约了人类的行为选择。如在秦巴山地环境条件下,流民不得不放弃原有的技术形态而采用适应山地生产条件的刀耕火种生产方式,体现的是环境压迫下人类行为的被动选择;而在河谷川原地带,熟谙水利的南方流民则极尽可

---

① Tyler Miller, G. jr., Living in the Environment, 6th dition, Wadsworth Publishing Company, Belmont, California, 1990.

能地发展以水利灌溉为主导的精耕细作农业生产，人类行为则更多地表现出主动的逐利倾向。

（4）不同行为之间的关联与互动。地理环境的差异性使不同区域人类行为因而不同，但人类活动的外部性效应往往使这些不同行为之间发生异地、异时影响。清代陕南山地与平川地带人类不同的活动方式所产生的环境关联效应表明，传统的仅从区域内部或某一种人类行为来寻求简单的"人—地"因果关系存在认识上的缺陷，从系统或流域的观点来考察区域与区域、山地与平原、河流上中下游之间人类行为的环境相互影响关系，必将从本质上推动我们对人类行为与环境关系的认识。

当前科学界的普遍认识是，要从根本上认识全球环境变化，就必须从人类因素的角度出发[①]，充分估计和重视人类行为的理性和非理性因素，是我们正确认识历史时期人类活动与环境关系的重要途径。

（原刊《地理研究》2008年第1期）

---

① 韩茂莉：《2000年来我国人类活动与环境适应以及科学启示》，《地理研究》2000年第3期。

流民问题与清代陕南社会动荡

发生于清乾隆至道光年间的陕南流民运动曾引起学术界广泛的关注，但由于研究者的兴趣大都集中在流民的经济行为及其所引起的秦巴山地生态环境变化，多数学者倾向于认为流民的流移意识及其掠夺式拓荒行为是清代陕南生态环境变化的主要原因。但马克思主义认为"不是人们的意识决定人们的存在，相反，是人们的社会存在决定人们的意识"。[①] 因此，将环境变化归结于流民毁林开荒的行为本身，而忽略流民生存的社会现实显然不利于对问题的进一步认识。事实上，从清乾隆初叶大规模徕民之始，陕南的社会秩序就处于失控状态，游民遍地，盗匪横行，各种社会矛盾尖锐，日益恶化的社会环境已从根本上阻碍了区域经济文化的发展。因此，充分认识流民生存的社会环境以及其对区域经济文化发展的影响，以历史和现实的角度考察流民行为的合理性和必然性，对今天日益扩大的城乡人口流动不乏借鉴意义。本文试图从政府政策、流民经济行为等方面分析陕南社会动荡的原因，不当之处，恳请方家指正。

一　政府政策与流民问题

清代全国性的徕民垦荒始于顺治六年（1649）四月颁布的《垦荒令》[②]，但陕南秦巴山地大规模流民徙入却要晚至约一百年后的乾隆年间，其间原因既有战乱因素的影响，亦有人为政策的阻碍。在康熙十八年

[①] 《政治经济学批判·序言》，《马克思恩格斯全集》第13卷，人民出版社1956年版。
[②] 《清世祖实录》卷43，"顺治元年四月"。

（1679）以前，陕南为反清武装与清军对抗、拉锯的重要战场，"民死于锋镝、饥馑、瘟疫者十分之五"①。为避战乱而四处流移的人口更是难以计数，徕民垦荒也就无从谈起。康熙十八年（1697）以后，陕南政局虽然趋于稳定，但不利的招垦政策却使流民望而止步。如对土地产权属性划分不清，往往引起争端。人逃地荒之后，"粮额仍留户下，故虽沙砾荆榛犹有主者。设他人施以劚锄，始犹姑待，及其既稔，则起而争之"②。在纳粮升科方面则显得过于急迫，康熙二十三年（1684），陕南地方政府规定：垦地次年升粮，招丁当年起征。这与毗邻地区四川省政府积极主动的招垦行为形成明显对照。康熙中洋县令邹溶即指出，"垦地次年升粮，招丁当年起征者，初以其新荒易开、新逃易复耳。今以越十五六载尽属老荒久绝矣，而犹循此例，则夫草莱初辟，庐舍未安而能力裕输将者寡矣，惮而不前，不亦宜乎！"③

清乾隆六年（1741），陕南招垦政策出现根本性变化④。一是政府确认流民对新垦土地拥有所有权和使用权，并通过"给照"的形式予以法律保护。规定：未垦荒地，官为招垦；无主之地，即给垦户为业；有主而自认无力开垦者，定价招垦，给照为业。二是晚征、少征甚至全免土地税，凡零星土地，在五亩以下不成丘段者，永免升科；瘠薄之地，三、四、五亩折正一亩，十年起科。三是允许以多种方式经营种植业，尤其是允许农民在从事粮食作物以外的其他作物以及经济林木的种植。其有民人现在割漆砍竹及采取构皮、木耳等项者，听民自便，地方官不得强令垦种，亦不得以现获微利，勒报升科。这一政策对于山多田少、自然资源丰富多样的陕南秦巴山地而言，无疑为当时中国东南地区无地和少地农民重建个体经济展示了新的经济机会，极大地调动了流民入山垦荒的积极性，对开发陕南丰富的自然资源、促进陕南秦巴山地社会经济的发展具有积极的推动作用。史载流民入山者，"扶老携幼，千百为群，到

---

① 民国《汉阴县志·大事记》。
② 康熙《洋县志》卷8《艺文志》。
③ 康熙《洋县志》卷8《艺文志》。
④ 以下内容分别见：《清实录》卷146，"乾隆六年七月"（陕西巡抚张楷奏疏）；乾隆《商南县志》卷4《招垦》；嘉庆《续修汉中府志》卷23《山内风土》。

处络绎不绝。不由大路，不下客寓，夜在沿途之祠庙、崖屋或密林中住宿，取石支锅，拾柴做饭，遇有乡贯便寄住，写地开垦，伐木支椽，上覆茅草，仅蔽风雨。借杂粮数石作种，数年有收，典当山地，方渐次筑屋数板，否则仍徙他处"①。这次被后世史学家认为波及全国的流民运动，却从一开始就表现出其盲目与无序，无论从流民入徙的路线、迁移的过程还是流民徙入的区域都缺乏必要的政府干预与行政规范，致使"远方游手无籍之辈，亦借以插其间"②，使原本处于破坏与重建过程中的社会秩序从初始就隐含有较多的不稳定因素。乾隆四十年（1775），安康东部的白河县东坝地方就因盗匪横行而民情汹涌③。乾隆四十七年（1782），陕西巡抚毕沅在给乾隆皇帝的《兴安升府奏疏碑》中说兴安州"是以近年（乾隆四十八年，1783）户口聚增至数千处，五方杂处，良莠错居，迩来风俗刁悍，讼狱繁兴，命盗案件甲于通省"④。安康、商州等先期徙民区域内的赌博、抢劫、盗窃、私贩盐茶等违法事件就已经威胁到地域社会的稳定⑤。而嘉庆元年（1796）的白莲教动乱以安康地区受祸为最烈⑥，也揭示了乾隆以来陕南招垦政策的巨大隐忧。

嘉庆年间，清政府并没有针对乾隆年间陕南徙民所出现的社会问题采取相应的政策调整，反而于嘉庆四年（1799），将原本适用于陕南东部安康、商州等地的优惠徙民政策扩大到陕南西部的汉中等地，其理由是"与其置之空闲，徒为盗薮，何若酌为疆理，安置编氓"，嘉庆皇帝甚至连续两次下达谕旨给地方政府，"朕意南山内既有可耕之地，莫若将山内老林，量加砍伐，其地亩既可拨给流民自行垦种，而所伐林木，即可作

---

① （清）严如煜：《三省边防备览》卷11《策略》。
② （清）毕沅：《兴安升府奏疏碑》，录文见：《安康碑版钩沉》，陕西人民出版社1998年版，第34页。
③ 《严拿蝈匪碑》，乾隆四十年立石，录文见：《安康碑版钩沉》，陕西人民出版社1998年版，第87页。
④ （清）毕沅：《兴安升府奏疏碑》，录文见：《安康碑版钩沉》，陕西人民出版社1998年版，第34页。
⑤ 乾隆《续商州志》卷2《镇寨》。《兴安升府奏疏碑》，乾隆四十八年立石，录文见：《安康碑版钩沉》，第34页。
⑥ 白莲教动乱平定后清查叛产绝业，以安康为最多。见严如煜《三省边防备览》卷11《策略》。

为建盖庐舍之用"①。虽然这条资料被反复引用,但研究者更多地关注于政策对山地生态环境所带来的负面效应,而忽略了其潜在的社会危害。就在嘉庆以前,南方江浙一带早期棚民的始发地却都因治安原因相继进行驱棚和禁棚②,这一点作为最高统治者的嘉庆皇帝是再也清楚不过的,何以会对地域条件更为复杂的陕南秦巴山地反其道而行之?况且嘉庆四年(1799),正是白莲教势力在陕南炽盛时期,"三省教匪之乱,依林为巢,人莫敢入"③。而清廷却在此时此地扩大徕民区域,其个中意味令人深思。嘉庆中后期为官陕南的严如煜在其所著的《三省山内风土杂识》中就曾指出:"老林非二十年不尽开垦,地则岁岁有收,此百年之大利也。至老林既开,各山之真面目皆出,无部蔽以增其险,奸徒不能藏匿,则又利兴而害自除矣。"④ 因此,借招民就食之名达消奸弭患之目的,才是嘉庆年间陕南优惠徕民政策扩大的根本原因。然而事实恰恰相反,"自白莲教乱……川楚无业之徒纷纷而来,开山种地,肆其刁悍,滋讼抗官,遂至民风一变"。⑤ 由于徙入的流民多系"徒手无赖"⑥ 和"各省无赖干法网者"⑦,这些人生计有着落时尚能相安无事,一旦生计为艰,则嚣聚为非。严如煜对此就有清醒的认识,他说兴安、汉中"山多田少,地多新垦,各省流徙之人著籍其间,五方杂处,民情浮动"。⑧ 社会环境的恶化,为各种"越轨"行为提供了滋生的土壤,盗窃、抢劫横行,甚至"持刀执枪白日市廛地方绅耆保正无敢过问",以致到了"开山种土良民仅多,其间与匪徒相比者亦自有"的地步,⑨ 社会生产、经济秩序遭到严重破坏。

---

① 《清仁宗实录》卷53、卷61。
② 郭松义:《玉米、番薯在中国传播中的一些问题》,《清史论丛》第七辑。
③ (清)路德:《柽华馆全集》卷5《周侣俊墓志铭》,光绪七年刊本。
④ (清)严如煜:《三省山内风土杂识》(不分卷),《关中丛书》第三集。
⑤ (清)卢坤:《秦疆治略·石泉县》,道光刻本。
⑥ (清)岳震川:《赐葛堂文集》卷2《书》,《清代诗文集汇编(441)》,上海古籍出版社2010年版。
⑦ (清)张鹏飞:《来鹿堂文集》卷1。
⑧ (清)严如煜:《三省边防备览》卷6《险要上》。
⑨ (清)严如煜:《三省山内风土杂识》(不分卷),《关中丛书》第三集。

到了道光年间，随着流民的持续涌入，有限的土地资源已愈来愈不能满足人口增长的需求，人多地少已成为此时期陕南社会的主要矛盾。当时所撰修的陕南各地方志中频繁地出现"人满为患""地瘠人稠""土薄人稠，朝不谋夕"等字样。无以为生的人口在生存压力下往往铤而走险，"肆行抢夺""群盗如毛""民风日偷"成为当时陕南社会的普遍现象。面对急剧动荡的社会现实，清政府并没有检讨招民政策的失当，转而于道光二十三、二十四年（1843—1844）之后，宣布外省流民入境开垦为非法，规定今后凡遇外省新近入境开垦山地之流民，无论男女大小，一律"按名送县，以凭解回原籍"①。这对于"今年住此，明年迁彼，习以为常"②的流民而言，无疑从根本上剥夺了他们基本的生存权。随时面临再次失地失业的流民，为了生存要么沦为乞丐、幺儿、游僧野道，强索恶讨；要么成为赌徒、国匪、教匪明火执仗，横行乡里。成书于道光时期的《秦疆治略》对此表达了深刻的担忧："方今南山开垦日广，游民聚集日多……窃盗频仍，间阎受害"。尽管从政府文告到乡规民约对游民诸种"越轨"行为进行了多方面的严厉示禁，但生存的本能使"南山盗贼"依然愈演愈烈。依据现存有关文献统计，③清代汉中、安康两地整治风化碑文共86通，其中道光以后82通，占总数的95.3%。游民问题已成为道光以后陕南主要的社会问题。

从乾隆年间徕民之初的地广人稀，五种皆宜，民间谋食较山外为易，到道光时期的土薄人稠，朝不谋夕，游民遍地。陕南秦巴山地生存环境的历史反差表明，由流民而变为游民，是不加节制的政策性流民潮对生态环境脆弱、适耕地资源有限的陕南秦巴山地毁林开荒的必然结果。这也是清代陕南招民政策留给后世的深刻教训。

二 流民生存方式与清代陕南社会的主要矛盾

撰修于清嘉庆年间的《山阳县志》卷十曾对境内流民生计作过如下

---

① 道光二十五年：《南山保甲书保甲应行查禁善后事宜示》。
② （清）严如熤：《乐园文钞》卷7《汉南杂著·畿辅水利附》。
③ 据《汉中碑石》《安康碑石》《安康碑版钩沉》等书统计。

估计："（外省流民）佣工度日者十之四五，开店贸易者十之一二，佃地承课者十之五六，买地落业者十之一二。"山阳县地邻秦岭东端门户商丹盆地，西与孝义、镇安等秦岭高海拔地区相接，是东南地区流民循汉水支流河谷进入秦岭中西部山地的重要中转区域，县志对入徙流民经济成分的估计应该比较接近乾嘉时期秦巴山地东部流民的实际状况。嘉庆、道光以后，随着陕南"厂""厢"经济的渐趋衰落，以佃而生的流民比例加大，如定远"厅治田地多佃种，贫民以佃为产"①。佛坪"外来客民多佃地为生"，② 留坝厅"土著民人甚少，大半川楚安徽客民，均系当佃山地开垦为生"。③ 直到清末民国年间，租佃生产方式依然是陕南主要的生产活动形式。

在佃农租佃土地的过程中，有分佃、转租、包头等几种形式，但由于分佃、包头等经营方式中佃户对土地的所有权和使用权无涉，故本文略而不论。转租，正如《三省山内风土杂识》中所言，"土著人少，所种者不一二。招外省客民纳课数金，辄指地一块，立约给其垦种。客民亦不能尽种，转招客佃，积数十年，有至七八转者，一户分作数十户"。在转佃的过程中，土地所有权与使用权的分离，使得"客租只认招主，并不知地主为谁，地主不能抗争。间有控讼到案，则中间七八转之招主，各受佃户顶银，往往积数百金。断地归原主，则客民以青山开成熟地，费有工本，而顶银当照据转给。中间贫富不齐，原主无力代赔，则亦听其限年再耕而已"。这是促使嘉庆十七年（1812）陕西地方政府颁布以承认农民垦荒拥有"永佃权"的《南山州县章程》的重要因素。该章程规定分佃地亩内所有出息，应听原佃户收用，"地主不得妄意分肥。至地主欲行变卖，先尽原佃之人或承买，或分买。如原佃无力置买，始准另卖。其佃户人等如无欠租等事，一律换约认主，不得夺佃自种，亦不得将原佃起发，另招他户"④。政府政策对佃农利益的保护在一定程度上减轻了额外加租对佃农经济的威胁。但也应当看到，"永佃制"纵容了以转佃为

---

① 光绪《定远厅志》卷5《地理志·风俗》。
② 光绪《佛坪厅乡土志（不分卷）·氏族》。
③ 光绪《留坝厅志》卷4《土地志》。
④ 光绪《白河县志》卷5《风俗》。

牟利的行为，使得转佃已不再是"不能尽种"的原因和结果，而是只要转租土地所获得地租高于初租的地租，转佃行为就有可能发生。据道光《安康兴贤学仓志》记载的7宗转佃个案中，其初租、转佃的规模如下：45亩转租7小佃、35亩转招5小佃、8斗种转招5小佃及24亩、9.5亩、8亩、2亩分别转招1小佃。转租的差额据同书记载，"富佃转招五六佃或二三佃，即止招一佃，亦当富佃收九分，而以一分纳学仓租"，① 虽非绝对差额，但转佃的收益远远高于初租土地的租额应是事实。甚至政府官员也贪图其利而参与其事，如向有"草粮"之称的镇坪地方，就因地价轻微，"以故胥吏因之巧取，黠民借此售奸，辗转纠结，低昂居奇，其弊至不一致有由来矣"。② 非生产环节的不断增加，使直接耕种土地的佃农负担加重。而"地主不得妄意分肥"，使得地主对佃户生产漠不关心，严重威胁到佃农经济的发展。道光十三年（1833）紫阳县举人曹易学就提出"谕主户以保佃户"的策论，"农民之中，大半为佃；佃户之产，要皆有主，惟饬谕主户保全佃户，佃户安而民生遂矣……不然，听主户自有而自为之，大半希图厚利，不肯垂悯佃户，将见耕而不能下种，种而不能蓐，生恐即有丰收之岁，反成不熟之年尔"③。

　　佃农经济发展的另一个威胁来自佃农本身，尤其是道光时期，租佃竞争的加剧，使佃农越来越多地失去取得佃权方面和产品分配关系中的有利地位。当时的情况是"凡今之佃，谋他徙者，前者未去，后者已来"，以安康县兴贤学仓为例，道光二十三年（1843）安康兴贤学仓在普调租额，增加顶手（押租）情况下，承佃者依然纷至沓来，"一地或二三家或四五家，皆备顶手、遵章程，无一人请减分文"。而"如仿民间招佃法，更增多矣"。可见当时佃争是何等激烈。而陕南地方政府也在此时改变了原来对地主的过分诛求略作限制和保证农民拥有土地垦权的政策，承认地主有增租夺佃之权，对反对加租夺佃者，政府"重则驱逐""唤案重究"。④ 并且将农民反对增租视为恶习，道光《南山保甲书·保甲应行

---

① 道光《安康兴贤学仓志》卷下《艺文志》。
② 民国《镇坪县乡土志》卷2《赋役志》。
③ 《紫阳县志》卷24《人物志》、卷25《文献辑要》，三秦出版社1989年版。
④ 道光二十五年：《南山保甲书·保甲应行查禁善后事宜示》。

查禁善后事宜示》说:"南山恶习,佃户佃种土地,辞佃后不即交庄,既退复种。或藉修补房屋、栽有竹树及琐细物件,为狡赖图索之地,其情甚属可恼,应行严禁。至地内种有麻根,应即挖起迁栽,或地主量给钱文买回,不许佃户借端生事,以致口角斗殴。如佃户预种豆麦在地,以为霸庄地步,审实,除重责驱逐外,亦不断给籽种钱文。以上各项一经告发,立即唤案重究,以杜刁风。"显然,政策的逆向性变化,使乾嘉以来"自由度"较高的流民垦殖活动趋于终结,以租佃土地为生计的流民生存环境迅速恶化。以安康县兴贤学仓四块面积没有变化的地亩为样本,分析其地租变动情况(见表1)。道光二十二年(1842)以前,四块土地租金变化不大,但道光二十三年(1843)以后,租金均大幅度上升,平均上升率高达1200%。从剥削率来看,清前期陕南地租额占产量的比重,一般不超过50%,而清后期低者50%、高者可达70%,[1] 若考虑租佃土地先期支付的顶手钱(押租钱),实际剥削率还要高一些。[2]

表1　　　　　　　安康兴贤学仓部分土地的增租情况

地名	土地类别	数量(亩)	旧租额(千文)	新租额(千文)
大石沟	中地	35	3300	33000
石关上坝	中地	24.2	1150	24200
官沟地	上地	13	1800	26000
石庙沟	上田中地	45	20(石稻谷)	40(石稻谷)

资料来源:《安康兴贤学仓志》卷上。

伴随着地租额或剥削率的上升,陕南佃农经营规模迅速小型化。从前揭文中"一户分作数十户",可知嘉庆年间佃农租种土地数量已较乾隆时期大为减少。道光年间,"穷民佃种无多"已成为一种普遍现象,[3] 以致佃农终年劳作尚有饥寒之虞。以道光《安康兴贤学仓志》所涉及的300

---

[1] 民国《西乡县志》卷3《物产志》。
[2] 道光二十三年兴贤学仓有7处征收押租,学仓每年从每亩押租中所获利息按1843年价格计算,可折稻谷0.58石。
[3] 道光《石泉县志》卷2《田赋第四》。

余亩学田为例，该学田分别为 30 余户佃种，每户平均 10 亩地，按每户 3 口计，① 每人平均耕地 3 亩余，已低于人均 4 亩的最低生存线。到了清后期，汉中、安康等烟户稠密的盆地区域也已是"率多零丁小户"。② 据月河上最大堰凤亭堰《水分牌底册》所载田亩与人户统计，宣统年间（1909—1911）该堰东、西二渠灌田 5541.9 亩，总户数为 439 户，人均 4 亩以下户数占总户数的 88%，2 亩以下占总户数的 63%③。即使以清末最低地租率 50% 计，绝大部分农户均处于贫困状态。

因此，道光以后，陕南佃农佃耕的环境和条件的迅速恶化，从根本上制约了陕南佃农经济的发展。佃农需要将更多的剩余产品用于支付地租额，甚至可能由此而侵占他们的必要劳动，从而使佃农无法进行积累，也就难以维持其对土地的投入，造成"一切耕耨培壅之法皆无力为之"的困难处境。④ 而地权的分散，加剧了陕南用水纠纷，尤其是在水患日益增加、水利工程修浚费用不断上涨的情况下，小佃农的经济能力与用水成本的矛盾必然难以调和。光绪三十年（1904）汉中府属留坝厅关于南坝学田议改民业时的忧虑就颇能说明问题，"（学田）若改归民业，田主众多，用水则争先恐后，修渠则退避不前，趋利避害，狱讼繁滋"。⑤ 因此，在地租额不断提高和佃农取得承租土地数额愈来愈少的现实面前，佃农为了生存必然会重视土地投入与产出比，并不可避免地加剧流民对公共资源的争夺。

三 流民逐利行为与陕南社会风气的变化

清代陕南佃农经济的主导性决定了农业生产中效益最大化的经营取

---

① 考虑到嘉庆十七年到道光二十四年其间间隔仅为 30 年，家庭规模不可能有太大的变化，因此本数据依据嘉庆《安康县志食货志》客籍人均数据。
② 《城固县收放仓谷章程碑》，咸丰七年立石，《汉中碑石》，三秦出版社 1996 年版，第 289 页。
③ 宣统三年：《凤亭堰分水底册》，此书现存汉阴民间。
④ 光绪《留坝厅乡土志（不分卷）·生齿·第四节》。
⑤ 《留坝厅水利章程碑》，光绪三十年立石，录文见：《汉中碑石》，第 370 页。

向，无论是在山坡旱地还是水利条件较好的河谷川坝土地的经营中，这种经济原则都得到了充分的体现。在山坡旱地，种植获利较丰的经济作物是乾嘉道时期陕南种植业中引人注目的现象，严如熤就说"汉川民有田数十亩之家，必栽烟草数亩，田则栽姜或药材数亩"。① 到了道光年间，追求经济利益而放弃粮食生产的做法已引起了一些有识之士的忧虑，安康人张鹏飞就说："闻十年来山农种谷者皆改艺麻、漆、木耳、烟叶、大蓝等物，不干禁条，易于出境，且博厚利。呜呼！民皆莳山货而不种五谷，万一水旱蝗螟将何以果腹乎！"② 直到清末依然有文献称："恒见次贫之户，只有数亩之田，以为靛务种麻获利较厚，特是岁届丰收，粮价贱而货物必贵，一亩可抵数亩之获。若遇凶荒，粮价贵甚，靛与麻即欲贱售亦且未能。记在昔丁丑大荒，曾见有蓄靛数缸、蓄麻数捆其人饿毙者。"③

　　由于旱田和水田经济效益存在明显差异，④ 在水利条件较好的河谷川坝地区大量的旱地被深谙水利的江南流民改为水田。如安康著名的千工堰以北、西沟河以东的大片地区"地平如掌，国初均种粟稷，近自乾嘉以来，民习水利，均鳞次改田"。⑤ 嘉庆中汉中府属南郑县兴修班公堰工程，一次即改旱为水达9400亩之多。⑥ 但水资源的有限性，大规模的旱地改作水田，必然打破原有的用水定例，进而引发用水冲突。为此，嘉庆末汉中知府严如熤曾发布禁令："各堰各洞所灌田亩均有定数，射利之徒，间有将旱地开作水田。垦田日增，需水亦多，往往不循旧例，恃强争水……再有将旱地开作水田者，立即查究，如无契据者照例入官充公。"⑦ 道光年间，禁止旱改水竟成为陕南保甲制度的一部分内容："近来人心不古，或将塍边旱地私改水田，占用渠水，或堰头私开新渠，窃水

---

① （清）严如熤：《三省边防备览》卷8《民食》。
② （清）张鹏飞：《来鹿堂文集》卷4。
③ （清）《洛南县乡土志（不分卷）·植物》。
④ （清）严如熤：《乐园文钞》卷7就记载有"往时旱地亩岁收粟豆五六斗，自改水田栽稻谷，亩收二石有余"。
⑤ （清）张鹏飞：《来鹿堂文集》卷3。
⑥ （清）严如熤：《乐园文钞》卷7《汉南杂著·畿辅水利附》。
⑦ 光绪《洋县志》卷4《水利志》。

归己，或与邻田不睦，将余水掘沟泄放，不许下接，或于渠水两分之处，暗地抛佃沙石，使之侧注己田"。① 与以往陕南水利中用水不时和分水不均而产生的水利纠纷相比，从嘉庆以后，偷水、改水、霸水已成为地方上用水的突出问题。

如沔县泉水堰，该堰创自明代，原为 12 家军户所修私堰，沿河两岸支流汛泉，外人不得开地作田，阻截上流。据说一直"无敢违者"。但到道光十一年（1831），"有客民陈正秀开地作田，违例霸水，被堰长投约，处明具结，永不得拦截堰水。十四年，又阻拦堰水，亦具有结。又十五年，张文兴、李普、王修德等佸截此堰上流之水，被堰长具禀在案，蒙县主李断令仍照旧例，立碑为记，外人不得紊乱"。讵料截水者不仅未立碑，反而于道光二十年（1840）、二十一年（1841）和咸丰九年（1859）先后有陈、张、李族人多次恃强违例拦截堰渠上游之水，甚且反控堰长，聚众滋事。20 余年间，虽经官府多次理断、禁令，但陈、张、李、王诸家竟五次拦截堰水，直视官府禁令如儿戏。② 如此状况在陕南各渠堰水利所在之处都有发生，如唐公车湃、凤亭堰、小龙王沟五堰、月河补济堰等都发生了程度不同的霸水、改水、偷水事件。光绪年间前后任兴安知府十余年的童兆蓉曾就安康县千工、万工两堰水争指出："每逢夏旱，民以争水灌田，纠众持械辄酿巨案，前此判斯狱者讫不能决。"③ 正是在利益的驱动下，那些"射利之徒"依然明知故犯，竟置公共利益于不顾，屡屡挑起争端，甚至于官府断令于不顾，三番五次霸水改田。这在一定程度上表明，清朝官府对陕南基层社会的控制力度受到削弱。

清代陕南水利纠纷的"断而不结"其实质是，有限的社会公共资源不能满足分散小农发展个体经济的需要，其依存的社会背景则是"人心不古""世风日下"。对此，现存的清代陕南的各类碑石铭文都有大量的反映。如立石于道光四年（1824）的褒城县《荒溪堰条规碑》就记载有："无奈时移事易，人心不古，竟有奸诈之徒，拣好修者修之，至难修者遗

---

① 道光二十五年《南山保甲书：保甲应行查禁善后事宜示》。
② 《处理泉水堰纠纷碑》，咸丰九年立石，录文见：《汉中碑石》，第293页。
③ 《兴安府绅民缕陈政绩禀》，见童兆蓉《童温处公遗书》卷1。

之。"这种情况并不是个别现象,如五门堰、杨填堰、城固唐公车湃、安康大济堰、西乡金洋堰等都与此相仿佛。安康县《黑油沟公议禁盗碑》称:"无奈世风不古,民习日偷,藐视王章,罔知责耻,常窝藏匪类,以赌博为生,甚至狗党胡行,为盗为贼。呜呼,世道污流,何至如是耶。"①甚至"狗盗狼窃之徒,白昼强取,黑夜窃盗,竟使业不由己,民不聊生"②,"每有横暴之徒自无桑树,竟多喂蚕,俟蚕放□时,呼朋引类,三五成群,偷窃抢砍,互相行凶,胆将守桑之人凶捆。匪等抢桑叶各去,反致有叶之家无叶喂蚕"。③ 其他如纵放六畜,践害庄稼,各种形式的作伪欺诈,游方僧道乞丐等强讨恶化,各种各样的盗窃行为,窝赌窝娼,诬控兴讼,勾结匪类,讹诈往来行旅,差役乘机以权谋利,多派肥己、买卖妇女等都成为当时乡规民约示禁的主要内容,而这些无一不是为谋私利而不顾他人或公众利益,甚或以损害他人或公共利益来为自己谋利。

社会风气中的"逐利"倾向,使得一向认为清净之地的佛门道观,也变成"清规"难守之地,出现了出家剃度只为以寺观庙产为牟利对象。道光年间,汉阴吉祥庵就发生因主持"不洁"而致讼多年,到了咸丰年间虽然破天荒地明文规定庙产收入"以作神圣香火、主持养廉之费",④但事态并没有得到好转,光绪年间依然有主持因不守规矩而被驱逐之事。⑤ 沔县武侯祠、武侯庙甚至发生道士群体逐利行为。同治元年(1862),武侯祠道人柏合新、李合瑞、魏教伦等不守清规,"并且通同舞弊,不以香火为事,专守肥己之谋,庙宇日见倾颓,出息尽皆剥削"⑥,而被县府立碑明令予以驱逐。即使如此,依然没有遏制道士群体"逐利"趋势,甚而为以庙产"牟利"不惜闹上公堂。同治十年(1871),武侯庙"主持徐教升不守清规,偷卖古树,私伐皇柏,经首事等诛(逐)出。伊

---

① 《黑油沟公议禁盗碑》,光绪三十年立石,录文见:《安康碑石》,三秦出版社1991年版,第347页。
② 《牛王沟公议禁盗碑》,光绪二十二年立石,录文见:《安康碑石》,第312页。
③ 《安康知县颁布流水铺后牌公议禁令告示碑》,光绪二十四年立石,录文见:《安康碑石》,第317页。
④ 《吉祥庵胡姓施田碑》,咸丰十年立石,录文见:《安康碑石》,第211页。
⑤ 《重修吉祥庵乐楼碑》,光绪三年立石,录文见:《安康碑石》,第265页。
⑥ 《保护武侯祠财产告示碑》,同治元年立石,录文见:《汉中碑石》,第297页。

告，经王县主已断令出庙，乃伊串通熊道，恃侵庙之资，讼于府、于道、于学宪及钦差大臣，虽屡次被斥而雄心未艾。识者曰：彼所以讼者，以庙有余资，可藉以肥私也。"此次驱逐不守清规道人简来星、张元松、戴上吉、马信龙、徐教升等五人，而且因此兴讼长达七八年，① 都是其历史上所罕见。其他如城固县文昌宫②、洞阳宫③、汉中万寿庵、福寿庵④、沔县观子山庙⑤、韩公祠、马公祠⑥、紫阳显月寺⑦等都发生了主持不守清规、变相侵吞庙田庙产之事。直到清末，禁止主持将庙产窃当、窃售、窃佃依然是乡规民约的一项内容。⑧

四 地域控制系统的弱化与基层社会的混乱

大规模的流民空间移动必然带来原居地社会秩序的瓦解和流入地社会秩序的破坏和重建，在这一过程中，具有"背叛"和"越轨"潜因的流民对原有的社会控制模式提出了挑战。尤其是流民在陕南刀耕火种的生产活动背景下，居无定所，频繁迁移，对常态的社会管理带来冲击。可以这样说，有清一代，清廷始终没有找到对处于移动状态的流民行之有效的管理办法。尽管从乾隆四十七年（1782）开始，陕南地域行政建制续有升级分析，如升兴安州为府，增置留坝、佛坪、定远、砖坪、孝义、宁陕等厅县，并在一些偏远地方及关隘置丞设守，但每一次行政建制的变动无不是迫于地方多事，"官司耳目难周""难于弹压"而被动调整。甚至分县置丞、添营设汛其目的也仅仅只是"缉捕盗贼"，而留坝、佛坪、宁陕、砖坪、定远、孝义等高寒山地厅县，情况就更为复杂，如

---

① 《重修武侯墓庙碑》，光绪三年立石，录文见：《汉中碑石》，第326页。
② 《清查文昌宫田产碑》，光绪十七年立石，录文见：《汉中碑石》，第347页。
③ 《洞阳宫山场条规碑》，道光九年立石，《重立护持洞阳宫扁鹊观碑》，咸丰六年立石。录文见：《汉中碑石》，第57、288页。
④ 《收复庙产碑》，同治十年立石，录文见：《汉中碑石》，第314页。
⑤ 《整顿观子山庙产碑》，咸丰九年立石，录文见：《汉中碑石》，第294页。
⑥ 《沔县正堂严禁侵吞庙产碑》，同治九年立石，录文见：《汉中碑石》，第309页。
⑦ 《显月寺补修公德碑》，嘉庆十四年立石，录文见：《安康碑石》，第104页。
⑧ 《天柱山整饬庙规告示碑》，光绪二十年立石，录文见：《安康碑版钩沉》，第233页。

佛坪在建厅以前，概称周至山内，道光四年（1824）设治后，又增袁家庄巡检司，但大部分地方依然是"政教阻塞风气悍刁"，为"历生土匪"之地。① 设治于嘉庆八年（1803）的定远厅，直到同治年间其地仍然是声教不通，其民"不耕不耨，以抢掠为寻常，以杀人为惯技，动则以刀矛相向，败则以奔逃为能是"，② 社会秩序近乎失控。

即使以清官府权力所及的地方，情况也不容乐观。以具有"半官方""半职役"性质的乡保为例，嘉庆年间，出于围剿白莲教起义的军事需要，陕南地方政府曾强行大力推行保甲制，除一些偏远的深山地区及"零星散户"未能纳入保甲控制区域而外，其余地方均为保甲制覆盖之区域。但嘉庆以后，情况就发生了急剧变化。如位于城固洋县交界汉水谷地的智果寺地方，道光二十年（1840）前后，保甲制已是"久不行于乡曲"。③ 由于盗贼炽盛，民不聊生，所以"智果寺前社后社暨黄郑二村白庙村绅耆老民乡地人"等公议成立联防保甲，其为区域协作组织，与政府行使管理权无涉。事实上，嘉庆以后陕南保甲制仅在核心地带，即府州厅县及交通发达的城镇，还在发挥其缉盗弭患、维护地方秩序的功能，而大部分中高山地其情形都类似于智果寺地方。保甲制之所以在陕南秦巴山地难于实施，嘉庆年间全力推行保甲制的严如熤曾指出其个中原因。他认为，一方面山民居住星散，难于按牌巡查；另一方面，流民今年在此明年在彼难于编入保甲，因此，保甲制"只可行之于城市而不适合山民"。显然严如熤有意回避了主要问题——经济制约因素。存世的碑石铭文资料中有为数不少的关于共置乡约保甲产业碑文，④ 其核心内容无非是使民间免受乡保薪资索讨之累。正是受经济负担能力的限制，清代陕南大部分地方均是以乡约代行保甲之职，并已成为陕南地方"习惯"。如镇坪下茅坝地方直到光绪二年（1876）"因近来乡事甚繁，任非一人能当"，

---

① 民国《洋县县志备考》卷1《形势历史》。
② 光绪《定远厅志》卷25《艺文志》。
③ 《智果寺成立保甲联防碑》，道光二十年立石，录文见：《汉中碑石》，第62页。
④ 例如，《共置产业公举乡约碑》，清道光六年立石；《永发乡约田地碑》，道光二十六年立石；《公和兴会公议条规碑》，同治三年立石；《下茅坝公议乡约辛（薪）赏碑》，光绪二年立石。以上录文见：《安康碑石》，第135、164、217、261页。

所以才有"举二人协充"之举。① 光绪年间宁陕厅亦有"照得日后乡约兼充保正，□有保正札费，应准其永免"。② 而乡约保正权力的合二为一，使乡约事权无形放大，弊端百出，举凡户婚钱粮、是非争斗皆经乡约理断，乡约不肖者因事生非，徇情受贿鱼肉百姓。这一变化在乾隆嘉庆时期并不明显，但道光以后事情就发生了质的变化。道光《西乡县志》就说："我西邑利弊多端而惟乡总之害为尤甚，盖乡总原为催社粮而设，以为有利于民而不意利弊种种作焉"。③ 更有甚者，乡约动接诉状，私设刑堂④。同治《旬阳县风俗碑记》就记载说："乃此辈（乡约）生事者多，奉法者少，每与胥役狼狈相倚，遇民间户婚钱债等事，未得钱则不肯排解，既得钱则又相袒护，主唆偏袒，弊端百生"。⑤ 以致官府一而再，再而三发布禁令约束乡保行为，但依然收效甚微。诚如志书所说："自清季以来，乡区有乡约、保董团总承办员等办公人员，然自为政漫无标准，加以时局多故，险象环生，正人望而却步，金士乘机揽权，惟利是图，积弊丛生，横行乡里，民不堪命"。⑥ 清代陕南讼狱繁兴、民情汹涌与乡保不遵法制、借势横行乡里有直接关系。

介于官府与乡村社会之间的士绅阶层，由于拥有政治、经济和社会上的各种特权，其在中国封建社会后期实际支配着传统乡村社会的经济文化生活。但清代陕南士绅阶层其在乡村"治理"过程中的影响力却极为微弱，士绅不但人数较少，而且经济地位较低。地方志提到文风时，用词最多的是"一村之中目不识丁者十人而九"。⑦ 甚至"仕宦绝迹，素封罕见"。⑧ 有识之士因而将此归结为山居之民不知礼法，任意胡行，偷盗拐窃，赌博抢劫，捏词兴控等无日不有的重要原因，而这也恰恰反映

---

① 《下茅坝公议乡约辛（薪）赀碑》，光绪二年立石，录文见：《安康碑石》，第261页。
② 《宁陕抚民分府豁免驱兽枪税告示与永免保正札费及猪户枪税告示碑》，光绪二十年立石，录文见：《安康碑石》，第309页。
③ 道光《西乡县志》卷5《艺文志》。
④ 《洋县正堂为民除弊碑》，录文见：《汉中碑石》，第301页。
⑤ 《旬阳县风俗碑记》，清同治七年立石，录文见：《安康碑版钩沉》，第258页。
⑥ 民国《西乡县志·民治志第八》。
⑦ 道光《石泉县志》卷1《建置志第二》。
⑧ 康熙《山阳初志》卷5《艺文志》。

了清代陕南士绅力量的薄弱。立石于道光四年（1824）的《洞阳宫施舍山场碑》落款为"城固穷士孙振东撰并书"，① 能自称"穷士"且在碑石中加以落款实在不多见，反映了"士"在当时乡村社会中微妙的处境。光绪《凤县志》序更指出问题实质所在，"乡村僻远，士少观摩，粗习儒业，亦不能赡其身家"。于是生存的压力迫使士绅"离经叛道"，参赌、聚赌、诱赌屡屡可见，② 而在"绅士霸佃"③ 以及水利纠纷中，生员、监生、武生、廪生等乡村士绅"不遵王法""纠众殴官"等种种越轨行为司空见惯，使得士绅从乡里社会秩序的维护者、教化者变为基层社会动荡的制造者。如规模较大、历时长久的汉阴厅月河济屯堰水利纠纷即是。道光三十年（1850）六月、八月，咸丰元年（1851）三月、九月，咸丰六年（1856）五月，先后有监生沈兴洽、生员沈兴潮及工书白际太等与堰内武生刘绍杰、刘德盛及监生刘作诗、李邦德等为争水（沈兴洽等恃强截放，淆乱旧规）而互控，屡断却不能结。④ 城固五门堰之油浮、水车二湃（居上流）绅粮贡生杜荫南、张应甲等与西高渠（地居下流）杨春华、李振川等之间为争水亦"迭次控争，官经数任，蔓讼不休"。⑤ 安康大济堰、褒城流珠堰、城固洋县共用的杨填堰等都发生了程度不同的绅与绅、绅与民之间的水利纠纷。⑥ 由于士绅特殊的社会地位容易引起群体事件，影响面较大，嘉庆时深谙陕南事务的严如煜曾对士绅阶层在水利纷争中的行为做过一系列的规定："如举贡生监及各衙门充当书役人等，恃符依势，从中挠阻，抗不行夫，以致工不速竣，浇灌失利，贻害地方"，"劣衿豪棍，往往煽惑愚民，借争水利为名，敛钱聚众，而伊反坐食其利"，对此类播弄乡愚之徒"按律治罪"。⑦

作为封建国家赖以统治地方的乡保、士绅、宗族三个支撑点，乡保、

---

① 《洞阳宫施舍山场碑》，道光四年立石，录文见：《汉中碑石》，第257页。
② 《双丰桥组碑》，道光三十年立石，录文见：《安康碑石》，第177页。
③ 道光《安康兴贤学仓志》卷下《艺文志》。
④ 《月河济屯堰总序碑》，咸丰六年立石，录文见：《安康碑石》，第205页。
⑤ 《修渠定式告示碑》，光绪五年立石，录文见：《汉中碑石》，第327页。
⑥ 嘉庆《汉南续修郡志》卷20《水利》；民国《续修南郑县志》卷2《建置志·水利》。
⑦ 嘉庆《汉南续修郡志》卷20《水利》。

士绅在教化与维护社会秩序功能中的弱化与变异，使得族权的作用就显得尤其重要。但对于陕南移民社会而言，地域家族并不发育。如"略阳地处边鄙居万山中，无世家巨族，居民迁徙不常，土著无过百年者，有之率畸零小户亦不祥其世系"。① 洋县康熙以后迁来之户"其大族又甚鲜"。② 镇安、山阳、佛坪、定远、留坝、孝义等海拔较高的厅县其民间宗族情形与略阳相仿佛。③ 即使有些移民家族获得了较快发展，但受经济空间的限制作用，使分析的人口或家庭不得不向外迁移。④ 即使建有祠堂、立有族规，但其约束力往往相当微弱。如汉阴涧池铺王氏同治五年（1866）集族建祠立规，并呈官府核准，同治七年（1868）又续补祠规 5 条，合计族规 16 条，"原期族内人等恪遵祠规，永远奉行，乃有不法之徒任意妄为，霸宗祠之业，骗宗祠之课，以致虽有祠规，不能遵行"，光绪元年复呈官府核准，并于光绪二十六年（1900）勒石以儆。⑤ 30 余年间，虽经官府与宗族的种种努力，但依然无法扭转族权没落的历史命运。白河县卡子东坝黄氏宗族，在乾隆年间即是当地的大户族，但到道光十二、十三年（1832—1833）后，"人渐不古，见祖会丰于财，多思染指"，而"道光二十三年（1843），竟有图香仪抢太祖之事，而讼兴焉。历年租息乾没，废祭产数十石，停蒸尝者十有三年，而族中家运，亦从此否也"。⑥ 诸如此类事例在陕南移民家族中在在皆是。族权的衰微表明在"国—家"一体化体系中，国家赖以统治地方的道德、血缘、地缘体系的崩溃。

---

① 《略阳乡土志》卷 1《人类录》。
② 《洋县乡土志不分卷·氏族》。
③ 清末《地方志摘抄》不分卷。
④ 如迁居汉阴堰坪的广东谢氏，其后裔就不断迁往石泉、留坝、紫阳、平利等厅县地；而迁居汉中府的湖北王氏亦是"异地分籍之多，不胜枚举"。分别见《潮州谢氏族谱》，咸丰七年修，此书现存汉阴民间；《天台山王氏山庄界碑》，光绪三十四年立石，录文见：《汉中碑石》，第 376 页。
⑤ 《涧池王氏后裔请鉴祀典禀词及汉阴抚民分府批示碑》，同治五年立石；《涧池王氏后裔增补族规禀词及汉阴抚民分府批示与告示碑》，光绪二十六年立石，录文分别见：《安康碑石》，第 234、327 页。
⑥ 《东坝黄氏祠堂碑》，民国八年立石，录文见：《安康碑石》，第 368 页。

五 余论

陕南秦巴山地自古以来就是难理之区，民国《续修陕西通志稿》卷50《兵防七》即言道："南山介雍梁荆豫之中，非僻壤奥区也。其地五种皆宜，金、铁、玉、石、果蔬，骛利者趋焉。而山峻暗，险峨异常，防备稍疏，强梁则依险而思逞"。始于清乾隆初叶的大规模招民垦殖对处于边荒状态的陕南秦巴山地而言，其历史作用显然不容低估。但也应当看到，徕民政策的急功近利性以及政策鼓励下的流民毁林开荒行为对流民生存环境所带来的负面影响，而失去控制的流民"越轨"求利行为以及政府控制力度的弱化促使地方性势力的恶性膨胀。滋讼抗官、蔑视王法、犯禁越轨等成为清代陕南社会群体性行为；私铸、私钱、私盐等禁而不止，[1] 严重扰乱了陕南社会正常的经济活动。探究清代陕南社会持续动荡的根源，以下几点因素值得我们反思。

第一，地理因素的影响。陕南地大林深，山高路远，对以信息流动为主的社会控制系统构成了天然障碍，如镇安县山外甲，"此甲远在数百里外，粮差难于跋涉，或数年往征一次。时变世殊，田地异主，其旧时里长更不知为谁何，近年粮差不复往征"。[2] 空间的阻隔也使星散而处的居民守望难资，因而"不敢与匪徒为难也"。[3] 这是造成清代陕南"民风日偷""群盗如毛"的根源所在。而与豫、楚、川、甘等省犬牙交错的地缘形势，使陕南更容易受到外界因素的影响，"每岁常有湖广灾民，或数百

---

[1] 关于政府严禁私铸、私钱见《会办全陕厘税总局严禁白河等处厘卡故意勒肯商贩人等告示碑》，光绪十五年立石；《宁陕厅文通判德政碑》，光绪二十一年立石。录文见张沛：《安康碑石》，第288、311页；《重刊府县禁令碑》，光绪十七年立石。录文见：《安康碑版钩沉》，第260页。及清：《洋县乡土志不分卷·政绩录》。私盐问题要比私钱严重的多，从乾隆年间的无业游民"私贩盐茶"为生到嘉庆以后安康、汉中、商州等地相继"听人民自由贩运"，详见毕沅：《兴安升府奏疏碑》，乾隆四十八年立石。录文见：《安康碑版钩沉》，第34页。嘉庆《续兴安府志》卷2《食货志》。咸丰《续兴安府志》卷7《艺文志》。道光《褒城县志》卷7《食兵志》。民国《商南县志》卷5《田赋志》。

[2] 民国《重修镇安县志》卷3《田赋成》。

[3] （清）严如熤：《三省山内风土杂识》（不分卷），《关中丛书》第三集。

数十男妇蜂拥来境，竟口称要吃大户"，①贫者无力以拒，富者畏其恶之复恣，任其剽掠。地缘关系的复杂与治权归属的不一，增加了地方管理上的难度，也在一定程度上助长了盗匪气焰，"而贼又无定踪，防彼则窜此，防此则窜彼"，②致使地方官有心杀贼而无力捉贼。如兴安、商州之间，地隔湖北陨阳，致使防兴者不能防商，防商者不能顾兴。而匪徒则是"陕追则逸之蜀，蜀追则逸之楚，路歧如麻，人窜似梭，咫尺隔省，彼此守令均有鞭长莫及之叹"。③对此，为官陕南二十余年，"南山盗起，身在行间"的严如熤深有体会，他在《三省边防备览·策略》篇中就指出，陕南与豫、楚、川、甘"地均犬牙交错，其长林深谷往往跨越两三省，难以界划，故一隅有事边徼悉警"。因此，清代陕南贼盗肃而不靖，并且愈清愈炽便与陕南复杂的地理区位有很大关系。

第二，流移意识。由于政策、流民信息、流民生计的实际状态，使清代陕南流民的"流移意识""寄籍心态"较为普遍。大部分流民通过返乡省亲、修辑宗祠族谱、行使宗族财产的管理权和支配权与原籍保持或紧或松的联系，因此，强调自己的籍与贯便成为流民寄居他乡的通常做法。而侨居或寄籍的心态使流民在徙居地"大半只身结伙赁房侨居"，即使买地落业者，亦是"婚姻必择同乡，丧葬多回原籍，亦难必其永为编氓"。④因而流民在经济或社会事务中的短期行为也为当时的主流社会所认同，如官方所撰修和审定的地方志书就认为"民间积谷甚属寥寥……开荒种地多属寄籍，各存首邱之念，谁为旨蓄之谋?"⑤对于环境保护也是"但十年树木，其利不在目前，定难责之棚民佃户"。不仅如此，流民频繁迁移对社会管理制度带来很大冲击，以致粮里乡社不一，"一里之内有各乡坐落之土田，一乡之中有各里籍贯之人户"。⑥如光绪《凤县志》卷3所言：境内土著甚少，客民迁徙无定，"丁名亦不常分，有同户分居

---

① 《双丰桥戒赌条规碑三通》，道光二十九年立石，录文见：《安康碑版钩沉》，第218页。
② 民国《商南县志》卷11《艺文志》。
③ 民国《续修陕西省通志稿》卷214《文徵十四》。
④ 嘉庆《山阳县志》卷12《公牍》。
⑤ 道光《石泉县志》卷4《事宜》。
⑥ 民国《洋县志》卷3《风俗志》。

多年共一丁名者，亦有偷卖丁名于邻邑，为隔县冒籍之渐"。因此，流民不稳定的生存状态是清代陕南社会经济环境动荡的根本原因。

第三，土客矛盾。由于土客经济文化风俗背景的不同，使得土客之间存在较为明显的差异，其间的隔阂、摩擦便在所难免。如安康"民多客籍，与土著不相关顾，庆吊鲜通"；山阳"乡里械斗之习，视为故常，固于僻处山陬，亦土客之势积不相能有以酿之也"。① 而最常见且影响最大的土客纠纷无疑当来自经济方面，由于大部分流民均以租佃山地为生，较高的文化水平使得流民在租佃土地的过程中自然处于优势地位，而土著则罕有识字者，一切租佃契约听由客民自写自立，挪移邱段，减损价值，田主具憛然莫辩，由此使得"业不由主"。② 早在乾隆中期就有"尚两构讼务使新民不得舞文乱法欺压土著，借开山之工本强占人田"之说。③ 嘉庆以后，情形变得更为糟糕，影占邻田，巧取豪夺，多为川楚新来客民所为，并引起社会有识之士的普遍忧虑，"南山各州邑则土著之秦每见陵于流寓之楚，虽强客欺主未必尽属楚人，举其众也"。④ 甚至"其桀骜不驯者，皆自他省播迁而至，恃其凶悍往往侵掠土著"，所以"抑新民扶土著乃南山致治之经猷也"。⑤ 问题由此政治化。所谓的"南山成例"即是土客民之间明显的政治鸿沟。如在学额分配方面，规定"新民不得侵占土著学额"，而在学田纠纷中，官府做法也明显偏袒土著，安康兴贤学仓的学田公案即为一典型事例，"（道宪批准）在案不许新民富者羼入其中，以防客夺主食之弊"，其理由无非是"学田皆明时官斯土产斯乡者解囊所置，此土著物也，与乾隆嘉庆间迁来新民无干"。⑥ 甚至不准客民任职于乡里基层组织中的仓长、斋长、仓正、田正等职位，尽管我们承认客民中一些奸黠之徒，有借公肥私之举，但一概排斥客民参与乡

---

① 陕西宪政调查局编：《陕西宪政调查局法制科第一股第一次报告书民情类》，第13、23页。
② 乾隆《洵阳县志》卷11《物产》。
③ 民国《紫阳县志》卷6《艺文志》。
④ 乾隆《洵阳县志》卷11《风俗》。
⑤ 道光《安康县兴贤学仓志》卷上《序》。
⑥ 道光《安康县兴贤学仓志》卷上《章程志》。

里公共事务之权，显然有失公允。

清代陕南社会的动荡原因固然是多方面的，如自然环境的限制作用、政策的局限性、流民成分的复杂性以及土地租佃关系的混乱、政府控制力度的弱化等，但归根结底是清代陕南地方资源的有限性、不适应性所导致的社会物质资料生产的总量愈来愈不能满足全部人口所需量，造成大量过剩人口的存在。而失业或无以为生的人口必然会为争夺有限的生存资源铤而走险，甚至以暴力的形式进行社会反抗。这是历史的辩证法，也是清代陕南社会矛盾激化的症结所在。因此，政府政策对流民的引导和控制一定要在流民目的地的社会经济资源许可的范围内进行，不加节制的流民潮只能带来社会秩序的失控和社会生活的混乱。

（原刊《人类社会经济行为对环境的影响和作用》，三秦出版社 2007 年版）

清至民国时期关中盆地
商业经济的区域差异

"自唐天宝以后,长安王气衰"①,关中地位一落千丈。遑论商品经济,就是农业自然经济也是残破不堪。降至清代,关中商业经济才有起色。历清、民国的发展,关中商业经济格局基本奠定,其影响一直至今。由于地区因素的差异及区域历史发展背景的不同,使得关中盆地商业经济发展呈现不均衡结构,区域差异明显。揭示这种经济格局的空间差异及其形成原因,无疑会对认识今天关中盆地经济格局有所裨益。

本文所指的关中盆地与今渭南、西安、咸阳、宝鸡市行政区域基本吻合,只是宝鸡市的太白县不在讨论范围之内。需要说明的是,文中所采用的指标有:市镇比(C/T)、市人比(P/C)、商民比(M/P),其中市镇比是指区域内市场数与城镇数之比,市人比是指每市所承载(负担)的人口数,商民比是指区域内从商人数与区内人口之比,如无特殊需要,文中不再对此加以解释。

一 关中盆地商业经济的基本特征

农业自然经济是商品经济存在的基础,交通是商品经济发展的杠杆。清至民国,关中盆地农业自然经济凋敝,交通闭塞,远离全国政治、经济、文化中心,使关中盆地商业经济的发展深受地域条件的影响,表现

---

① 民国《兴平县志》卷2《建置志》。

出自己独有的特征。

(一) 基础薄弱，抗干扰能力差

商品经济所依赖的基础是区域农业自然经济。关中自唐宋以来，农业生产每况愈下。名扬天下的郑渠、白渠、龙洞渠因年久失修，至清代，几乎淤塞，所谓"陆海"已是名存实亡。农业生产"全仰天泽"①，一有风吹草动，即是天降横祸，以至于"岁收不足以备荒，裘褐不足以蔽体，室无一年之积"②，农业再生产已是"自身难保"。发育在这种脆弱农业自然经济基础之上的关中商业经济，对农业的依赖性极强，交易物还仅仅局限于农产品，作为交易主的商人阶层还没有出现，所谓的商人，大部分是亦农亦商③，商业还没有成为一股独立的力量登上历史舞台。这就注定了关中商业经济内部结构简单，稳定性差，一有兵荒马乱，即是灭顶之灾。如，光绪三年（1877），泾阳回乱，"焚西街九日楼，掳掠金帛万余而去，商务纵是凋残"④。蒲城县兵荒马乱之后，"昔年富室率多零落，市铺铺户迭经倒闭"⑤，已是萧条之至。号称"陕省第一烦剧之区"⑥的富平县，兵荒后亦是"十室九空"⑦，一蹶不振。"地方不靖""市骤形衰落""清末市面萧条""清末已异常冷清"等字眼，频频出现在各县域方志中，表明关中盆地商业经济的独立性差，抗干扰能力不强。民国时代，这种状况并没有改变，"往年本省所产小麦，除供本省之食用外，尚能输出省外各地，迨二十年顷产量顿减，尚须恃天津、河南之供给"⑧。农业自然经济尚且入不敷出，商业经济更是难以发展，即使繁荣一时，也是浪打浮萍，抗冲击能力低。如蓝田县，在民国初期县城经济甚为繁

---

① 光绪《高陵县志》卷1《地理志》。
② 宣统《长武县志》卷12《附后》。
③ 民国《澄城县附志》卷4《实业志》。
④ 宣统《泾阳县志》卷7《兵事志》。
⑤ 光绪《蒲城县新志》卷1《地理志》。
⑥ 光绪《富平县志稿》卷4《乡甲》。
⑦ 光绪《富平县志稿》卷3《风俗志》。
⑧ 《中国地理新志》第九章"陕西省"。

荣，曾有几家大商号发行"油布绺子"①，但1919年匪军马水旺由商南窜至蓝田，把蓝田县城洗劫一空，致使蓝田县商品经济急剧衰败。况且整个民国时期，陕西地方势力星罗棋布，社会局势极为动荡，区域商品经济风雨飘摇，难于有所发展。

（二）商品交易不活跃，商业意识差

商品交易是建立在市场基础之上的，市场的多寡反映商品交易的发达与否。清代，关中盆地共有城镇314个，拥有市场308个②，市镇比为0.9，平均每镇不到一个市场，商业活动在区域内分布稀疏，商品交易不活跃，镇市有机构成简单，市与市联系松散，交易物大部分为日常用品及牲畜一类，鲜有大宗货物交易。号称"秦蜀之冲"的扶风，既有便利的交通条件，又拥有宽广的平原，而其市则"惟本土牲畜，县人自相贸易"③，区际间无物质流动，显系一个封闭体系，这只能导致商业窒息。更有甚者，"每遇集市之期，席地为肆，日中贸易，并无店舍"④，商品交易还停留在原始状态，市场的不稳定性扼制了商品经济的发育，也很难造就一个商业层或商业集团，致使商人即是农人，商业附庸于农业，商业活动仅仅局限于小打小闹、小本营生。如邠州，"城乡均系小本营生，并无大集合公司"⑤；澄城，"商惟稗贩以通有无，拙于服贾，又掸远商"⑥。交易物种类不是"布粟蔬薪之外，更无长物"⑦，就是"市者惟布粟牲畜而已"⑧，即使有大宗货物，也是品种单一。如富平"商惟盐当为大宗，余则日用杂物花布农器"⑨；大荔县，乾隆年间城内"月以三、七

---

① 《西安文史资料》第六集，1984年。
② 据各县方志统计。
③ 光绪《扶风县乡土志》卷2《商务》。
④ 乾隆《三水县志》卷6《地丁钱粮》。
⑤ 民国《邠州新志稿》卷10《实业》。
⑥ 民国《澄城县附志》卷3《经政志》。
⑦ 乾隆《同官县志》卷2《建置志》。
⑧ 光绪《麟游县新志草》卷1《地域志》。
⑨ 光绪《富平县志稿》卷3《风俗》。

日为市,单日亦递集",交易货品"皆民间衣食器具而已"①,到光绪年间依然是"定三、七日为月会,畜市附之","一、五、九日为粟集"②。1848年的鸦片战争,陕西无例外地受到冲击,关中盆地原本脆弱的商业经济迅速滑向歧途,"自洋药盛行,吸食者几十之六,伤生耗财莫此为甚,昔年富室率多零落,市铺铺户迭经倒闭"。另外,"妇女首饰与一切宾朋宴会益趋繁华,江河日下"③,商业经济遭受严重打击。邮政不发达,一等邮局竟无,金融业更是萧条,全省仅有中国银行分行及富秦银行两家金融机构支撑陕西经济的发展,且过境货物多,本省只局限于棉花、药材及土布等方面,难于有大的作为。

　　清至民国,整个关中盆地有大宗货物交易的县域为8个,占全部县域的21%,表明关中盆地商品交易以自身贸易为主,商业交换只限于地域范围之内,市场发育程度不高,抗冲击能力差,经济地位低。造成这种商业经济滞后的原因固然很多,农业经济的欠发达及商业意识的淡化显然是主要因素之一。从各方志中我们可以看到大部分都是"民性质实勤俭,力农者多,逐末者少"④、"乡民以农为本,逐末者寡"⑤,造成"几无家无农,无人不知农"的局面⑥,这种重农传统固然与历史发展有关,但更多地源于商品经济的不发育。虽有人做过努力,但却无功而返。乾隆《三水县志》载:"有本县之民招定小贩,合凑资本,运盐销引,而土瘠民贫,人无贸易,商旅迹稀,集镇尽成邱墟,往来视为畏途。"⑦ 形成恶性循环,商业经济难于脱胎,始终处于农业自然经济的阴影之中。

(三) 商业活动地域分布大分散小集中

　　从统计资料来看,关中盆地共有市场308个,平均每个县域拥有8个

---

① 乾隆《大荔县志》卷1《建置志·市集》。
② 光绪《续修大荔县旧志稿》卷4《土地志·城乡会会日》。
③ 光绪《蒲城县新志》卷1《地理志》。
④ 光绪《蒲城县新志》卷1《地理志》。
⑤ 乾隆《汧阳县志》卷2《田赋》。
⑥ 民国《澄城县附志》卷4《实业志》。
⑦ 乾隆《三水县志》卷6《地丁钱粮》。

市场。但空间分布极不均衡，高者可达 38 个（渭南），低者仅有 1 个（潼关、邠州），相差 38 倍；如以每个县域平均拥有 8 个市场为准，高于此数的县域为 12 个，占全区的 31.5%，而低于 8 个的竟达 68.5%，这一方面表明关中盆地商业活动分散性强，面上分布广；另一方面也说明关中盆地商业活动高度集中。

从分布地域来看，市场数低于 8 个的县域主要分布在渭北高原北线及渭河谷地的上、下游。典型的有汧阳、邠州、三水、淳化、永寿、耀州、大荔、潼关。这些区域，要么地形破碎，要么是沙漠，要么是雄关险道。农业生产极端低下，交通条件恶劣，商业经济难于立足。而市场高密度分布区大部分分布在渭河谷地及泾、洛河流所形成的交叉冲积平原上，如富平、渭南、澄城、蓝田、华州、临潼、兴平、扶风、岐山等，这些地域自古农业基础好，交通便利，适于商业经济发展。

如果把县域所拥有的市场数落实在区域行政地图上，就会发现市场高密度集中在某些区域，而其他区域则极为稀疏，形成了明显的极核区和边缘区。以渭南地区为例，渭南、澄城、蒲城、富平、华州 5 个县域拥有市场 105 个，占关中盆地的 34%，超过三分之一，形成了商业活动高密度区域。而边缘区如长武、陇州、汧阳、麟游、邠州、三水、永寿、淳化、高陵、三原、同官、大荔、潼关、耀州等 14 个县域仅占关中盆地市场总数的 11.9%，还不及核心区的一半。这充分说明关中盆地商业经济发展区域差异明显，地区发展不平衡。

二　关中盆地商业经济的区域差异

就整个关中盆地而言，市镇比（C/T）为 0.9，平均每镇不到一市，商品经济不发达显而易见。由于地域条件的不一致及发展水平的参差不齐，关中盆地内部商品经济发展差异明显。为了行文方便，兹将关中从东西方向以西安为界分为东部和西部，南北则以渭河为界，今西安（长安、咸宁二县）不在讨论之列。

（一）东西方向的差异

从东西地域差异来看，东部为渭河及其支流下游冲积平原，宽敞的河谷，舒展的平原，为区域经济发展提供了广阔的空间，且临近山西、关东商品经济较发达的区域，经济地理位置优越，有"近水楼台先得月"之势；而西部除渭河谷地及泾河下游一带地域比较开阔外，其他区域均是原隰相间，谷地如带，不但经济发展的空间受到限制，而且商品经济所需要的良好交通条件也受到扼制，商业经济发展先天不足。区域条件的空间差异，使得关中盆地东西部商业经济呈现不同发展态势，仅从城镇的平均数量来看，关中东部每个县域拥有城镇 10 个，而西部只有 7 个，地区开发程度显然落后于东部；再从县域所拥有的市场数量来看，东部每个县域平均拥有 11 个市场，市镇比为 1∶1.1，而西部每个县域只有 6 个，其市镇比为 1∶0.8，每镇平均不到一个市场，商品经济的差异可见一斑。

如果说市镇比反映的仅仅是区域商业经济发展的差异程度，那么每市所承载（负担）的人口数量则能反映区域商业经济发达与否。从东西部来看，东部平均每 16733 人拥有 1 个市场，而西部平均每市所承载（负担）的人口数高达 34886 人，这一方面表明西部市场与人口分布极不协调，另一方面也说明关中西部市场的不发育，西部落后于东部。

（二）南北差异

如果近距离观察，关中东、西两区域内部亦存在差异，就关中东部而言，渭河以南，由渭河一级阶地和二级阶地所组成的平原面积狭小，尽管由长安通往关东的主道由此经过，对区域经济及发展起到推动作用，但依然不能改变南部落后于北部的格局。渭河以南 6 县所拥有的市场数仅占关中东部总市数的 41.7%，每市所承载（负担）的人口数高达 23102 人，而渭河以北平均每 16920 人即拥有一个市场。究其原因，不仅仅是地域条件的差异，更重要的在于，由蒲城、澄城、富平有大道直通山西。而清代，山西的商业是相当发达的，山西商人遍天下，优越的经济区位使得蒲城、澄城、富平商业经济较区内其他县域发达。如富平县商业"惟盐为大宗"①，显见与其他区域市场交易物有明显不同，而这盐即是从山西运城贩运而来的。经济地理优势转化为区域优势，使得渭河以北商品经济的发展优于渭河南岸。仅富平、澄城、蒲城三县所拥有的市场数即高达56个，占整个东部的三分之一强，商品经济发达程度显而易见。

就关中西部而言，长期以来通往西域的道路沿渭河北岸布设，其有两路：一路由咸阳北上，经礼泉、长武到甘肃平凉；一路西出沿渭河北岸走兴平、武功、扶风、宝鸡而至甘肃天水，交通的发达必然带动地区经济的发展。而渭河南岸就没有这么优越的条件，其向南、向西、向北都受到关河阻隔，只有东向走长安，尽管南面有翻越秦岭通四川的褒斜道、傥骆道、子午道，但由于路途险恶，商旅视为畏途，作用不大。地理空间的限制作用也至为明显，由秦岭和渭河相夹所形成的平原面积过于狭小，分布县域仅有3个，市场数为26个。从人市比来看，渭河南岸三县平均人市比为23854人/市，大大低于关中西部平均水平（34880人/市），这就构成一个矛盾。究其原因，渭河南岸拥有渭河一、二级阶地，农业一向发达。且周、户临近西安，经济发展深受西安影响，市场发育程度高就不足为奇（见下文分析）。而渭河以北，虽然市场数占全区的81.3%，但每市所负担的人口却高达36830人，市场发育程度低。这是因为渭河北岸的市场主要分布在狭窄的渭河谷地，广大边缘区域市场稀疏，一定程度上掩盖了商业经济发展的真实水平。如果单纯从县域来考虑，位于渭河南岸的3县市场数均超过平均数（6个），而渭河以北尽管有9个县域超过平均数，却只占全区的40%，大部分县域均低于平均数，表明渭河以北区域差异较大。从9个县域分布地域看，兴平、泾阳、礼泉、乾州位于泾河与渭河的交叉区域，而扶风、岐山、凤翔、宝鸡则位于漆河、横水、雍水与渭河交汇的地带，麟游则深入渭北高原，地域上分布不连续，表明渭河北岸出现了多极核心。

---

① 光绪《富平县志稿》卷3《风俗志》。

三 典型区域分析

（一）核心区分析

从上文的分析中可以看出，关中盆地不同的区域均形成了域内商业活动的中心，这也是区域经济发展的增长点。通过对核心区的分析，力图从微观上认识区域商品经济发展的内在规律，进一步指明区域差异形成的根本原因。

1. 渭南

渭南位于渭河下游的冲积平原上，因位于渭河南岸而得名。地形平坦，土地肥沃，农业经济自古发达，"入关而西称严邑以渭为最"①，自古地杰人灵，所以清人才说此地"前代名卿辈起，甲第相望"②，可见其人文之盛。步入清代，渭南依然为关中雄镇，经济发达，人文昌盛，商业活跃。无论从拥有的城镇数（38 个）来说，还是从拥有的市场数（38 个）来看，都雄踞关中盆地县域之首，城镇数及市场数均占整个关中的十分之一强，其他县域难以望其项背。每市所承载的人数仅为 7605 人，远远低于关中盆地平均人市比（27239 人/市），表明其为关中盆地县域商业经济最为发达之区域。市镇在空间分布上以县城为中心呈对称分布，市与市之间联系紧密，市场覆盖了县域的所有地区。从时间序列来看，每月一、三、五、七、九有集的有 14 镇，二、四、六、八、十有集的有 11 镇，逢六有集的有 2 镇，混合型的有 11 镇，大部分市镇集、会并举，要么三、六、九会，要么初五、初十、十五、二十五会，并且出现了"人市"（劳动力市场）③，时空上的递进保证了区域商业经济发展的连续性，说明渭南周围市镇已形成一个有机的商业结构体系。作为区域中心的县城更是天天有集，隔三岔五有会，充分起到了商业核心区的作用。在周围市镇中，最为繁华的是下邽镇。下邽镇本为秦汉下邽县（即今渭

---

① 光绪《新续渭南县志》卷 10 上《艺文志》。
② 光绪《新续渭南县志》卷 10 上《艺文志》。
③ 《西安文史资料》第六集，1984 年。

南县),于"秦汉为壮县,累朝因之"①,经济自古发达,它北连蒲城,西走长安,为山西商贾赴泾阳、三原的必经之道②,是故"烟户繁多,民风强悍"③,堪为诸镇翘楚,由下邽镇和县城所构成的商业繁华中心,正是渭南县域商业兴旺的标志。

民国时期渭南商业继续发展,出现了钱铺、邮局等行业,渭南县成为陕西省24个二等邮局之一,而其赤水镇、故市镇各有1个三等邮局,竟与扶风、乾县、富平、户县、蓝田等县地位等同④,可见其商业经济的活跃。民国时期影响关中经济的四大富户,渭南县竟占2户,其中贺家为陕西之首富,同时开设有36座"当铺",每一座当铺的同一街上设置2个钱铺,共有72个钱铺。当时的临潼、渭南、蓝田无镇不有贺家的当铺。另一富户姜家与贺家并称,其不但在渭南经营买卖,更将其经济活动伸展至西安,姜家在西安城发行总额高达数百万串的纸"绺子"(每串合制钱1千文,约值白银1两左右,可以随时与银钱、铜钱兑换),可见其经济实力⑤。商业的兴盛必然促使民风民俗的改变,这在早先就有人看得很明白,"前辈耻游惰今之轻薄不务本者相聚游戏……异时宫室多卑陋,今皆高大华丽矣;异时衣服多中度,今皆宽博大袖矣……异时装饰多朴素,今皆珠翠锦肃矣;异时常席不用乐,今皆歌妓鸣筝矣",此风愈演愈烈,"前辈恭俭淳朴之俗颓然,其日环矣"⑥。然而这正是商品经济兴旺发达的标志,是历史发展的必然规律。

2. 富平、蒲城、澄城、合阳

富平、蒲城、澄城、合阳自西而东由铺司连成一线,东出合阳去往山西,西走富平直达长安,成为山西与陕西的重要商业通道,以至于一时间渭河南北"行人如织"⑦,可见这一路忙碌之盛况。加之区域农业经

---

① 光绪《新续渭南县志》卷10上《艺文志》。
② 光绪《新续渭南县志》卷10上《艺文志》。
③ 光绪《新续渭南县志》卷上《艺文志》。
④ 王金绂:《中国经济地理上册》,文化学社印行,民国十八年。
⑤ 《西安文史资料》,第六辑,1984年。
⑥ 光绪《新续渭南县志》卷2《发时》。
⑦ 光绪《富平县志稿》卷2《建置志》。

济自身发达，为商业经济的发展提供了坚实基础。如富平"地独广又独膏沃"①，"胜甲关辅"②，加之"有地数十万顷，丁男十余万人"，号称当时陕西省第一大县，强大的经济实力和原隰相阻的地形条件，成为独霸一方者必据之地。其东的蒲城亦为"关中之澳区"③，地位不一般。地区经济的发达促使市镇经济的繁荣，4县共有市镇71个，占整个关中盆地的22%，比例之高，它区难以与之抗衡。每市所承载（负担）的人数为9156人，仅比渭南县域多，说明该区域人均占有市场的数量高于关中盆地。市镇分布由东往西依次增加，指示无论是地区开发程度还是商业经济发达程度都呈递增趋势。就各县域来看，市镇的分布与铺司的分布相一致，即大致沿东北—西南走向分布，表明商业活动与交通在空间上表现了很高的一致性。从时间序列来看，该区域内市场在时间序列上是间断的，如蒲城县城每月初二、七交易，兴市镇每月初四、八交易④，澄城县城逢初三、八会⑤，这种间断性指示着商业活动的不发育，表明4县商业经济与渭南县商业经济尚有一定的差距。另外，4个县域中均有常驻商号存在，这又表明区域内商业活动具有一定的稳定性，商业活动足以支撑一个商人阶层。

  手工业的发展也是该区域商业经济不可或缺的一部分，手工业生产本身就是为市场而生产，说明区域商业经济的发展足以消化区内手工业产品。如澄城县长润镇生产的煤和瓷器工艺品，就主要通过区内商业渠道销往区外，长润镇的煤主要通过牛马及肩负运往大荔、朝邑、合阳等县⑥，可见当时已出现了长途商业贩运行业。瓷器则主要沿街设卖。长润镇地滨洛河，当东西通衢，商品交易自当兴旺，仅瓷器每年销售总额就达1万余串⑦，可见其产量之大、交易之兴旺，手工业已成为该区域商业

---

① 光绪《富平县志稿》卷1《地理志》。
② 光绪《富平县志稿》卷1《地理志》。
③ 光绪《蒲城县新志》卷1《地理志》。
④ 光绪《蒲城县新志》卷2《建置志》。
⑤ 民国《澄城县附志》卷4《实业志》。
⑥ 民国《澄城县附志》卷4《实业志》。
⑦ 民国《澄城县附志》卷4《实业志》。

经济的一大支柱产业,长润镇也因而成为澄城县重镇①。

3. 周至、户县

周至、户县均处于渭河一、二级阶地之上,地形平坦,土壤肥沃。无论秦汉,还是隋唐,都受到封建帝王的重视,可见其地位之重要。至清代,这种地位已不复存在,相反,南阻于秦岭、北为渭河所限的交通形势,使两县商品经济的发展不得不处于长安经济发展的阴影之下。这从市场发育程度即可得到明确反映,户县人市比为22773人/市,高于周至的30500人/市,户县市场与区外进行大宗货物交易②,而周至仅限于区内贸易,说明户县地近长安其发展所受影响要比偏西的周至深刻的多。户县县城民国时商民比高达40.4%③,居全省之冠,可见其从业人数之多、商业之活跃。若以全区而论,商民比也高达3%,仅比澄城县少。县城及赵王镇朔日起天天有集,并且出现了当铺和专征税收的百货局④。从市镇的空间分布来看,大部分市镇位于县城的东、南、北,显系长安影响所致。位于县城东部的赵王镇与秦渡镇最为发达,秦渡镇"木茂而土沃,物丰而民繁","实为一方之都会"⑤,为关中名镇。其商民比高达74.5%,超过户县县城的40.4%,凌驾于关中其他市镇之上,可见其商业之盛。

从交易物的品种来看,周至"市粮蔬者为小集,市牲畜暨诸货物者为大集",集有间隔,或三、六、九,或二、五、八,或单日集,或双日集,户县除同周至一样有大集、小集之外,户县大、小集市不间断,且与区外贸易频繁。如户县所产食品,由陆路运至乾州、凤翔,并远销甘肃,每年约销二三十万千克,本境约销5万千克;再如芋,由陆路运至省城(长安)、咸阳、泾阳、眉县、武功等地,每年销量为300万千克,加上本境销售的100万千克,每年通过市场消化的芋高达400万千克,其数量不可谓不高。在药材方面,乌药的销量也相当可观,由陆路运至乾

---

① 民国《澄城县附志》卷2《建置志》。
② 民国《户县乡土志(下)·地理》。
③ 据民国《户县志》卷2《镇区》计算。
④ 民国《户县志》卷3《徵榷》。
⑤ 民国《户县志》卷7《金石》。

州、凤翔,再由此转运至甘肃,水运至山西,每年约销300万千克,再加上本境销售的10万千克,每年销售的乌药有三四十万千克①。可以肯定,当时在户县境内出现了大股东商户和较为完善的商业销售网络,这是商品经济成熟的标志。

今天的户县依然与省城西安有着千丝万缕的联系,商业经济发达,人称"小西安",可见这种依赖关系由清至民国形成一直影响至今。

4. 渭北的核心区

长安以西、渭河以北的地域范围之内,平均每县拥有市镇4个,低于关中盆地平均水平,经济发展显然落后于其他区。超过4个市的县有兴平、扶风、礼泉、乾州、麟游、岐山、凤翔、宝鸡、泾阳,没有出现明显的极核区,市镇极其分散。依地域看,由泾阳、乾州、兴平、礼泉组成的区域和由岐山、凤翔、扶风、宝鸡组成的区域其商品经济还是比邻近地区发达。仅就这2个区域来看,由岐山、凤翔、扶风、宝鸡组成的区域每市承载的人口为26857人,高于由泾阳、乾州、兴平、礼泉组成的区域,且由岐山、凤翔、扶风、宝鸡组成的区域多为区内贸易,无大宗货物交易。而由泾阳、乾州、兴平、礼泉组成的区域,不但区内贸易发达,而且区外贸易亦很活跃,故本节只对泾阳、乾州、礼泉进行分析,以窥全豹之一斑。

由泾阳、礼泉、乾州组成的区域,总市镇数为22个,占关中盆地的6.8%,其市镇比均低于1,显示商品经济发育不全。每市所承载(负担)的人数为29036人,高于关中盆地平均水平。就3县比较而言,礼泉县市镇最为发达,每市所承载(负担)的人数仅为16285人,其市集不是三、四、六、九,就是一、五、八,而且与区外联系较为频繁。如南坊镇与永寿构邑,叱干镇与淳化,北屯镇与京、沪、汉及河南、河北,永兴镇与泾阳、三原、甘肃的经济往来,交易物品既有大宗货物如牛羊皮、茶叶、土布,也有小宗货物麦、炭、药材等,可见其对外的辐射力和影响力。不但有本地商民,更有京、汉、津、河南、河北、甘肃、四川等地

---

① 《户县乡土志》下卷《商务》。

外来商人，东西南北四方商贾云集，"市肆颇为繁富"①。泾阳地少人多，商业气息浓厚。史书第一次记载泾阳人出外经商，其足迹遍布湖南、湖北、甘肃、四川②。清咸丰时泾阳"民物殷阜，商贾辐辏"③，商业兴旺发达。但光绪三年（1877）的兵乱，使泾阳商业遭到严重打击，"商务纵是凋残"④，已呈衰落态势。民国时三原地位上升，与区外交通四通八达，商业经济异常活跃，出现了资本主义萌芽，中介商人出现，交易物更是随行就市，如三原药材交易就有"黄金有价药无价"之说。民国时的三原不但是上海棉纺织业的原料中心，而且是湖北土布行销甘肃的必经之道，更是西北土特产、药材行销国内外的集散地。当时的三原县城人烟稠密，商号林立，市面繁荣，有"小北京"之称。三原因而也成为民国时代陕西金融业的两大中心之一（另一中心为西安）。

（二）边缘区的分析

边缘区是指那些远离经济发展中心的区域，是区域经济发展的脆弱带，它在抵抗外部干扰的能力上、在环境改变的速率上都大大高于其他区，自生能力差是其根本特征。关中盆地的脆弱带主要分布在渭北高原北沿，计有大荔、潼关、同官、耀州、淳化、永寿、三水、邠州、麟游、泾阳、陇州、长武等县区。这12个县域平均市镇比仅为0.59，每市所承载的人口高达42740人，高于关中盆地任何一个大区，商业经济发展水平显然较低。人口是衡量经济发展的一个重要指标，抛开县域的大小不论，仅从人口的绝对数量来看，也是非常低的，本区有10个县域人口徘徊在4万—6万人，占边缘区的83.3%。有些县城因人口过少而难以立足，乾隆《三水县志》载："本县山陬僻邑，土荒人稀，城内居民不过百余家，不足当一城之守"，一城之守尚且不当，更不要说市场的生存。淳化县，县城在山坡上，"无水道之可通，无车辙之可至，是以商贾寥寥，盗贼素

---

① 民国《续修礼泉县志》卷4《建置志》。
② 宣统《泾阳县志》卷8《实业》。
③ 宣统《泾阳县志》卷7《兵事志》。
④ 宣统《泾阳县志》卷7《兵事志》。

鲜"。① 县城如此，其他地方可想而知。而历来被寄为巨镇的潼关，因"关城烟户寥寥"②，几无商业可言。因而，人口绝对数字的低下，不要说发展商品经济，就是农业自然经济的发展也是不敢抢有多高的奢望。事实上，边缘区农业基础一直较差，"蚕桑不植，木棉不种，鸡豚无恒畜之供，牛马鲜滋生之利"③，"地瘠民贫""民贫且苦"这些字眼在边缘区县域方志中出现的频率很高。就连处于泾水流域的邠州，其田也为下下田④，更遑论其他。加之"天气严寒，土鲜沃壤，无果蔬物产之饶，无林麓陂池之利"⑤，农业生产尚且艰难，商业经济更是难于生长。

交通是商品经济发展的推动力，边缘区位于黄土高原的深切区，地形破碎，交通不便。如三水县"四面沟崖崎岖，自古无车辆可通，肩挑背负几何"⑥，麟游"径道陡折，冈峦重复，车不容轨，马不疾驰"⑦。交通的艰难扼制了区域商品经济的发展，即使有市场，也极其原始，不是"日中为市，交易而退"⑧，就是"席地为肆，日中贸易"⑨。交易的物品也极其简单，以布粟蔬薪牲畜为主，集市时间间隔长，一月3集为多，会为固定时间，频度极低，如同官县城一年只有3会，持续时间仅4—5天，商业经济毫无生机可言。

商品经济的不发达迫使人们对土地（农业）的过分依赖，"民风质朴，稼穑是勤"⑩，人无贸易，商旅迹稀，商业活动已成窒息，所以"幼童则樵牧耕读，弱女则续麻织纺，土瘠民贫，理固然也"⑪。历史似乎又回到那遥远的年代。

当然，边缘区商品经济的滞后原因是多方面的，如气候的严寒、土

---

① （清）卢坤：《秦疆治略》"永寿""三水""淳化"条。
② 嘉庆《续潼关县志》卷之下《艺文志》。
③ 乾隆《同官县志》卷4《风土志》。
④ 民国《邠州新志稿》卷3《地理》。
⑤ 宣统《长武县志》卷12《附后》。
⑥ 乾隆《三水县志》卷6《地丁钱粮》。
⑦ 光绪《麟游县新志草》卷1《地舆志》。
⑧ 光绪《麟游县新志草》卷1《地舆志》。
⑨ 宣统《长武县志》卷7《县境地丁银粮表》。
⑩ 乾隆《三水县志》卷6《地丁钱粮》。
⑪ 民国《邠州新志稿》卷14《风俗》。

壤的贫瘠、物产的稀少、地形的破碎、交通条件的恶劣、商业意识的淡薄等等不一而足，牵一发而动全身，商品经济的不发达导致农业再生产能力低下，迫使人们过分依赖土地，进而导致人们远离商品经济的大潮，造成恶性循环。这个问题今天虽然不同过去，但依然是当今发展边缘区商品经济所必须解决的一个难题。

四 结论

清至民国，关中盆地商品经济以渭河谷地及其泾、洛河下游冲积平原最为发达，这源于该区域农业基础雄厚和交通条件的便利。而边缘区则正好相反。就整个关中盆地而言，东部较西部发达，核心区比边缘区发达。如果以县域而论，则渭南县雄踞关中诸县之首。

（原刊《西北地区农村产业结构调整与小城镇发展》，西安地图出版社2003年版）

三 农牧变迁与地域文化景观

历史时期河西走廊农牧业的交替演变及其效应

河西走廊，又称甘肃走廊，位于甘肃省西北部。地理坐标为 N37°17′—42°48′，E92°12′—103°48′。走廊伸入我国大陆腹地，夹处于蒙新高原与青藏高原之间，在自然地理区划上属于我国典型的西北内陆干旱气候区。得益于祁连山冰雪融水的滋润，使境内形成断续相连的绿洲景观。民国《甘肃通志稿》曾有言："河西各地雨量极少，所有水田皆恃祁连山雪水灌溉，土人恒以冬雪卜来年丰歉，故虽少雨泽亦不苦旱"①。一方面，宜农宜牧的自然地理环境，使得河西地区自古就是农牧业两大文化共存之区域。早在新石器时代晚期，生活于斯的沙井文化居民就是以畜牧业为主，兼营农业和手工业。后世居民也向以"勤于稼穑，多畜牧"著称。② 两种生产方式长期相处一地，使得不同文化之间的交流成为可能。但另一方面，由于农牧两种生产方式的截然不同，往往形成了对生存空间的竞争，而竞争的结果就是相互占用生存空间，这主要视两种文化所依存的政治军事实力而定夺。如果游牧民族军事力量超过汉族，河西文化就以游牧文化为主，其在地域上表现为由农变牧；反之，如果中原王朝控制河西走廊，农业文化就成为这一地域文化的主导因子，大批草场被开垦为农业用地。历史上河西走廊农牧业变迁曾多次交替进行，其主要演变大致有如下几次：汉武帝以前，西晋至唐初约四百

---

① 民国《甘肃通志稿·民族九》。
② 《隋书》卷29《地理志》（上）。

年，唐安史之乱后至元朝约六百年，先后三次为畜牧业生产占有优势的时期；汉武帝至西晋约四百年，唐初至安史之乱约一百年，明清约六百年，先后三次为以农业生产为主的时期。

一　汉至唐农牧业生产区域的空间推移

汉通西域之前，活跃于河西地区的先后有月氏、乌孙、匈奴等族。月氏、乌孙、匈奴等都是擅长牧业的游牧民族，较早的《史记》《汉书》在提到月氏、乌孙时均是用"随畜移徙，与匈奴同俗"之语加以概括。而匈奴其俗"逐水草而居"，其为游牧已可肯定。因此，在汉之前，河西走廊区域当为游牧文化占据主导地位。

汉代大规模移民河西，使原本以游牧文化为主的河西走廊一变而成为汉民族繁衍之区，农耕文化迅速沿河谷地带延伸，大块的绿洲成为农耕区，甚至远到黑河下游一带的古居延地区，农耕亦很发达。不但中原先进的生产工具及生产技术在此被应用和推广，而且当时生产的粮食还外调。汉代因此而在河西走廊陆续设了四郡35个县，行政建置本身就是文化形态在地域上的表现。当时的武威绿洲、民勤绿洲、酒泉绿洲、敦煌绿洲、张掖绿洲、居延绿洲为汉文化的集中分布区域。如汉时即在黑河下游兴修甲渠、合即渠等，敦煌绿洲区域也出现了宜禾、美稷、效谷等地名，表明其农垦之发达。但从现有资料来看，汉所设四郡35县，还没有一县在长城之外，表明农牧两大文化仍然以汉长城为界，祁连山区及长城以外的广大区域仍然为游牧文化之区域。

汉以后直至西晋时期，河西走廊农牧两大文化分布的格局基本未变。但西晋以后直至唐初，河西走廊农业明显走向衰退。这一时期又可分两期，即西晋到十六国时期的农牧兼重时期和北魏至唐初以牧为主的时期。《晋书·张轨传》说，泰始中"河西荒废"，这是河西走廊农业开始衰退的标志。由于少数民族部落或集团不断入居河西走廊，并一度呈现炽盛状态，如西晋咸宁五年（279）河西鲜卑秃发树机能部一度攻陷凉州；永兴中（304—305），凉州刺史张轨曾一次俘虏鲜卑"十余万口"；① 西晋咸宁年间（275—280），牵弘、杨欣先后任凉州刺史，史称"失羌戎之和"，② 因而不得不离任，表明当时少数民族已成为河西政治舞台上一支举足轻重的力量。很有可能此时走廊东部凉州一带少数民族人口已超过汉族。到前凉时由于中原战乱，大量中原流民涌入河西，使河西走廊汉族人口又有所增加，五凉时期河西郡县最高时高达三十余郡，郡县设置之密也是河西历史上所仅见，其中为数不少的郡县为侨置郡县，表明当时汉族人口的聚增。但当时汉族人口主要集中在一些绿洲地带，河西广大区域内仍为少数民族分布。后凉末，姑臧发生饥荒，竟有"百姓请出城乞为夷虏奴婢者，日有数百"。③ 可见，游牧民族已成环绕之势。北凉沮渠蒙逊伐南凉，至丹岭（今永昌东大黄山）、显美（今永昌东），"北虏大人思盘率部落三千降之"；又进围姑臧，"夷夏降者万数千户"④ "叠掘、麦田、车盖诸部尽降于蒙逊"；⑤ 北魏太延五年（439）征凉州，以秃发傉檀子源贺为向导，源贺说："姑臧城外有四部鲜卑，各为之援，然皆臣先父旧民"。⑥ 同年，"遣张掖王秃发保周谕诸部鲜卑，保周因率诸部叛于张掖"。这说明十六国时期从张掖至姑臧分布有大量鲜卑部族。由于鲜卑、羌等族主要从事游牧，改变了河西走廊的生产结构。前凉张轨时，洛阳匮乏，轨献"马五百匹，蚝布三万匹"，⑦ 当为一种畜产品；北魏征北凉，"获牛马畜产二十余万"，⑧ 源贺招抚姑臧城外的鲜卑诸部，"获杂畜十余万头"。⑨《西河旧事》说："河西牛羊肥，酪过精好"，⑩ 从这些畜产品可见当时畜牧业已成为重要

---

① 《晋书》卷86《张轨传》。
② 《晋书》卷35《张骞传》；《晋书》卷57《马隆传》。
③ 《晋书》卷122《吕隆载记》。
④ 《晋书》卷129《沮渠蒙逊载记》。
⑤ 《晋书》卷126《秃发傉檀载记》。
⑥ 《魏书》卷41《源贺传》。
⑦ 《晋书》卷86《张轨传》。
⑧ 《魏书》卷4《世祖纪》。
⑨ 《魏书》卷41《源贺传》。
⑩ 《世说新语》刘孝标注引。

的生产方式。畜牧业地位的重要，也可从居民的生活习惯得到证明，前凉张寔时，曾下令"谤言于市者，报以羊米"，① 北凉沮渠蒙逊对儒士也是"月致羊酒"。② 前凉之后，其王张天锡辗转至东晋，有人问他西土（前凉统治地区主要在河西走廊）的物产，他回答道："桑葚甜甘，鸱鸮革响，乳酪养性，人无妒心"。③ 表明羊和乳酪已成为当地居民的日常食品。但是，当时走廊的畜牧业还没有完全取代农业，前凉张骏时，发生饥荒，有人提议将仓库中的存粮贷与百姓，"秋收三倍征之"；④ 后凉隆安三年（399），吕纂征段业，"烧氏池（今民乐）、张掖谷麦"；⑤ 秃发傉檀伐沮渠蒙逊，"芟其禾苗"；⑥ 以及后凉吕纂时，其臣杨颖、姜纪曾说：宜"劝课农殖"。⑦ 上述所论仅为前凉、后凉、南凉、北凉的中心区域，即走廊东部地带，而在走廊西部的西凉境域，农业生产仍然是主要的生产方式。这一方面是由于李嵩本身即为汉族的代表，其尊晋奉朔的政策又吸引和招抚了一大批汉人入居于斯；另一方面李嵩的西凉非常重视农业生产，"广田积谷""敦劝稼穑"，所以"年谷频登，百姓乐业"。⑧

十六国末期，北凉沮渠蒙逊统一河西走廊，但不久北凉又为北魏所灭，北魏遂以河西走廊为牧地，专事畜牧业。北魏之所以会作出如此决策，这与北魏太武帝拓跋焘亲征河西直接有关，当北魏大军至姑臧（时北凉都城），见"姑臧城东西门外涌泉合于城北，其大如河，自余沟流入泽中，其间乃无燥地，泽草茂盛，可供大军数年"，⑨ 于是，遂"以河西水草善，乃以为牧地"。⑩ 并且将被征服的畜牧民族编为牧户、

---

① 《晋书》卷86《张寔传》。
② 《魏书》卷52《刘昞传》。
③ 《晋书》卷86《张天锡传》。
④ 《晋书》卷86《张骏传》。
⑤ 《晋书》卷126《秃发乌孤载记》。
⑥ 《晋书》卷126《秃发傉檀载记》。
⑦ 《晋书》卷122《吕纂载记》。
⑧ 《晋书》卷87《凉武昭王李玄盛传》。
⑨ 《资治通鉴》卷123《宋纪五》，文帝元嘉十六年。
⑩ 《魏书》卷110《食货志》。

牧子，课其畜牧，常年养马二百余万匹，骆驼近一万峰，牛羊等杂畜则多至无可数计。到北魏太和年间达到极盛，"每岁自河西徙牧于并州，以渐南转，欲其习水土而无死伤也。而河西之牧弥盛矣"。① 以河西为官牧场，大大增加了中原战马、牛、羊及其皮毛的供应量。北魏的这一决策不但改变了河西走廊农牧业结构，而且对后世隋唐乃至明清在河西经营官牧场提供了借鉴。有魏一代，张掖以西走廊西部仅设敦煌一镇，不置郡县，显然与当时这里的农业衰退有关。西魏、北周时，郡县又续有减少。到隋代，整个河西走廊只有三郡六县，原酒泉郡并入张掖郡，县则较两汉时减少了四分之三，人口也已降到历史的最低点（见图1）。史籍所载人口（也是我们统计的主要依据）主要是指汉族和绿洲中心从事农业的编户人口，至于在广大地区游牧的民族人口则往往并不被统计在内。北周时，柔然曾剽掠凉州居民，"驱拥畜牧"；② 隋仁寿年间，杨恭仁任甘州刺史，"戎夏安之"。③ 唐武则天时，崔融曾说："江南食鱼，河西食肉，一日不可无"④。"食肉一日不可无"的生活习惯，反映了直到唐朝前期当地居民的农业生产方式主要以畜牧业为主。

唐有河西走廊，移民实边，复置州县发展屯垦，使河西走廊"始就农亩"。到 7 世纪末河西走廊的农业已相当普遍，万岁登封元年（696），吐蕃大臣钦陵说："（甘、凉）其广不数百，狭才百里，我若出张掖、玉门，使大国春不耕、秋不获，不五六年，可断其右"，⑤ 河西走廊农业已成为唐王朝重要的粮食供应基地。值得指出的是，唐代河西走廊居民不但利用冰川融水来灌溉农田，而且出现了将沙漠改为农田的努力。如沙州（今敦煌一带），州城四面都有水渠，渠侧"花草果园，豪族土流，家家自足"，"五谷皆饶，唯无稻黍，其水溉田既尽，更无

---

① 《魏书》卷110《食货志》。
② 《周书》卷25《李贤传》。
③ 《旧唐书》卷62《杨恭仁传》。
④ 《资治通鉴》卷207，久视元年。
⑤ 《新唐书》卷216《吐蕃传》。

流派"，① 为典型的"黄沙碛里人种田"② 的绿洲农业。随着农业的发展，人口也迅速增加，仅以天宝初年和贞观十三年相比较，除西部瓜州户有误及沙洲无天宝年间户口数字之外，其他各州无论是户还是口增长速度都很明显，最低的增长1倍，最高的可达3倍。人口的增加，标志着农业区域的扩大。尽管此时吐谷浑、突厥、回纥等游牧民族相继入居河西走廊，走廊内亦出现"牛羊被野"的景象，但可以确定无疑地说，唐时农业已成为河西走廊主要的经济部门。

二 唐末五代宋元时期牧业区域的再次扩大

安史之乱后，吐蕃奴隶主入居河西走廊，大量农耕人口或逃或亡，使河西农业迅速走向衰败，盛唐时代的农业景象不复存在，仅瓜、沙汉人集中之地尚保留有农业景观，东部的西凉府一带，几为吐蕃之区域。而吐蕃"不植五谷，唯事畜牧"，牧业之兴盛与农业的残破已成定局。元人马端临也早已指出："河西之地，自唐中叶以后，一沦异域；顿化为龙荒沙漠之区，无复昔之殷富繁华矣。"③ 到归义军时期，西部的瓜、沙等地为归义军政权所控制，农业又成为这一区域的主要经济部门，苦峪（今安西东南锁阳城）残碑有"大兴屯垦，水利疏通，荷锸如云"④ 的记载，据考为归义军曹氏所作。⑤ 敦煌遗书《张议潮变文》也颂赞张议潮："三光昨来转精耀，六郡尽道是尧时。田地今年别滋润，家园果树似□脂。□中现有砲水，潺潺流溢满□渠。必定丰熟是物贱，休兵罢甲是文书"。五代时，甘州回鹘兴起，其势力一度东压凉州蕃汉政权、

---

① 敦煌石室遗书 P5034《沙州志残卷》。
② 岑参：《敦煌太守后庭歌》，《全唐诗》卷199，上海古籍出版社1986年版。
③ 《文献通考》卷322《舆地考八》。
④ 《敦煌杂抄》卷下《苦峪城》。
⑤ 《西域水道记》卷3："（苦峪）城东半里有故刹遗址，中有大浮图一，高数丈，前列小浮图五，亦三四丈，断碑没草，寻其残字曰：大兴屯垦，水利疏通，荷锸如云，万亿京坻。耆旧相传是张义潮归唐，部人所造，以进功佳，一面字势不类唐人，殆曹议金时作也。"

西臣曹氏归义军政权，但回鹘也是以游牧为生，其盛时人口号称三十万，[①] 因此其境内畜牧业是很繁盛的。即使其间或经营农业，也是"以橐驼耕而种"，[②]尚处于初期的发展阶段。此后党项族建立的西夏政权攻占河西走廊，西夏也是以畜牧业立国。宋皇祐三年（1050），辽征西夏，"至西凉府，获羊百万，橐驼二十万，牛五百"。[③] 牛的比例很小，说明西夏据有河西走廊初期，仍以畜牧业为主。额济纳旗黑城出土的典卖契约上亦有反映，西夏文《天盛二十二年（1170）卖地文契》的内容为卖掉牧场，挽回牲畜；收入《敦煌资料》第一辑中的 15 张《天庆十一年（1204）典卖契》中典出物全系袄子裘、马毯、皮毯、白帐毡、苦皮、皮裘等畜产品，换回的则全为粮食，说明来典者均属畜牧业劳动者。西夏也曾在河西走廊发展过农业生产，《宋史·夏国传》说："甘、凉之间，则以诸河为溉"，得汉人"若脆怯无他伎者，送河外耕作"，则农业集中在主要绿洲中心。从现有资料来看，整个河西走廊，只有敦煌一地在西夏时农业生产仍然是该地的主导部门，现存安西榆林窟西夏晚期绘画《千手千眼观世音菩萨广大圆满无碍大悲心陀罗尼经变相》中，反映农业生产方面的材料较多，如犁耕图、踏碓图、棉花、瓜果、牛、锄、钉耙等，而畜牧业资料较少。在榆林窟第 15、16 窟西夏天赐礼盛国庆五年（1093）写的汉文长篇题记中有祝愿"五俗熟成"的祈告，却只字未提畜牧业方面的事。稍后意大利旅行家马可波罗在途经河西时，见到沙州"居民恃土产之麦为食"。[④] 但就整个河西地区而言，西夏时河西走廊农业无疑衰落了，这从西夏时所修缮敦煌洞窟的艺术特点也可以看出，此一时期，不论是塑像，还是壁画，都缺乏精神上的感染力，显得呆板，千篇一律，明显地走上了衰落，与汉唐不可相提并论，这业已成为敦煌学界比较一致的看法。元人马端临说"元昊所有土地过于五凉，然不过与诸蕃部落杂处于旱海不毛之地，兵革之

---

① 《宋史》卷490《回鹘传》：熙宁六年（1073），甘州回鹘复来，"神宗问其国种落生齿几何？曰：三十万"。

② 《新五代史》卷74《四夷附录·回鹘》。

③ 《续资治通鉴长编》卷168，"仁宗皇祐二年二月"。

④ 冯承钧译：《马可波罗行纪》第 57 章"唐古忒州"，中华书局 1954 年版。

犀利，财货之殷富，俱不能如曩时"，① 此言若对河西一地的经济形态而言，其言之不实；若是仅就以农耕为主的中原文化而言，则是如实道出了中原汉文化在河西走廊的衰败景象。

13世纪初叶，西夏为蒙古所灭，河西走廊又成为蒙古族的牧地。元代甘州是全国14处牧地之一。自忽必烈执政后，改变了重牧轻农政策，河西农业也有了一定的发展，《元史·兵志》载："甘、肃、瓜、沙，因昔人之制，其地利盖不减于旧"。中部的甘州屯田最多，11万余亩，相当于唐代屯田的一半弱。甘州以西地区，在蒙、夏战争中受到很大破坏，马可波罗途经河西走廊时，见到沙州至肃州"道中毫无民居"，只有在州城附近才有居民，其荒凉程度可以想见。元代在河西走廊的行政建置除了新设的亦集乃路和山丹州等外，路州都没有属县，因此推测农业只集中在几个主要绿洲中心。元代全国十行省岁入粮为1200多万石，甘肃行省仅为6万多石，② 只占全国的1/200。《元史·乃蛮台传》说："甘肃岁籴粮于兰州，多至二万石"，《伯都传》说：甘州"少稔岁"，可见当时河西走廊农业生产的凋疲。因此，有元一代，河西走廊除了几个绿洲中心外，走廊广大地区仍以畜牧业生产为主。

三 明清农业文化的兴盛时期

明代，河西走廊的最大变化就是以游牧为主的生产结构转变为以农耕为主的文化形态。明代以嘉峪关为界，关内关外农牧业生产情况迥然不同。嘉峪关以东明初即进行开发，永乐中，费瓛镇甘肃，以凉州多闲田，"给军屯垦"；③ 正统时，任礼也在甘肃"屯田积粟"。④ 由于走廊北部筑有边墙墩堡，阻止了蒙古部落到走廊游牧，在境内则"广招田

---

① 《文献通考》卷322《舆地考八》。
② 《元史》卷93《食货志》。
③ 《明史》卷155《费瓛传》。
④ 《明史》卷200《任礼传》。

种"①"募民垦田",② 于是"田利大兴",③ 从"金城而达嘉峪关,屯田几万顷"。④ 另外,还有一部分山、陕流民也移居河西走廊,加速了本区农业开发。因此,"入明更化维新,卫所行伍之众,率多华夏之民,赖雪消之水,为灌溉之利,虽雨泽少降,而旱魃可免,故地虽边境,俗同内郡",而"知耕稼,大异往昔"。⑤ 这里的往昔显然是针对元代河西走廊农业的凋敝而言的。而在嘉峪关以西地区,明初就为蒙古等部落耕牧之地,永乐二年(1404)设赤斤蒙古(今玉门市一带)、沙州(今敦煌一带)两卫,后罕东部占据沙州;正统十一年(1446),改设罕东左卫,其居民大多过着半农半牧生活。嘉靖时,赤斤蒙古、罕东左卫又为吐鲁番维吾尔所据,维吾尔族当时虽已经营农业,但生产水平不高。因此,关西地区有明一代仍以牧业为主,形成与关内鲜明对照,这也是河西走廊区域文化差异形成的重要时期。入清以后,嘉峪关不再是农牧两大文化的分界线。清代大规模移民河西走廊,使走廊内人口大幅度增长,"前代边缴,寇烽时警。自承平日久,生齿渐繁,徙居者渐众。故户口加增,倍于往昔矣"。⑥ 有的县从明正统到清乾隆约三百年间人口增加达 20 多倍。即使如原来"草莱未辟"的关外,入清以后也一如内地。康熙至雍正年间,在疏勒河、党河流域建筑城堡,招徕户民,进行开垦,至嘉庆年间仅敦煌即有耕地 12 万余亩,⑦ 已约占现今耕地的 2/3。因此,农业又成为当地的主要生产部门。

---

① 许伦:《甘肃论》,《明经世文编》卷 232。
② 《明史》卷 214《杨博传》。
③ 《明史》卷 200《刘天和传》。
④ (明)庞尚鹏:《清理甘肃屯田疏》,《明经世文编》卷 360。
⑤ 《古今图书集成·职方典》,"陕西行都司"。
⑥ 乾隆《五凉全志》卷中《古浪县志·地理志》。
⑦ 《敦煌杂抄》卷上,柳沟卫(今安西东):"康熙五十六年,初设柳沟所于四道沟,建筑城堡,招徕户民。"《西域水道记》卷三有康熙、雍正年间在昌马河、布朗吉尔、安西、沙州等地募民垦田的记载。

四　农牧业的交替演变所产生的区域效应

从上述论述可以看出，河西走廊农牧业代有交替，农牧业两大文化相继占用生存空间，不同民族之间相互交往杂居，形成了文化之间的濡染与同化，促使了两大不同质的文化形态在不同时期的相互转化。在两汉之际，由于诸少数民族与汉族交往、杂居，已出现了由牧业向农业转化的现象，卢水胡即其一例。汉简即有"秦胡、卢水士民……田作不遣"字样，① 表明这些少数民族受农耕民族影响，已从事定居农业生产。曹魏时期，张掖番和、骊靬二县"吏民及郡杂胡弃恶诣（毋丘）兴，兴皆安恤，使尽力田"。② 考古工作者在河西地区魏晋时代的墓葬中发现了近千幅壁画，仅嘉峪关市的六座墓葬中就有600多幅壁画。在这些壁画中，有犁地、播种、耢地、打场、采桑、养蚕、放牧等汉族和少数民族农民生产劳动的画面。唐代，在民族平等政策的作用下，各民族文化之间的濡染、同化更为普遍，如其时进入河西走廊的回纥（后改为回鹘），由于与汉族杂居，定居现象就较为普遍，"其可汗常居楼"，③ 同时其经济活动也转向半农半牧，"以橐驼耕而种"。吐蕃统治河西时期，虽然对汉人（也包括其他少数民族）实行强迫同化政策，但由于被统治阶级的文化比统治阶级先进，所以吐蕃也自觉不自觉地接受了汉文化，"番人旧日不耕犁，相学如今种禾黍"，④ 便是明证。这正如恩格斯所说："每一次由比较野蛮的民族所进行的征服，不言而喻地都阻碍了经济的发展，摧毁了大批的生产力，但是在长期的征服中，比较野蛮的征服者，在绝大多数情况下，都不得不适应征服后存在的比较高的经济情况，他们为被征服者所同化，而且大部甚至还不得不采用被征服者的语言。"⑤ 西夏党项族统治河西时期，历史又发生了相似的一

---

①　薛英群：《居延新简释粹》，兰州大学出版社1988年版，第119—121页。
②　《三国志》卷28《魏书·王毋丘诸葛邓钟传》。
③　《新五代史》卷74《回鹘》，《吐蕃》。
④　（唐）王建《凉州行》，《全唐诗》卷298。
⑤　《马克思恩格斯全集》第20卷，第199页。

幕，善于游牧的党项族在长期与汉族的交往中，逐渐接受了汉族农耕文化的影响，一部分党项人开始经营农业，即是史书所谓的"岁时以耕稼为事"，①"耕稼之事，略与汉同"。② 元时，元政府在河西走廊不但以汉军屯田，而且又征调蒙古军万人赴瓜沙地区，"分镇险隘，立屯田以供军实"。当时武威绿洲就是蒙古、回鹘、色目的屯垦区。明时这种同化趋势更为明显，正统十一年（1446），沙州卫（蒙古诸部卫）喃哥部二百余户一千二百三十余人来归，明廷召其居住甘州，"修筑城堡，以安尔居；开浚渠坝，以便尔耕；处给种粮锅铧，以恤尔穷"，③ 似乎有强人所难之嫌，但却透露出自此之后这些少数民族生产方式已发生转变。庞尚鹏更说："查肃州有近山聚族者，相率垦田，告领牛种，与吾民杂居，并耕而食，照岁例纳粮"，④ 已与汉编户之人无甚差别。明清时代，河西走廊少数民族之称谓也一概称"番"，可见此时民族融合已大幅度进行。清雍正年间，吐番鲁回归附清廷，清朝将其安排至肃州从事农垦。不仅入居河西的回族如此，就是居住在河西走廊的蒙、吐蕃、维等族人民，在共同的生产生活中，互相学习，共同进步，许多少数民族学会了农业生产技术，有些甚至完全变成了农业户，和汉族一样向国家交纳农业税。就是主要从事畜牧业生产的"番民"，也加强了与汉族人民的经济、文化交流，如平番（今永登）的上马尔族、下马尔族、尔加穰族、单约族、钱多尔族、恩加木族、尔加藏族、尔卜族等，"与土民夹杂，学习耕种"。⑤ 据乾隆《重修肃新志》之《肃州·属夷》和《高台县·属夷》记载，直肃肃州有黄番、黑番、黄黑番、番民、番族、缠头回等民户共计1199户，其中已从事农耕的民户为867户，⑥约占总户数的72％。一向为游牧区的天祝此时也是"西番住牧，番汉

---

① 《续资治通鉴长编》卷135，"庆历二年二月辛巳"。
② 《西夏书事》卷16"宋庆历二年"。
③ （明）杨博：《查处屯田计安地疏》，见《甘州府志》卷13。
④ （明）庞尚鹏：《清理甘肃屯田疏》，《明经世文编》卷360。
⑤ 乾隆《王凉全志》卷中《平番县志·兵防志·番族》。
⑥ 其中清水堡营的黑番101户以耕牧为生，各做一半处理；而卯来泉、金佛寺、清水堡、红崖、梨园、龙寿、南古城、洪水南、红崖营等地的番民或因记载不确或因无记载而未统计。

往来，户口鱼鳞，松山滩视同内地矣"①。即使晚近才入居河西走廊的哈萨克族在与周围汉族交往的过程中，也逐渐学会了农耕技术，开始从事农业生产，使一部分哈萨克族由原来单纯的畜牧业生产生活方式变成了半农半牧或纯农业型的生产生活方式。当然，任何影响都是双向的，汉族影响了少数民族，少数民族也以自己的生产生活方式影响了汉族，这一过程几乎是同时进行的，如西汉时迁入河西走廊的汉人，由于受到少数民族文化的影响就显得与关东人"习俗颇殊"②。在嘉峪关魏晋壁画墓中发现的随葬品中，有马、牛、羊等偶像，而独不见中原农耕文化"猪"的形象，说明即使是汉族此时亦受到当地牧业文化之影响，而注重发展畜牧业。在其壁画牧羊图中，既有汉族人，也有少数民族人，还有长途跋涉的丝绸路上的牵驼人。吐蕃时，不但吐蕃等少数民族向汉族学习先进的农耕技术，发展农业，汉人也开始受其影响经营畜牧业，如沙州僧龙藏，家有畜群，"齐周自出牧子放，经十年，后群牧成，始雇吐谷浑放牧"。③ 现藏列宁格勒的 1585（ⅡX1424）号文书就更为直接，文书内容如下：

牧羊人　　王拙"羅寔鷄"（押）
牧羊人　　弟王悉羅（押）

王拙"羅寔鷄"是某寺"常住"（即僧团财产管理机构）所属牧羊人，"寔"系藏语"牧人"之意，可见汉人竟也有以放牧为生者。经过元、明、清的进一步民族大融合，这种影响已走向深层次，不但"间有汉民入族为番者"，④ 甚至连宗教信仰也往往同其一致，如解放前民勤坝区各村的家族都有建立和祭祀俄博的习惯。一个村子，有多少姓氏，就有多少俄博，如文化村有王家俄博、蒋家俄博、马家俄博、姜家俄博、安家俄博、焦家俄博等等。而且这些大姓除原居地有俄博外，家支迁往

---

① 《甘青宁史略副编》卷2《民政》。
② 《汉书》卷28《地理志》。
③ 敦煌遗书 P3774 号《僧龙藏与大哥析产牒》。
④ 宣统《甘肃新通志》卷42《兵防志·番部》。

何处，就在何处建立起新的俄博。每当红、白喜事之时，不论请道家、佛家念经作法，但事先均要到俄博上祭祀一番。这种习俗，毫无疑问是来自蒙古族，特别是来自河套蒙古的萨满教。但就历史时期而言，少数民族所受汉族影响远较汉族受少数民族影响要深刻的多。

尽管历史时期气候波动我们可以忽略，但由于农牧业经济结构对自然环境的要求不尽相同，其对环境的改造方式、过程以及结果也有很大差异。尤其是处于我国内陆干旱区域的河西走廊，雨泽稀少，稍一利用不当，都可能使生态平衡遭到破坏，进而改变人类的生存环境，影响区域文化发展。尤其转型时期，即由牧变农或由农变牧时期，其影响就很明显。河西地区汉唐时期形成的沙漠化区域，小面积的姑且不论，仅面积数百上千平方公里的就有九大块（见图2），都是由于这种农牧交替转换而形成的，如古居延地区、古瓜州地区、马营河摆浪河下游地区等，都是汉唐时期河西走廊著名的绿洲区域。即以唐瓜州地区而言，其沙漠化面积即达50余万亩，[①] 其间遍布古耕地、古渠道遗迹和大量文物，并残存着锁阳城、转台庄子、南岔大坑古城、马行井城、半个城等多座古城址，证明汉唐时期这里曾是一片繁荣的绿洲。沙漠化过程曾给绿洲文明造成严重威胁，远的不论，只以明清时代的民勤县为例，明清时代曾在民勤一地大规模移民屯垦，使人口迅速增加，清雍正时民勤人口仅一万左右，但到乾隆时人口突增至三万，耕地减少，生态破坏，原农耕区多被沙淤。为此人们不得不迁移，如民勤《陈氏宗谱》记载："始祖居头坝青松堡地，易兵为民。后被风沙淤压，复迁于高家大门"。而且这种变化往往导致连锁反应，如地域植被的改变，导致气候、环境、水、河流流量等发生改变，进而导致下游生态环境的改变，古潴野泽的变迁为我们提供了显著的例证。尤其是由农变牧时期，这种变化最为剧烈。由于早已被开垦的土地土壤已经熟化，一旦抛为荒地，地表便失去保护层，在干旱多风的气候条件下，有可能就地起沙；即使不起沙，在"十地九沙"的河西走廊也可能被流沙所掩埋而变为沙地，现存河西地区众多的古城堡遗址就是这种变化的见证。由于环境的改变总是滞后于生产方式

[①] 朱震达等：《中国北方的沙漠化过程及其治理区划》，中国林业出版社1981年版，第8页。

的转换，因此其改变往往是在这一过程完成之后。在河西历次生产方式转换中，尤以唐末五代及明清时期两次大的转变最为显著。唐末五代时期由农变牧，使生态环境发生急剧变化，导致大批土地抛荒，城堡废弃。现在仅瓜沙地区汉唐时期的古城遗址就有40余处，如沙州故城（汉敦煌郡、唐沙州城）、锁阳城（晋晋昌郡、唐瓜州城）、寿昌城（汉龙勒县）等，城堡的废弃往往是由于其赖以生存的绿洲荒废。而在河西走廊，绿洲的荒废往往是由于水源短缺所致。这点可以以瓜沙地区苦水绿洲的演变为例，苦水绿洲位于唐苦水下游（今芦草沟），南起今截山子芦草沟出山口，北至北路井及汉长城以南一线，东达95°30′经线附近，西抵西沙窝，南北宽13公里，东西长20公里许，总面积近200平方公里。这一古绿洲繁荣于汉唐时期，准确地说，应为繁兴于汉至唐代前期（安史之乱前）。因此，本区由绿洲变为沙漠前后经历过两个时期，即唐代后期由农变牧为第一个重大变动时期，使绿洲由繁荣急剧衰落，本区大部分地域发生了根本性的转变，沙漠化现象十分普遍；元代中期人口大量迁出，终使绿洲彻底废弃，演变为沙漠。与此相类似的是古居延绿洲的废弃，在明中叶以前古居延地区曾经是繁荣的古绿洲垦殖区，明中叶以后，黑河下游人口迅速增加，土地开垦规模日益扩大，大量黑河水被分流引灌。据统计，甘州左、右、中、前、后卫及山丹卫共开渠92条，灌溉田亩826618亩，这一数字大致与清代相当。清代盛时在黑河上中游开渠124条，灌溉田亩898141亩，① 说明明时黑河上中游垦区灌溉农业发展引人注目，致使黑河下游水量愈来愈小，汇入居延海的水越来越少，导致居延泽逐渐干枯，沙漠扩展，生态条件恶化，城市被废弃，古居延地区遂成了人烟稀少的荒僻之地。这正如史书所言："嗣以生齿日繁，兼风沙拥据上流，移垞开荒者沿河碁布，因而河水细微，泽梁亦固，土沃泽饶，成往事矣。"② 不唯如此，明清时代祁连山地森林遭到极大破坏，各河流流量普遍减少，亦是明清时代河西地区自然环境发生变化的根源之一。

---

① 明代数字据顺治重刊《甘州府志·地理志·水利》统计；清代数字据道光《山丹县志·水利志》及乾隆《甘州府志·食货志·水利》统计。
② 道光《镇番县志》卷1《地理图考·风俗》。

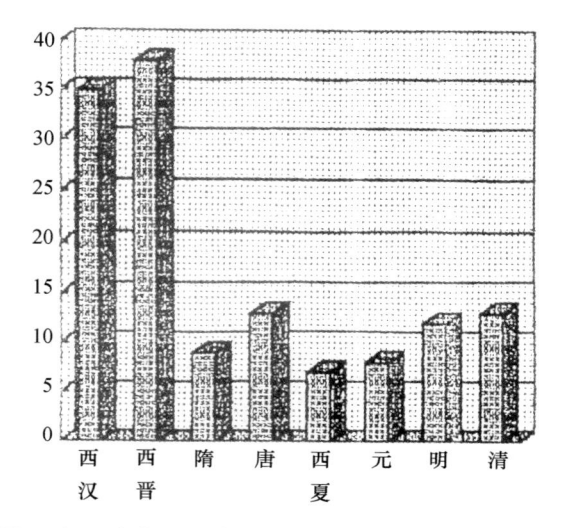

图1 河西走廊历代县级政区（路、州、卫）增减情况

注：1. 以县一级基层单位为计算标准；2. 隋尹吾县在走廊外未计；3. 元路州无属县，作一单位计入；4. 明甘州五卫均治甘州作一单位，嘉峪关以西赤金蒙古、沙洲卫也记在内。

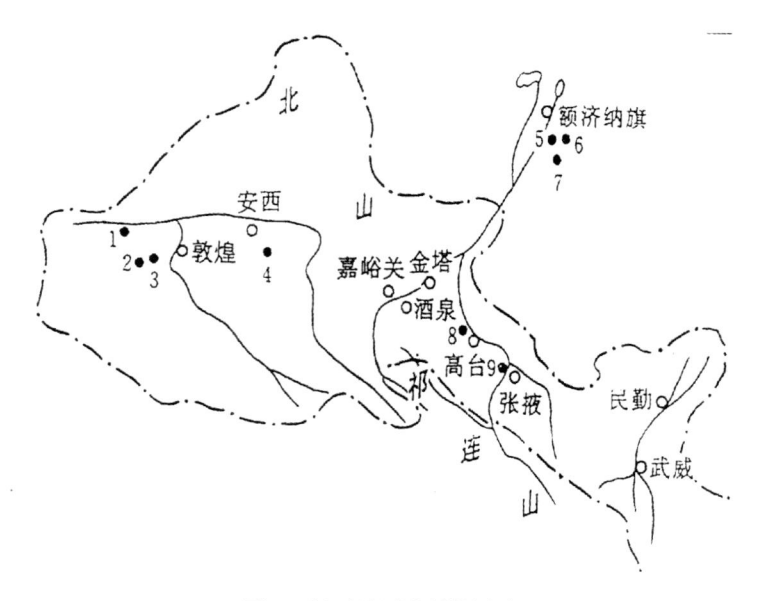

图2 河西地区古绿洲分布

1. 西汉玉门关遗址；2. 汉阳关遗址；3. 汉龙勒县遗址；4. 汉冥安县城遗址；5. 汉（K688）城遗址；6. 汉（K710）城遗址；7. 西夏黑城（威福军）遗址；8. 汉表是县遗址；9. 汉觻得县遗址。

河西地区地理环境的演变诱发因子固然很多，但毫无疑问，人类不合理活动是其主导因子。因此，在大力开发河西走廊农业潜力的同时，保护森林，保护水源，合理规范人类活动的方式、方法，坚持水是河西生存的唯一生命线，历史经验我们必须引以为训。

（原刊《西部开发与生态环境的可持续发展》，三秦出版社2006年版）

历史时期河西走廊多民族文化的交流与整合

文化之间的交流与整合是文化增生与增殖的重要途径。不同质的文化往往借助于一定的介质与载体，通过文化接触、空间占用、生态演替等方式，不断将异质文化因子移植、借用、吸纳，以渐进或突变的方式使不同质的文化形态向异质文化形态改变，文化的这种发展演变过程就是文化整合。

本文研究的河西走廊地区是我国古代与西方世界交往的重要通道，独特的地理环境使河西走廊历史时期为多民族多文化分布之区域，文化交流与整合持续发生，时至今日依然。故揭示多民族文化交流与整合的过程、动因、机制，或可为多民族地区文化建设提供科学依据，进而促进中华民族多元一统文化的发展。

一　多民族文化整合的自然与人文基础

河西走廊，又称甘肃走廊，位于甘肃省西北部。走廊伸入我国大陆腹地，夹处蒙新高原与青藏高原之间，在自然地理区划上属于我国典型的西北内陆干旱气候区。得益于祁连山冰雪融水的滋润，发育了片片肥沃的绿洲。戈壁、草原、绿洲相间分布的空间形态，为不同民族文化入居、成长提供了理想的生存环境。而南北走向的大黄山（焉耆山）、黑山将走廊自东而西分割成以武威、张掖、敦煌绿洲为中心的东、中、西三个既相独立又相联系的地理单元，这种相对独立的空间结构为河西文化的多元化发展提供了基本的地域条件。如五凉时期的南凉、西凉、北凉就是以武威绿洲、敦煌绿洲、张掖绿洲为中心建立的割据政权。唐末五代时期，河西走廊甚至出现了肃州龙家、甘州回鹘、敦煌归义军政权和凉州蕃汉联合政权等多个民族地域联合体。历史时期河西地域分分合合，统治民族代有更替，促使河西文化不断地发生分异与重组。如果河西走廊被置于强有力的政权控制之下，其文化的一体性就会得到最大的体现；反之，如果外部力量不足以弹压或控制河西走廊，河西文化就体现为多头出露。

河西走廊宜农宜牧的自然环境，使入居于斯的民族或部落都形成了深厚的"河西"文化情结。如汉时"先零豪封煎等通使匈奴，匈奴使人至小月氏，传告诸羌曰，张掖、酒泉本我地，地肥美，可共击居之"①。羌、月氏、匈奴如此，此后的鲜卑、吐谷浑、回鹘、党项、吐蕃、蒙古、回回等族莫不如此。就连入居于斯的汉人，不管是或罪或谪，或官或戍，数世之后，亦称自己为"河西土著"。这种不同民族共同的乡土意识是历史时期河西走廊多民族文化趋于一致的重要文化背景，也是河西走廊多民族文化碰撞、交流与整合的内在推动力。

从文化地理区位来看，河西走廊处于我国古代蒙古文化圈、青藏文化圈的交汇地带，也是中原文化、西域文化有效辐射之区域。由走廊西出与东进即进入西域文化与中原文化区域，南下北上分别穿越祁连和走廊北山山地即步入青藏文化圈和蒙古文化圈腹地。地域上的临近性使河西文化对不同质的文化都具有一定的亲和性，历史上不同地域的民族或部落正是基于此而相继进入河西走廊的。而多民族文化的不断入居及其生存空间的交互演替，使河西走廊文化结构趋于多元和开放；在加重河西文化中异质文化因素的同时，也使得河西文化更易于接受异质文化的影响，并将这种影响整合到自己的地域文化格局中，变为区域文化传统。如沙州地方习惯上将一些少数部族称为"某家"，敦煌遗书 P2629《酒账》中就称龙族为"龙家"，肃州部族为"肃州家"，达坦部族为"达家"等等。而不同民族文化之间的互相认同正是河西走廊历史时期多民

---

① 《汉书》卷69《赵充国辛庆忌传》。

族文化交流与整合的地域基础。

二 多民族文化整合的历史过程

最早见诸史籍的河西走廊居民，为月氏和乌孙①。《史记·大宛列传》载："月氏居敦煌、祁连间。"《汉书·西域传》亦记载有："始张骞言乌孙本与大月氏共在敦煌间。"乌孙、月氏共居一地，其间的文化交流也应已经发生。后月氏攻破乌孙，乌孙被迫亡居匈奴，说明在此之前乌孙对匈奴已有所了解，否则，乌孙断然不敢茫然投奔。史载乌孙"行国，随畜，与匈奴同俗"②。同理，与乌孙接壤的月氏亦与匈奴进行了文化交流，"大月氏，本行国也，随畜移徙，与匈奴同俗"③。当蒙古高原的匈奴强盛之后，迅速以武力占据河西走廊，月氏大部远走中亚阿姆河流域，其"羸弱者"退居走廊南山，与原居于此的诸羌"共婚姻"，又开始了与羌族文化的融合，"被服颇与羌同，其俗以金银为货，随畜牧移徙，亦类匈奴"④。小月氏（月氏退居南山后的称呼）亦此亦彼、非此非彼的文化态势，正是日后入居河西走廊的多民族文化发展的先声和缩影。

汉代武力拓边，移民河西，置郡设县，揭开了河西走廊以汉文化为主导的多民族文化交流与整合的新格局。是故，汉有河西走廊，原来依附于诸羌的"小月氏"这时即走出祁连山地，在张掖一带与汉人杂居，号"义从胡"⑤。名称的变化，标志着其民族构成、文化水平已发生相应转变。后汉时更在河西走廊设置酒泉属国、张掖属国、张掖居延属国等三个管理少数民族的行政机构。属国，按《史记正义》的说法就是"各依本国之俗而属于汉"。文化地域凝结与行政归属的一致，消除了文化之

---

① 见《史记·大宛列传》及《汉书·西域传》。关于月氏、乌孙是否为河西走廊的土著居民，现在还存在诸多争论，本文不予以探讨。另，对月氏、乌孙在河西走廊的分布状态虽然还有不同的看法，但"月氏主东、乌孙理西"之说大抵可信。
② 《史记》卷123《大宛列传》。
③ 《汉书》卷96《西域传》。
④ 《魏书》卷102《西域传》。
⑤ 《后汉书》卷87《月氏胡》。

间的隔膜，使不同质的文化由地域对抗走向交流。汉以后河西走廊属国制度消失，表明其历史使命已经完成。到三国时代，在极西的敦煌就出现了"胡女嫁汉，汉女嫁胡"这样的民族文化融合现象①。南北朝时代不但继续出现像"户主侯老生，水（癸）丙生，年五十五，妻如延腊腊，丙子生，年五十两"、"户主其天婆罗门，戊辰生，年陆拾，妻白丑女，辛巳生，年肆拾陆"（S613）等民族家庭结构，而且出现了汉化程度较高的民族，如建立北凉政权的杂胡沮渠氏即是其中的代表。就连奴隶制特点比较明显的南凉秃发氏也自觉与不自觉地走上了民族融合的道路。据研究，在南凉的各级官吏中，有大量汉人充职，特别是在中枢地方之官中，汉族官吏占一半以上②。隋唐时代，随着丝绸之路的再度兴盛和在民族平等政策的作用下，河西走廊多民族成分得到最大程度的出露，不但原有民族或部族纷纷进入王朝政治版图，甚至外来民族或部族的文化都在河西走廊占有一席之地，如当时的凉州（今武威）即是"大城之中有小城，小城有七，胡居其五"③，敦煌有中亚粟特人、昭武九姓胡人的聚落——兴胡泊④和从化乡⑤，张掖北部有回鹘、沙陀人游牧或驻扎，《旧唐书·地理志》记载："吐浑部落、兴昔部落、阖门府、皋兰府、卢山府、金水州、兹林州、贺兰州，以上八州府并无县，皆吐浑、契苾、思结等部，寄在凉州界内，共有户五千四十八，口一万七千二百一十二。"多民族文化的相间分布，使民族融合与文化整合持续而大规模地发生，河西文化异彩纷呈，当时河西走廊的政治中心凉州（今武威）就更是"凉州七城十万家，胡人半解弹琵琶""琵琶长笛曲相和，羌儿胡雏齐唱歌"⑥。多元而统一的文化形态正是盛唐时代河西走廊多民族文化交流与整合的重要特征。

然而，好景不长，唐末五代时期，来自青藏高原的吐蕃奴隶主入主

---

① 敦煌遗书 P3636《某学郎书抄残卷》。
② 周伟洲：《南凉与西秦》，陕西人民出版社 1987 年版，第 89 页。
③ 《资治通鉴》卷 219，至德二载正月。
④ P2005《鸣沙石室遗书沙州图经》。
⑤ 敦煌遗书 P2005、P2691、S788 等。
⑥ 见《全唐诗》第 199 卷，中华书局 1960 年版。

河西走廊，打断了这一历史进程，河西多民族文化融合发生历史性大逆转，"吐蕃化"成为此时期河西区域文化运动的主要形式。史书记载当时河西走廊汉文化状况是"唯许正朝服汉仪，敛衣整巾潜泪垂"①"唐人子孙，生为戎奴婢，田牧种作，或丛居城落之间，或散处野泽之中"②，唐王朝的编户齐民这时被迫成为吐蕃奴隶主部落制下的奴隶。从《宋会要辑稿》195 册《西凉府》中记载的一些吐蕃部落来看，其中一部分可能是"吐蕃化"的汉人，如刑家族、懒（兰）家族、章家族、马家族、周家族、赵家族、王家族等，这些吐蕃部落很可能是由原来的刑、兰、章、马、周、赵、王等姓的汉人家族转化而来。然而，在蕃占时期，历史在河西走廊出现了"两难的抉择"，一方面大量汉人及其他民族被迫走上了"吐蕃化"道路；另一方面，吐蕃奴隶主又不得不吸收文明程度较高的汉文化，如重用汉官、汉僧、汉医，并参照唐朝官制，创制了藏汉合璧的双轨型职官系统，即同一官职设蕃汉两职，如"二节儿"（S2146.10）、"蕃汉节儿"（P2341V）、"二都督"（P2631）等官职。这正如马克思所说的"野蛮的征服者总是被那些他所征服的民族的较高文明所征服"③。在这里，同化与被同化同时进行，文化的入浸与濡染，语言的融合与扩散都大面积地展开，这为吐蕃之后河西走廊多种民族政权、多民族联合体，甚至新的民族诞生准备了条件。吐蕃奴隶主在河西统治崩溃之后，河西走廊即出现了沙州归义军、肃州龙家、甘州回鹘牙帐、凉州蕃汉联合政权、凉州嗢末集团等多种民族政治实体，敦煌遗书记载了当时"蕃、浑、嗢末，羌戎交杂，极难调状"（S5697）。地域民族构成的复杂及文化的进一步分化与独立，使得各民族政权都体现出了多民族组合的特征。如肃州龙家，其部众中就有吐谷浑、通颊、汉、羌等族人，即使如较为纯粹的沙州归义军政权，其依然体现了多民族组合的特征④。不仅如此，当时还形成了几个新的民族联合体，仲云、嗢末即是。关于仲云，目前研究

---

① 《白氏长庆集》卷 3《新乐府缚戎人》。
② 《沈下贤文集》卷 10《贤良方正能直言极谏策第二》。
③ 马克思：《不列颠在印度统治的未来结果》，《马克思恩格斯选集》第 2 卷，第 70 页。
④ ［日］土肥义和：《归义郡时期（晚唐五代宋的敦煌（一）》，李永宁译，《敦煌研究》1986 年第 4 期。

者说法颇多，而且相去甚远①，但其为一多民族联合体似无疑义。而嗢末，由于其曾作为一个独立的民族团体向中原王朝进贡②，情况较为明了。史书记载"嗢末百姓本是河西陇右陷没子孙，国家却弃掷不收，变成部落"（S6342）。其民族构成相当复杂，既有原邻近吐蕃的羊同、苏毗、党项、多弥、白兰、吐谷浑，又有河陇的汉族、吐蕃人等③。

至此，我们可以对汉以来河西走廊多民族文化发展历史作如下概括：由于异质文化因子的不断介入，使河西多民族文化处于长期变动之中，文化杂糅与整合过程持续发生，促使原来性质不一的河西地域文化趋于均匀与一致，并为新的民族文化的进入以及更高层次上的多民族文化的交流与整合奠定了基础（见图1）。

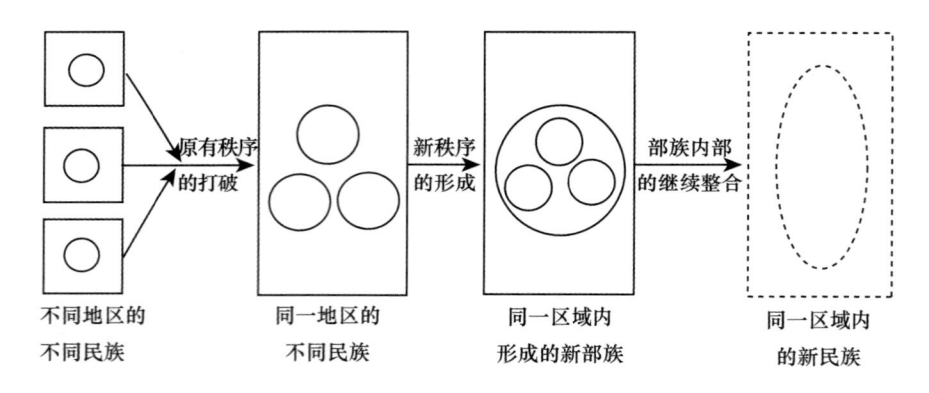

图1 河西走廊多民族文化交流与整合示意图

---

① 关于仲云的族属及居地，主要有以下几种观点。一是黄文弼先生提出的"沙陀突厥说"，他认为"仲云"即"朱邪"；"朱邪"是沙陀突厥的姓氏，沙陀突厥居住在金婆山阳、蒲类海东的"沙陀碛"中，因此，仲云牙帐所在的"胡卢碛"就是"沙陀碛"（《古楼兰国在中西交通史上的地位》，《西北史地论丛》，上海人民出版社1981年版）。二是汤开建先生提出的"小月氏说"，他认为"种榅等于仲云"，是小月氏的遗种，小月氏原居河西走廊南部的甘（今张掖）、凉（今武威）山谷间，故仲云居地在河西走廊南部的甘、凉之间（《揭开"黄头回纥"及"草头鞑靼"之谜》，《青海社会科学》1984年第4期）。三是郭锋提出"垛微说"，他认为"仲云与臻微发音相通"，是同一个部族。仲云在沙州（今敦煌）西，密微也在沙州西，因此，敦煌文书中的"密微使"必定指"仲云使"（《略论归义军时期仲云族的族属诸问题》，《兰州大学学报》1988年第1期）。

② 《资治通鉴》卷250，咸通三年条末。
③ 周伟州：《嗢末考》，《西北历史资料》1980年第2期。

蒙元时代，河西走廊进入了一个"碾碎民族差别"的重要时期，河西历史上曾经活跃的各个民族名称至此从历史书籍中消失，表明河西民族融合较之历史上任何时期都要彻底。明清以降，河西走廊各民族被统称为"番"，名称的变化表明统一的民族文化地域复合体已经形成。唯一的差别就是在番之称下，有"生番"与"熟番"之别，"生番"又称"黑番"，是指那些位居深山，语言、服饰、风俗还保留有较多本民族特征的民族；而"熟番"又称"黄番"，是指那些近汉边，其居住、服饰、语言、风俗与汉族相差无几的少数民族。河西文化发展的地域指向性与有序性变化，正是历史时期河西走廊多民族文化交流与整合的必然结果。1949年后人民政府在尊重民族自愿的基础上，相继成立了各少数民族自治州县，从法律上、地域上肯定和固定了河西走廊各民族文化的地域分布，也奠定了今天河西多民族文化分布的格局。

三　多民族文化交流与整合的主要形式

历史时期河西走廊多民族文化交流形式多种多样，既有物质文化的相互融合，也有制度及精神层面文化的深度整合。其主要形式有以下几个方面。

（一）不同生产方式的相互转换

这是河西走廊不同民族文化之间规模最大、影响最深远的文化交流方式。历史时期河西走廊农牧业文化的空间分布代有赢缩，此消彼长，文化空间的相继占用及文化之间的交流与整合，促使不同质的文化形态不断地向异质文化形态转变。早在两汉之际，由于诸少数民族与汉族交往、杂居，已出现了由牧业向农业转化的现象，卢水胡即其一例。汉简即有"秦胡、卢水士民……田作不遣"字样[1]，表明这些少数民族受农耕民族影响，已从事定居农业生产。曹魏时期，张掖番和、骊靬二县"吏

---

[1] 薛英群：《居延新简释粹》，兰州大学出版社1988年版，第119—121页。

民及郡杂胡弃恶诣（毋丘）兴，兴皆安恤，使尽力田"①。河西地区魏晋时代墓葬中发现的近千幅壁画中，就有犁地、播种、耱地、打场等汉族和少数民族共同生产劳动的画面②。唐时这种现象更是普遍而寻常，如回纥（后改为回鹘），由于与汉族杂居，"其可汗常居楼"，同时其经济活动也转向半农半牧，"以橐驼耕而种"③。吐蕃统治河西时期，河西走廊农业文化明显萎缩，但这丝毫不影响农耕文化进入吐蕃部落，"番人旧日不耕犁，相学如今种禾黍"④，其固有的生产方式显然已发生不同程度的改变。西夏时这种情况继续发生，一部分党项人开始经营农业，即是史书所谓的"岁时以耕稼为事"⑤，"耕稼之事，略与汉同"⑥。明时这种转化趋势更为明显，如正统十一年（1446），沙州卫（蒙古诸部卫）喃哥部二百余户一千二百三十余人来归，明廷召其居住甘州，"修筑城堡，以安尔居；开浚渠坝，以便尔耕；处给种粮锅铧，以恤尔穷"⑦，似乎有强人所难之嫌，但却透露出自此之后这些少数民族生产方式已发生根本性转换。庞尚鹏更说："查肃州有近山聚族者，相率垦田，告领牛种，与吾民杂居，并耕而食，照岁例纳粮"⑧，已与汉编户之民无甚差别。清代，随着农耕文化在河西走廊的深入与扩展，由牧转农更是大面积地持续发生着，有些少数民族甚至完全变成了农业户，和汉族一样向国家交纳农业税。就是一些主要从事畜牧业生产的"番民"，也加强了与汉族人民的经济文化交流，如平番（今永登）的上马尔族、下马尔族、尔加穰族、单约族、钱多尔族、恩加木族、尔加藏族、尔卜族等，"与土民夹杂，学习耕种"⑨。据乾隆《重修肃州新志》之《肃州·属夷》和《高台县·属夷》记载，直隶肃州有黄番、黑番、黄黑番、番民、番族、缠头回等民户共

---

① 《三国志》卷28《魏书·王毋丘诸葛邓钟传》。
② 《嘉峪关汉画像砖墓》，《文物》1972年第12期。
③ 《新五代史》卷74《四夷附录第三·回鹘》。
④ （唐）王建：《凉州行》，《全唐诗》卷298。
⑤ 《续资治通鉴长编》卷135，"庆历二年二月辛巳"。
⑥ 《西夏书事》卷16，"宋庆历二年"。
⑦ （明）杨博：《查处屯田计安地疏》，见乾隆《甘州府志》卷13。
⑧ （明）庞尚鹏：《清理甘肃屯田疏》，《明经世文编》卷360。
⑨ 乾隆《平番县志·兵防志·番族》。

计 1199 户，其中已从事农耕的民户为 867 户①，约占总户数的 72%。当然，任何影响都是双向的，农耕民族影响了少数民族，少数民族也以自己的生产生活方式影响了农耕民族，这一过程几乎是同时进行的。如西汉时徙入河西走廊的汉人由于受到少数民族文化的影响就显得与关东人"习俗颇殊"②。嘉峪关魏晋墓壁画牧羊图中就出现有汉族牧羊人，而且在墓主的随葬品中，有马、牛、羊等偶像，独不见中原农耕文化"猪"的形象，说明即使是汉族此时亦受到当地牧业文化之影响，而注重发展畜牧业③。此后，农牧并重已成为河西走廊的文化传统，尤其是唐末五代时期吐蕃文化的强势进入，使河西由农转牧达到历史极致。此是寻常道理，无须多言。

（二）多民族语言的融合

河西走廊历史上为多民族混合分布区，民族语言融合持续发生，如秦汉之际与诸羌杂居的月氏余部，就出现了与羌族语言融合的趋势，"被服饮食言语略同，亦以父名母姓为种"④。但当汉族入居河西之后，这些月氏余部又迅速与汉人融合，且采用汉姓"北宫"⑤。诸如此类语言融合现象在不同时代、不同民族之间持续进行。

从主导语言类型来看，历史时期除唐末五代、宋元时期而外，河西走廊一直为以汉语为主导的多民族语言融合期。唐末五代时期，在吐蕃奴隶主的强制同化下，河西地域语言出现了明显的"吐蕃化"趋势。盛唐时代河西走廊的显性语言汉语此时已被沉入底层，史书言当时河西居民已经"语言小讹"⑥ 即是指此，唐诗亦有"去年中国养子孙，今着毡裘学胡语"⑦。可见变化之剧烈。而且连他们的名字也"吐蕃化"了，如

---

① 其中清水堡营的黑番 101 户以耕牧为生，各做一半处理；而卯来泉、金佛寺、清水堡、红崖、梨园、龙寿、南古城、洪水南、红崖营等地的番民或因记载不确或因无记载而未统计。
② 《汉书》卷 28《地理志》。
③ 《嘉峪关魏晋墓室壁画的题格和艺术价值》，《文物》1974 年第 9 期。
④ 《后汉书》卷 117《西羌传》。
⑤ 《后汉书》卷 8《孝灵帝纪第八》。
⑥ 《五代会要》卷 30《吐蕃》。
⑦ 《张司业诗集》卷下，商务印书馆 1938 年版。

杜论没悉伽、杜论心苏论、乞禄论、热逋体督、崔没廷相等①。是故，史书说"西凉蕃部，多是华人子孙，例会汉言，颇知文字"②。汉民族如此，吐蕃而外的各少数民族亦不例外。在河西遗存的吐蕃时期的一批文书中，留下有四百多人的签名，其中有三百多人为汉族、粟特及于阗人，每个人都有一个吐蕃化的名字③。很显然，吐蕃语已成为这一时期河西走廊各民族共用语言，这也是河西走廊历史上少有的一语时期。即使在吐蕃统治崩溃之后很长一段时间，从于阗到甘州一带的丝绸之路沿线，人们仍然以吐蕃语作为各民族之间进行贸易活动的工具语言④，可见当时吐蕃语覆盖面及影响力之大。但"语言有巨大的稳固性和对强迫同化的极大的抵抗性"⑤，只要语言所依附的载体——民族人口存在，其本民族语言就不会消失。事实上吐蕃时期河西各民族语言依然作为隐性语言存在，这从吐蕃统治崩溃之后，河西民族及其语言的大面积初露就说明了这一点。敦煌遗书记载当时"河西创复，犹杂蕃浑，言音不同"⑥。"言音不同"正是吐蕃语色彩褪去之后河西多民族语言在地域上的"复原"。

　　西夏及元代是河西走廊历史上法定的双语期。先是，西夏在河西走廊以行政手段强制推行汉、夏文，即是所谓的"汉字掌中国往来表奏，中书汉字，旁以蕃书并列"⑦，西夏铸造的钱币也是以西夏文和汉文两种文字为标识。这种双语制的实行产生了两方面的影响，一是除汉、夏文而外的其他民族的语言文字被掩盖；二是促使汉、夏文深层次地融合。以居民姓名为例，此时期就出现了汉姓党项名及汉姓党项姓并列的人名，如莫高窟61窟就有西夏文题记"翟嵬名九"，安西榆林窟12—13窟间有"张讹三茂"，其中翟、张为汉姓，嵬名、讹三为党项姓。榆林窟19窟内室甬道南壁第二身供养人后有墨书汉文题款"索出儿索的僧傅六斤男阿

---

① 《册府元龟》卷978"和亲"。
② 《续资治通鉴长编》卷51，"真宗咸平五年三月"。
③ 黄文焕：《河西吐蕃文书简述》，《文物》1978年第12期。
④ [匈牙利]乌瑞：《吐蕃统治结束后甘州和于阗官府中使用藏语的情况》，见耿升《敦煌译丛》，甘肃人民出版社1985年版。
⑤ [苏联]斯大林：《马克思主义与语言学问题》，人民出版社1956年版，第26页。
⑥ 《敦煌石室遗书》第1集。
⑦ 《西夏书事》卷12，"宋景祐二年"。

奴",其中"傅六斤"三字又用相应的三个西夏文标出,亦是两种文字的混合使用。西夏学者骨勒茂才在《番汉合时掌中珠》序文中说"不学番语,则岂和番人之众;不会汉语,则岂入汉人之情",真实地道出了当时民族语言文化交流与融合的景况,而历史上河西走廊多民族语言文化交流与融合其动力也莫不源于此。蒙元在河西走廊实行行省制和藩王制的并行,表明了两种语言的合法化,这也是继西夏之后,河西走廊又一次双语制时期。但不可否认,西夏、蒙元时期,河西各个少数民族的方言岛或方言丛仍然存在。《西夏纪》卷6就记载有吐蕃部族"扑丁原、庄浪族、乔家族诸路,以麻宗山、乳酪河为界堠"。莫高窟、榆林窟现存有西夏时吐蕃、蒙古、回鹘等文题记。而元至元八年(1348)刻的西宁王速来蛮重修莫高窟的功德碑,亦是用西夏、汉、藏、回鹘、八思巴、梵文等六种文字刻成,表明这些民族语言依然存在而且与其他民族语言进行着程度不同的融合。

以汉语为主导的多民族语言融合是历史时期河西走廊持续时间最长、覆盖面最大的语言融合类型。如果说汉、魏晋南北朝时代,河西走廊区域汉语与其他民族语言还处于游离与半游离状态,那么从汉代的少数民族属国制度,到魏晋南北朝时期南凉政权的"宜置晋人于诸城,劝课农桑,以供军国之用,我则习战法以诛未宾"①的人为语言隔离,都表明隋以前河西走廊以汉语为主导的多民族语言融合还处于初始阶段。但到了唐代,情况就出现了质的变化,汉语不仅仅是此时期各民族经济文化交往的通用语言,而且还成为其他民族语言文化的重要组成部分。以敦煌从化乡居民姓名为例,该乡为中亚九姓胡人聚集之地,其居民姓氏主要由曹、安、康、石、史、何、米、罗诸姓构成,在他们的姓名中就明显出现了语言的融合现象,如曹础利支、米佛忧延、安射无盘陀、石佛罗坛、康乌苏密等。不仅如此,敦煌遗书中蕃汉、回鹘汉、蒙汉等双语词典和对译写卷存在也指示了此时期河西走廊以汉语为主导的多民族语言融合的历史现实。

明清时代,这种多民族语言融合继续在深度和广度上扩展,"儿孙养

---

① 《晋书》卷126《秃发利鹿孤载记》。

得解胡语",民族语言融合已成为区域文化发展的定势。虽然明代是划关而治,但地域的分裂并没有打破自元以来所形成的"胡人有妇能汉音,汉女亦能解胡琴"① 共同的语言文化区域。到了清代,随着行政建制重新推行到关外,加速了河西以汉语为主导的多民族语言融合的步伐,"凡西路之土语涉于番音者一律汉化,故自河西出嘉峪关一至敦煌转觉语言清亮文字易晓"②,就是原来各不相同的民族语言这时"因常与各县民众交易男女均熟习汉语"③,汉语已成为这时河西走廊各民族的通用语言。今天河西走廊的蒙古、裕固、藏等民族就是既用本民族语言又通汉语,正是自明清以来河西走廊以汉语为主导的多民族语言在地域上融合、凝结的结果。

(三) 民风之间的濡化

处于农牧业过渡区域的河西走廊,早在唐代就有"人兼北狄,俗杂西戎"之说④,不同民风之间的濡染自古皆然,史乘也多有论及,如武威就是"番戎杂处崇刚气"⑤,安西县"地杂蕃回,民气尚武"⑥,山丹县"居杂羌戎","人惟尚武"⑦;而肃州(今酒泉)则是"番夷杂处,人习战斗,非礼教信义之邦"⑧。虽有诬蔑之嫌,但却道出了实情。而"番虏环伺"的镇番县(今民勤)则是"不论道德论势力",汉文化已明显被移位,显见其民受番人民风影响之深,并说这是"习俗移人"⑨。因此,"边防风气刚劲,习染成俗,率多强悍"⑩,便是河西民风日益强悍的真正原因。但从历史时期来看,唐末五代及明代是河西走廊多民族民风濡化

---

① 《元诗选二集·九灵山房集》,中华书局1987年版。
② 光绪《敦煌县乡土志》卷2《方言》。
③ 民国《创修临泽县志》卷3《民族志》。
④ 《册乔师望凉州刺史文》,《唐大诏令集》卷62。
⑤ 乾隆《武威县志·文艺志·诗歌》。
⑥ 民国《甘肃通志稿·甘肃民族志(一)·民族九·风俗》。
⑦ 道光《山丹县志》卷10《艺文志》。
⑧ (清)《肃州新志·风俗》。
⑨ 道光《镇番县志》卷1《地理图考·风俗》。
⑩ (清)常钧:《敦煌随笔》卷下《户口田亩总数》,北平:禹贡学会,1937年。

的重要时期。唐末五代时期,吐蕃、回鹘、党项等民族相继角逐河西走廊,长期的战争环境及民族之间不断的同化趋势,使得河西民风持续"刚化"。如吐蕃时期就是"驰羊亦著锦为衣,为惜毡裘防斗时"①。吐蕃之后,河西走廊更是陷入一场多民族势力相互争斗之中,而这些民族或部落无一不是能征善战,如甘州回鹘"兵强马壮"(S5139),东与凉州蕃汉政权争锋,西与归义军政权开战。肃州龙家,"其人轻锐,健斗战"(S367),强悍、好斗跃然纸上。其他如凉州蕃汉政权、嗢末集团、仲云部族等莫不如此,就连敦煌归义军政权也是"缮甲兵,耕且战"②。史书记载当时"河西异族狡杂,羌、龙、嗢末、退浑,数十万众,驰诚奉质,愿效军锋"(P3720)。由于不同民族联盟的形成及其共同利益的驱动,使不同民风之间的濡化与整合更是深刻而普遍,如其时在西凉府周围生户、熟户众多,"其俗多有世仇,不相往来,遇有战斗,战则同恶相济,传箭相率,其从如流。虽各有鞍甲,而无魁首统摄,并皆散漫山川,居常不以为患"③。此后这种状况一直没有改变。

明代虽然将其势力伸入河西走廊,但仅以嘉峪关为限。关外虽设七卫但仅为羁縻而已,关外依然为游牧民族往来奔突之地,刀光剑影,杀声不断。后关西七卫相继破散,人民或内徙或他逃,加剧了河西走廊的动荡局势。正如《明史》所言:"后诸卫尽亡,亦不喇据青海,吐鲁番据哈密,逼处关外,诸卫迁徙之众,环列甘肃肘腋,狂悍难驯。于是河西外防大寇,内防诸番,兵事日亟"④,以致到了"防守不设,耕种难也;累遭残破,生聚难也"⑤的地步。即使在明嘉靖年间,虽然走廊内相对安定,但时任三边总督的王崇古依然说:"照得河西熟番,种族繁杂,强弱不齐,富者占据山阳,耕牧自经,贫者窃窥官道,抢掠为患"⑥。动荡的环境促使河西民风进一步转向。时人言及甘肃,则更是指出此种民风形

---

① (唐)王建:《凉州行》,《全唐诗》卷298,中华书局1960年版。
② 《新唐书》卷216《吐蕃》。
③ 《宋史》卷264《宋琪传》。
④ 《明史》卷330《西番诸卫传》。
⑤ 《甘肃论》,《明经世文编》卷232。
⑥ 《明经世文编》卷38《王鉴川文集》。

成的关键,"盖各地止知防秋,而甘肃四时皆防;各边止知防房,而甘肃则又防番防回,兵马奔驰,殆无虚日"①。这可以说是河西走廊多民族民风濡化的真实写照。

四 结束语

　　河西走廊历史上民族的频繁变动以及统治民族的世代更替,使河西走廊多民族文化交流与整合持续发生。多民族文化的相互杂糅,使河西走廊民族文化具有明显的多民族文化复合特征。如生息于河西走廊南山的羌族,历史时期不断地接受月氏、匈奴、卢水胡等民族的融合,使其文化呈现出了多民族文化的复合性。羌族因此也被后世史学家称为融合羌。历史时期曾经活跃于河西走廊的鲜卑、突厥、吐蕃、回鹘、党项、蒙古等族莫不融合有其他民族文化因子,尤其是唐末五代时期活跃于河西走廊的嗢末、仲云、龙家等民族,其不仅仅是多民族文化的复合体,其民族亦为一多民族的混合体。在今天河西走廊各民族文化中已没有不含其他民族文化因子的例证,而今天河西走廊的藏、裕固、蒙古、哈萨克等少数民族正是历史上多民族文化融合在时间上的延续和地域上的凝结。正如《西北民族关系史》所指出的:"历史上西北地区的许多少数民族现在已经不复存在,他们在长期的、复杂而丰富的历史活动中,有的外出了,有的则同化于其他民族,或与其他民族融合成为新的民族,而现在存在的许多民族,都是历史上各民族互相迁徙、同化、融合的产物,是各民族关系发展的产物。"②

　　多民族文化的交流与整合,在改变民族文化面貌、推动河西区域文化发展的同时,也促进了河西走廊多民族文化地域一体化的历史进程。如魏晋南北朝时代,河西民族文化的大分化与大组合,使原来各不相同的文化渐趋于一致,史书记载"群羌归土"③,"风化大行,百姓归心"④。

---

① 乾隆《永昌县志一卷·艺文志》。
② 杨建新、马曼丽主编:《西北民族关系史》,民族出版社1990年版,第1页。
③ 《全三国文》卷3《魏文帝》。
④ 《三国志》卷27《徐胡二王传》。

此时期建立的各割据政权不管是胡还是汉，都以尊晋奉朔为旗帜，并力求得到中原王朝的"册封"。即使经过唐末五代"吐蕃化"的磨难，河西文化的一致性依然存在，吐蕃之后河西出现的不同民族政治实体，如归义军政权、甘州回鹘、凉州嗢末集团等都是以奉表朝贡中原王朝为其立足根本。这种多元而一体的地域文化观念，正是自汉以来河西走廊以汉文化为主导的多民族文化交流与整合的必然结果。

（原刊《中国历史地理论丛》2006年第2期）

河西走廊民风的濡化与刚化

河西走廊，又称甘肃走廊，位于甘肃省西北部，是我国古代丝绸之路的重要组成部分。走廊南屏祁连山，与青藏高原为邻；北界走廊北山，与蒙古高原毗连。区内宜农宜牧的自然地理环境，为不同地域的民族和人口入居提供了历史舞台，历史上曾活跃于青藏高原、蒙古高原及西域的地域民族和人口，都曾或多或少地进入过河西走廊，使河西人口在时间上处于变动状态，在地域上呈现为多样化分布格局。而不同地域的民族或部族的相间共处，为不同民族之间文化的碰撞、交流与融合提供了可能，因此，不管入居的是胡还是汉，也不管是游牧部族还是农耕民族，其相互之间的濡化和融合都在不同时段不同地域大面积发生着，早在唐代就有"人兼北狄，俗杂西戎"之说[1]，表明河西民风很早就呈现出了多民族文化的复合特征。

一　刚劲的河西民风

河西一地，古为凉州，"以地处西方，常寒凉也"[2]。入居于斯的无论是胡还是汉，莫不受此环境影响。早在秦汉时代，游牧于兹的月氏胡、羌、匈奴即是"（月氏胡）强者凌弱，转相抄盗，男子战死以为吉"[3]，"（羌）不立君长，无相长一，强则分种为酋豪，弱则为人附落，更相抄

---

[1] 《册乔师望凉州刺史文》，《唐大诏令集》卷62。
[2] 《资治通鉴》卷21《汉纪十三·无封五年》。
[3] 《太平御览》卷794《四夷部15·西戎3》。

暴，以力为雄"①；而匈奴则是"士力能弯弓，尽为甲骑"，"其俗，宽则随俗因射禽兽为业，急则人习战攻以侵伐"②，能征善战跃然纸上。而历史上曾先后在河西走廊活动过的回鹘、鲜卑、党项、吐蕃、嗢末、龙家、仲云、蒙古等莫不如此。即使到了清代，被称为番（有黄番、黑番之别，亦有熟番、生番之谓）的少数民族依然是"人性好勇"③"轻贫弱，重富豪"④"惟弓马是尚"⑤"番族民性剽悍"⑥。即使晚近才入居河西走廊的哈萨克族也是性强悍，体健壮，精骑术，尚英雄，生活方式原始。即使入居于斯的汉人，也是"保边塞，二千石治之，咸以兵马为务"⑦，"县在边陲，旧制：令户人具弓弩以备不虞，不得行来"⑧。几乎是人人皆兵，户户备战。由此导致河西民风自古强悍，这也早已为世人注意。清人常钧曾言及河西："边防风气刚劲，习染成俗，率多强悍"⑨。宣统《甘肃新通志》亦言："时以边末要区，民风强悍"⑩。清初曾移甘肃56州县之民于敦煌，并按地域划片安置，河东各州县之民居于东南西北各坊，河西各州县之民居于西南隅。到清末，"东南各隅风气尤近朴诚"，"惟河西数坊民风日趋强悍"⑪，这无形中道出了河西与秦陇一带民风的差异。河西民风何以强悍，盖地气使然。史乘也多有论及，"勤稼穑多畜牧，风土壮猛"⑫，"沙碛硗薄，山高风猛"⑬，"土硗风寒，人性刚勇"⑭，"性坚刚

---

① 《后汉书》卷117《西羌传》。
② 《史记》卷110《匈奴列传》。
③ 宣统《甘肃新通志》卷11《舆地志·风俗》。
④ 民国《甘肃通志稿·甘肃民族志（一）·民族九·风俗》。
⑤ 民国《甘肃通志稿·甘肃民族志（一）·民族九·风俗》。
⑥ 《创修临泽县志》卷3《民族志》。
⑦ 《汉书》卷28《地理志》。
⑧ 《后汉书》卷31《陆康传》。
⑨ （清）常钧：《敦煌随笔》卷下户口田亩总数。
⑩ 宣统《甘肃新通志》卷37《学校志·社学》；《临泽县采访录·金石》。
⑪ （清）《敦煌乡土志·风俗志》。
⑫ 民国《甘肃通志稿·甘肃民族志（一）·民族九·风俗》。
⑬ 乾隆《永昌县志一卷·风俗志》。
⑭ 民国《古浪县志》卷5《风俗志》引旧志；民国《甘肃通志稿·甘肃民族志（一）·民族九·风俗》。

勇猛，得西方金行之气焉"①，"金气刚坚人事慷慨"②，民国《甘肃通志稿》更明言"凉州地近边疆，高尚气力"③，已是昭然若揭。

二　不同民风之间的濡化

早在汉代，汉武帝武力拓边，军事征服河西走廊之后，随即大量徙民河西，实行戍屯与民垦双层战略，以巩固汉王朝对河西走廊的统治地位。而大量军人占地为籍，成为河西走廊的土著居民，其对河西民风的影响自不待言。即使徙入的民户，也是"或以关东下贫，或以抢怨过当，或以悖逆亡道，家属徙焉"④，所谓"下贫"就是指生活无着的农民，"抢怨过当"就是指刑事犯罪者，"悖逆亡道"是指犯有叛逆的政治犯。这些人要么是冥顽不化之徒，要么是以力为雄之辈，可见河西民风一开始就有强悍之兆。以后历朝历代，均继承了汉代的这一开发策略，军事戍垦一如既往，移民成分稍稍宽泛，上至王侯将相，下至流民百姓，均在移徙之列。尤其是改朝换代之际，移民成分更复杂，数量更庞大。如魏晋南北朝时，苻坚一次移中原之民入河西就达1.7万户⑤。有的移民往往成长为河西的豪强大户，成为河西走廊地域社会中不可忽视的政治势力，形成于东汉、魏晋南北时期的索、李、张、宋等河西右姓，便是证明。直到清代，河西走廊依然是清王朝发遣流人的首选区域，《清高宗实录》卷563中记载："俟安西赏足后，再行赏给哈密绿营兵为奴，过二三年后，以后再及于巴里坤、乌鲁木齐等处"。持续的、大规模的移民浪潮，不但改变了河西走廊民族的地域分布结构，而且对其民风亦产生了深远的影响。移民势必与当地各少数民族形成相互交错的杂居状态，不

---

① 民国《续修张掖县志·地理志》（不分卷）。
② 宣统《甘肃新通志》卷11《舆地志·风俗》；民国《甘肃通志稿·甘肃民族志（一）·民族九·风俗》。
③ 民国《甘肃通志稿·甘肃民族志（一）·民族七·学艺》。
④ 《汉书》卷28《地理志》。
⑤ 《晋书》卷87《凉武昭王李玄盛传》。

同民风之间的濡化与整合因而就成为可能。所谓"番戎杂处崇刚气"①　只是一面；由于蒙汉毗连，交易往来在所难免，故"其近者少半濡染华风"②，这是和平年代的图景。但历史上民族矛盾一直是河西走廊区域的主要矛盾，民族起义史不绝书，民族战争时有发生，这正如东汉司徒掾班彪所言："今凉州部皆有降羌，羌胡被发左衽，而与汉人杂处，习俗既异，言语不通，数为小吏黠人所见侵夺，穷恚无聊，故致反叛"③。致使河西走廊区域经常处于战争环境，"况警报时闻，动见阻隔"④，造成时时为战、人人参战、不战不足以生存的地步，促使了河西民间尚武风气的形成。如安西县就是"地杂蕃回，民气尚武"⑤，山丹县"居杂羌戎"，"人惟尚武"⑥；而肃州（今酒泉）则是"番夷杂处，人习战斗，非礼教信义之邦"⑦。虽有诬蔑之嫌，但却道出了实情。而镇番县（今民勤）则是"不论道德论势力"⑧，汉文化已明显被移位，显见其民受番人民风影响之深，并说这是"习俗移人"⑨。而且这种战争环境也影响了河西走廊区域的聚落文化形态，以肃州为例，100户以上村堡占肃州域内村堡的87%强，其中200户以上村堡占肃州村堡的64%，而100户以下村堡则较少，仅占13%⑩。而且村堡形状多为团块状，这一点可以以今金昌市区域聚落为例，块状聚落占总聚落的60%，而散点式分布的村落仅占12%，其他形状大约占28%⑪。河西走廊区域聚落的这一种分布状况充分说明了不聚集则无以抵抗，不聚居则难以生存，人类生存需要在这里得到了充分体现。正如志书所言："逼近番虏，军民之居，多在城堡墩院之内，虽

---

① 乾隆《武威县志·文艺志·诗歌》。
② 宣统《甘肃新通志》卷11《舆地志·风俗》。
③ 《后汉书》卷87《西羌传》。
④ （清）《肃州新志·艺文志》。
⑤ 民国《甘肃通志稿·甘肃民族志（一）·民族九·风俗》。
⑥ 道光《山丹县志》卷10《艺文》。
⑦ （清）《肃州新志·风俗》。
⑧ 道光《镇番县志》卷1《地理图考·风俗》。
⑨ 道光《镇番县志》卷1《地理图考·风俗》。
⑩ 此数据（清）《肃州新志·街市村落》统计，其所统计村堡不包括临水堡、乱古滩堡，1983年。
⑪ 此数字据《金昌市地名选编》统计，金昌市民政局地名办编。

有散处而居者,亦各有相近墩堡。……非如腹里之村落相望,比屋相连者也。"① 乾隆《平番县志·地理志·村庄》即指出"村堡为一县之环卫,社堡尤为农村之环卫。平番地方辽远人烟丛集,或数百家为村或百余家结社,星列碁布小大相维仍古制",可见其由来已久。而形成这种状况的根本原因是,"自汉以来华夷杂处……外逼戎虏不得已而应之荷戈执戟,防奸御侮之功居多"②。民国《甘肃省乡土志稿》曾言:"河西走廊自古以来为控制西北之枢纽,在军事上占据极重要之地位"③。更有甚者"河西者,中国之心腹"④ "凉州天下要冲,国家藩卫"⑤,可见其军事地位之重要。因此,历代中原王朝往往视河西为"右臂",常驻重兵且战且屯,以卫护走廊的安全。汉代开疆自不用说,即使是在盛唐时代,为了防御北突厥进犯,河西常驻有精兵七万余人⑥,仅次于唐边镇陇右节度使所统之军队数目,时有"猛将精兵皆集于西北"之说⑦。明代河西为九边镇之一,驻有重兵 11 万—12 万人,设卫所 16 个⑧,而清时区区河右竟设提督二员、总兵二、将军一、副都统二⑨。足见历代对河西防守的重视。乾隆《重修肃州新志三十卷》曾言道:"夫西陲用武之地,历代相沿,分合靡常。凿凶门者,忾敌而必征,袥金革者,丧元而不悔,固士风之精强,亦人心之习尚也"⑩。由此形成重武卫而轻文教,即志书所言"盖河西实用武之地,恒重介胄而轻儒衿,且比邻番彝"⑪,因而"士不习文,人惟尚武"⑫ 即属正常。如果说战争环境促使官方重武卫而轻文教,那么

---

① 乾隆《五凉全志》卷 1《武威县志》。
② (清)《肃州新志·风俗》。
③ 民国《甘肃省乡土志稿》第二章第二节"地形"。
④ 《资治通鉴》卷 196《唐纪红·太宗贞观十六年》。
⑤ 《后汉书》卷 58《傅燮传》。
⑥ 《旧唐书》卷 38《地理一》。
⑦ 《资治通鉴》卷 216《唐纪 32·玄宗天宝八年》。
⑧ 十六卫所中西宁卫不在今河西走廊。
⑨ 清制,提督为武职从一品,与总督巡抚并称"封疆大吏",常制大体为一省设一提督;将军亦为从一品,称"封疆大员",事权不如总督,而地位则过之,常制全国设十三员,河西不过 2000 里地,清前期竟置提督二、总兵二、将军一、副都统二,这种军事建置在清代是少见的。
⑩ 乾隆《重修肃州新志三十卷》卷 6《忠武主庙记》。
⑪ 民国《续修张掖县志·教育志》(不分卷)。
⑫ 民国《河西杂录·选举第十一》(抄本)。

明清以来，时有发生的大规模民间械斗事件，则是这种重武卫而轻文教在民风上的具体体现，如武威之乌牛高头坝及金塔县之金塔坝与王子六坝之间的争水械斗事件①。不但有汉与汉为争夺水利灌溉而发生械斗，而且也有番与汉为争夺水源而发生的民族纠纷，如清《东乐县志》所载的"本番汉划定地界，汉在中下游耕作，番在上中游放牧，（道光十四年，1834）番民租地乎汉人任其开垦砍伐森林致使洪水河水源枯竭，出山即入地下，引起番汉争端"②。肃州自道光以后才"渐释嚣争"③，说明民间械斗较多，其民风可见一斑。由此亦形成"西凉之俗轻贫弱重豪富，富之家浸渔小民如仆隶"④。而清代广泛分布在河西走廊的伊斯兰回族居民，无疑成为民风强悍的又一刺激因素，"回俗尚武合群，性最刚劲，动以豪侠自矜，谓之教门中人"⑤。《敦煌随笔》亦言及"其俗杀人者多不抵命，量死者强弱仅罚牛羊多寡不等"⑥。清代河西持久的回乱及回汉之间的相互仇杀曾成为清廷心腹之患，清廷曾诬称其"剽悍""非礼教信义之邦"，因而成为难理之区。

尽管尚武这一风俗在全国其他地方都不同程度地存在过，但于河西一地，情形迥然不同。河西"尚武"的武，具有深厚的民族文化内涵，既有汉文化"争气节"的一面，又具有少数民族"以力为雄"的特征，它是多民族文化的一个复合体。"武"不但是河西地域文化的重要组成部分，而且也成为河西家族文化的核心内容。人人习武，世代相传，便是河西尚武风气的一大特征，故河西尚武较之他地为盛。如山丹县"居民鲜少，而习武者不下万家"⑦，其既言居民之寡少，复言习武人数之多，可见民间尚武风气之浓。故史书有言"西路风俗大都尚武勇"⑧，极是。民国《甘肃通志稿》则直言"凉州地近边疆，高尚气力"，故"文儒之

---

① 乌牛高头坝见乾隆《古浪县志·地理志》水利碑文说。金塔坝与王子六坝事见民国《金塔县志》卷4《民政·水利》。
② 《东乐县志》卷1《地理·水利》。
③ 《肃州新志·风俗》。
④ 道光《山丹县志》卷9《食货·风俗》。
⑤ 王金绂：《西北地理》，立达书局，民国二十一年，第287页。
⑥ （清）常钧：《敦煌随笔》卷上《回民五堡》。
⑦ 道光《山丹县志》卷10《艺文志》。
⑧ 民国《金塔县志》卷10《金石》。

士弱于他方"①。自隋唐开科取士以来,河西在 1300 余年间仅有进士 77 人,举人 490 人②,平均大约 17 年 1 个进士,3 年 1 个举人。与此相对照的是明、清两代河西走廊武科人才大量增加(见表 1),有武进士 47 人,武举人 369 人,平均大约 12 年 1 个武进士,1 年 1 个武举人,这一比例大大高于文甲科。但具体到某一个区域,其尚武风气又有强弱之分,如安西县清时共有举人 38 人,而武举人占 24 人③,古浪清时共有举人 6 人,而武举人竟占 5 人④,东乐县清时有举人 5 人,全为武甲科(见表 2)⑤。清《肃州新志》则直言肃州明 300 年间"其显达者大抵皆武人,庠序之士止明经得科甲者一两人而已"⑥。故昔人言"关东出相,关西出将"便是指此。从军习武,卫国保家,已成为河西人才成长的必由之路,往往是"摧锋执锐,父死子战,义无反顾心"⑦,烈臣贞妇,代代有之。由此亦形成了以军功入仕宦的河西人才模式,故有"其宦迹之著者率以边功显"⑧,"烈士武臣多出凉州"⑨。清代武威大学者张澍亦曾感叹道:"吾凉武功彪炳史册者何其盛哉"⑩。

表 1　　　　河西走廊明、清两代武进士、武举人统计　　　(单位:人)

县名 \ 人数 \ 朝代	武进士 明	武进士 清	武进士 合计	武举人 明	武举人 清	武举人 合计
镇番	5	7	12			
甘州		1	1	23	29	52

---

① 民国《甘肃通志稿·甘肃民族志(一)·民族九·风俗》。
② 民国《甘肃省乡土志稿》第 21 章第 1 节"历代人才之统计"。
③ 《安西县采访录(二)·选举第十一》。
④ 乾隆《古浪县志·人物志·选举》。
⑤ 民国《东乐县志》卷 3《官师·选举》。
⑥ (清)《肃州新志·建置志》。
⑦ 民国《甘肃通志稿·甘肃民族志(一)·民族九·风俗》。
⑧ 民国《高台县志·序三》。
⑨ 民国《甘肃通志稿·甘肃民族志(一)·民族九·风俗》。
⑩ (清)张澍:《武威韩氏忠节录·序》。

续表

县名＼人数＼朝代	武进士 明	武进士 清	武进士 合计	武举人 明	武举人 清	武举人 合计
武威		6	6			
高台		2	2	1	24	25
永昌		2	2	7	39	46
张掖		22	22			
肃州		1	1			
平番		1	1	7	68	75
山丹				12	21	33
凉州				4	90	94
东乐					1	1
渊泉					1	1
抚彝					10	10
敦煌					27	27
玉门					5	5

表2　　　　　　　河西走廊部分县文武甲科对照表　　　　（单位：人）

县名＼人数＼朝代	明 文进士	明 武进士	明 武举人	清 文进士	清 武进士	清 武举人	资料来源
敦煌					8	33	民国《重修敦煌县志·人物志下》
古浪					1	5	乾隆《古浪县志·人物志·选举》
东乐						5	民国《东乐县志》卷三《官师·选举》
肃州					1	2	乾隆《重修肃州新志三十卷》
安西				1	13	24	《安西县采访录·选举第十一》
武威				3	6	31 68	乾隆《武威县志·选举》
高台	1		7		6	36	民国《高台县志》卷五《选举》
临泽				2	5	28	民国《创修临泽县志》卷十二《历代选举表》
敦煌					1	20	道光《敦煌县志》卷五《科第》
张掖	3	1	13	13	4 21	32 155	民国《续修张掖县志·选举》
永昌	3		5	7		1 17	乾隆《永昌县志·选举》
平番	1		1			1	乾隆《平番县志·人物志·选举》

三　动荡的环境促使河西民风进一步强悍

但从河西民风形成过程来看，唐末五代及明代是河西民风形成的关键时期，也可以说是河西民风的两大转折时期，这两个时期也是河西历史上民族关系较为紧张的时期。具体而论，唐末五代时期河西走廊先为吐蕃统治，后又有回鹘、党项、夏等民族相继角逐。吐蕃掩有河西走廊，实行强迫同化政策，不但将落后的奴隶制搬到河西走廊，而且强迫汉人"拆襁褓以纹身"，"解鬓钿而辫发"①，衣吐蕃衣，言吐蕃语，河西地域文化明显地走上了"吐蕃化"道路。唐代诗人白居易曾在《缚戎人》一诗中描写道："自云乡贯本凉原，大历年中没落蕃。一落蕃中四十载，遣著皮裘衣毛带。"当这个陷没者从吐蕃境地逃出后，却被唐边关守将当作蕃人捕捉，"忽闻汉军鼙鼓声，路旁走出再拜迎。游骑不听能汉语，将军遂缚作蕃生……没蕃被囚思汉土，归汉被劫为蕃虏"②。这虽然是一件令人哭笑不得的事情，却表明了汉人"蕃化"之深。到宋时，连最具有稳定性和抵抗同化的语言因子也发生了改变，《五代会要·吐蕃传》言汉人"言语小讹"。这足以说明在吐蕃奴隶主统治时代河西走廊地域文化已深深染上了"吐蕃化"色彩。而吐蕃其俗就是披发左衽，往来奔突，以力为雄，在这样的环境下生存，其民风难免沾染上吐蕃民风的习气。这一点唐人已经看出，"驰羊亦著锦为衣，为惜毡裘防斗时"③。吐蕃奴隶主统治崩溃之后，河西走廊更是陷入一场混战之中，先后有甘州回鹘、肃州龙家、凉州蕃汉政权、凉州嗢末政权等大大小小的民族或部落角逐于河西走廊。而这些民族或部落无一不是能征善战，如甘州回鹘"兵强马壮"④，东与凉州蕃汉政权争锋、西与归义军政权开战。肃州龙家，"其人轻锐，健斗战"⑤，更是一善战的民族。而凉州蕃汉政权，其本身就具有

---

① 敦煌遗书 P4638《大蕃故敦煌郡莫高窟阴处士修功德记》，又见《陇右金石录》卷12。
② 《白氏长庆集》卷3《新乐府·缚戎人》。
③ （唐）王建：《凉州行》，《全唐诗》卷298，中华书局1960年版。
④ 敦煌遗书 S5139《凉州节院使押衙刘少晏状》。
⑤ 敦煌遗书 S367《沙州伊州地志》。

浓厚的吐蕃色彩，好斗及尚武自不待言。嗢末政权，本身就是一个多民族的联合体，其中有吐蕃奴婢、汉人、回鹘、党项等人。如果说吐蕃、回鹘、党项等族人本身就是"尚武成风"的话，那么与之纽结在一起的汉人则更是如此，史书记载当时"河西异族狡杂，羌、龙、嗢末、退浑，数十万众，驰诚奉质，愿效军锋"①。敦煌这个汉人孤岛，在张议潮时即是"朝朝秣马，日日练兵，以备凶奴，不曾暂暇"②，居民且耕且战，敦煌文书记载的"缮甲兵，耕且战"③。即使如此，到张承奉时，仍然不得不臣服于回鹘。后张承奉想联合吐蕃以对抗回鹘，不料遭到州人反对，很有可能张承奉之死即与这次事件有关。《沙州百姓上回鹘天可汗书》P3633 云："天子（承奉）所勾南蕃，只为被人斯屈，大丈夫之心，宁无怨恨，天子一时间懆懆心，百姓都来未肯。"可见汉人对吐蕃的统治还是心有余悸。当时的河西形势极为复杂，各种势力频频出入，往来奔突，横掠抢劫，民众几乎到了无以生存的地步。因此，结社自保，筑壁坚守，习武参战便成为人们生存的头等大事。后来西夏统治河西走廊，西夏的军事制度就是"无复兵民之别，有事则举国皆来"④。宋元丰五年（1082）三月，西夏"点集河内，西凉府界，甘、肃、瓜、沙十人发九人"⑤，准备大举攻宋，可见此时河西走廊已成为西夏的重要兵源地。这一种策略的实行客观上使河西民风进一步转向。西夏末年，成吉思汗首先进攻的就是河西走廊，蒙古军攻城掠地，凡一地不降者即予屠城，河西破坏之烈，史无前例，以至于河西"郡县废于兵"⑥。由是"元初得天下，惟河西累年不服"⑦。可见其民风之烈。总之，从唐末以至元初，河西走廊成为吐蕃、回鹘、西夏、蒙古等族相继攻伐之地，此一时期既是河西历史发展过程中极为动荡的时期，也是河西民风逐渐变为剽悍的重

---

① 敦煌遗书 P3720《张淮深造窟记》。
② 敦煌遗书 P2629《张议潮变文》。
③ 《新唐书》卷 216《吐蕃》。
④ 《续资治通鉴长编》卷 217，"熙宁三年十一月乙卯"。
⑤ 《续资治通鉴长编》卷 326"神宗元丰五年五月"。
⑥ （元）虞集：《道园学古录》卷 4《西夏相斡公画象赞》；卷 20《翰林学士承昌董公行状》。
⑦ （元）吴海：《闻过斋集》卷 1《送王潮州序》。

要时期。

明代虽然将其势力伸入河西走廊，但仅以嘉峪关为限，关外仍为游牧民族牧马之地。即使在关内，也常常有蒙古诸部沿边游牧，如河套蒙古封建领主亦卜喇于正德四年（1509）逃出河套地区，率部至凉州"乞闲地安住"，要求内附，为凉州守将所拒，只好率部沿边游牧[①]，成为关内的动荡因子之一。所谓河西"孤悬天外，四方受惊"[②]即是指此。对于关外的游牧诸部落，明初曾设关西七卫予以羁縻。后在蒙古及其他民族部落的进攻下，关西七卫相继破散，人民或内徙或他逃，加重了河西的动荡局势，这正如《明史》所言："后诸卫尽亡，亦不喇据青海，吐鲁番据哈密，逼处关外，诸卫迁徙之众，环列甘肃肘腋，狂悍难驯，于是河西外防大寇，内防诸番，兵事日亟"[③]，以致"防守不设，耕种难也；累遭残破，生聚难也"[④]。明廷在关内不但驻重兵以防诸番，而且实行卫所制，军政合一，兵农兼顾，且耕且战，村自为堡，人自为战，实行联防制。永乐十二年（1414），明廷规定：在五七屯或四五屯内选择近而便利者筑一大堡，其城堡高七八尺或一二丈不等，四面开八门以供人出入，旁近军屯的辎重粮草皆集中于此堡之内[⑤]，每大堡设屯长1人、屯副1人，小堡只设屯长1人。城堡大者有守备、操守、防守等官，城堡小者则只设防御掌堡官，或总旗，他们"平时守护城池，有警则收敛人畜"，凡"农务已毕或有警收敛，则皆归墩堡之内"[⑥]。并且规定：屯军"无事则耕，有事则战，贼寡则本堡之兵，贼多则近堡合力，各大城兵马相机应援，大则可以斩获成功，次则亦可夺获抢掠，不至损失"，以至于到了"岂有不为防守而敢远耕者乎"的地步[⑦]。这种防守心态也影响到后世河西走廊的民居文化，即使到民国年间，河西乡里依然是"村间家自为垒。

---

① （明）叶向高：《四夷考》卷3《哈密考》。
② （明）查继佐：《罪惟录》卷10《九边志》。
③ 《明史》卷330《西番诸卫传》。
④ 《甘肃论》，《明经世文编》卷232。
⑤ 《明太宗实录》卷93，"永乐十二年七月至闰九月"。
⑥ （明）石茂华：《议设保甲疏》，见《五凉全志》卷1。
⑦ 顺治《重刊甘镇志·发计志第二·屯田》。

门小而高，中修土楼，高数丈，亦有偏于一方，或作门楼者。相传明时蒙古犯境，边帅饬令自为守望，寇至则闭门升屋，凭墙据守。楼备了望，便射击也，其法最良，相沿成风，迄今不忘旧制"①。可见其影响之深。据说明时每家都有一把弓箭，可见其战争氛围之浓重。故志书言道："迨明季兵燹之余，弦歌不继，遂致尚武少文"②，可以说一针见血地指出了问题的实质所在。即使在明嘉靖年间，虽然河西走廊相对安定，但时任三边总督的王崇古依然说："照得河西熟番，种族繁杂，强弱不齐，富者占据山阳，耕牧自经，贫者窃窥官道，抢掠为患"③。因此，终明一代河西走廊地方治安始终不靖，长期处于动荡环境下的河西居民，不得不加强自身防范，时人言及甘肃，则更是指出这一民风形成的关键，"盖各地止知防秋，而甘肃四时皆防；各边止知防虏，而甘肃则又防番防回，兵马奔驰，殆无虚日"④。这可以说是河西民间尚武风气形成的真实写照。

　　正是由于以上原因，河西民间尚武风气才如此浓厚，也成为地域民俗文化的一大特征。而"河西斗绝，在羌胡中"⑤，又不断强化这一种尚武风气的形成，因此自汉开边以来，河西民风一直以强悍为其特征，也就不足为怪了。

（原刊《史念海教授纪念文集》，三秦出版社 2006 年版）

---

① 民国《甘肃省志》第二章"都会"，第六节"甘凉道"。
② 乾隆《永昌县志一卷·风俗志》。
③ 《明经世文编》卷 38《王鉴川文集》。
④ 乾隆《永昌县志一卷·艺文志》。
⑤ 《资治通鉴》卷 40《汉纪 32·光武帝建武元年》。

河西走廊民风的区域差异

河西一地，由三大既相独立又相联系的地理单元组成，形式各异的地理空间其历史发展又或存在差异，民风的不同也就自然而然。以沙州（今敦煌）一地为例，唐天宝年间，河西五州尽陷吐蕃，只有沙州一郡还是汉人社会。据敦煌遗书沙州人民《上回鹘天可汗书》述沙州旧事云："沙州本是善国神乡，福德之地。天宝之年河西五州尽陷，唯有敦煌一郡不曾破散。"已显见沙州与河西其他地方风俗的差异，所以此变文进一步说："沙州人物风华一同内地，而凉甘诸州雉堞凋残，居民与蕃丑齐肩"，其差异不可谓不大。但到了明代，时序天旋地转，翻天覆地，明廷以嘉峪关为界，嘉峪关以西尽为鞫草茂地，成为游牧民族往来奔驰之所，沙州"善国神乡""人物风华一同内地"俱成往事；而嘉峪关以内，在明廷的经营下，以农耕为主的中原文化在这里蓬勃发展。因此，河西各地的民风差异，不仅仅是一种区域差异，更是一种时空差异，而这种时空差异，完全视河西区域民族分布、社会环境状况而定。河西走廊历史上民族迁徙之频繁，人口变化振幅之大，在中国疆域以内所仅见。这种变动使其民风的区域差异也处于经常变化之中，而这种变化反过来也说明了河西民风是处于不同民风之间不断地碰撞、交流、融合过程中的。

一 温和的敦煌民风

无论从区域发展角度还是从民风形成过程来看，敦煌民风较之于甘、凉二州民风都要温和的多。从能体现民风差异的量化指标武甲科人数比例来看，敦煌武甲科的比例要大大低于甘、凉二区。清代河西走廊张掖、武威、敦煌三地武举人之比为8∶3∶1，① 显见差异，即使将其置于一个更长的历史时段来考察，民风这种区域差异依然很明显。从历代征辟制科人才来看，三地比例为1∶2∶10。② 因此，甘州（今张掖）是河西走廊域内民风最为强悍的，正如乾隆《甘州府志》所言"甘俗尚武弓力尤劲，有以神箭世其家者"。③ 而敦煌则是较为温和的，武威居于二者之间，即是史书所言的"质而不野，尚武兴文"。④ 这种区域差异的形成既有历史自然原因，也有社会文化因素。尽管敦煌近世民风主要是由于移民影响而与秦陇民风相近，但就历史时期而言，其民风依然要比武威温和的多。秦汉时期，敦煌为多民族分布之区域，多元文化促使其居民性格更为宽容，这也是敦煌地域历代民风趋向于柔和的深层文化结构。尽管武威和张掖也是一种多元文化之区域，但这种多元文化（开放文化结构）往往为历史的进程所打断，如北凉、南凉、甘州回鹘、凉州蕃汉政权时期即是如此。而敦煌则不然，它位于河西走廊最西边，不管在哪个时代，哪个割据政权，它都作为一个边境城市在与广大的西域诸国进行着频繁的贸易往来，总是得风气之先。唐末五代时期，在河西各地相继沦陷长达11年之后，敦煌军民才以"苟毋徙它境，请以城降"为条件开门纳贡，⑤ 吐蕃奴隶主也赦免了这个"获罪之邑"，避免了一场大攻杀和大浩劫，那种使人刻骨铭心的、强烈震撼人灵魂的事情没有发生，不像武威那样给人们心灵造成的创伤久久不能弥合。如武威民间至今还有这样的说法，如果某人闯下大祸，武威人管他叫作"你闯下天宝大祸了"，外人一听怎么也不明白，"大祸"怎么能叫"天宝大祸"，这是指天宝年间吐蕃奴隶主攻占凉州这一历史事件，其冲击波历经千年而依然在武威人心灵深处激荡，足见其创伤之深。因此，在河西走廊相继陷蕃之后，敦煌依然保

---

① 资料来自乾隆《武威县志·选举》，道光《敦煌县志人物·科第》，民国《续修张掖县志·选举》。
② 资料来自民国《甘肃省乡土志稿》第21章第1节"历代人才之统计"。
③ 乾隆《甘州府志》卷4《风俗》。
④ 民国《甘肃通志稿·甘肃民族志（一）·民族九·风俗》。
⑤ 《新唐书》卷216《吐蕃传》。

留着传统的汉人社会。"敦煌郡，四面六蕃围，生灵苦屈青天见，数年路隔失朝仪，目断望龙墀"，①"叹念敦煌虽百年阻汉，没落西戎，尚敬本朝，余留帝像，其余四郡，悉莫能存。观甘、凉、瓜、肃，雉堞调残，居人与蕃丑齐肩，衣着岂忘于左衽；独有沙州一地，人物风华，一同内地"。② 这在整个河西走廊皆被"吐蕃化"的形势下是十分不容易的。即使是在蕃占时期，敦煌人依然心系中朝，《李氏再修功德碑》里记载了一个姓李的汉族地主在吐蕃统治下当了将军，碑文中有以下几句："虽云流陷居戎，而不坠弓裘，暂冠蕃朝，犹次将军之列"。③就连敦煌人的名字也体现了强烈的民族尊严感，如程思楚、程思太、程思忠④、赵大本、赵光明、索思礼、安大忠、赵明奉、赵如王等。⑤ 在这一时期，吐蕃奴隶主还往往不得不依靠汉人来统治敦煌，如带领敦煌人民守城长达11年之久后投降吐蕃的阎朝，被吐蕃授予"大蕃部落使河西节度"，摇身一变又成为吐蕃时期敦煌的上层人物，而后来带领敦煌人民起义并从吐蕃手中收复河西十一州的张议潮，其祖上即世代为官于吐蕃，张议潮本人亦为吐蕃的一个将领，表明吐蕃奴隶主对敦煌汉人社会的承认。在归义军时期，"河西诸州，蕃、浑、嗢末、羌、龙狡杂，极难调状"，⑥敦煌成为比任何时候都更为孤立和陷入异族领地之中的一块遥远的汉族孤岛。敦煌曲子词《菩萨蛮》就有"只恨隔蕃部，情恳难申吐，早晚灭狼籍蕃，一齐拜圣颜"。⑦ 此后张承奉建立"西汉金山国"，自称"金山天子"，其名号含义极言"西部汉人之国"以示区别。即使到了后来与甘州回鹘结为父子之国仍然念念不忘"沙州本是大唐州郡"，⑧可见其葵藿之心。不仅如此，归义军时期，敦煌还出现了"赤心乡"这一政区名称，其即为具有赤胆忠心、赤心为国之意。尤其值得一提的是，吐蕃奴隶主还在敦煌一地兴

---

① 敦煌遗书 P318、S5516 等，《敦煌曲子词集·望江南》。
② 敦煌遗书 P3451《张维深变文》。
③ 见《陇古金石录》卷 2。
④ 以上见 P3354《敦煌郡敦煌县龙勒乡里天宝之载（747）籍》。
⑤ 以上见 S514《大历四年（769）沙州敦煌县户籍残卷》。
⑥ 敦煌遗书 S5697《敦煌录》。
⑦ 敦煌遗书 P3128《菩萨蛮》。
⑧ 敦煌遗书 P2992《沙州百姓上回鹘天可汗书》。

办学校，这对敦煌人才的培养以及汉文化的巩固都起到了不可忽视的作用。即使在吐蕃从河西走廊撤退后的9—10世纪，敦煌还依然残留着儒风坊巷（S204、S3876）、永宁坊（S3877）、修文坊（S1285）、定难坊巷（S4307）、临地坊（池坊）（S1398）、政教坊（S3835）、修仁坊巷（P3501，V）、钦贤坊（P2482）、怀安坊（P2482）等8世纪以来的唐制坊巷。依据律令制度成立的乡里制虽然已经崩溃，但是在归义军时期，敦煌、莫高、神沙、龙勒、洪闰、玉关、赤心、慈惠、效谷、平康洪池等旧日的11乡的名称和区域，仍然作为基层行政区而复活。其中赤心乡代替了原来的悬泉乡，而从化乡则是新的乡名，显示了深厚的汉文化意识和情结。就连敦煌女儿选择对象也一心崇拜的是"长安君子，赤县人家""只要绫罗千万匹，不要胡觫数百杯"，① 可见敦煌汉文化传统的深厚。即使在西夏时期，西夏对敦煌的统治也是反反复复，极为不稳定，这也标志着敦煌汉人社会对异族固有的反抗心理。在敦煌莫高窟第444窟檐处北壁，至今还保存着一条汉文题记："庆历六年丙岁发十二月座口神写窟记也"，庆历六年即公元1046年，已是西夏占领统治沙州后的第十年，这条题记仍然沿用中原王朝的年号而不用西夏年号，可见当时沙州地区民众仍然是"心系中朝"，仰慕汉仪。因此，在历史时期，敦煌一地总是晚于沦陷，而收复最快。各个少数民族政权对这个地区都表现出少有的宽容和大度，听任这个汉人社会的保留，这也是敦煌民风要比其东部温和的原因之一。

从两汉以来逐渐成长起来的河西大姓成为河西走廊任何一个政权或割据势力所不可忽视的力量，不管是胡还是汉，它都必须依靠河西右姓才能巩固其统治地位。因此，从两汉以后，河西走廊其实是著姓社会的天下，而河西著姓之中当以敦煌右姓为代表。从敦煌大姓的形成来看，大部分为中原官宦士人及其后裔，其代表的就是中原儒道两种文化。如形成于汉、晋，延续传续长达十多个世纪的豪族大姓索、阴、翟、李、张、曹、阎、氾、罗、阚、令狐等大姓，他们中就有"直谏忤旨徙边"

---

① 敦煌民间故事赋《下女夫词》（P3350）。

的索氏，① "从官流沙"的翟氏，② 以及 "汉成帝时御史中丞氾雄，直道见惮，河平元年自济北卢县徙居敦煌，代代相生，遂为敦煌望族" 的氾氏。③ 因此，敦煌右姓所形成的家族体系事实上是儒家文化的核心堡垒，尤其是私家学风的兴盛，对于汉文化的保留和播扬都发挥了很大的作用。正因为儒道两种文化成为敦煌地域文化中最具传统的一个文化因子，故敦煌人性格即表现为外柔内刚。外柔来自道家，内刚则来自于儒家。历史上敦煌虽然不时陷入异族的统治，但其仍然能保留传统的汉人社会，其原因概在于此。上文所述张承奉之死即因其勾结吐蕃以抗回鹘，引起州人不满所致，也是敦煌人外柔内刚的民族心理在面对重大社会事件时的必然选择。

除此而外，敦煌自古还是一个宗教比较发达之区域，有 "善国神乡，福德之地" 的美誉，对其民风的影响不可谓不深。因为宗教本身就是一种麻醉剂，它能使 "悍戾者好空恶杀，义勇者殉国忘家"。④ 敦煌这个悬远的地域社会，民族分布又极其复杂，所以历代统治者都不遗余力地推动这里宗教的发展。大一统的王朝自不必说，即使是一些割据政权，不论其为胡还是汉，都将宗教作为统治一方的精神支柱。胡者如吐蕃、西夏等，汉者如前凉、归义军政权等，莫不把宗教作为统治河西走廊的镇山之宝。吐蕃时在吐蕃奴隶主的大力推动下，敦煌成为当时禅宗的繁荣中心。⑤ 西夏时更是，"释教尤为所崇奉，近自畿甸，远及荒要，山林溪谷，村落坊聚，佛宇遗址，只椽片瓦，但仿佛有存者，无不必葺"，⑥ 可见其对宗教之倚重。历史上河西走廊汉人割据政权，每每由于元朝正朔而不得遂转而依靠宗教这一剂良方来统治这个 "华戎所交一都会"，归义军政权就是一个极好的例证。尤其是曹氏统治敦煌时期，西有于阗挡道，

---

① 敦煌遗书 P2625《敦煌名族志残卷》。
② 《沙州文录》，《翟家碑》。
③ 敦煌遗书 S1889《敦煌氾氏人物传》。
④ 《全唐文》卷 750。
⑤ 参见 [日] 山口瑞风《Ⅳ吐蕃统治时代》第 3 节 "敦煌的佛教界"，《敦煌讲座 2·敦煌的历史》。
⑥ 西夏《重修护国寺感应塔碑》，碑藏武威市博物馆。

东有回鹘侵扰,孤悬异域,因此大力提倡佛教,其便成了曹氏政权生存的唯一精神支柱。现存莫高窟最大的洞窟就是曹氏统治时期所开,如 98 窟(曹议金功德窟),100 窟(窟主为曹议金夫人回鹘公主),108 窟(窟主为曹议金弟妹),53 窟、55 窟、61 窟(均为曹元忠时所开的窟)及 454 窟(曹延恭时窟)等。而当时曹氏政权仅限于瓜、沙二地,人口仅不过三万多,开凿每窟费用动辄"费税百万"计,① 由此也可想见当时瓜、沙地区佛教香火之旺,从佛人数之众。901 年(唐光化末年)回鹘始攻至沙州城郊,并纵火烧毁了金光明寺的佛殿(金光明寺在城东 500 米),这种野蛮破坏的行径自然激起了沙州人民的强烈愤慨,斥为"猃狁狼心犯塞,焚烧香阁摧残"(敦煌文书 S389 号,S3905 号《天复元年(901)十二月十八日金光明寺造窟上梁文》),可见敦煌人佛心之重。一直到元代,马可波罗还说沙州城几乎全是佛教徒,人们对偶像可以献出一切,表现出极大的崇拜和信仰;② 即使到明时莫高窟为"回人蹂躏,佛像屡遭毁坏,龛亦为沙所掩,而壁画丹青尚有存者,令道人等梳爬略见眉目。四月八日户民为浴佛之会,香火称盛"。③ 由此亦可想见到沙州这个地方浓厚的宗教文化氛围以及由此影响下的敦煌民风。

二 质而不野的武威民风

自东汉以来一直作为河西走廊政治、经济、文化中心的武威,无论是其文化发展水平还是宗教兴盛程度,都与敦煌不相上下,甚至有过之而无不及。早在汉代,武威地区的教育和经学水平即可与中原相媲美。1959 年 7 月在武威县磨咀子出土的汉代木简有《仪礼》九篇,该简是春秋战国时期的礼制汇编,是儒家六经之一。而且这种《仪礼》简版本是中原已失传的版本。此外,在武威发现的汉墓中,常常发现棺盖上放置铭旌、简册和鸠杖,说明汉文化在这一地域极为兴盛。到唐时"凉州女

---

① 敦煌遗书 S5448《敦煌录一本》。
② 冯承钧译:《马可波罗行纪》第 57 章 "唐古忒州",中华书局 1954 年版。
③ 道光《敦煌县志》卷 7《杂类录·古迹》。

儿满高楼,梳头已学京都样",其文化发展几乎与中原保持同步。即使到清代依然是"村近牛羊满地,秋高禾黍登场,闲坐二三父老,向阳共话羲皇",① 其民风之古朴于此可见一斑。后世武威方言中雅言成分较多且多典故地名和《千字文》地名,都表明了武威一域汉文化根基之深厚。但武威由于战略地位极为重要,素有河西咽喉之称,且地域邻近秦陇,历来成为各民族轮番争斗之地,长期的战争环境使其民风刚性成分不断增加。尤其是唐末五代时期,凉州成为吐蕃在河西走廊的统治中心,其"蕃化"程度最深,历史上每每以凉州为"吐蕃地"其原因也概在于此。史载,"凉州廓外数十里,尚有汉民陷没者耕作,余皆吐蕃",② 几成吐蕃之区域。在归义军时期,凉州为蕃汉政权所控制,这个政权的构成体本身就表明汉人社会与吐蕃人的社会已经在政治、经济、文化等方面相互融合,其民风的融合也就自然而然。而此时在西凉府周围生户、熟户众多,"其俗多有世仇,不相往来,遇有战斗,战则同恶相济,传箭相率,其从如流。虽各有鞍甲,而无魁首统摄,并皆散漫山川,居常不以为患"。③ 此后这种状况一直没有改变。到李元昊攻取凉州,凉州南山一带仍然分布有大大小小的部落,环伺于凉州,如六谷部落、嗢末部落等。明代是武威民风变化的又一重要时期,当时蒙古铁骑常常游牧于肃州、凉州、甘州、镇番等地,使得武威出现时时有警、家家为战的局面。"凉州城北尽胡虏",可以说是对明代凉州形势的生动概括。"年年此地边城上,竟与胡人相间处",史称"人杂羌戎习俗刚劲",④ 这是武威民风不断"刚"化的重要驱动力。民国《甘肃通志稿》更直言:"汉武帝初设河西五郡而武威其一焉,生其地者固多刚毅雄杰之士,往往以武功显然",⑤ "烈士武臣多出凉州"。⑥ 说明其民风中尚武风气较浓。俗云:河州(今临夏市)的鞭杆秦州(今天水市)的棍,凉州(今武威地区)的

---

① (清)陈炳奎:《田家杂兴》,《古柏山房诗草》(抄本)。
② 《宋史》卷492《吐蕃传》。
③ 《宋史》卷264《宋琪传》。
④ 民国《甘肃通志稿·甘肃民族志(一)·民族九·风俗》。
⑤ 民国《甘肃通志稿·甘肃教育志(一)·教育(二)·书院》。
⑥ 民国《甘肃通志稿·甘肃民族志(一)·民族九·风俗》。

拳掌称霸王，武风颇盛的凉州人被称为"铁门槛"。但相对于甘州（今张掖）而言，其民风还要相对温和一些。一是其传统的汉人文化根基深厚，使风俗习惯得以继承；二是凉州靠近兰州及关陇，其所受汉文化影响要比张掖强烈的多，有近水楼台先得月之势。而且凉州为历代中原移民河西的首入区域，其不能不受中原儒家文化的影响。因此，尽管武威民风中含有较多的少数民族"以力为雄"的特征，但由于中原文化的持续输入，使其民风呈现为柔中带刚、刚中有柔的复合文化形态。

三 强悍的张掖民风

处于河西走廊中部的甘州（今张掖），既无敦煌的条件，又无武威的优势，且其民族分布较之敦煌、武威更为复杂。早在汉代，这里即为羌、小月氏、匈奴等部落的分布地，汉武帝"益发戍甲卒十八万酒泉、张掖北，置居延、休屠以卫酒泉"。① 关于休屠障塞情况不详。而从今酒泉北沿额济纳河东北行至居延泽，就是著名的居延塞，也称遮虏障。汉修筑这段边塞的目的即在于控制匈奴进入河西的通道，确保酒泉、张掖的安全。《汉书·李广传》附《李陵传》载：陵"拜为骑都尉，将勇敢五千人教射酒泉、张掖以备胡"，可见当时张掖仍为汉代设防重点。而此后少数民族在张掖起事不断，仅《后汉书·西羌传》记载就有七次之多，如永宁元年（120）上郡沈氏种羌5000余人"复寇"张掖，同年烧当、烧何种（均为羌族——作者注）率3000余人"复寇张掖，杀长吏"。遍捡史书，在河西发生的民族斗争尤以甘州一地为多。故史书言"吾甘在汉唐以前开化最早浩劫亦最多"，② 这无疑道出了张掖民风强悍的根本原因。其实，早在汉代时张掖民风就较河西其他地方更为刚劲。据汉简记载，在当时驻宁河西地区的军队中，张掖人大部分充当骑兵，而外地人很少当骑兵，亦足见其能征善战的特征。魏晋南北朝时代，卢水杂胡沮渠蒙逊即是借助部族及其他部落的力量在张掖建立了北凉政权，并以此为基

---

① 《汉书》卷54《李广苏建传》。
② （清）《东乐县志·序》。

地统一了河西走廊。隋代，隋炀帝亲至张掖主持了二十七国国际贸易会，除显示皇恩浩荡之外，也有威慑诸少数民族之意。唐时，曾有西域处月种沙陀部族移住甘州，沙陀族凶悍善战，史载"沙陀劲勇冠诸胡，吐蕃之甘州，每战，以为前锋"，[①] 其对甘州民风影响极大。民国《续修张掖县志》就曾言及此事，并说"曾处沙陀添劲猛"。[②] 虽然沙陀在甘州停留时间并不长，但对甘州民风却产生了深刻的影响。唐末五代时甘州先在吐蕃统治之下，后在回鹘占据之中，而且后者要比前者对河西民风的影响要大的多。如在甘州建立回鹘牙帐的回鹘部族，与沙州归义军、肃州龙家、嗢末、凉州蕃汉政权等或断或和，争斗不断，并一度称霸河西。P3033《龙泉神剑歌》即是归义军张承奉时与甘州回鹘不断发生战争的写照，"蕃汉精兵一万强，打却甘州坐五凉"。甘州回鹘枢密使曹万通向宋真宗说："本国……有小郡数百，甲马甚精习"，[③] 几乎是人人都可以参战。西夏元昊拥有河西走廊，在他的称帝表文中就说："吐蕃、塔塔、张掖、交河莫不从服"。[④] 可见只要张掖被征服，整个河西即被征服，也折射出张掖地域民族关系之复杂、民族力量之雄厚。西夏因此"以肃州为蕃和郡，甘州为镇夷郡，置宣化府"。[⑤] 这里的郡兼理军民，至于宣化府，则是一种管理少数民族的宣抚机关，类似于清代理藩院，用来妥善处理回鹘、吐蕃等少数民族事务。而从其名称本身似乎也可以看出其民族构成的复杂性。不仅如此，西夏还在甘州驻扎三万精兵，除以防甘州回鹘之外，还在邻近甘州的肃州驻有一些由汉人组成的军队，以防肃州吐蕃。"得汉人勇者为前军，号'撞令郎'。若脆怯无他伎者，迁河外耕作。或以守肃州。"[⑥] 即使到了清代，甘州府依然是一个"四面番回""华夷交会"[⑦] 的地方，民族分布的复杂性以及各种力量的此消彼长，使甘州较之

---

① 《资治通鉴》卷237，"宪宗元和三年"。
② 民国《续修张掖县志·序》。
③ 《宋史》卷490《回鹘传》。
④ 《嘉靖宁夏新志》卷6《拓跋夏考证》；《长编》卷122及卷123。
⑤ 《西夏书事》卷12"宋景祐二年"。
⑥ 《宋史》卷485《夏国传上》。
⑦ 乾隆《甘州府志》卷3《回朝辑略》。

河西其他地域潜藏着更多的不稳定因素。

从交通环境来看，甘州正处在河西走廊中部，又是横穿走廊的丝绸之路与居延扁都口一线的交点，是古代中国西部东西南北的交通枢纽，至今张掖钟楼四门还挂有这样的匾额：东迎华岳，南望祁连，西达伊吾，北通沙漠。据有张掖，不但可以掐断东西南北的联系，而且据此可以东出西进、南下北上，所以甘州成为各个统治集团或部落首要的争夺地区和重点布防区域，军事意义一直占据主导地位，"甘州自古说严疆，表里山河控狄羌"。① 除此而外，甘州优越的自然地理环境使得其成为各个民族或部落极力争夺的首要地区。张掖拥有河西走廊最大的河流——黑河和河西走廊第二大绿洲，地形开阔，水草肥美，物产丰富，俗有"甘州不甘水湖滩"之说。对于有水就有一切的河西走廊区域来说，甘州一直是河西走廊域内农业较为发达之区域，素有"金张掖"之美称。良好的水利条件不但哺育了农业，而且滋润了宽广的草原，为游牧民族提供了广阔的活动空间。历史上张掖周围常常有大部的民族或部落分布，其原因概在于此。所以史书有言："土壤肥饶，军民富庶。猾虏素所垂涎，贼番不时窥伺"。② 汉时"先零豪封煎等通使匈奴，匈奴使人至小月氏，传告诸羌曰张掖、酒泉本我地，地肥美，可共击居之"。③ 这也是甘州一地历史上民族矛盾尖锐的症结所在。而其西边的敦煌则不同，整个疏勒河流域只有敦煌绿洲面积较大，也仅为 30 平方公里，而甘州则为 3230 平方公里，因此敦煌绿洲不可能承载过多的人口和牲畜。虽然历史时期较今有所不同，但情形当不会差得太远。因此在汉人占领了这块最大的绿洲之后，其余可供少数民族生存的空间就显得十分有限，不可能有大的部落集团对敦煌形成威胁，即使有也只是一些小股游牧于敦煌南山的部落或集团，如仲云就是如此。由此也不难明白历史上敦煌一地汉文化能够完整地保留并延续发展的原因所在。而甘州则不同，历史上常有一些民族或部落分布在张掖周围，它们弱则羁縻，强则雄起，如卢水胡、甘州

---

① 《临泽县采访录·艺文类》（不分卷）。
② 乾隆《永昌县志一卷·艺文志》。
③ 《汉书》卷 69《赵充国辛庆忌传》。

回鹘就是。而这些少数民族无一不是能征善战，强悍之辈。早在汉代，出任张掖属国都尉的窦融就看到了这一点，"河西殷富，带河为固，张掖属国精兵万骑，一旦缓急，杜绝河津，足以自守，此遗种处也"。[①] 以张掖精兵而喻河西，足见张掖尚武风气之浓厚，实为河西一地之冠。

（原刊《西北史地》1999 年第 4 期）

[①] 《后汉书》卷 23《窦融列传》。

层化的河西地名的形成及变迁

　　以指实性为特征的地名,是区域文化在地表的凝结者和保留者。透过地名的空间分布、变迁,可以反映出一定区域内人类社会与自然环境的关系,如同一语种地名的变更,指示着区域内社会、政治、经济、文化的演变;而不同语种地名的相互替代,则反映了不同文化的相继占用及其区域社会环境、经济结构及地域开发方式的差异。河西走廊历史上是一个多民族分布之区域,民族变动非常频繁,曾经出现了大量的民族语地名,保留至今的有蒙、藏、羌、鲜卑等。有的民族语地名虽已消失,但它却被他种语言转用或他借而得以在底层保留,体现了河西走廊地名语言种类构成的多样性和复杂性。通过对河西地名的这种层次结构的剖析,既可以勾勒出河西走廊历史上民族分布、变迁的轮廓,又可以为河西走廊多民族文化的相继占用、空间演替提供依据。从开发方式来看,伴随着每一次开发高潮的来临,既有原有地名的继承,又有新地名的增植;既有地名在不同地域的扩大与缩小,也有地名在地域空间上的转移,反映了河西走廊多层次、多样化的地域开发方式。有赖于此,才使得河西走廊地名类型增多,内涵不断扩大,构成了今天河西走廊多姿多样的地名群体。

一　地名与河西的地理环境

　　河西走廊地理环境的总体特征是:地表平坦,戈壁、草原广布,绿洲景观断续相连。这种地表景观的差异使得以此为载体的地名在空间分布上表现出了不同的分布类型，在荒漠戈壁草原地带，就出现了反映荒漠景观的地名，如黑戈壁、黑沙窝、大草滩、大湖滩、盐碱地、白疙瘩、碱墩子、红沙果、红柳园、沙枣园、野牛沟等。而在绿洲地带则出现了大量以泉、井、水利设施命名的地名，如敦煌绿洲就有月牙泉、南湖、甜水井（泉）等；张掖绿洲有东湖、沙井、大泉等；武威绿洲亦有类似地名，如西湖、上泉、红泉、吴家井等。在灌溉渠道两旁则出现了以渠系或坝命名的地名，如金昌有八坝街、六坝，永昌有六坝、南坝；武威有东河、清源、红水等；临泽有大鸭翅、小鸭翅（简称大小鸭）、三坝、四坝等；张掖有小闸、小河乡等。这些地名具有很浓的人文色彩，但其空间分布的不同是受区域地理环境的差异所影响。

  河西走廊向有"天苍苍，野茫茫，风吹草低见牛羊"之称，处于这样一种地理环境下的人类活动及其文化形态难免不受此环境影响。表现在地名上，就是地名中含有大量的方位词，如东、西、南、北、上、中、下、前、后、左、右等字眼，如东营儿、西寨、南庄、北庄、上腰墩、下腰墩、中腰、前庄、后庄、右二坝等都显示了一定的方位差异。从这些专名的出现频率来看，它们之间似乎有某种对应关系，仅以永昌、永登、武威三县为例制成表1即可窥见其特色之一斑。在小比例尺地图上检索地名，就会发现这些方位地名出现了极好的对应关系，如有东就有西，有南就有北，有前庄就有后庄，有上腰墩就有下腰墩。以武威县为例，武威县河东人民公社（今改为乡）有上腰墩、下腰墩；大河人民公社有盛家东庄、盛家西庄；古城人民公社有张家前庄、张家后庄；洪祥人民公社有许家北庄、许家南庄。带有方位词的地名，不但在空间上位置相对确定，而且也显示了某种时间关系；最为明显的就是带有前、后、上、中、下等字眼的地名，指示着一定区域内开发顺序先后有别。由于河西走廊三大内陆河流域地理景观基本一致，开发时序也基本相同，所以以方位词命名的地名几乎成为河西地名命名的通则，这就难免出现地名重复或一名多地现象。如标志里程的三十里堡、四十里堡；表示方位的东河、西河、前寨、后寨、南沟、北沟等地名比比皆是。以渠系为地名的就更是如此，河西走廊自古就是"非灌不殖"，相似的土地利用形态及生产方式决定了以渠系为名称的绿洲地名的重复，如东坝、西坝、头坝、二坝以至十坝，在武威、张掖绿洲有，在敦煌绿洲更有；而以兴修水利工程工区为地名的就更为普遍，如头工、二工以至十工，石羊河、黑河、疏勒河流域都有这样的地名群出现。

表1　　　　武威、永昌、永登三县方位地名频率　　　（单位：次，%）

区域\频率\方位	东	西	南	北	上	中	下	小计	统计地名	百分比
武威	78	75	49	55	118	54	102	531	3682	14.4
永昌	31	39	20	25	32	10	39	196	1577	12.4
永登	23	22	20	13	61	31	69	239	1591	15.0

说明：（1）武威县地名据《甘肃省武威县地名资料汇编》，武威县人民政府编，1981年。（2）永昌县地名据《甘肃省永昌县地名资料汇编》，永昌县人民政府编，1981年。（3）永登县地名据《甘肃省永登县地名资料汇编》，永登县人民政府编，1981年。

数字地名在河西地名群中比较独特，它往往以群体地名出现，且数量众多。如安西县沿祁连山麓自东而西形成十道南北向河沟，依次名为：头道沟、二道沟……十道沟；前文所举的渠系地名、工区地名都与此类似。据地名资料统计，这样的地名在永昌县有62个，[1] 永登县有57个，[2] 武威县有228个，[3] 张掖县有80个。[4] 有时一个地名纯粹由数字组成，前边一个数字作为通名，后边一个数字作为专名形式出现，如张掖高台县合黎乡就有六一、六二、六三、六四、五一、五二、五三、五四等地名，[5] 一反前例，其通名在前、专名在后，成为独有的地名构成方式。除此而外，也有零星出现的数字地名，如八五、九五、七五、八一等，虽然目前还不知道其得名原委，但可以肯定，或多或少都是受这种区域地

---

[1] 据永昌县人民政府编《甘肃省永昌县地名资料汇编》，以下有关统计数字均出自各县地名汇编，以第一次出现注出，重出不再复注。
[2] 据永登县地名领导小组办公室编《永登县地名资料汇编》，1983年。
[3] 据武威县人民政府编《甘肃省武威县地名资料汇编》，1981年。
[4] 据张掖县人民政府编《甘肃省张掖县地名资料汇编》，1982年。
[5] 据高台县地名普查领导小组编《甘肃省高台县地名资料汇编》，1982年。

理环境的影响所致。另外，以色彩为特征的地名在河西地名中也显得比较特别，如地名中带有"黑""白""黄""红"等字样，这样的地名在河西地名中也为数不少，如酒泉有红山、红水堡、黑水河；张掖有黑城子、乌江、红沙窝、白塔；武威有白水河、红泉、灰条沟、青咀等。据地名资料统计，永登县以"黑"字为首的地名有18个，以"白"为首的地名有20个，以"红"字为首的有22个；永昌县以"黑"字为首的地名有25个，以"白"字为首的有24个，以"红"为首的有29个，以"黄"为首的有24个。这些色彩无不与河西的自然环境相一致，也印证了地名的指实性。

天阔无际，地大无边，使河西走廊产生了大量的派生地名。所谓派生地名，是指由主地名而衍生出新的地名。在河西走廊派生地名很普遍，如武威县二坝乡有王家庄，由此派生出王家上庄、王家东沟、王家前上庄；金昌市的金川衍生出金川河、金川峡、金川东、金川西、金川寺、金川堡；二坝派生出上二坝、下二坝、新二坝；平强沟衍生出大平强沟、小平强沟；临泽有响山河、响山口、响山墩；沙河有小沙河堡、沙河驿；酒泉地区有红山，由此派生出红水、红山堡、红山村、红水坝等地名。有时派生地名往往成为主地名并进而掩盖或含有其他地名类型，如张掖马蹄寺石窟群位于马蹄山下，因山名的关系，遂有马蹄河、马蹄峡、马蹄寺乃至马蹄殿等一系列的名称。但由于明清以来马蹄寺地位上升，人们便将这一带北魏以来的金塔寺、千佛洞及上、中、下观音洞统称为马蹄寺石窟。至今其他地名的含义都大为内缩，并且其适用范围也日益变得越来越小，马蹄寺遂成了这一带石窟群的总称，而其本身的名称含义亦发生了变化。由于派生地名具有前后相继的特点且以群体性出现，故其能被长期沿用，如居延县、居延城、居延泽、居延海等名称，自汉武帝征伐匈奴前后出现，一直被沿用。有些地名直到今天还在不断地派生与演化。派生地名产生的根源是随着人口的增加和人类活动范围的扩大，区域内可资凭借的标志物又不多，因此人们往往就以附近地名作为参照系。地名的派生，使地名在地表的密度和广度都相形增大。而通过地名的这一种外圈演进分析，也可以显示出某一小范围乃至一个大区域内文化外散的时序与强度。

同自然地理环境对河西走廊地名的影响一致，河西走廊的人文环境亦对河西地名的形成产生了影响。河西走廊自古即为多民族分布之区域，留下了大量的民族语地名，至今在河西还有四个地域是民族语地名的集中分布地区，即天祝藏语地名区、肃南裕固语地名带、肃北蒙古语地名区和阿克塞哈萨克语地名分布区。仅以河西走廊西部为例，这里是蒙古族和哈萨克族聚居之地，故多蒙语和哈语地名。如蒙语地名有布隆吉（河水汇集转弯处）、苏干湖（有红柳的湖泊）、克腾郭勒（冰水河或冷水河）、吐尔根达坂（陡峻的山岭）、博罗转井（传递警报的地方）；哈语地名有阿克塞（白色的沟）、农场托圃拉克（农场的土地）、塔哈尔巴斯陶（原野上的泉水）等。河西历史上为诸多少数民族游牧之地，由此也产生了以"圈"为通名的地名，如武威有羊圈、大牛圈、小牛圈、大圈滩、黄家圈等；张掖有马圈沟、下圈湾、上圈湾等。据统计，仅今金昌区域以圈为通名的地名就有23条，永登县以圈为通名的地名更多达34条。以圈为通名的地名正是游牧民族分布地区地名的一大特色。当然，由于历史上河西民族变动相当频繁，有的民族语地名作为底层语言被保留或转为他译，如临泽县的嗦罗河、旱兀拉儿渠、扎尔墩、昔喇渠等就是如此。依照民族地区地名演变这一规律，可以复原当时民族分布及其演替（详后）。正因为河西走廊历史上为多民族多部落分布之区域，每每成为中原王朝设防之重点区域，因而也留下了众多的建筑物或其痕迹，这些建筑物往往成为（河西）新地名命名的参照系，最为明显的就是长城及古城堡。如在长城沿线就出现了长城堡、长城原、长城梁、长城坡、长城村等地名；还有许许多多以烽燧命名的村名，如拱星墩、四方墩、四方台等地名。有些地名带有时态属性，比如古城、古寨等即是如此。在它周围出现的新聚落或地名，则往往带有新字，如临泽县的新添堡，就表明它出现的时间比周围的堡寨都晚。河西走廊古城堡的数量巨大，据统计有230余座，遍布河西各地，因此也出现了大量的以此为名的聚落名称，如古城、上古城、破城子等，构成了一个独有的地名群落。它是新与旧、过去与现在两种时间的衔接，其在文化地理学上的意义非同一般。再者，河西历史上为中外交通的重要通道之一，走廊内部设有许多驿站，有些即直接演变为地名，如岔口驿、武胜驿、镇远驿等。

河西历史上为宗教发达之区域，泉深林密，寺庙广布，如前凉时村村有塔林，堡堡有寺庙，直到 1949 年前的张掖还有"半是芦苇半是庙"之说，由此也产生了大量的宗教地名。如酒泉地区有西峰、仙人河、天乐城；永登县有龙泉寺（乡级地名）；金昌有塔儿湾、后大寺；武威有金河、青林、永丰、大鄂博；临泽县有寺湾、中武当、三宫堡等。就宗教地名的得名原委来看，有的地名是因临近寺庙而得名，有的是假借，而更多的则是绍远。因寺庙塔林而得名的地名在河西走廊也为数不少，仅今张掖一县就有宗教地名 53 个，如古佛寺、药佛寺、观音墩、老君沟等等，汉族地区如此，在少数民族集中分布地区宗教地名就更多，如裕固、肃北、天祝等地就是如此，仅以肃南裕固族地区为例，其乡级以上宗教地名就有 9 个，即水关、明海、莲花、康乐、喇嘛湾、明花、青龙、大都麻、马蹄。河西众多的宗教地名，从一个侧面反映了河西历史上宗教文化之兴盛。

除上述几种地名命名类型而外，历史上河西屡为藩王封地，由此也出现了许多与此相连的地名，如"藩封地""钦锡地""更名田""王田""屯田"等地名，有的至今还留有余韵。如武威永昌堡元代为高昌王的封地，至今群众还尤指某一地块为"王田"，某一地块为民"屯田"，由于这两种地块对官府的赋役不同，所以在人们心目中留下了很深的印象。这是政治对地名直接影响的结果。

自然地理环境不可能不变，而以指实性为特征的地名也因而会随环境的改变而发生变迁。如载于清嘉庆《永昌县志》等史籍中的金昌地名共有 446 条，而经过 160 多年的沧桑变迁，到 1980 年继续沿用的却只有 72 条，沿用率仅为 16%，84% 的地名已随历史的进程而消逝。纵观金昌消逝的地名，以寺庙地名连同它们的实体消逝得最多，表明环境的演变是地名变迁的直接根源。历史上河西无论是自然环境还是人文环境变化的频率都是非常高的，这已有相当多的研究成果可供参考，此不赘述。如仅就地名而言，自然环境的变迁虽然缓慢，但其对地名的影响却是持久的，今永昌境内明以前有鸾鸟山、平羌山、脑儿都山，而在光绪十七年（1891）的地图上就变为鸾鸟口、平羌口、脑儿都口，到民国二年（1912）的地图上不仅有上面三条地名，又出现了鸾鸟沟、平羌沟、脑儿都沟，而民国十八年（1929）的地图上却仅有鸾鸟沟、平羌沟、脑儿都沟，其名称演变的基本程序是山（片状地名）—口（点状地名）—沟（线状地名）。地名的这一种演变过程应该说是名称所代表的地理实体发生了变化所致。事实是，在清末民初，永昌境内灾荒频仍，滥伐森林，致使生境急剧恶化，河流水量减少，水越来越受到人们的重视。沟谷有水，遂成为人们放牧的重要区域，人们与山的关系毕竟没有与水的关系那么密不可分，自然而然地山名让位于水名。诸如此类地名的演变，在整个祁连山北麓再再有所发生。而人类活动改变了山林也因而改变了源于祁连山的各条河流的水量，进而引起了河流下游乃至中游地名的改变，此一事例以位于今民勤境内的古称潴野泽的演变最具典型性。潴野泽为秦汉以前对民勤北部石羊河终端湖的总称，① 西汉时称为"都野"，② 东汉时称为"休屠泽"，③ 到北魏时，由于汇入潴野泽的金川河、古浪河等石羊河支流不再汇水到潴野泽，使潴野泽水域迅速缩小，一分为二，北为休屠泽仍沿用旧称（俗名西海），可能是原休屠泽的主体，东为都野，世谓之东海。到唐代东海一度消失，其名称不见史籍记载，只有西海还存在，不过已改名为白亭海，唐曾于其傍置白亭军。④ 到宋代，河西走廊为游牧民族统治达数百年之久，自然生态环境的恢复应是不言自明的。在唐代一度消失的东海又再次出现，不过已改换了名称，曰"达狄臧海"，白亭海亦简化为"白海"。⑤ 到明代，史官又翻前案，除白亭海仍如其旧而外，将东海回称潴野泽。⑥ 清代二海名称集前代之大成，有潴野泽、西海、都野泽、休屠海、凉泽、东海、哈刺鄂模、白亭海、白海、白亭湖、白碱湖。⑦ 始之于明继之于清对河西走廊大规模地开发，是河西

---

① 见《尚书·禹贡》："原隰底绩，至于潴野"，参考诸家研究成果，这个"潴野"应为石羊河下游的一片汪洋巨泽。
② 见《史记》卷2《夏本纪》。
③ 《汉书》卷28《地理志》。
④ 《元和郡县图志》卷40，姑臧县条。
⑤ 《太平寰宇记》卷152，白亭海条。
⑥ 《明史》卷42《地理三》。
⑦ 以上各名见于：《秦边纪略》卷2、《读史方舆纪要》卷63、《钦定大清一统志》卷42及乾隆《甘肃通志》卷6《山川》、道光《镇番县志》卷1《地理考·山川》等志书。

历史上自然环境变化最为剧烈的时期，成书于乾隆元年（1736）的《甘肃通志》卷6《山川》镇番县条下竟无潴野泽、鱼海、白亭海之名，可见二海已经消失，或者化整为零，或者已被新的名称所取代。至晚到19世纪中叶，在原来的东西二海之地分别出现了"青土湖""柳林湖"两个地名，① 但其名称含义已与往日不可同语。由此可见，上游地名的改变也可能触发下游地名的改变。窥一斑而见全豹，石羊河流域如此，黑河、疏勒河流域亦与此相仿佛。

相对于自然环境的改变而言，河西走廊人文环境的改变频率要高得多，地名的更换、叠置、覆压等现象也很普遍。除少数民族语地名另当别论之外，以汉语命名的地名总的变化趋势是：求实、求美，从简、从俗。具体而论，求实，就是地名进一步贴近现实，减少理想色彩，如水丰堡变为头坝堡，宣德堡变为六坝，清溪堡变为八坝堡，反映了人们与水关系的密切，这也是河西地名的一大特色。求美，就是人们力求用吉祥的字眼来表达他们的美好心愿，如坟墓山变成风门山，白烟墩变成白杨墩，流迁沟变成流泉沟，定羌庙变成绣花庙，风垅庄变成丰农庄，宇保堡变成玉宝堡，新划变成新华，汤吕堡变成汤宁堡，凤凰堡变成奉化堡再变成顺化堡等。从简，就是地名要简短易记，便于人们交往。其实这也是地名演变的一条基本规律。河西地名发展的历史也是由繁到简的历史，如水磨川关变成水磨关，王家杏树庄变成杏树庄；祁家园拐子变成西庄子，校尉营变成西校，真景堡变成东寨；釉子山变成尤子山。再如民勤县的《千字文》地名，为了力求简明，称呼方便，人们又将"字""号"二音合并成"cao"，如"天字号""地字号"……改称为"天cao""地cao"……"cao"有音无字无义，所以后来又去掉"cao"音添字配词，这样"天cao""宙cao""雨cao""珠cao"就改为"天成""宙和""雨顺""珠明"等等，这在音和义上，配合完善，符合民意。

此外，河西地名从俗现象较为普遍。所谓地名从俗，就是使地名尽量符合当地人约定俗成的习惯，如"照田"（旧时官方备案的开荒地）由谐音而变成兆田，其他如屯兴堡变成通信堡，刘可庄变成刘克庄，王秀

---

① 道光《镇番县志》卷1《地理图考·山川》。

堡变成王信堡，昭义堂变成赵义堂，官家堡变成龚家堡，花家沟变成华家沟，加沟变为夹沟，平羌沟变成平强沟等就是如此。透过河西地名的变迁，也可以反映出河西地理环境的变迁。

二　地名与河西的民族分布

历史上河西走廊为多民族多部落分布区域，仅秦汉时代，在河西走廊活动的民族或部落就达十几种民族、几十个部落，这些在河西历史上活动过的民族或部落都以自己的民族语言命名过地名。但由于民族之间空间相继占用，民族之间同化与融合持续发生，使大部分原地名被他民族语言所覆盖，只有少部分地名被他民族语言所借用或在其语言底层得以保留。而不同语言之间的借用音讹现象又非常严重，造成一地多名，如有的少数民族语言地名变成汉语地名时，其称呼竟达十几种之多，[①]给民族语地名的辨别、地名含义的诠释带来难度。因此，研究这部分地名要比研究汉语地名要困难和复杂得多，一般要借助于民族历史、分布及其语言加以解决，在此基础上复原民族地名分布格局。

历史上河西走廊分布地域最广、持续时间最长的民族当数羌族，因此也留下了大量羌语地名。如姑臧即来自羌语，"姑"是指羌族部落的"种"姓，"臧"是羌语"家族"或"部落"的意思。在今天的藏语中还可找到对应语，藏语 nguts'ang 即是羌语姑臧。至今藏族的部落和家族仍有称"臧"（现写作"仓"）的，如阿万仓、霍尔仓、多仓等。古代在凉州南山莲花山一带还有一个"姑"（ngu）姓人部落，这个部落在羌语里被称作"姑臧"。今武威莲花山下冯良寨还有顾姓人家，可见当时凉州一带为羌族"姑臧"部落的中心分布区域。汉武帝打通河西走廊，"通道玉门，隔绝羌胡"，[②] 在羌人故地设置了河西四郡，今永登县境内的伏羌堡，天祝县境内的"镇羌河""镇羌滩""镇羌驿"等地名，皆源于此。河西

[①] 如焉支山就有焉支、燕支、烟支、胭脂、胭支、燕脂、烟肢、燃支、焉耆、焉提等名称，参见刘正埮编著《汉语外来词词典》，上海辞书出版社1984年版，第381页。

[②] 《后汉书》卷88《西域传》。

走廊最大的河流——黑河,汉时称羌谷水,① 当为羌人分布之地。极西的敦煌郡西汉时有个破羌亭,亦当为此地羌人分布集中之地。至今河西还有羌语地名遗留,如武威城东的黑羌塘(今大河驿西盛家庄)、羊上坝;城北的羊同(今永昌镇)、红羌(今洪祥)等。除羌语地名而外,在汉以前,武威一地还有赤青泉和赤乌镇地名。《元和郡县图志·陇右道》:"赤水军,在凉州城内,本赤乌镇,有赤青泉,名焉。"可见直至唐代这两个地名还在被借用。何光岳在《焉耆、乌孙的族源和迁徙》一文中说:"《世本》载炎帝之后三乌氏,为侯因,则为姜姓。三乌氏,即三个乌氏族的部落联盟,这个三乌氏或许是乌氏、焉氏、赤乌氏,乌氏也转音为乌孙。"这里不管他的后一个推测对与否,其前一个推测大抵是不误的。赤青泉和赤乌镇就是因赤乌孙曾迁居于此而得名的。新中国成立后,武威出土了大量汉代木简,其中磨咀子汉墓出土的汉代柩上记有死者的籍贯,其中有"姑臧北西夜里女"字样,西夜里女,这是西夜族部落所在。当时已采取了汉葬但仍称本族名字,故只记"女"字。这也反映了汉代河西走廊民族之间的同化与融合。《汉书·西域传》记有:"西夜国,王号子合王,治呼犍谷,去长安万二百五十里。与胡异,其种类羌氏行国,随畜逐水草往来,而子合土地出玉石。"姑臧的西夜里,为其始居地,至汉代尚有遗留部族。另外,汉时张掖郡有"氐池",敦煌郡有"氐置水",反映了氐人广泛分布在河西走廊的历史事实。在汉之前,匈奴驱逐了月氏和乌孙,曾分封休屠王和浑邪王统治河西走廊,因此也留下了一些匈奴语痕迹,如祁连山,即为匈奴语,匈奴呼天为"祁连",祁连山亦谓之天山。今大黄山一名青松山,又名焉支山,焉支山就是匈奴对这一山的称呼,焉支即"燕支""胭脂"的对译,亦写为"阏氏"。② 除此而外,今武威境内的石羊河,汉以前称狐奴河,亦为匈奴语地名,"狐奴"快读可称"谷",所以《汉书·地理志》就将其记为"谷水"。再如今金昌境内的脑儿墩山,是匈奴对此山的称呼的谐音,匈奴称此山为"脑儿都山","脑儿"为匈奴语对水的称呼,意为出水的山。汉武帝在驱逐了匈

---

① 《汉书》卷 28《地理志》。
② 《李太白全集》上册,第 291 页。

奴之后，在河西走廊广设郡县，其中已知确指为匈奴语地名的有三县：一为休屠县，二为觻得县，三为骊靬县。休屠县，《史记·大宛列传》记太初三年（前102）"置居延、休屠以卫酒泉"。《太平寰宇记》卷152："休屠城，即汉休屠王所理之地，汉亦为县。"其治在今武威市三岔古城。汉代还将其北的潴野泽改名为休屠泽，可见今武威以北至民勤当为匈奴休屠部落的主要分布地。觻得县，《资治通鉴》卷209胡注："觻得，张掖郡治所，匈奴王号也。"觻得县治在今张掖市西北。关于骊靬县得名之由来，历来说法不一。但依其所在位置判断，应为匈奴犁汗王的牧地，汉因以其部落名名县，治在今永昌县南古城。值得注意的是，姑臧一名先为匈奴人从羌人那里借用而来，汉人又从匈奴人那里将这一地名原封不动地搬用，而此后一直被沿用，表明不同民族文化之间在相互接触、交流的过程中，往往有其一致的方面，这也是不同民族文化在空间上相继占用、相互融合的基础。

汉代在河西走廊设置的县中，还有两县比较特殊，一为居延县，二为敦煌县。居延县当为安置居延降人而置，[1] 殆无疑义。而敦煌县就颇费思量，也颇多争议。自从应劭说："敦者，大也；煌者，盛也"，[2] 言敦煌为兴盛之地。此说千百年沿而不改，对后世影响极大。但仔细一推敲，此说便难于成立。即使在汉代以前，匈奴统治河西时期曾在河西建有五城，[3] 而无一城在敦煌。且匈奴封二王浑邪、休屠王都一在觻得（今张掖市西北），一在休屠城（今武威市北），表明其时敦煌的地位远不重要。即使到西汉设置河西四郡时，敦煌郡是四郡中设置最晚的一个，可见其时敦煌还未引起世人注意。而此时敦煌之名早已出现。两汉以至隋唐敦煌成为世界性的大都会，那是由于其特殊的交通地位所致，与其名称风马牛不相及。应劭的说法已错，那么，敦煌的得名又源于什么？这就难免牵扯到当时当地的民族分布状况。按惯例，少数民族往往以族命地，而汉族与边地也往往以原民族或部落之名命名新开地，敦煌亦当属此例。

---

[1] 《汉书》卷6《武帝纪》。
[2] 《汉书》卷28《地理志》。
[3] 匈奴所建王城为：休屠王城、盖臧城、觻得城和两处西城。

敦煌之名，最早出自《史记·大宛列传》，其时，敦煌是作为地区名出现的，并非指今敦煌城。按敦煌的语源，最初汉文译为"敦薨"。《山海经·北山经》记："大咸之山，无草木，其下多玉。是山也，四方，不可以上。……又北三百二十里，曰敦薨之山。其上多梭木丹其下名茈草，敦薨之水出焉，而西流注于泑泽。"《山海经》多为传说之词，证之《水经注》，就可以判定是敦薨之山、敦薨之水的位置。《水经注》记：敦薨之水出自焉耆北敦薨之山，其下有敦薨之渚、敦薨之薮，流注于泑泽。据董裕诚注和黄文弼考证，认为此敦薨之水所指范围，包括流出天山之裕勒都斯河、开都河、博斯腾湖和罗布泊地区，泽即今罗布泊。在这一广阔的地区所有山水都以敦薨为名，证明当时有一个很大的民族——敦薨人活动在这里。敦薨人活动的东界，到今安西县东部。作为汉代初年河西走廊极西的边郡，面对的是敦薨人，居住的是敦薨人，以之命地当属顺理成章。果如是，今敦煌汉时即为敦薨人分布之地。

东汉时河西走廊郡县有所变动，新增张掖属国、酒泉属国、张掖居延属国。张掖属国，以安置归附的匈奴等部族而设，官职亦因其俗，治在今民乐县永固乡八卦营古城。张掖居延属国，治在今k710城。据汉简资料可知，此属国当在西汉时已设，很可能是为居延人而设置，说明此时居延人种落繁盛。酒泉属国，其治所当位于今酒泉市南、肃南裕固族自治县祁丰区和大河北部的祁连山北麓山前水草地带。具体地望无考。从东汉增置的属国来看，河西民族分布格局发生些微变化，以黑河流域成为各少数民族分布集中之地。此后这种状况一直延续至清末。

鲜卑族入居河西走廊由来已久。到魏晋南北朝时代其一部秃发鲜卑迅速崛起，并建立了南凉政权，与前秦、北凉、西凉并力称雄，曾一度将都城由今青海乐都迁往武威，后亡于北凉。但其部族大部分分布在武威以至南山一带，到北魏灭北凉时，其有四部鲜卑还在武威周围游牧，因此，今武威地区还留有不少鲜卑语地名。如今武威城西五十里，有土弥干川地名。《太平寰宇记》卷152："土弥干川，即古今匈奴为放牧之地，鲜卑语惰为土弥干，言此川肥美如惰，故以名之。"实因魏晋南北朝时鲜卑族于此驻牧而得名。在今武威城西还有朵浪村、朵浪城等地名，朵浪乃朵澜之转音。考朵澜一名，来自鲜卑部落名。《资治通鉴》晋孝武帝太元十一年（386）："秋、七月、秦平凉太守金熙，安定都尉没弈干与后秦左将军姚方成战于孙丘谷，方成兵败。没弈干鲜卑多兰部帅也。"这个多兰就是朵澜，为鲜卑语，乃汉文译写之别。上述三名均分布在今武威市西营河流域，表明这里为鲜卑族多兰部的主要聚居地。除此而外，今金昌市亦有鲜卑语地名，如土尔干川，当为土弥干川之别写，其与武威之土弥干川如此相近，或因自然环境一致（肥美如隋的川），或为鲜卑族迁徙，或未可知。

唐代时，在民族平等开发的环境下，河西走廊留下了很多不同的民族语地名，为我们复原当时河西民族分布、民族构成提供了线索。如当时（7世纪中叶到8世纪中叶）敦煌城东500米远的地方就有一个从化乡，① 其地本为安城，因羡慕唐朝而附归化，故名从化乡。这个乡的居民为中亚康、安、石、曹、罗、何、米、贺、史等姓氏的胡人村落。与此类似的是，敦煌城北亦有一个兴胡泊，当为粟特胡商聚集之地。武威城自古就是"车辙马迹，辐凑交会"，② 商业贸易发达，因而也聚居了不少善于经商的胡人。除胡人之外，武威城内还有不少回鹘人，岑参有诗《戏问花门酒家翁》，③ 并在另一首诗《凉州馆中与诸判官夜集》中有"花门楼前见秋草"④ 之句。花门为花门山之简称，花门山位于今黑河下游，为蒙古高原诸部进入河西走廊必经孔道之一，唐时回鹘由此大量进入河西走廊，花门山一带亦分布有大量回鹘，后即以花门为回鹘的代称。凉州即有花门酒店、花门酒楼，那么居住有一定数量的回鹘人当是无疑的。此外，在今民勤县父老相传他们那里原是沙陀国的地方。沙陀原是西域突厥别部处月种，唐时举族迁往甘州后又因吐蕃相逼，东走归唐，所循路线大致沿龙首山东南走，经民勤绿洲，再南循今景泰而入靖远，由此过黄河而入关中。沙陀没有在民勤立国，但在民勤境内停留或留下一些遗民则是有可能的。

唐末五代时期，河西走廊为吐蕃统治之区域，吐蕃奴隶主在河西实

---

① 敦煌遗书 P3559《唐天宝年代（公元 750 年）敦煌郡敦煌县差科簿》。
② 西夏《重修护国寺感应塔碑》文，碑存今武威市博物馆。
③ 《全唐诗》，中华书局 1960 年版，第 2107 页。
④ 《全唐诗》，中华书局 1960 年版，第 2055 页。

行强迫民族同化政策，大部分民族都被"吐蕃化"，其在地名上表现得也很明显。《宋史》中出现西凉府有六谷族①，这个六谷族为吐蕃部落，因游牧于武威南山六条河谷而得名。这六条河流自东而西次第为古浪河、黄羊河、杂木河、金塔河、西营河、东大河等，其中古浪、杂木、东大河均为藏语，古浪原为古孜浪尔，即黄羊川，意为黄羊很多之意；杂木河，源于藏语杂而木，意为石崖水；东大河藏语名为"江帐"，汉译为塞占，其意为长城或长墙。这六条河谷至今下游仍为农业区，上游还是牧地，表明自古至今这六条河流上游一直为游牧民族活动之区域。六谷族即以地名族，可见这一带为吐蕃人分布集中之地。另，今永登县有庄浪，金昌县有锦羊岭，均为藏语地名。庄浪，藏语意为"野牛沟"，锦羊岭，藏语译音，意为高峻的山岭。河西走廊至今还有藏族集中分布区——天祝藏族自治县，其境内地名也多为藏语地名，此为寻常道理，故不赘。

继藏族之后，蒙古族留给河西地名文化的影响广泛而深刻，不仅因为蒙古族曾统治河西长达百年以上，即使在元灭亡以后，关外仍为蒙古族牧马之地。不限于此，蒙古族还常常牧马于走廊北山甚至走廊内，今天肃北蒙古族地域分布不连续的特点就很能说明问题。正因为如此，河西走廊才留下了大量蒙古语地名，今敦煌境内的党河，就是蒙古语"党金果勒"的简称。元代蒙古大首领党金洪吉台驻牧于此，在这里开辟了大片牧场，经济得到了繁荣，党金洪吉台为了给自己树碑立传，特取自己名字的前两个字"党金"把唐代以来的甘泉水更名为"党金果勒"，由此亦派生出了党城、党城湾等蒙语地名。再如鼎新县，初名磨蒙，蒙语名毛目，清时还曾于其地置毛目厅。今金昌市内亦有黄胡拉山、黄胡拉梁、黄胡拉沟、那力沟口、巴苏井、毛卜喇、者撒寨、者来坝山等蒙语地名。黄胡拉山，蒙语意为有洼地的山，黄胡拉梁、黄胡拉沟亦与此相同；那力沟口，意即小山沟口；巴苏井，意即饮牛羊的水井；毛卜喇，意为苦涩的泉水；者撒寨，意为财库镇；者来坝山，"者来"，蒙语，指街巷，者来镇，即镇建于山前坝旁。除此而外，安西有布隆吉、五个庙、七个驴等地名，酒泉有银达乡、鞑子沟，武威亦有达子沟，其地曾为蒙

---

① 《宋史》卷492《吐蕃传》。

古族牧马之地无疑。

明清时代回回大量入居河西走廊，在地名上亦有反映。如今安西县有"回民北渠""回民南渠""回回堡"等地名。清雍正至乾隆年间，吐鲁番维吾尔迁居瓜州，清廷将其部众安置于此，安营扎寨，开渠屯田。后维吾尔族人返回原籍，汉民入居，遂用旧名。这是文化相继占用的典型例证。其实回回入居河西由来已久，唐宋时代即见诸史籍。元代高昌王亦都护家族因蒙元黄金家族内乱而迁居于今武威永昌堡一带,[①] 入明亦都护家族改姓张，清时于其地置高昌乡，仍借用高昌王的封号，表明清代其地回回还很多。此后，族人四散，各奔他乡，这里的回回遗留无多，但地名却一直被入居者沿用。今武威于家槽子至今还有世称"张府"的地名，就是地名被沿用的实例。清代，武威城内更有回族聚集区，并建有清真寺，因其地位于城河沿滩，又名回回滩。同治年间回民马松山起义失败，回回滩遭烧杀，夷为瓦砾，余众逃入巷中，被清兵狙击追杀，回族群众被踏死码起来，尸堆如山，因此被称为踏码巷，至今地名仍被（位于解放巷西）沿用。此外，新中国成立前河西走廊还有一些反映民族压迫和民族歧视的地名，如镇番（今民勤）、平番（今永登）、抚彝（今临泽）等，从一个侧面也反映了清时河西走廊民族地域分布状况。地名作为区域文化在地面的凝结者和活化石，又往往含有诸多的信息，通过对地名起源的追索、复原地名的空间分布，能为河西走廊历史上民族分布、民族迁徙、民族关系提供依据。这也是文化地理学研究的重要方法之一。

三 移民与地名

河西走廊历史上为多次多阶段移民区域，不但移民的数量多，而且移民类型复杂。既有区际迁入迁出，也有区内空间转移；既有汉民族的空间移动，也有少数民族的地域迁徙。移民不但丰富了河西地名的内容，也增加了河西地名的语种类别。

---

① 事见《亦都护高昌王世勋碑》，碑存今武威市博物馆。

秦汉以前，河西地名很少，目前仅知只有 5 个。而秦汉时代对河西的大规模移民开发，使河西地名陡然增加，仅郡级地名就有 4 个（汉河西四郡），县级地名 35 个，乡里地名 197 个。秦汉以后，移民的浪潮一波又一波。魏晋南北朝时期，是河西走廊历史上移民的高潮时期，史载"中州避难者日月相继"，大大改变了河西地名的分布。如前凉时在姑臧城北置武兴郡，专门安置秦雍流民，西凉设建康郡、晋兴郡以安置江汉之民，大大增加了河西地名的密度。但由于移民的自身特性使移民地名表现出地域有限性和易变性，移民往往是选择一些水土条件较好、生存空间优越的地域居住，因此移民地名大部分分布在绿洲及交通线上，这从汉代的郡县乡里区域分布中就可以看得很明白。随着移民的增加，这类地名才逐渐外散且呈现为易变性。所谓易变性，是指河西地名往往是变动不定的，有时人去城空，地名遂废，后又有人入居，定居者又以自己的习惯命名。如姑臧城在荒废之后，到明万历年间赵姓居民入居于斯，遂修建了赵家磨村，其原有地名也被取代。再如武威城北的黄家大墩村，原为一古墩，没有人居住，明清之际赵木匠和黄家住到大墩上，人称"大墩木匠"；后来，黄家人多了，遂又叫"黄家大墩"。河西地名的可变性由此也可见一斑。

移民往往聚族而居，而河西地方习惯却往往是以族名命名地名，所以在河西各地出现了大量的姓氏地名。其构成规则一般是以姓氏为专名，以堡、寨、庄为通名。大者曰堡，次者曰寨，形成了"姓氏+通名（堡、寨、庄）"的结构形式，鲜有例外者。如武威有高家庄、任家小寨、甘家庄、李家洞洞庄、曾家堡；张掖有吴家庄、张寨、汪家堡；临泽有王庄、张庄、黄家堡、兰家堡、赵家寨子、白寨、亢家寨子等，以此方式命名的聚落地名，在河西地名群落中最多，分布也最广，它反映的是河西历史上不断移民的事实。仅今金昌一市，以姓氏为专名的地名就有 492 条，占金昌地名总数的 31%。而在堡、寨、庄三者之中，以"庄"为通名的地名最多，它也是河西地名中通名使用频率最高的。以"庄"为通名的地名一般均分布在一些较大的绿洲地带，这里农业发展历史悠久，水网纵横，聚落密集，生存条件优越。如武威、张掖、敦煌、临泽、金昌等绿洲区域，仅今金昌一地含庄地名就达 375 条，占地名总数的 24%，是这一区域中使用率最高的通名。堡、寨是特殊条件下的产物,其防卫性和军事色彩较为浓厚,所以只有比较大的聚落才有可能修堡筑寨,其分布也大多位于一些民族交错地带或一些偏远的地方,如民乐、高台、裕固等县区域,而这些区域正是古代民族交错分布地带,其遗留至今较多的堡、寨地名,应是历史上这一区域人文环境的反映。

由于移民的不断增加,聚落逐渐密集,移民往往在原有地名前或后加上大、小、上、中、下、前、后、左、右、老、旧、新等字样作为新聚落的名称,而这些词本身就带有一定的顺序性,有的还是有很强的时间属性,如老、旧、新等;一望便知孰先孰后,谁早谁晚,这为寻找移民线索、区分移民类别提供了可靠的依据。如武威有文家旧庄、王家老庄、苏家新庄,民乐县有易家新庄,临泽县有赵家新庄等。总的来看,此类地名较少,且大部分集中在今石羊河流域,其他地区县市或有或无,显示了今武威地区历史上移民的频繁及开发的多层次性。在今武威县城东部还有发放亭和安置寨等地名,为明初外来移民的分发处和安置地,表明明代武威是河西地区外来移民的首发区和安置区。明代也是武威地名形成的重要时期,在由蒙元的畜牧经济转变为汉族农垦区,这种历史性的转变,在武威出现了新的地名,至今流传在武威城乡的地名,多数来自明代。如武威城内的王府街、达府街、杨府巷等就是以明代在武威的官宦世家命名的。羊下坝乡的张萱寨,清水乡的张清堡,张义乡的张义堡相传为明初由山西移民来的张氏三兄弟之名命名的。此外,今武威地区的民勤县湖区红柳园以北各乡村,出现了以《千字文》为首的成片地名(贬义字不取),如跟"天地玄黄"相应,有天成(今收成乡)、地平、元和、黄岑四个村名。有的还加上东、西县或上、下县等字样,如下润西县、秋成上县等。在十万分之一地形图上略估,这类村名约有200个。依照《千字文》字序,在图上仔细查找,还可发现其在地理分布上有一定的顺序,大致从南到北,从东到西,依字排列。类似情况,金塔县亦有"天字号""地字号""宙字号"等村名;鼎新(清毛目厅)"以天地玄黄宇宙洪昌日月盈昃寒来暑往等号名渠凡二十四号"。[①] 很显然,

---

[①] 民国《鼎新县志·沿革表》(不分卷)。

这种人为排定的地名反映了一种有组织的、由政府统一安排的、较大规模的移民背景。据乾隆三年（1737）《重修肃州新志》记载，镇番县柳林湖屯田（即今所谓湖区）引镇番大河之水，分为东、中、西三渠，又开岔渠数十道，各渠长数十里不等。灌溉地亩都在渠身左右，编列字号，每号约为1000亩。在东渠有西春水湖、东春水湖、注水湖、古庄基、鹊窝湖、山水湖、红柳咀及东、西板槽等地名。用《千字文》语，编为天、元、洞、阳、万、丰、辰、赍等二十八号，有屯户523；在中渠有红沙长湖、营盘、红沙湖、铁姜湖、石山湖、珍珠湖、苦水井湖、西板槽下等地名，编为万、民、乐、业、共、享、升、平等凡三十七号，有户552；在西渠有古槽、西白土墩湖、西明沙湖、苦蒿湖、篷科湖、顺山湖、外西渠等地名，编为座、朝、问、道、周、发、商、汤等三十七号，有屯户561。与《千字文》地名异曲同工的还有安西县以"工"字为名的村名，由"头工"直至"十工"。这些村落分布在安西县城西部，大约每隔两公里为一工，整齐排列，这显然也是由移民所致。据《安西县新志》清雍正年间吐鲁番回民8000多口在安西筑城安置，亦四里见方筑一工堡，依次取名为头工、二工以至十工。同治年间，回民陆续返回原籍，城堡遂废。其后汉人又来此垦殖，这些地名仍被沿用至今。这是移民地名在空间排列上的反映，亦是不同文化在空间上相继占用的实例。此外，金塔县还有以"移"字为字眼的地名。如"移庆湾""移庆沟""西移村"等古地名，无疑亦与移民有关。

河西历史上为历代王朝重兵驻防之区域，军人及其家属在当地驻守或屯垦，亦为移民之别一形式。这些非常之移民又每每以墩、台、堡、寨、烽、遂、卫、所、关、台、亭、营等为地名起首，再加上专名，构成军事移民地名。河西古代既有长城、烽燧、墩台等连线成片的布防设施，又有军政合一（如明代的卫所）的行政管理体系，因而出现了大量的军事地名。从汉简中可知，在今居延地区设有遮虏障，在今长城公社境内从东到西二三十里内就有12座烽燧，可见其设置之密。唐时在今民勤县境内无县的建置，只有一些军事机构，如明威戍、明威府、白亭军等，成为这一地域的主要地名。敦煌遗书记载今敦煌地区就有西关堡大水戍、西子亭戍、紫金戍、八角戍、众备戍、百帐守捉等地名，反映的是这一地域在当时的军事地位。明代在河西设置卫所，今河西一地设有11卫，和更多的墩、台、烽、燧、堡、寨等防卫体系。据明末遗老梁份著《秦边纪略》和《甘镇志》载，明代仅山丹境内就有永兴堡、魏机堡（即厅寨）、杨家坝堡等共计31个堡寨。这些堡寨地名有些被沿用至今，如今武威东乡十三里堡、河东堡、达家寨，西乡四十里堡、丰乐堡、冯良寨等；民勤有蔡旗堡、校尉营堡、青松堡、红沙堡、野猪湾堡等；古浪县有双塔堡、泗水堡等。而一些地名则逐渐消失，以今金昌区域为例，已成为历史地名的有25条，仍在沿用的有27条，其消失比例为50%弱。可见地名的军事色彩随着社会环境的变化而在逐渐趋于淡化。除堡寨为通名的地名之外，墩台也是军事设施，其留下的地名也很多，仅在今酒泉城东至临水堡之间40里的大道上，明时每十里一墩自西而东依次排列，后遂沿袭为地名，形成头墩、二墩、三墩等军事地名；武威也有一墩、二墩至十八墩地名。除了这些连续排列的地名而外，在武威还有半个墩、路墩、塌墩、月城墩、鸟鸟墩等墩台地名。总的来看，此类地名在河西地名中为数不少，如今金昌区域有墩台地名60条，武威有103条，张掖有55条。但就历史时期来看，河西地名的军事色彩随着时代的发展而逐渐趋于淡化，如在今河西地名中戎、障、关、军、营、卫、所等字眼，要么消失，要么被替代而很少出现，人们渴望和平、祈盼平安的愿望在地名中也得到反映。

有时移民往往把原籍地名原封不动地搬到新居地，这给寻找他们的根源带来极大的方便，也是地名考证中很容易处理的问题。这类地名屡见不鲜。前凉时，武威之祖厉、鹯阴是张轨迁原来两县之民于武威置县，后凉、北凉、南凉都有侨置郡县，也都是以移民所在地名命名的。敦煌文书中有一件《西凉户籍残卷》中记有敦煌郡敦煌县西宕乡高昌里，当为高昌移民所聚居之地。再如今敦煌县的小地名多以甘肃省县名为地名，它反映的是清代移民敦煌的史实。如三危乡有泾州（今泾川）、两当、会宁、镇原、狄道、灵台；杨家桥乡有礼县、安化（今庆阳）、洮州（今临潭）、岷州、兰州、华亭、合水等村名；孟家桥乡有西宁堡、河州（今临夏）堡、武威庙等。这些村名的分布有一定的规律性，即党河以东各村名多为陇东、陇南各县名，党河西部各村名则多为河西各县名，甚至敦煌县城内的街巷也有以县名为名的，如兰州巷、固原巷、伏羌（今甘谷）巷、秦州（今天水）巷，这种现象完全是有计划地移民造成的。嘉靖年间明廷放弃嘉峪关以外各地，敦煌完全成为吐鲁番的牧地，农田荒芜长达 200 年，直到清雍正初年才又从当时甘肃全省 56 州县移民 2000 余户到敦煌屯田，各州县西迁移民按政府划定的区域居住，并以原来的州县命名新村，所以才形成敦煌今天如此整齐、独特的村名。

四　历史经济地理与地名

河西走廊历代为屯垦之区域，而屯田在西北首要的条件便是有水，有水才有屯垦，所以水源、水流路径等均限制了地名的产生。在地图上沙漠地区的居民区多以"井""泉"命名；而在绿洲地带则多以"渠""坝"命名。民勤县是典型的沙漠绿洲区域，该县地处巴丹吉林沙漠与腾格里沙漠之间，石羊河由南而东北斜穿县中部，形成石羊河下游绿洲河流两旁引沟渠灌溉，出现许多带沟的地名。而在绿洲以东以西以北的沙漠地带，则全部分布着带"井"字的地名，如最北的五托井，极东的四眼井，尽南的九个井，远西的茨井子，在百分之一的地图上就有六七十个之多。这些井、泉为人和牲畜提供了水源，也聚集了一定数量的人口，全县平均人口密度远比只有渠道而无井泉的县份为高。

水利是河西经济的命脉，伴随着水利的兴修，一些渠、坝、工区等地名也应运而生。《大清一统志》在《凉州府·山川》中就记载有："柳林湖，镇番县东北一百二十里，有东渠、中渠、西渠、外西渠、红沙梁渠、红柳园渠，共溉田二千四百九十八顷。"近代人们习惯上把民勤县南半部称为坝区，以浇灌河水的坝次得名，其实这是一种地名群的集合；而把民勤县北半部称为湖区，即以地处柳林湖而得名。至今民勤县湖区边境还保留有长湖、大湖、青土湖等地名。而更多的时候，这些渠系的名称都演变成聚落地名，如民勤县的西渠、中渠乡，武威的四坝、中畦乡等就是由此而来。渠是灌溉渠，坝是河西对水渠沿用的惯称。有时水利工程也成为地名，如酒泉县有"西洞""东洞"这样的乡名，它们是以明代水利工程而得名。洪武时，大将军冯胜迁定河西，在酒泉移民屯田，为引水灌溉，在洪水河岸陡峭的崖壁上凿壁穿洞，开掘天井，使洞洞串联，井井相通，将水引上河岸灌田。人们称西岸的渠道为"西洞子坝"，东岸的渠道为"东洞子坝"，遂有"西洞""东洞"的名称。清代安西厅组织当地民户用柴草加高坝基以利灌溉（利用冥水），现在安西桥子乡还有"东坝""南坝"等村名。此外，在河西走廊，还有以"工""分""号"等为地名的，它们同样是由屯田所致。如金塔县有"上八分""中五分""西四分""东头分"等村名，玉门市有"上西号""下东号""西红号"，张掖、临泽、民勤等县亦有"中七号""头分"等村名，上文所列安西县以"工"字为地名的亦属此类。这类地名，不具有当地的自然和人文特色，同我国北方多以姓氏和地理实体结合起来命名的村名有显著的不同，如"张家沟""李家庄"之类，它们的出现是河西历史上屯田的产物，是以屯田地块的形状方位结合起来命名的。如民勤县的"东正方形""下正方形"等，甚至还有以屯田产粮数命名的，如"上三十石""十八石"等村名。

　　移民屯田必然形成聚落，而聚落的名称往往与屯田有关，河西一些地名便留下了屯垦的印记，此类地名尤以武威居多。如武威有茹家屯庄、马家屯庄；张掖有任家屯庄、李家屯庄、汤家屯庄；临泽县既有军屯地名，亦留有民屯地名，如马营坡、倪家营子、马郡、盘石营（今新民村）等便是带有军屯性质的地名；带有民屯属性的如小屯、广屯堡等。有时移民干脆就以屯田命名，如武威就有屯地庄、严家屯庄、刘家屯庄、马家屯庄、屯庄等，据1980年地名普查，武威市农村各乡有屯庄地名12条，张掖有屯庄地名27条，显示了这些地域是经过历代屯垦开发出来的。有些地名虽然不带有上述字眼，但一望便知是由屯田所致，如武威的新地、上新地；张掖的新地、新沟、工联；民勤县有新粮地、千户、百户等地名，指示了该地无论是移民还是屯垦都晚于周围地域的时态属性。由于屯田既有类型之不同，如军屯、民屯等，又有阶段性，往往是新王朝初期屯垦最盛而此后渐渐减弱，因之出现了不同的地名类型，如"照田"，属于官方备案的开荒地但不起科；有的属于"皇田"，只向藩王纳役，而与国家赋税无涉。就屯田本身而言，既有官方组织的军屯和民屯两种，亦有流民屯田，或是由政府资助的屯田。如金昌有"照田"，临泽亦有"皇田";武威有"皇田""屯田""屯地"等村名;甚至其灌溉生活用水的沟亦称"皇田沟"。除此以外,还有一些地名是以颂扬屯田有功的历史人物而得名的,亦透露出屯田的信息。如酒泉县有一乡,原名九家窑,《肃州新志·九家窑屯田》记有,九家窑原有千人坝,因渗漏严重,致使万亩高出河岸的平地不能引水耕种,因而需凿山开洞取水。但因工险费巨,长期无人主办。署肃州知事童华到任后,于雍正十年(1732),招募民工,镌山掘渠。两年后渠成,开荒播种获得丰收。州知事童华也因屯田有功而升调。当地人民遂改九家窑为"屯升",取"屯田荣升"之意。此类地名河西在在皆是,如武威有李家洞洞庄、下五畦,金昌有屯兴堡等均是宣扬屯田有功而得名。

河西走廊为古代东西方交通的大动脉,丝绸之路的咽喉地段,历史交通地理位置至为重要,因而也出现了一些与之相关的地名,如三十里堡、四十里堡等标志里程的地名。今武威还有七里乡、七里、四十里乡、四十里堡、二十里、十三里堡;张掖有三十里店、八里堡、二十里堡等地名。明代有官方直通河西的官马大道,沿途设置驿站和递运所,传递公文,转运物资,接送来往官员,以利军运,仅在今武威境内从东往西沿大道就设有靖边驿、大河驿、武威驿、怀安驿、柔远驿等大驿站。同时河西走廊还是明代"茶马互市"的重要地区,明政府更在河西地区设立"茶马司"等官方管理机构,因而也留下了一些与茶马互市有关的地名。今武威城的高沟寨、铧尖墩等就是当时茶马贸易的集市之一。而玉门市清泉乡至今还有一个骟马村,其得名便与这种"茶马互市"有关。骟马村得名于骟马城,骟马城位于今骟马村附近,该城在明代为赤斤蒙古卫辖地,又临近嘉峪关,为关外第一个交纳差马以马易茶的官市场所,关外各族进贡、贩卖之马均通过此地进入关内。当地传说,为多换取茶叶,儿马四岁就要骟割,骟马城名因此而得。明代中期还在此设骟马营,其得名也源于此。

古代手工业分布也往往能从许多地名中体现出来。河西古代手工业主要为传统的手工业类型,如玉器、陶器加工业及皮革作坊、盐场等,出现了很多与此相关的地名,如高台县有盐池堡,即因出产食盐而得名。始于明洪武年间的窑沟,则是因产煤而得名。张掖有瓦窑、瓦窑堡、冶家庄；武威有窑沟、双窑湾、银洞沟等。另外，河西古代与民生关系极大的米面碾磨业和榨油业相当发达，甚至成为当地税收的一大来源。如永昌县乾隆三年（1738）征收油磨税租银 177 两，远远超出全县当年所收 119 两 4 钱的地丁钱，① 因此也留下了石磨、油房的足迹，如金昌就有水磨河、水磨川、水磨堡、水磨关、双磨街、四磨村等，武威有油坊庄、烧坊庄、赵家磨、李家磨、董家油坊等共计 21 个此类地名。通过对这些地名的追索研究，对研究河西走廊区域商业经济史有特别重要的价值。

五　民俗与地名

民俗是一种约定俗成的习惯，具有很强的社会属性。河西走廊独特的地理环境及社会发展历程，使其民俗与他处不同。而在民俗影响下的河西地名往往也烙上了特定的文化色彩。如河西习惯上将人工渠道称为坝，将河称为沟，将河流所汇集之湖称为海，如白亭海、居延海、海子、明海等，正所谓"方俗之间，河北得水便名河，塞外有水便名海"。② 即使在河西走廊内部，由于民俗之间存在区域差异，往往对同一地理实体，河西各地的称呼也不尽一致，如横贯河西的长城在今永登习惯称为边壕，而在武威则称为边墙，山丹则称为壕沿棱。其他如烽、燧、墩、台亦与此相仿佛。河西地名俗称最多的恐怕要算古城了，除古城一名外，还有废城、破城子等，而且又因时因地而有不同的称谓，如永昌县的六坝古城，俗称回回城。而姑臧故城的称呼就更多，有卧龙城、鸟城、翅城、凤城、皇城、锁阳城之别。河西走廊历史上遗留下的古城粗略统计有 230 余座，城城有俗名，构成了一个庞大的民俗化了的地名群体，形成了一种特殊的文化景观。古城本身就具有时间属性，它一头连接着过去，一头昭示着未来，时间、空间在这里都被浓缩，显示了丰富多样的断代文化图景。河西地名的这种多层初露与叠压，不但形成一地双名或多名的地名文化现象，而且也透露出了地域社会变迁、地名演变、民风民俗的

---

① 乾隆《五凉全志》卷 3《永昌县志》。
② 《元和郡县图志》卷 40《陇在道下》。

演化等诸多信息。有时，民俗地名还往往取代原地名，形成地名之间的交叉、叠压与竞争，如安西县的锁阳城，本为明代的苦峪城，唐代的瓜州城，但后二名现在只出现在历史记载中，成为死地名，只有民间口耳相传的"锁阳城"被世代传承了下来。其他如高台县的锁阳城、武威县的赵家磨城等均是如此，可见民俗地名生命力之强劲。

由于民俗固有的传承性，往往使一些地名得以延续、保留。如今天的武威还有"皇田""屯田""皇田沟"等地名，虽然时变势迁，境易事移，但这些地名却一直被民间传承至今。在今敦煌市城东南四公里的杨家桥乡鸣山村村部正北二三百米处，亦即鸣沙山下一公里许，有一处名叫城隍庙湾的地方，这里早已无庙亦无城，但城隍庙的名字却流传了下来。据当地老人所云，此地确曾有城也有庙，新中国成立后平整土地时被拆除，但民间仍用旧称。再如今武威城北的永昌堡，本为元时永昌王封地，后改为高昌王封地，清时于其地置高昌乡，今为永昌乡。但民间至今还流传有"只知有高昌王，不知有永昌王"之说，"北有高昌王，南有张轨王（前凉）"并称其地为"高昌王建都之地"，称府城为"高昌王紫金城"。它不但如实地反映了元代高昌维吾尔族人移居永昌的事实，而且指示了这个区域的社会变迁。其他如民乐县的八卦营古城、玉门镇的回回城等均是如此。民俗地名亦往往成为区域重大事件的忠实记录者，如武威西营河流域的朵澜城，民间称其为躲难城，这个名称忠实地记录了武威发生的历史事件。晋初，鲜卑秃发树机能起义，席卷河西，当地豪门、官吏与部曲、民众纷纷躲进城坞拒守，因此有流传至今的"躲难城"。其他如回回堡、镇羌堡等均是如此。

民俗地名有时还成为地名的唯一保留者。如位于今民勤县泉山镇西北约25里处有一座古城，当地俗称连城，意为东西二城相连，故名。但这个古城没有任何历史记载，只有一个民间口头流传下来的"沙驼国搬兵李晋王"的故事与此有联系。故事大意是，这座城里原来住着李晋王，有一年唐朝国内发生战争，唐王派人请沙驼国李晋王出兵相助，李晋王兵发之后反悔，而连城已被人放火烧毁。其事属实，其地点不在连城，但连城这个地名却因这个故事而得以流传。

民俗地名同民俗的其他因子一样，隐含着一种深厚的文化因素，之所以历经千百年而相沿不辍，是因为民俗地名所定位的文化在民间具有持久的活力。几乎每一个民俗地名都沉淀着一定的历史文化，反映了深层次的文化背景，如典故地名、节令地名。武威有神鸟地名，其作为地名出现在前凉，在隋末为李轨割据河西时更为县名。神鸟一名，见《史记·大宛列传·索隐》引《括地志》云："昆仑弱水非乘龙不至。有三足神鸟，为王取食"（鸟为乌之文误），今武威城北海芷寺，其名称亦取自典故。海芷，是佛教用语。相传佛教大经典在大海龙宫中，故称海藏。唐李德裕《赠圆明上人》诗："远公说《易》长松下，龙树双经海芷中"，金元好问《游黄华山》诗"骊珠百角斗供一泻，海芷翻倒悉龙公"都是用的这个典故。今武威城北五里还有龙宫寺，"龙宫"一词，出处同上。典故地名只出现在武威，表明其深厚的汉文化根基。再如节令地名，隐含着人们的一种美好愿望，如张掖有大满堡、大满公社、小满堡、小满公社，即以节令得名，亦含有祈求平稳之意。有时民俗地名也往往反映了一个重大的历史事件或传说，如今安西桥子乡到双塔堡之间，至今还残存一条古道，当地人称其为"唐道"。据云，"是唐家手里老先人走过的路"，表明人们对唐时盛况的怀念，亦说明此地为唐时东来西往的主要干道。与此相类似，武威赵家磨村附近有一条"新疆大道"，故老相传为去新疆的大道。从古代到民国此路还一直使用，可见民俗地名并非空穴来风。对于古城，人们则赋予了远为深刻的文化内涵，今额济纳齐的黑城，汉时为居延海，西夏时为黑福军，元时为亦集乃路，民间俗呼其为黑城。随着历史的演进，其他地名都因时移境迁而退出历史舞台，唯有黑城一直流传下来。民间传说有一位黑将军和他的臣民居住于此城，在一次大风中城被流沙湮埋，从此此地便荒无人烟。传说虽然离奇，但从中也不难看出这位黑将军其实是一位同风沙做斗争的英雄，是干旱区人民的精神象征，因此受到人们的喜爱并世代相传。有时民间也移花接木，将历史上的英雄人物故事东移西借，植根于一定的地理实体，并演绎得天衣无缝，久而久之赋予一定历史文化内涵的地名便成为一地的唯一地名，今甘肃民勤北部的苏武山其得名就是如此。苏武山本为龙首山支脉，不知起于何时，在汉族社会里妇孺皆知的"苏武牧羊"故事便落户在今民勤，而且此山成为苏武牧羊之山，山名也随之成为苏武山。明末清初顾祖禹在撰《读史方舆纪要》卷63《甘肃镇》时不列专条，而附于来伏山条下："又苏武山，在卫东南三十里，俗传苏武牧羝于此，盖伪传也。"伪传归伪传，却表明了人们对苏武持节十九年而不屈的民族气节的崇敬和赞扬，反映了广大汉人心目中复杂的感情因素，这在民族地区尤为难能可贵。而安西县的锁阳城则与另一位英雄人物薛仁贵有关。锁阳城依文献记载与民间历代俗称，该城有三名：唐时称"瓜州城"，明称"上苦峪城"，俗称锁阳城。民间广泛流传薛仁贵西征到此人困马乏，几乎是坐以待毙，而当地生长的锁阳（一种中药材，亦可充饥）则救了全军将士的性命。这一传说极富人间色彩，也符合人们的伦理规范，锁阳——便成为薛仁贵驻扎地的俗称。明清数百年来当地群众中还有"三九三，挖锁阳，挖不到锁阳霉半年"的民谣，久而久之，锁阳城便成为民间广泛流传的地名。笔者在这一带考察时，询问故老，只知有锁阳城，不知有瓜州城，而苦峪城则是闻所未闻。可见民俗传说的威力。值得注意的是，苏武牧羊在武威有，在张掖亦有；锁阳城在安西有，在张掖、武威亦有；且都与薛平贵征西有关，如此一致而又如此相同，似乎暗示着河西走廊区域文化背景及区域历史进程的某种一致性和相似性。

六　河西地名的层化现象

河西地名由于其语源、形成过程的差异，使其一地往往有多种称谓。有的初露，有的被掩盖，形成地名之间的叠压和覆盖，这类似于地质上的地层关系，因之可称之为地名的层化现象。河西地名层化现象类型复杂多样，不尽一致，既有民族语言之间的层化，也有汉语地名自身的层化现象，还有少数民族语言地名与汉语地名之间的交互层化。今河西中部的黑河，其名称起源很早，但确指张掖河似在南北朝。[①] 汉时称其水为谷水，唐时始称弱水，又有沮渠川之别，明代说成是卢水。《括地志》概括说："合黎水，一名羌谷水，一名鲜水，一名覆袁水，今名副投河，亦

[①] 《水经注》卷40，赵一清补黑水下以《张掖记》：黑水当张掖河。

名张掖河。"① 一条河流历史上留下六七个名称，实为罕见。从语源种类来看，羌谷水可能源于羌语，弱水可能来源于匈奴语，而卢水则为卢水胡之谓，合黎可能源于突厥语，其他如鲜水、覆袁水、副投河则肯定为少数民族语言，显示了多民族语言交互叠置的图景。又如疏勒河，汉称冥水，又名籍端水，② 亦称布隆吉尔河、黑水，亦为一多语言相互叠置的地名群落。疏勒河之名可能为突厥语，疏勒即突厥语 sulugh 的对译；籍端水，按《汉书·地理志》的说法，应为羌语；布隆吉尔为蒙古语；黑水为汉语比较晚出，其意甚明。可见其不同语种、不同时间的层化现象。由于其本身语源还不太清楚，历史上先后入居于斯的不同民族又都曾以自己的语言音译过这一地名，故其名称十分复杂，很难统计出有多少种译法，仅今天常见的对译就有"苏勒""苏赖""苏喇""西喇""锡拉""西赖""葫芦""瓠""窟窿"等，在上述几种称谓中，疏勒河一名流布最广、影响最深远。再如石羊河，古称孤奴河，汉时称羌谷水，唐时称马城河，明清时又称三岔河，历史上又别称为五涧水等，近代才叫石羊大河。从地名语源来看，"孤奴"为匈奴语，羌谷水为羌语，其亦为多民族语言叠置而形成的地名群体，其他如党河、古浪河、杂木河等莫不与此相仿佛。河西地区流水地名的多语言的交叉叠置，也从侧面反映了河西多民族的空间分布、空间相继占用的历史状态。

河流地名如此，聚落地名亦然。如今武威，本为匈奴盖臧城，又语化为姑臧，③ 汉于其地置武威郡，到隋唐时又将汉代的十三州之一的凉州地区名称缩小而冠以武威一地，遂又有"凉州"之别名。此后这两种名称往往同时出现。西夏时，又有西凉府之称。

张掖的得名比较特别，西汉初有河西时仅置有酒泉郡，今天的张掖为觚得县，觚得得名于匈奴语。西汉时的张掖县在今武威市张义堡一带，与今天的张掖可谓风马牛不相及。后在觚得县置张掖郡治，张掖当时仅是一个地区名而非特指今张掖市，是否西汉置郡时将张掖县之名从武威移

---

① 《括地志》卷 8《甘州》。
② 《汉书》卷 28《地理志》。
③ 《元和郡县图志》卷 40《陇右道》。

入，极有可能。而此后张掖县即行撤销，变为张义堡。如此，张义乃张掖一音之转，而张义应与张义人有关。其语源可能仍为匈奴语，所谓的"张国臂掖"就成为望文生义之说。事实上汉时曾在弱水流域设置两个属国，即张掖属国和张掖居延属国，为上述推测又加了一个很好的注脚。到了唐代，张掖又得了一个名字叫甘州，因为其地近甘峻山之故。再如黑水国，黑水国位于张掖市西北，据《甘州府志》云：其地唐为巩笔驿，元为西城驿，明则称为小沙河驿，[①] 当地俗称黑水国或老甘州。

汉语地名的自身层化现象在河西普遍而多，河西政区地名如高台、安西、民勤、临泽、鼎新等都具有层化现象。如民勤，汉时为宣威，明时为镇番，后改为民勤；如鼎新，元时为毛目，又名磨蒙，后改为鼎新。小地名的层化就更为普遍，如位于姑臧城西的龙夷城，故老相传，古代曾在此筑城，立起木桩，夜里城移走，故名。这是河西地区人退沙进在地名上的深层反映。龙夷城旧有大墩一、小墩五，龙夷城毁灭后，留此大墩，地名也由龙夷城演变为夷城墩，后又出现了城移墩留的故事，地名又变为移城墩。明代在此设二十里铺，地名又变成驿城墩。再如武威双城镇达桐村，元时为高昌王军屯之地，旧称"达子沟""回子沟"，清代改为达同村，将回字的口下一横，改到口上，变成同字，今又加了木字旁，变成达桐，这是汉语自身层化的一个明显例证。位于武威城北的于家槽子，今民间仍流传有张府地名，这个张府就是高昌王入元定居于斯，明时改姓张，故名张府。后由于于姓家人渐渐增多，按河西惯例，又逐渐将此地改名叫于家槽子。但张府地名犹有人用，只是所指地域逐渐缩小，这可视为汉语地名的小层化。历史上民族歧视与压迫也往往造成地名的层化，如位于永昌县东南120里祁连山中的鄂尔多古城。古城所在古名苕蓼，今名黄城滩。据俞浩《西城考古录》载："黄城儿，因山为名，或曰王城之讹也。"因山得名，误。应为王城之讹，正名应称皇城。将皇城改为黄城，以黄代皇，实因汉族封建统治者视蒙元为夷狄叛逆所致。乾隆《永昌县志·古迹》："干耳朵城（鄂尔多古城），在县南百二十里，元代永昌王筑。一名黄城儿，土人本呼为皇城，以其僭，故今从

---

① 乾隆《甘州府志》卷4《古迹门》。

黄字也。"除此而外，历史事件或传说往往也导致地名层化，如武威皇娘娘台（在城西北五里），系汉窦融台故址，唐代称尹夫人台，明代又改名为刘林台，系因在蒙也先帖木儿叛掠凉州时，百户刘林战死台下，人重其节，故改名。清康熙年间，邑人因地不满西北（低），取女娲氏炼石补天之意，塑女娲像于其上，因名女娲台，俗称皇娘娘台。

汉语地名自身的层化往往包含有一定的历史文化内涵。而民族语地名的层化则更多的是源于语种差异所导致的音译之别。因此，通过对河西走廊多民族语言地名形成、构成及其之间的相互关系的研究，可以揭示出该地域社会、政治、经济的变迁及文化观念的不同。因此对地名分层地剖析，不但可以为地名演变研究提供依据，而且可以为研究一地域社会、风俗历史变迁提供参考。

（本文由《地名与河西的民族分布》《层化的河西地名》《地名与河西的地理环境》3 篇文章改写，分别见《中国历史地理论丛》1998 年第 1 期、《中国地名》2000 年第 5 期以及《河西走廊人地关系演变研究》，三秦出版社 2011 年版）

陕西省政区地名文化景观研究

地名作为一种既可悟又可视的文化景观，是区域文化在地表的凝结和保留①。地名景观，是指在一定区域范围内，群体地名的通名或专名集中表现出来的某种因素的一致性所形成的地名群体特征。而政区即行政区划，是国家为了实现自己的职能便于进行管理，在中央的统一领导下将国家分级划成若干区域，并相应建立各级行政机关分层管理的区域结构。政区地名是二者的结合，是地名文化景观的有机组成部分，是国家行政管理的重要工具。深入研究政区地名，不仅可以透视区域的地理、历史、人文等自然与社会文化现象，还可以为科学严谨的地名管理和命名工作服务。目前我国的传统地名学研究，多集中在地名的起源、演变、语源、类型、地名群、命名方式和规律以及地名价值的挖掘与比较研究等层面，对于政区地名文化景观的研究相对较薄弱②。本文选取我国区域差异最明显的省区之一——陕西作为个案，探索政区地名在命名规律和时空特征等方面的文化景观内涵，以期为地名学研究、地名管理以及命名工作提供参考与借鉴。

一 陕西政区体制与地名演变

从地名的发展历史来看，政区地名自然是与行政区划一起产生的。

---

① 司徒尚纪：《广东地名的历史地理研究》，《中国历史地理论丛》1992年第1期。
② 刘君德：《中国政区地理》，科学出版社2007年版；褚亚平等：《地名学基础教程》，测绘出版社2009年版；李建华等：《基于GIS的宁夏中卫县地名文化景观分析》，《人文地理》2011年第1期；王彬等：《广东政区地名文化景观研究》，《热带地理》2011年第5期。

先秦时期的历史地理文献《尚书·禹贡》中就记载了豫州、雍州、梁州等九州地名，只不过是当时人假想的大禹时代政区地名，一直到数百年之后汉末三国才予实施。① 春秋战国时期县制和郡制的成立，宣告了中国行政区划制度的正式产生。政区地名也随之应运而生，并且从一开始就深受各级政府高度重视，使其命名带有较强的强制性和法定性，不得随意变动。历史上我国每一个朝代县级以上行政区名称的变动率一般为1%到2%，除王莽新朝外，最多不超过3%，具有相对的稳定性②。陕西作为我国历史文化大省，地处黄河中游，是中华民族的发祥地之一，人类活动的历史更是源远流长。从公元前11世纪起，西周、秦、西汉、新莽、东汉（末年）、西晋（末年）、前赵、前后秦、西魏、大夏、北周、隋唐等14个王朝先后定都于此，延续共1500多年；此后这里依然是我国西部重镇，历代封建王朝控制西北的战略要地。反映在如今的政区地名上，就是千年古县等历史地名保存众多。据史念海统计，陕西现有县市区名使用了1000年以上的有42个，达总数的36%。"陕西"两字本身就是中国最古老的地名之一，最早可以追溯到西周初年，但以其为政区地名则开始于唐安史之乱后设立的陕西节度使，距今亦有1200多年的历史③。

从具体时间段看，全省政区地名历经多次政权更迭而不断变动（见表1）。秦朝定都咸阳，分全国为36郡，连同内史，即都城周围特殊政区，一共是37个郡级政区。治所在今陕西境内的有内史、上郡和汉中郡以及49个县。西汉承秦制，设置6郡93县，比秦代增加近一倍。东汉定都洛阳，统治重心东移，陕西又深受氐羌民族起义等战事影响，政区减至5郡61县。汉末三国时期，州成为正式的政区，陕北为匈奴所据，关中、陕南分属曹魏的雍州、荆州和蜀汉的益州。因魏蜀对峙等政治原因，致使县级以上政区增多，县数反而减少，治在陕西共有1州6郡47县。

---

① 关于《禹贡》的成书时间，学术界尚有争议，目前主要有四种看法：王国维等人的西周说，郭沫若等人的春秋说，顾颉刚、史念海诸先生的战国说，日本学者的战国末至西汉初说，本文采用顾、史之说。
② 吴必虎等：《中国景观史》，上海人民出版社2004年版，第360页。
③ 谭其骧等：《我国省区名称的来源》，《复旦学报》（社会科学版）1980年第1期。

西晋在行政区划上对曹魏制度有所调整，增置了 8 个州，陕西在当时分属于雍、梁、秦、司四州，共治有 2 州 7 郡 51 县。南北朝时期，行政区划冗杂混乱，侨置盛行，对峙双方虚张声势，不断析置郡县以加强控制，其中西魏在陕西境内建置达 21 州 55 郡 135 县之多，远超过现在县市数量，成为历代之最。隋代曾将政区三级制变为二级制，郡县数量大幅下降，但唐代政区又恢复三级制，改为道、州（府）、县制，陕西境内增至 3 道 22 州（府）114 县。北宋改道为路，与西夏分据陕西，西安从此不再作为国都，全省开发受到影响，政区地名有所减少。随后陕西再被宋、夏、金多方势力角逐，屡次沦为战场，政区继续减少。元代在路之上设立"行省"即行中书省，实行多级混合制行政区划。除首都周围县市等由中书省管辖外，分全国为 11 个行省，其中"陕西等处行中书省"即今陕西省的肇始，不过当时的辖境尚有甘肃、内蒙、宁夏、四川等省各一部，相当辽阔，今省境仅治有 3 路 16 州（府）57 县。明兴以后，改路为府，将州分为直隶州与属州（也称散州）两层，形成了三级、四级制交叉的复式行政区划，其中在陕北设立了榆林卫等军民一体的实土卫所政区。随着陕西人口大幅回升，反映在地名上县级政区增加了 12 个。清代进一步改革行政区划制度，康熙年间陕、甘两省分置，今日陕西省的政区范围基本奠定；又将明代的复式三级、四级政区层次完全转化为单式的三级制：省—府—县。随着对陕西南北的大力开发，原来的军营卫所等相继转变为州（府）县等正式政区，县级政区地名增加了近 20 个[①]。

表1　　　　　　　　　陕西历史政区建置统计　　　　　　（单位：个）

朝代或年份	高层政区	统县政区	县级政区	合计
秦	—	3	49	52
西汉	—	6	93	99
东汉	—	5	61	66
三国	1	6	47	54

---

① 《陕西省志·地理志》，陕西人民出版社 2000 年版，第 37 页。

续表

朝代或年份	高层政区	统县政区	县级政区	合计
西晋	2	7	51	60
北魏、梁	11	36	106	153
西魏	21	55	135	211
北周	24	52	124	200
隋	—	12	92	104
唐	3	22	114	139
北宋、西夏	2	24	92	118
金、南宋、西夏	5	22	83	110
元	1	17	57	75
明	1	15	69	85
清	1	12	86	99
1920	1	3	91	95
1938	1	10	92	103
1947	1	11	93	105
1950	1	9	97	107
1979	1	10	103	114
1989	1	10	107	118

资料来源：1. 依据《陕西地理沿革》《陕西省志·地理志》《中华人民共和国政区沿革》《民国时期陕西省行政机构沿革》等资料整理，本表只统计治所在今陕西境内的正式政区，含分裂对峙时期。2. 高层政区、统县政区、县级政区是历史地理学用语，参见《中国行政区划通史·总论·先秦卷》。

民国时期全国政局一直动荡不安，政权迭遭更换，政区变动更是剧烈有加。北洋政府实行省、道、县三级制，1920年新设镇坪县，陕西共有3道91县。南京国民政府时期又撤销道制，直接以省领县，不久又因为"剿共"需要，成立行政督察区。1938年陕西省初划为10区92县，各区辖县屡有变更，黄龙山开发后成立设治局，到1947年共计有11区92县1设治局。同时为加强对基层社会的控制，封锁陕北苏区，国民党于1933年在各县推行保甲制度，其层级设置为：县下划设区，区下划设联保，联保下置保，保下为甲。1938年全省共有487区，1479联保，

12473 保，138412 甲。1940 年改区为乡镇，全省行政区划为省、区、县、乡镇等四级制①。

新中国成立初期，陕西省和西安市由西北军政委员会领导，西安不是省辖市，与陕西省平级。1950 年全省共有 9 专区 97 县。此时陕西政区空间体系为大行政区、省、行署、专区（市）、县（市、区）、镇（乡、区、街道）等多级制。1954 年陕西省改由中央直接领导，西安变为省辖市。1958 年"大跃进"时全省进行了大规模行政区划改革，一年之内撤销了多达 47 个县和黎坪、太白 2 区，只剩下 5 市、47 县。1961 年又恢复了武功等 43 县。"文化大革命"中局部政区多有改动，到 1979 年陕西省直辖西安、铜川、宝鸡 3 市，分设榆林、延安、渭南、咸阳、汉中、安康、商洛等 7 地区，共计 5 市（包括地辖市 2 个）、92 县。改革开放以来，城镇经济飞速发展，反映在地名上就是城市型政区名称——市辖区、市的不断增加，地区和县的减少。同时不少乡转变为街道办、镇等，或在近来的大规模乡镇机构改革中撤并。1989 年年底，陕西省辖 6 地区、4 省辖市、86 县、7 市、14 市辖区。1999 年，全省辖 2 地区、8 省辖市、83 县、5 市、19 市辖区、1117 个乡、903 个镇。2010 年年末，共有 10 个地级行政区划单位，107 个县级行政区划单位（24 个市辖区、3 个县级市、80 个县），922 个镇、648 个乡。陕西省政区空间体系演变为省、市、县（市、区）、乡镇（街道办）的四级制②。

二 陕西政区地名特征分析

（一）陕西政区地名的时空特征

据史念海先生研究，结合近来的地名变动，陕西省现有的 117 条县市（区）级政区地名使用至今超过二千年以上的有 7 个，约占 6%；一千五百年以上的有 21 个，约占 18%；一千年以上的有 42 个，约占 36%；五百年以上的有 65 个，约占 56%，说明陕西省现有的半数以上政区地名在

---

① 《民国时期陕西省行政机构沿革》，陕西人民教育出版社 1991 年版，第 4 页。
② 史为乐：《中华人民共和国政区沿革》，江苏人民出版社 1981 年版，第 72 页。

明代及明代以前就已产生。从其诞生的朝代看，秦汉及其以前就产生了19 条，奠定了陕西现有政区地名的雏形。魏晋南北朝和隋唐五代是发展时期，均诞生了 20 条现有地名。宋元和明清趋于缓慢，分别产生了 12 条。民国时期地名出现又复加快，仅三十余年时间就诞生了 12 个县名，多是改名而来或为纪念烈士命名。新中国成立后，陕西于 1961 年新设太白县。改革开放以来，城市发展日新月异，陕西省也不例外，各个地级市纷纷设置了市辖区，专名多为新创，但有些也采用了历史地名，如宝鸡市宝鸡县改为陈仓区等，既凸显了地域的历史文化底蕴，又避免了县市重名，值得提倡。

　　从空间上看，陕西政区地名数量随时代变迁而表现出波动变化。一般情况下，一个地方经济发展程度越高，政区建置数目就越多，反之，则越少。因而周振鹤提出："政区的置废和分布情况的变化，实际上是经济兴衰和人口变迁的一项动态指标"①。从统计情况看，秦汉及其以前所设置的 19 条现有政区名称——长安、高陵、蓝田、鄠县（户县）、陈仓、咸阳、栒邑（旬邑）、白水、郃阳（合阳）、汉中、城固、南郑、旬阳、商县（商州）、鳌厔（周至）、扶风、华阴、沔县（勉县）和武功，当中汉中、城固、南郑、旬阳、商县、沔县位于陕南，其余全部在关中，陕北没有一个现有政区地名。经过魏晋南北朝和隋唐五代的大力开发，陕北土地逐渐被垦殖，经济得到较大发展，诞生了 11 个现有政区地名。其中后秦时期始设的洛川县沿袭至今达 1600 多年，成为陕北历史最早的千年古县。到北宋时，陕北成为边防前线，政府大量军屯移民，一些军堡城寨纷纷建立，至金时不少已演变为正式政区。故两宋时期新增加的 10 条政区地名多达 7 条全在陕北，陕南仅有略阳 1 条，关中也就有 2 条。明清时期，关中土地早已被垦殖殆尽，陕北也所剩无几，陕南荒无人烟的秦巴山地成为流民垦殖的热土，吸引了大量移民定居。故此时新增加的 12 条政区地名有 7 个就在陕南，关中仍为 2 条，陕北虽有 3 个新政区——榆林、定边、靖边，但均由军营卫所转变而来，体现了其深刻的政治、经济和国防背景，同时也反映了不同地区经济地理面貌的差异。

---

① 周振鹤：《中华文化通志·地方行政制度志》，上海人民出版社 1998 年版，第 280 页。

(二)陕西政区地名的命名特征

按照史念海、李健超和吴镇烽等人的研究,综合其他地名资料和地名学界最新研究成果,以地名命名特征将全省 117 条政区地名划分为 13 类(为避免误解和歧义,本文采取多数学者的观点进行分类,详见表2)。其中因山和水得名共计 53 条,约占陕西省政区地名的近一半,可见山、水等自然景观对政区地名命名影响之深刻。这与全国各省规律基本一致,即史念海先生总结县的命名"以有关地理方面的命名方式比较见长。而因山因水的命名方式,在普遍性和稳定性方面就更显得突出"[1]。此外,因古代年号、陵墓神祠、部落故国、古迹名胜、纪念烈士等历史文化遗产命名的达 28 条,约占全省政区地名的近 1/4,充分体现了三秦大地历史文化悠久、人类遗迹丰富的特色。

表2　　　　陕西省 2010 年政区地名命名类型统计

类型	数量(个)	百分比(%)
因水	36	30.8
因山	13	11.1
兼因山水	4	3.4
因特殊地形	8	6.8
因方位	2	1.7
因草木物产	4	3.4
取嘉名(祥瑞祈福等)	18	15.4
因陵墓神祠	4	3.4
因部落故国	7	6.0
因古迹名胜(关隘、城聚乡邑、宫观寺庙等)	13	11.1
因古代年号	1	0.9
因纪念烈士	3	2.6
其他转变	4	3.4
合计	117	100

资料来源:依据《陕西地理沿革》《以陕西省为例探索古今县的命名的某些规律》,以及陕西省省市县(区)地方志、地名志等统计所得。

---

[1] 史念海:《论地名的研究和有关规律的探索》,《中国历史地理论丛》第 2 辑,陕西人民出版社 1985 年版。

从命名类型分布的时间段看，越早出现的政区地名，以自然地理实体特征得名越突出；越晚出现的政区地名，因社会人文事象得名越明显，反映了政区地名的文化色彩越来越浓厚（见图1）。统计表明，秦汉及其以前全省出现的19条现有政区地名中有14条是以自然地理实体命名的，属于社会人文事象命名的只有长安等5条，反映了人类的早期活动主要是对自然的逐渐认识和缓慢适应等特征。隋唐时期，全省以自然地理实体命名的现有政区名称有12条，以社会人文事象为依据命名的政区名称有8条，二者渐趋一致，但自然因素命名仍占上风。直到两宋这种现象才有所改观，全省10条现有政区地名中以社会人文事象命名的政区达到6条，首次反超了自然地名。元代新增的安塞、宁强2条今政区名都是人文因素地名。以后两者基本稳定持平。但总体来看，人文地名还是越来越占优势，尤其是新中国成立后的市辖区名。自然地理实体地名的下降和社会人文事象地名的增加，一方面反映出人类活动对地名命名影响的增加；另一方面，政区命名依据的变化，使得政区地名内涵不断丰富，政区地名文化趋向多元化。

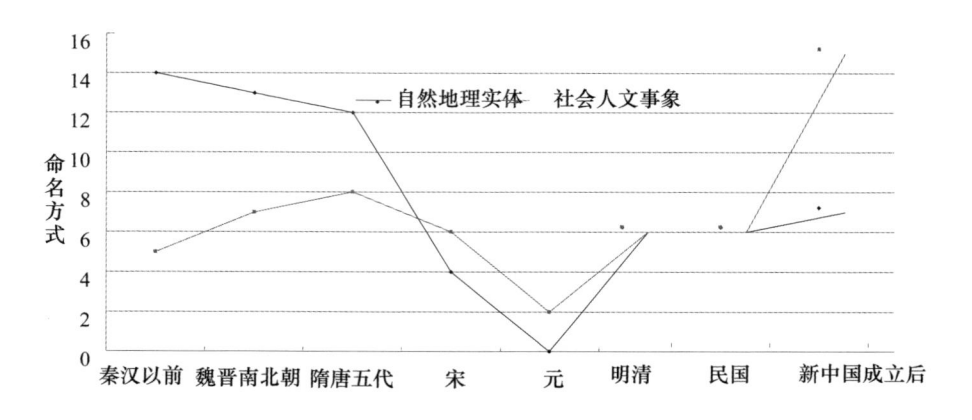

图1 陕西省历代政区名命名方式统计

资料来源：1. 本图行政区划截至2010年10月底；2. 根据史念海、李健超和吴镇烽等人的研究，并参考了陕西省省市县（区）地方志、地名志等资料整理得出。

(三) 陕西政区地名的语言结构特征

地名属于语言中的专有名词，从语言学的角度讲，地名研究应归于名称学的研究。因此，在研究地名语词结构时，只能把地名划归为专有名词类，通过比较相同或相异，进而找出地名语词的特征，才利于地名标准化处理。陕西现有政区地名多为复合词地名，即由两个语素合成的多音词地名。秦汉以前，汉语单音词占优势，双音词大多是联绵字，如汉代的扶风、弘农。秦汉以后，汉语双音合成词逐渐增多，合成的方式有联合、偏正、附加、动宾、动补、主谓等等。在这种发展趋势之下，复合词地名也越来越多。合成的方式主要有偏正结构、动宾结构、联合结构及附加式等[①]。作为地名大家族中重要的一员，政区地名也具有同样的特征。

从音节结构看，全省 117 条县市级政区名称中，除华县、乾县等 11 条单音节政区地名外，其余 106 条均为双音节政区地名。单音节地名虽有定类性，但却无指位性，不具有完整地名的构成要件，并不能看作完全意义上的地名，其通名在使用过程中不能省略；106 条双音节政区地名，在口语使用中皆可将通名省略。但历史上全省单音节政区地名明显多于现在，现有地名中的户县、眉县等单音节政区地名大都沿用了千年以上。从专名语言结构来分析，全省 62 条政区名为偏正式结构，约占 53%；其余 55 条为其他结构构成，附加式较多。

通过语言结构分析，全省政区名称基本符合汉语地名的构词规律，只是在历史发展过程中表现得稍有不同。随着语言的发展变化，未来研究不仅要关注地名语言的结构规律，更要探讨其历史演变过程；不仅要对县级以上的大地名进行研究，还应深入挖掘富含浓郁地方色彩和历史文化底蕴的乡村聚落等小地名。

(四) 陕西政区通名的演变特征

如果说关于地名的构词规律研究是对地名的语言学研究的话，关于

---

① 李如龙：《汉语地名学论稿》，上海教育出版社 1998 年版，第 19 页。

通、专名的研究则是"纯地名学"研究。一般来说，现代汉语的标准地名由通名和专名组成。专名的形成与人们对该地域的最初理解和认识有关，通名则标志着人们对自然地理环境的认识和分类，记录着人类改造自然的各种举措和设施。政区通名更体现了行政管理的区划系统，该地对国家的重要性及国家对其的重视程度等。因此，通名的研究是地名学研究的重要课题。现有的通名皆是历史积存下来的，故通过考证地名的沿革，分清新旧通名出现的层次，对于了解地名的得名之由和区域自然与社会的变迁有重要意义。此外，由于区域地理环境和地域文化的差异，通名分布有一定的规律，即通名往往形成地名群，出现在某一特定区域。因此，通过对通名的纵向和横向研究，同样可以揭示一个地区的自然和社会文化变迁。陕西现有政区通名与全国其他地区一致，包括省、市、县（区）、乡（镇）等四级，本文只探讨市、县和区三个政区通名。

从三者出现的时间看，县作为政区通名出现最早，市次之，区最迟。县在最初出现之时，性质还比较模糊，后来就逐步演变为具有一定地域范围的行政区。《史记·秦本纪》言：秦武公十一年（前687）就在陕西"初县杜、郑"。到战国时期，各国已普遍设县。此后2000余年的历史长河中，虽有其他政区通名出现（如州、府、厅等），但作为行政区划的基层设置县则一直存在，多在"州""府"下面设置，有时与"厅""道""监"并存。民国时期，"市""区"作为政区通名开始出现，其中"市辖区"陕西省自新中国成立后才开始使用。

从三者空间分布看，全省空间分布也不均衡。以"区""市""县"作为通名的县级政区分别有24个、3个和80个（不包括10个地级市名）。其中以"区"为通名的政区有19个就位于关中5个地级市境内，其余5区也只集中在陕北、陕南地级市驻地的中心城区；更为突出的是，陕西省仅有的3个县级市——兴平、韩城、华阴全部集中在关中。充分显示了关中地区的经济发展尤其是城镇经济在陕西省的中心优势地位，正在实施的关中—天水经济区建设无疑更巩固了这种地位。而在关中占全省半数的5个地级市境内，仅有32县，随着西安建设国际化大都市口号的提出，周至、高陵等也将撤县建区，关中辖县将进一步减少，市辖区会继续增加。这加剧了三者在空间分布上的不均衡。

三 陕西政区地名形成机制

"地名是人类盖在大地上的图章",是人类赋予地球上具有特定地位、地域范围的地理实体的专有名称。因此,地名与人类活动关系密切。如果说异彩纷呈的区域差异给陕西省的地名奠定了基础,那么历史悠久的人类活动则最终造就了三秦大地丰富多彩的地名文化景观。

(一) 区域经营开发是陕西政区地名增加的基础

陕西三大地理区域中,"关中自古帝王都",从西周时开始就有13王朝定都于此,延续长达千余年,自古以来这里一直是陕西省经济最发达、人口最稠密的地区。而陕北黄土高原、陕南秦巴山地虽地近关中平原,却由于地理环境的原因,人口相对稀少得多。从秦代起,除非中原王朝控制不到这些地区,否则都会对其进行开垦利用,只是程度不同而已。为有效管理新的垦殖地区,政府自然会相应增加政区设置,政区地名也不断增多。其中陕北地区秦代只有上郡和5个县,汉武帝时北却匈奴,"徙贫民於关以西,及充朔方以南新秦中七十余万口"[1] 于此开发,陕北一时以富饶著称,骤增西河郡和19个县。

相比之下,陕南秦巴山地则开发较晚,迟至清初以来才有大批量流民涌入垦殖。他们逐渐由汉江、丹江河谷地带向低山丘陵直至高寒山地开拓,使得许多荒无人烟之地成为农田,人口暴增。据研究,康熙二十一年(1682)全省人口大约为401.2万人。至道光三十年(1850),今陕西境内人口高达1330万人以上。从康熙中期(即康熙二十年以后)开始到咸丰末年(1861),外省人口主要是南方无业流民大量迁入陕南地区[2]。人口激增导致了许多地方成为"官府耳目难周""鞭长莫及"之地,为加强控制、征收税粮,清廷于留坝、佛坪、定远、砖坪、孝义、宁陕等地

---

[1] 《史记》卷30《平准书》。
[2] 薛平拴:《陕西历史人口地理研究》,博士学位论文,陕西师范大学,2005年,第177—192页。

先后析县置厅，设官治民①。终清一代，今陕西境内在明代基础上增置的 17 个县级政区中，陕南就占近半 8 个。今天陕南的县级政区格局从此奠定。

（二）地缘政治因素推动了陕西政区地名空间格局变化

政区作为国家行政管理的空间（区域）组织系统，其命名一开始就深受政治因素的影响，故不同历史时期各个政权的统治重心变动和政治军事斗争等因素直接影响了陕西省政区地名的发展和演变。

"话说天下大势，分久必合，合久必分"，统一和分裂是中国历史上一个从未间断的过程。在一统时期，国都等统治重心变动对政区地名影响比较明显。因为一般来说，封建王朝的京畿所在多为经济富庶之地，而且身系天下安危，理所当然是国家重点开发经营地区。历史上不少朝代都有移民京畿之举，人口众多、经济繁荣自然带动了政区设置的增加。秦与西汉时陕西一直是京畿重地，刘秀建立东汉王朝后，放弃故都长安，迁都洛阳，统治重心随之东移，这在政区地名上有明显体现。据《陕西省志·地理志》统计，东汉在今陕西省境内设置了 61 县，比西汉足足少了 32 县。其中京畿所在关中尤剧，减少了 15 个县。无独有偶，唐代盛极一时，在今陕西省境内设置了 3 府 19 州 114 县，比今天陕西省的 117 个县市级政区还要多。至定都开封的北宋王朝建立，加上西夏在榆林西北设置的 2 州 3 县，全省共计才 24 州府军 92 县，减少了 20 个政区。其中"军"本来是唐代节度使下面的军事单位，五代时期军事活动频繁，诸军开始与州并列，分疆而治，军旅之号渐成政区之名，到北宋终于成为一级正式的统县政区②。

盛世如此，在大分裂的乱世，地缘政治因素的表现也很突出。魏晋南北朝时期，陕南一直是南北政权双方你争我夺的焦点之一。为了加强对边境的政治军事控制，双方都在不断析置郡县，尤以县的设置增加迅

---

① 张力仁：《人类空间选择行为与环境关系个案研究——以清代陕南秦巴山地为例》，《中国历史地理论丛》2008 年第 2 期。

② 周振鹤等：《中国行政区划通史·总论·先秦卷》，复旦大学出版社 2009 年版，第 115 页。

速。北魏时陕南共计27县，比西晋增加了11县，比西汉更增加了17县，达到了历史上空前未有的程度。不过直接的军事冲突尤其是大规模战争则使人烟荒芜，政区减少。金与南宋对峙之际，关中、陕南屡次沦为战场，陕北也因金夏争夺而战况不断，故关中、陕南、陕北设县均比北宋减少，全省范围内减少了9个县。

（三）全国政区体制变化带动陕西政区通名演变

政区地名直接源于国家的行政区划，中国历史上繁复的行政区划变迁是导致陕西政区地名变动的直接动因。作为中国封建社会传统政治中心的陕西，自然是中央政策推行的首要地区，并对其他地区起着模范和带头作用。自秦始皇一统天下，推行郡县二级制，历汉代的郡县王国二级制，魏晋南北朝的州郡县三级制，隋代的州县二级制，唐宋的道州（府）县三级制，元明的多级混合制行政区划，陕西自是如影随形。清代州府厅并列，到民国时又增加了新的通名——市、区和设治局。改革开放以来，陕西经济迅速发展，政区体系格局也随之发生变化，使得相当部分县撤而改置市或区为通名，形成当今全省政区体系分布格局和通名景观现象。

四　结论

文化景观是文化在空间上的反映，是人类在特定的时间和空间里，对自然环境进行利用和改造所产生的各种人类可以感知的独特文化景象。在117条政区地名中，全省半数以上的政区地名在明代及明代以前就已产生，奠定了陕西省现有政区名称的文化景观和空间特征。新中国成立后，特别是改革开放以来，陕西出现大量以"市"和"区"为通名的新政区地名，专名或保留不变，或为人们依据区域历史地理特点命名，尤以市辖区为多。从时空分布看，陕西政区地名随时间变迁而表现出空间分布不均衡的规律。以县为例，北魏及其以前，陕西一半以上的县都集中于关中地区，其中三国时尤甚，高达76%的县分布在关中。隋唐以来，陕西南北大地经过不断开垦，人口日繁，政区地名逐渐增多，并打破了原有格局。到了两宋，全省新设置的 10 条政区地名 8 个均位于陕西南北地区，从根本上动摇了此前陕西政区集中于关中的空间布局。从政区命名类型出现的时间分析，越早出现的政区名称，以自然地理实体特征得名越突出；越晚出现的政区名称，因社会人文事象得名越明显。从一个侧面反映出人类活动对自然地理实体影响力的与日俱增，人类征服与改造自然的能力也愈来愈强。

  陕西政区地名虽多为历史遗留，但随着时代变迁，也处在不断的更替之中。如何注意既保持区域传统历史文化特色，又把握住时代气息，应该是今后陕西省地名管理及命名工作需要思考和努力的方向之一。

（原刊《地域研究与开发》2013 年第 2 期）

四　城市、人口与地域环境

清代城市的空间范围及其人口属性[*]

——清代城市人口问题研究之一

一　问题提出

  历史城市人口问题研究，是中国人口史研究的重要内容，亦是我们了解和认识中国历史时期城市化率和判断区域经济社会发展水平不可或缺的依据。然而，由于历史时期的人口调查、登记、统计缺乏城市与乡村人口的划分标准和统计口径，这就使我们对历史时期城市人口问题的认识一直是"雾里看花"。甚至可以这样认为，在1953年中国实行城乡人口分类调查、统计之前，中国城市人口数量、规模简直就是一笔糊涂账。迄今为止，学术界关于历史时期城市人口规模问题的研究，都是一种复原、估计、推测所得出的认识，其间的看法也难得一致。以近代中国的城市化率来看，学者估计高者可达34%，而低者为28.1%[①]。对同一研究客体，研究者所得出的认识差距如此之大，恐怕不仅仅是历史资料匮乏、研究方法与手段"滞后"所能解释得通的，对研究客体认识的差异，可能是根本原因。在清代城市人口研究中，以美籍学者施坚雅的研究成果最为著名，在他1977年发表的《十九世纪中国的地区城市化》中，施坚雅以四川盆地的城市群为研究对象，构建了晚清帝国的城市等

---

  [*]　教育部人文社科一般项目"历史时期陕西县治城镇的调查与研究"（10XJA770011）赞助成果。

  [①]　胡焕庸、张善余：《中国人口地理》（上册），华东师范大学出版社1984年版，第267页。

级体系和人口规模序列，并以此估算出两个标准时点——1843年和1893年的城市人口基本规模。然而，他的研究成果却受到广泛质疑，对近代中国人口史颇有研究的姜涛就认为，施氏的研究太过于"理论化"而有违中国城市人口发展的基本史实①。在明清城市人口研究中进行过系统且卓有成效研究的著名学者曹树基教授，更是从资料来源、研究方法等方面怀疑施坚雅研究的"合理性"②。

  正是基于这样的认识，一些学者开始另起炉灶，从中国古代城市发展的实际出发，采用区域分析方法，通过个案研究对中国古代城市进行细致刻画。如许檀对明清山东城市人口的研究、曹树基对明清时期中国城市人口问题的研究以及姜涛对近代中国城市人口问题的研究，可以说是成就斐然。然而，正如学者们所指出的，迄今为止，中国历史时期城市人口问题研究并没有取得实质性突破，甚至可以说我们还没有超越施坚雅的研究水平。仔细梳理和审视已有的研究成果，我们会发现，学术界在对历史时期城市人口研究中，一些基本的理论问题如同我们对古代城市的认识一样是如此的"熟悉"而又"陌生"，比如对古代城市的空间范围，古代城市的人口构成、性质等问题的认识就存在很大的不同，甚至是"质"的差异。因此，辨析和厘清历史城市人口的基本属性，就成为中国古代城市人口问题研究能否进一步深化或取得突破的基础和关键。需要说明的是，按照学术界通常的看法，中国古代县及其以上的行政中心城镇均可视为城市。其中又可分为普通县治城市和省、府附郭县城两种层次。由于中国古代城市发展受到行政等级的强烈影响，因此对后一类县治城市人口属性的探讨，在行文中将会视具体情况予以特别说明。而对一些在人口数量、占地规模、商业活动都堪比县城或府城的市镇，本文暂不涉及。基于中国古代城市"质"的同一性，本文主要以清代陕西县治城市为分析样本，对古代城市的几个基本理论问题，作一探讨。

---

 ① 姜涛：《人口与历史》，人民出版社1998年版，第141页。
 ② 曹树基主要从两个方面对施坚雅的研究提出怀疑：一是施坚雅所依据的2500个城市的人口资料是如何获得的；二是施坚雅"在一个全国性的城市人口数量等级中寻找区域性的差别"，这本身是矛盾的和不符合逻辑的。见葛剑雄主编，曹树基著《中国人口史》第5卷《清时期》，复旦大学出版社2001年版，第15页。

不当之处，尚祈当世方家予以指正。

二　文献表述的城市空间形式

　　城市空间范围问题，是一个长期被人们忽视的问题。中国在第一、第二、第三次人口普查中，由于没有考虑城市空间范围属性，导致随着人口统计口径、人口分类标准的不同而造成了统计意义上的城镇人口忽高忽低的变动①。从客观上来说，无论是按照人口规模抑或是人口的经济特征来进行城市人口的统计，都必须考虑人口的地理属性，因为任何统计口径的人口规模，都是一定地域范围内的人口规模。正是基于这样的认识，1990 年的第四次人口普查才正式将城市范围作为城镇人口统计的基础和标准，因而这一次的城市人口普查，被学术界称为"具有较强的科学性"②。古今同理。但对于古代城市而言，由于缺乏独立的城市行政建制③和城乡人口分类标准，使城市人口统计范围极为模糊，因而也更富有弹性，学术界关于中国古代"城墙内的城市"和"城墙外的城市"的讨论和争论即是明证。学者们对历史时期中国城镇人口数量、规模乃至城市化率的研究、估测之所以仁者见仁、智者见智，原因固然不一，但其根本原因则在于城市人口统计地理口径的不同所致。如一些学者在研究古代城市人口时，只是将城内人口和关厢人口作为城市人口，而将附城人口排斥在外，而另一些学者则认为城市人口不仅仅包括城内和关厢人口，还应该包括附城人口。在城乡区分中，一些学者之所以不认同或不同意另一些学者以"街、坊、巷"作为区分城市人口与乡村人口的依据，推测其原因可能是"街、坊、巷"并不是古代城市的专有地理属性。地理学的常识告诉我们，城市有兴废而地名却具有继承性和稳定性，因此以"街、坊、巷"为通名的聚落也就很难单纯从字面来确定其性质。事实上，地方志中记载的以"街、坊、巷"为通名的聚落很多并不是城

---

　　① 张善余：《中国人口地理》，科学出版社 2003 年版，第 288—290 页。
　　② 顾朝林等：《中国城市地理》，商务印书馆 1999 年版，第 107 页。
　　③ 中国历史上除元代曾设立过城市行政管理机构如警巡院、录事司和司候司等，大部分王朝并没有设置过专门的城市管理机构。

镇而是乡村。如民国《乾县新志》记载乾县各乡村堡名称中，就有"栲落坊、薛梅坊、罍支坊、永生坊"等村落属于薛王乡，四里坊位于机头乡，而"后街、前街、东街、西街"等村落则属于王村乡。这些以"坊、街"为通名的村落，其距离县城近者有 15 里，远者在 50 里①。很显然这些聚落都属于乡村区域。类似乾县情形的很多，如户县、蓝田、澄城等均是如此。另外，一些看似为乡村的聚落其地理属性却属于城市范畴，如光绪《渭南县志》记载县城内有仓后堡、南家堡等②，《续修礼泉县志》亦记载城内有南堡子、北堡子等③。因此，对古代城市范围、内涵认识的模糊与不确定，必然导致城市人口统计中地理尺度的不一致，由此所得出的认识自然缺乏可比性，也就难免形成各说各话，甚至相互怀疑、否定的混乱局面。从逻辑角度来说，对城市空间范围的捉摸不定，必然会出现两种偏差：一是将城市范围划得过大，使过多的乡村人口被纳入城市人口统计范畴，形成"虚假城市化"现象；二是城市范围划得过小，又不可避免地将本属于城市范畴的人口被排除在城市人口考察范围之外，形成研究结果的"失真"或"失实"，而与历史事实不符。因此，古代城市空间范围的确定不但是理论认识问题，也是现实观察问题。

　　城市空间范围问题，即城乡界线划分的问题。而城乡界线，今人如同古人一样对此概念是显得如此的清晰而又模糊，以致人人都知道什么是城市，什么是乡村，但要说具体的城乡界线在哪里，恐怕没人能说得清楚，除非人们出于特殊的任务或需求如行政管辖权的归属、地图测绘等，可以借助一定的技术手段，按照设定的标准人为地划定城市与乡村的分界线。而对于古代城市与乡村的划分，我们显然不具备这方面必要的资源与条件。尤其是古代城市"城内田"与"城外市"并存，使古代城市与乡村既存在"天然"联系又存在人为"鸿沟"，因此要从地理实体——具体的地理单元中划分出此地属于城彼地属于乡，则是如此的困难。然而城乡边界或是城市地理区域的确定又是如此重要，以致我们无

---

① 民国《乾县新志》卷 2《疆土志》。
② 光绪《渭南县志》卷 2《舆地志》。
③ 民国《续修礼泉县志》卷 4《建置志》。

论是个案研究还是分时期、分类型、分区域探讨城市人口发展的基本规律，都必须明了城市人口的基本空间范围，舍此我们无法复原城市人口存在的"真实"状态，也无从探讨其发展、演变的基本规律。事实上，在目前学术界关于古代城市人口研究中，都在遵循一个极为模糊的城市概念——历史文献记载或表述的城市概念。然而，历史文献记载的城市概念及其内涵是极其复杂而多样的，我们究竟遵从哪一种城市概念？须知古人对此也是表述不一或大相径庭，因此轻信文本或不加分析地利用文献资料记载的人口数据，本身就存在问题，关于这一点后文将有详细阐述，此不赘。

一般而言，作为区域政治经济文化中心的城市，其在地域上表现有多重空间形式：既有形式空间，又有功能区域；既有行政管辖范围，又有文化展布区域和感觉区域，等等，不一而足。而随着关注要素的不同，城市空间范围因而也有大有小，有重叠有交叉。但不管是哪一种城市空间范围的界定与划分，客观上都存在核心区与边缘区之分，并且城市特征由核心区向边缘区呈现逐渐弱化趋势，直至某一个区域或边界，城市景观则转化为以乡村景观为主，这个转折线或面即可视为城乡边界线（面）。因此，对古代城市不同的空间形式予以辨别、区分，就成为我们进行科学、客观划分古代城市与乡村范畴的基本前提。下面依据清代陕西79个县治城市（含附郭县）的文献记载[①]，对古代城市的几种空间形式进行大致勾勒。

（一）形式空间

所谓形式空间，是指以某一组或某一类地理事物为界标，界标以内属于城市范畴，界标以外属于乡村区域。中国古代城市与乡村最明显的分野就是城墙，尽管城墙不是城市与乡村唯一的标志，但却是最初和最清晰的分界线。从城市诞生之初，城墙就成为城市与乡村"天然的""人为的"鸿沟。虽然城墙之内未必都是城市景观，城墙之外也未必就一定是乡村，但从古到今，城墙以内是城市的核心部分却从未发生过改变。

---

① 此处据《大清一统志》所载嘉庆二十五年（1820）陕西的行政区划单元。

四 城市、人口与地域环境

地方志对此记载也相当详细和清楚。按地方志的编排格式，一般在卷首或第一部分大都是县域形势图和城池衙署图，而在建置或地理卷目下则往往将城池修筑的时间、周长、形状乃至城墙的长、宽、高及建筑材质逐一描述。"城内""城外"或"城内街巷""城外关厢"是方志关于城市平面布局描述的一般顺序，甚至在某种程度上城墙还成为城乡的区域分界线。如佛坪，光绪《佛坪厅乡土志》就记载厅境四里——兴隆里、升兴里、永兴里、高升里等与厅城的关系是："兴隆里，西连城垣，东与宁陕四亩地交界，南与西岔河交界，北与板房子交界"，"升兴里，东接城垣，西与留坝厅松坪子凤县白云山交界，北与厚珍子交界，南与九池坝交界"，"永兴里，北达城垣，南与洋县草岭卡交界，东与西岔河交界，西与九池坝交界"，"高升里，南通城墙，北与周至略阳宫交界，东与板房子交界，西与厚珍子交界"①。很显然，城墙成为佛坪厅厅城与乡村的自然分界线。而类似如佛坪厅这样以城墙作为城市与乡村分界标志的，在陕西各地亦复不少，如府谷、扶风、乾州、麟游、旬阳等即是②。而今天我们对古代城市的认识，在很大程度上是延续了传统的城市概念，如学术界所使用的"城市形态"概念③，其内涵是指由城墙所界定的城市轮廓形态，亦即城市的外部形态。只是以往对这一问题的研究，主要是讨论中国古代城市外部形态的"规范"与"不规范"④，并没有考虑其与古代城市地域范围之间的相互关系。

---

① 光绪《佛坪厅乡土志·地理》（不分卷）。
② 参见（乾隆）《府谷县志》卷1《里甲》；（嘉庆）《扶风县志》卷5《城廨》；（雍正）《乾州志》卷3《户口》；（光绪）《麟游县新志草》卷1《舆地志》；（清）《旬阳县乡土志·地理》。
③ "城市形态"是现代城市地理学的概念，它有广义与狭义之分。较早将"城市形态"这一概念应用于中国古代城市研究的是章生道，他在《城治的形态与结构研究》（施坚雅主编：《中华帝国晚期的城市》，叶光庭等译，中华书局2000年版，第84页）一文中，将"城市形态"的概念应用于中国古代城市的研究。此后，中国大陆学者也相继运用此概念，并展开其内涵探讨。
④ 一般都认为方形、长方形或者近似于方形、长方形的城市是中国古代城市外部形态"规范"的模式，其他形状的城市外部形态则都属于"不规范"的范畴。

（二）礼制空间

中国古代城市基本上都是王朝控制地方的据点，城市不但承载着物质力量的控制功能，而且还承载着超越性的精神力量控制功能。普遍建置于城墙内外的各种封建礼制性建筑，如先农坛、历坛、社稷坛、风云雷雨山川坛、城隍庙等，就是封建王朝以"文治教化"控制地域社会的外在表征。而这些礼制性建筑不但从物质方面丰富了古代城市的内涵，也从精神层面上界定了古代城市的文化区域。从清代陕西79县的近乎200种方志记载的这些坛庙的相对位置来看，除个别县礼制建筑集中分布于城内或距离县治大于3里（清里）外，绝大部分县城的礼制性建筑都在距离县治3里范围之内。如果将这种礼制建筑所代表的王权空间视作一个均质的平面，那么我们就可以以县治为中心，以半径3里画一个圆形区域，这个区域即可被视作县治城市的礼制空间范围。应该指出的是，这一城市范围的划定仅是依据处于内陆的陕西县城而得出的，其他地区尤其是东部沿海城市是否符合此格局，尚需更多不同区域的数据支持。

（三）机能空间

或称之为功能空间，有广义与狭义之分。广义的功能空间，是指城市在物质和精神方面所控制和辐射的地域范围；而狭义的功能空间，则是指设置于城市的行政、经济、文化等管理机构及其物质要素所展布的空间范围。本文所论述的县治城市的功能空间仅是指狭义的功能空间。相对于形式空间而言，功能空间既可以是封闭的、连续的地理单元组合体，亦可以是间断的、跳跃式的不相连属的地理单元混合体。从原则上来说，县城是县域内的政治、经济、文化中心，从物质和精神两个方面控制、辐射乡村是县城的基本功能，亦是其主要的功能。但由于特殊行业、特定区位或重要的交通节点控制的需要，使得原本设置于县城的行政、经济等管理机构不得不逸出县城，从而在县治城市之外形成了次县级行政区域，如巡检司、河泊所、厘金局、县丞所在地等功能区域。这种行政机构的外设，无疑扩大了县城的功能空间范围。但很显然，这些区域与县城在空间上大多是分离的，尽管其行政机构乃至公役人员是属于王朝行政系统的组成部分，但由于空间上的不连续性，已不符合城市人口的基本特性——地理聚集性，其人口自然不能当作城居人口来处理。事实上地方志的编纂者往往将这类区域单列，或予以特别强调，以表明该区域既与县城有别亦与乡村不同。如位于大荔县城西 25 里的羌白镇，由于商品经济发达，"皮货作坊荟萃于斯，繁富亚于县城"，因而"县丞公署在焉"。作为对比，该志作者还特别补充和强调说县域内其他各镇，是既无官府又无巨商①，表明羌白镇仅次于县城的政治经济地位。在大荔县保甲编制中，羌白镇也因此被编为第二保（第一保为县城），其他区域则按照东西南北方位以及距离县城远近的不同依次编排保甲，"其编次城内为第一保，羌白镇有县丞分驻为第二保，余则自东北乡刘官营起第三保，由是而南而西而北终于小坡底第四十二保，秩然皆有次序，于是纲举目张焉"②。很显然，这种行政安排是有意为之。

（四）行政管辖区域

从原则上说，中国历史上的行政建置仅止于县制级的，县以下的地域行政单元或行政管理机构则并未纳入正式的行政管理等级序列中，因而其地域单元、机构设置、人员构成等便因地而异，不能一概而论。清代陕西县以下的行政单元，或称为准行政单位为乡、里、甲，但亦有变异如操、所、铺、堡、镇、屯、村、寨、坝、地方等等，名称不一，但都是将县域进行政治地理分解，以达到或实施从县衙到农户门对门的行政管理。县治城镇虽然处于县域政治、经济、文化的中心地位，但其本质上仍然是县域内行政单元的组成部分，与县域内的其他乡里区划单位等同，或直接就是县以下乡里行政区划的一部分。从清代陕西地方志记载的县城所属地域行政单元来看，常常是以"在城乡""在城里""在城镇""郭下里""郭厢里"等字样与其他区域相区别。虽然有如西乡县丰富里——其所管辖区域正好为县城内及四关③、宁羌州本城南北二牌所辖

---

① 民国《大荔县旧志稿》卷 4《土地志》。
② 光绪《大荔县续志》卷 4《土地志》。
③ （清）《西乡县乡土志·地理》（不分卷），抄本。

区域与城内及四关吻合①以及佛坪厅厅城为单列的行政区划单元外②，其他各地大部分情况下县城与县城所属的行政区域（或准行政区域）并不等同，文献中所谓的"在城里""在城乡""郭下里""郭厢里"等县级以下行政单元，不但包含县城，而且包括与县城毗连的广大乡村区域。如兴平县，"附城者为在郭里"，所属村堡有33个③。岐山县，"附郭曰在城乡"，"统村20"④。尽管县治城镇所在的行政区域包含县城以外的乡村区域，但从行政属性的统一、同一角度看，我们完全可将之视作县城的行政空间范围。

（五）感觉区域

或称为习惯区域，这是一种存在于社会大众意识里边的一种约定俗成的城乡概念。它是如此的清晰与模糊，说其清晰，是因为在人们的心里，"城里"和"乡下"的概念是截然分明的，以至于人们不需要经过任何分析、辨别即可判明"此"为城，"彼"为乡。说其模糊，是指这种存在于人们心里的城乡地图，相互之间的界线是如此的不明确，以至于从文本角度很难对其进行地理属性的划分。文献中常见的表述格式是"县城或本城"以及东西南北四乡，如道光《安定县志》卷4《户口》和嘉庆《扶风县志》卷4《赋役》在著录县域人口时均是以"县城""东、南、西、北"四乡分别记载。很显然，在县志作者心目中"县城"及"东、西、南、北"四乡概念及其地理内涵是如此的确定与确切，以至于没必要指明县城范围及乡域四至。直到清末民初的《砖坪县志》仍然遵循这种约定俗成的城乡概念，该志记载的"县城"与"东、南、西、北"四乡的交界均为"城关"⑤。虽然约定俗成的城乡界线是如此的模糊，但各自的内涵却是相当清楚的，如乾隆《同官县志》记载该县的地理情况是："印台山，在县治正西，与虎头、济阳二山南北相接。按三山皆旧城

---

① （清）《宁羌州乡土志·地理》，民国燕京大学图书馆铅印本。
② 光绪《佛坪厅乡土志·地理》（不分卷）。
③ （清）《兴平县志》卷1《地理》。
④ 民国《岐山县志》卷2《建置志》。
⑤ 作者不详：《砖坪县志》卷1《地理》，民国铅印本。

所附，自截筑新城（指康熙时城池内缩），山乃在城外矣。城民大半居三山之上，其城下居者特十之二三耳"①。而乾隆《合阳县志》先说"四郭俱无门，大小不可志也"，接着又相当清楚地指出了四郭的内涵："东郭有奕应侯庙，在旧迎春场，距城约一里……南郭有文昌祠，距城里……西郭有真武庙，邑范明经堤记，北郭有东岳庙……"②。而类似如同官、合阳的城乡认识及区域划分，在清代陕西大部分县都存在，如户县、朝邑、淳化、麟游、陇州、甘泉、清涧等县即是③。尽管这种城乡概念及区域分野是如此的模糊而难以界定，但从认识论角度来看，这种存在于民俗社会中的城乡分野仍然为我们认识古代的城市与乡村提供了参照系。

除以上空间形式外，县治城市还存在诸如文化空间、宗教空间、经济区域等等，不一而论。对于城市人口问题而言，上文所述的形式空间、礼制空间、机能空间、行政管辖范围以及习惯区域等，应该说，都在某种程度上囊括了我们所要研究的地理对象的大部或全部，不同点在于其对城市范围的界定有大有小，城乡边界的划分有清晰有模糊而已。

从理论上来说，以城墙为界标的形式空间是如此的清晰、实用，以致从古到今人们会有意无意地用这一标志来区分城市与乡村。但其缺陷也是极为明显的。（1）"城内田与城外市"并存的格局，使单纯以城墙为标志来划分城市与乡村，并不能反映中国古代城市的真实形态，尤其是县城的经济功能难以得到体现。（2）古代城市所承载的政治、经济控制功能，使城市景观体现为以诸色官署、公廨、营房及官员、士绅、衙吏住宅与园圃为主，尤其是当城市的政治功能或军事功能予以强化时，城池内的建置设施主要就成为官署和军事设施，普通商民不得不居住于城外。如此一来，城墙之内的人口显然不能代表城市人口的全部。如，处于陕南秦巴山腹地的留坝厅，在道光时期其城池的平面布局及功能分区是"太平山居其半，文武官廨居其半，兵房又居其半"，以致"卒鲜隙地

---

① 乾隆《同官县志》卷1《舆地志》。
② 乾隆《合阳县志》卷1《建置第二》。
③ 具体请参见：（乾隆）《户县新志》卷1《地理第一》，（康熙）《朝邑县志》卷2《建置》；（清）《淳化县志》卷3《土地志》，（光绪）《麟游县新志草》卷3，（乾隆）《陇州续志》卷1《方舆》；（民国）《甘泉县乡土志·地理》，（道光）《清涧县志》卷1《地理志》。

以处民，故商旅皆居南城外焉"①。关中平原的白水县，县志记载明至清时期县城居民主要分布在县城的东北郭②。而处于陕北黄土高原腹地的葭县，清时调查本城 142 户，男女大小 621 口，南关 271 户，男女大小 1121 口③，县城近乎三分之二的人口居住在城外关厢地区。而类似如白水、葭县县城人口的地域分布格局，在陕西其他县情况都大致相似，如安定、保安、澄城、洵阳等县即是。(3) 城池一经设定、建筑，除非遇到特殊情况需要增、扩、展筑外，一般情况下，城墙的形态、走向、周长基本不变。而城居人口则是一个活跃的群体，视经济发展与城市行政等级的变动而变动。而在一个相对固定不变的城池范围内，人口容量有一个极限值，当人口增加到超过城池范围容纳极限时，多出的人口便自然而然地逸出城外。历史上泾阳、三原、富平等县城城池的增、扩建以及关城的修筑即为明证。(4) 唐宋以来，随着"坊市制"被打破，城墙愈来愈不成为城乡"固有"的分界标志，无论从行政区划还是从经济、文化、人口等特征来看，均是如此。因此，仅仅局限于城墙所围护的空间范围，显然已不足以涵盖县治城镇的基本特征。而礼制空间虽然从形式到内涵都可以作为古代城市的标准区域，其空间界线也相对是清晰的、确定的，然而，由于按照以礼制建筑为标志所划定的城乡分界线，并没有考虑地形、地貌、河流水文乃至交通等因素的影响，因此其与实际的城乡范围存在一定的出入。不仅如此，我们目前所能利用的资料或依据是方志所记载的人口数据，而方志对乡村聚落的记载往往是仅关注其相对于城池的方位以及彼此之间的远近，缺乏具体的里程数据，即使有里程数据但乡村聚落的人口数据又极为缺乏。因此，依据礼制建筑所划定的城乡范围，看似完美且合理，但却遇到了不可逾越的障碍——资料提取的困难。换句话说，我们没有办法仅仅依据方位来区分此村属于乡，彼地属于城。习惯区域虽然从文本角度给出了明确的感觉地图——城乡界线、城乡内涵是如此的泾渭分明，但富于思辨传统的文学描述，使我们很难将城市

---

① 道光《留坝厅志》卷1《厅城图》。
② 乾隆《白水县志》卷4《艺文志》。
③ 《清葭州乡土志·户口》（不分卷），清末抄本。

与乡村界定在具体的地理区域范围内，这遇到了如同礼制空间一样的问题——资料的对应与提取问题。而机能空间虽然并不存在上述二者所遇到的障碍或缺陷，但由于其在空间上的不连续性，违背了城市人口的地理聚集特性，因而不予以考虑。

相比较而言，行政管辖范围由于行政区划层次清楚、行政边界相对明确，幅员大体稳定，且有行政中心。更为重要的是，中国历史上的人口调查、统计，大部分是以地域行政单元为统计单位的，资料对应的一致性以及资料来源的易获得性，使得行政管辖区域成为历史城市人口研究中普遍采用的城市空间形式，然而这也是目前历史城市人口研究中问题最多的方面。从已有的研究成果来看，大部分学者不加区分地将城市所属的行政区域的人口数字作为城市人口数字，得出一个看似完美其实很不合理的城市人口等级序列。正如上文所指出的，县城所属的行政区域在大部分情况下所覆盖的范围不限于县城，还包括县城周边一定地理范围内的乡村区域，如道光《紫阳县志》卷1所记载的："本城东至旧县梓潼阁抵中北界，西至西门河抵大北界，南抵汉江，北至娘娘殿抵中北界，计东西五里，南北五里"。紫阳地处秦巴山腹地，史书称其为"蕞尔小邑"，山城城周仅两里，且无关城。仅从城池围长来看，是清代陕西最小的县之一。然而县志记载的本城范围却远远超过县城城池面积，即使将关城及附城村落计入，其城市范围也不可能达到"东西五里，南北五里"。同样是山城的镇安县，县城所在的中一区面积更大，据光绪三十四年（1908）刊印的《镇安县乡土志》卷下《地理》记载，时全县分为九区，其中中一区为"本境治城及附城村庄，向归城堡者为中一区"，而同卷记载中一区包括"本境治城，东关、西关、海棠山、王家坪、槐树坪、青山沟、次沟、旧司里、菜园子"等，其"东界东一区草庙寨堡鲍家沟口，南界南一区表德铺，西界西一区铁洞沟，北界北一区枣园子"，全区周长约105里。如此一来，一些学者将该乡土志卷5《户口》记载的县中区人口547户2459人作为县城人口加以利用、分析，显然是不适当的。再如定远厅，光绪《定远厅志》记载"其在附城者曰固县坝，三保九甲

138牌，见共男妇7596丁口"①，尽管学者对本文献中的"丁口"持保留意见，但将固县坝人口作为定远厅城人口则是明显错误的。定远为"荒远僻邑"，厅城所在的固县坝，按地方行政区划为定远厅二十四地之一，"嘉庆七年析西乡县二十四地为定远厅属汉中府建固县坝平溪山之麓"②。查光绪《定远厅志》卷4《地理志·保甲》寨堡条下记载"附城寨有七，曰七星寨、青龙寨、风青寨、保全寨、双龙寨、红岩寨、黄龙寨"等，从寨堡距城里数来看，其甚至有距城120—150里之遥，因此，此处的固县坝很显然是包括厅城在内的"地方"概念，类似于乡里的行政单元。如果我们将此人口作为定远厅城人口数据，如何从理论上解释70年后的1949年镇巴县（清定远厅）调查的县城内南关、牌坊、新城三乡共633户2397人。即使是1954年的调查，镇巴县城关镇也仅724户3668人，尚不及清光绪时期固县坝人口数的一半。与此类似，陕北的靖边县城镇靖城，光绪二十五年（1899）调查"计烟户七七六，男女大小丁口四千五百六十四，外庙宇十四所，僧人三名"③。如果不加分析地将此镇靖城人口数据作为县城人口数，不但在理论上解释不通，而且与历史事实不符。按清时靖边县的行政区划是"查县属向无里甲，旧分五堡一镇，曰镇靖、曰龙州、曰镇罗、曰新城、曰宁塞、曰宁条梁镇"④。其中镇靖堡，其范围是"东界龙州，北跨五胜鄂套两蒙地，正西正南界镇罗，惟西南错互龙、罗两堡，东南又搀入安塞界……计东西广七十里，南北袤一百二十里"⑤。因此，此处的镇靖堡是靖边县五堡一镇行政区划单位之一，其人口自然也就是镇靖堡行政区域人口。类似上述看似为城镇人口实为区域人口的记载在文献中最为常见。为了更好地说明问题，我们引用数据相对清晰的民国资料来加以说明。民国《乾县新志》记载，时全县分为一镇九乡，各乡镇所辖面积大小不等，其中"在城镇"面积为626.7方里（见图1），其面积仅仅小于薛王乡（760.5方里）、阳庄乡（691.3

---

① 光绪《定远厅志》卷4《地理志五》。
② 光绪《定远厅志》卷1《地理志二》。
③ 光绪《靖边县志稿》卷1《户口志第三》。
④ 光绪《靖边县志稿》卷1《户口志第三》。
⑤ 光绪《靖边县志稿》卷1《图》。

方里）居于 10 乡镇第三位，而远远大于关头乡（343.2 方里）、注泔乡（346.5 方里）和临平乡（345.7 方里）。其他如洛川、户县、中部（今黄陵）等县均与此类似①。

资料来源：民国《乾县新志》卷2《地理志》。　　资料来源：嘉庆《扶风县志》卷1《舆图》。

图1　乾县、扶风县城与所属行政区域关系示意图

三　判别"疑似"城市人口数的基本方法——人口密度法

上文的分析表明，目前学者所应用的历史城市人口资料，多是城市所在行政区域的人口资料，其显然已含有过多的乡村人口。而如果我们不加分析地利用这种看似城市人口资料，实为城镇行政区的人口资料，必然会导致难于解释的观察。此处仅以陕南石泉县为例，这也是学者认定文献记载的人口为县城人口的典型案例。

石泉县设县很早，早在魏晋南北朝时石泉即已置县，此后虽有废、

---

① 参见（民国）《洛川县志》卷2《疆域建置志》、卷6《人口志》；（民国）《户县志》卷2《乡村第九》；（民国）《中部县志》卷1《疆域建置志》、卷5《户口志》。

析、并、省的变迁，但到明清时期石泉县制基本趋于稳定。明末清初乃至清康熙、雍正年间，石泉县如同陕南其他州县一样人口还是很少的，随着乾隆至道光时期陕南大规模地移民开发，石泉县域经济也获得快速发展，到道光后期已出现人满为患的地步，其区域人口也达到清时期的高峰值。纂修于道光二十九年（1849）的《石泉县志》记载："在城户一千一百五十五户，男三千八百七十二名，女一千九百四十三口"[①]。这是学者所认定的石泉县城人口数据。由于道光年间陕南县治城镇人口只找到此一例，无法进行横向比较，但我们可以通过石泉县本身来加以考察。学术界已有的研究表明，嘉庆至道光时期是陕南地域社会极为动荡的时期[②]，陕南民变、兵变多发，无以为生的流民被迫铤而走险，"山贼窃发"，"厢匪""芋贼""散兵游勇""蝈匪"成为地方志作者关注的重要内容。处于如此动荡环境的陕南地方社会必然会采取各种办法以寻求自保，最常见的做法有两种，一是县城周边的人口迁入城内，以借助城墙保护安全，这即是所谓的"小乱进城，大乱下乡"；二是修辑城池，包括加固、补修、增建包括关城在内的城墙，以围护商民安全。从已有文献记载来看，嘉庆、道光时期在陕南修建城池、堡寨等活动频繁见于白河、洵阳、安康等很多县。而处于秦巴山地中部的石泉县虽然在乾隆、嘉庆、道光时期亦有修城活动，但基本上是在原城墙的基础上补修或重修，由城墙所围护的城池范围并未见变动。这使我们有理由认为，文献所记载的"在城户"全部居于城墙以内——由城墙所围护的空间范围内。石泉县城筑于明成化至正德年间，城池"依山阻水"，初始"城周三里"，到清道光年间已不足3里，"城围二里二百五十步"[③]，约为2.7里。据此，我们按方周面积计算办法 $S = C^2 L^2 / 64$ 来计算石泉县城面积，其中S为面积，单位为平方公里，L为周长，C为转换系数。计算结果为清道光时期石泉县城面积约为0.151平方公里，其相应的人口密度为38510人/平方公里，这一人口密度几乎与清宣统年间京师北京城外城前三门外人

[①] 道光《石泉县志》卷2《田赋志·户口志第五》。

[②] 张力仁：《流民问题与清代陕南社会动荡》，陕西师范大学西北历史环境与经济社会发展研究中心编《人类社会经济行为对环境的影响和作用》，三秦出版社2007年版。

[③] 道光《石泉县志》卷1《建置志第二》。

口密度相当①，远超过清末陕西省府——西安城约 10000 人/平方公里的人口密度②，也超过了盛唐时期长安城的人口密度。按古代城市发展的一般规律，城市等级越高，人口越多，人口密度相应也大。反之，则相反。因此，作为一个山区县城，人口密度如此之高，显然不符合逻辑。即使我们考虑到城池面积因形状、具体走向的不规则而产生的误差，但其密度之高仍然令人难以置信。唯一的解释是，我们用以计算的城居人口数据有问题。其实，只要我们仔细阅读文献，而不被古人的文字游戏所迷惑，便不会出现诸如此类的问题。在此，我们仍然回到道光《石泉县志》卷 2《户口志第五》，其完整的记述是"在城户一千一百五十五户，男三千八百七十二名，女以前九百四十三口，保长二名乡约四名保正三名，编为七甲，甲各有长，为石泉里，绘溪附焉"。就在同卷同条下，又云："绘溪户四百五十三户，男一千八百八名，女一千三百五十一口，保长二名，乡约二名，保正一名，编为四甲，甲各有长，在县城之西"。这里，在城人口与绘溪人口一起共同构成道光石泉县八里之一的石泉里，成为清代石泉县承担赋役的基本单位。而按清代陕南地方习惯，这种绘溪是"地方"概念，因此，在城，亦应是"在城地方"。换句话说，所谓"在城"是一个包括县城在内的行政区划单元（或准行政单元），即"在城里"或"在城镇"，这类似于后世"城关区""城关镇"等行政区划单位。如此，我们便不难理解，为何经过 120 余年的发展，到 1949 年石泉县才仅有 4000 余人③。

　　石泉县的事例也启发我们，应用城市人口平均密度——在此姑且称之为人口密度法，就很容易判别文献记载的"疑似"城市人口数据的合理与否，这远比学者们用经验设定的城市人口占区域总人口 5% 的上限要客观、合理得多。以学者们所认定的陕西扶风、定远、靖边县城人口数为例，用人口密度法对之进行检验。扶风县，光绪《扶风县乡土志》卷 2 记载"在城里"户 977，口共计 4302，有学者将此人口数据与嘉庆《扶

---

①　侯仁之：《北京城市历史地理》，燕山出版社 2000 年版，第 335 页。
②　史红帅：《明清时期西安城市地理研究》，中国社会科学出版社 2008 年版，第 412 页。
③　陕西师范大学地理系、《安康地区地理志》编写组：《安康地区地理志》，陕西人民出版社 1986 年版，第 339 页。

风县志》卷 4 记载的县城人口为 487 户 2055 口相比较，认为"户数与口数均增加了 1 倍左右"，确实，在 88 年间人口增长率虽然有点高，但仍然在可接受的范围内。如果从县城人口密度来看，情况就大为不同，嘉庆时扶风县城的人口密度与清代陕西县城的一般人口密度相当，而光绪三十二年（1906）扶风县城的人口密度则高达 11174 人/平方公里，超过省城的人口密度。如果认为光绪时扶风县城的人口密度是合理的，那么就意味着扶风县城的经济是超过省城西安，最低也应该与西安相埒。然而史实是，从嘉庆到光绪年间，扶风县由于地理位置偏离干道，其县域经济乃至商业经济并没有出现明显的变化，正如乡土志作者所言："扶风虽秦蜀之冲，而非四达之要。故商务不集，前时惟本土牲畜，县人自相贸易"①。况且在此期间，扶风县也经历了战乱与自然灾害，其县域总人口光绪年间比嘉庆年间大幅减少，嘉庆二十三年（1818）全县户 21160，口 153499，到光绪三十二年（1906）时全县户 20870，口 103816，人口减少了约 1/3。按一般规律，县城人口亦会发生不同程度的减少。已有的研究也表明，在缺乏商业和工业因素推动的条件下，传统城市的人口规模清末不会超过清中期的水平，更不会大幅度超过清中期的人口规模。合理的解释是，光绪年间的人口数是包括县城在内的准行政区"在城里"的人口数，而不完全是县城人口数。事实上，乡土志对"在城里"有详细的描述，光绪三十二年（1906）《扶风县乡土志》卷 1《疆域篇第一》和《乡里篇第四》这样解释和界定"在城里"："城在在城里，周回四里"，"在城里，县城居之。东界信义里，南界大通里，西北界黄甫里，凡四十二村"。与嘉庆志对照，扶风县从嘉庆到光绪年间其县域行政区划没有变化。如此看来，问题就出在嘉庆志记载的是县城人口，而光绪乡土志记载的是县城所属的行政区域人口数，二者不是一回事，这从嘉庆志"在城里"图看得一目了然（见图 1）。而且嘉庆志对县城人口的统计表述是"嘉庆二十二年（1817）奉文编查保甲，查明县城一保五甲四十九牌共土著四百五户，男妇大小一千七百四十七口，客八十二户，男妇大小三百八口"，其余依次记载了全县 29 里的人口数，而光绪志只记载

---

① 光绪《扶风县乡土志》卷 2《商务篇第二》。

了29里的人口数。如果我们仔细阅读文献，就不会产生这样的误判。而对于光绪《定远厅志》卷4记载的"其在附城者曰固县坝，三保九甲一百三十八牌，见共男妇七千五百九十六丁口"，学者对此数据采取了远比其他资料更为谨慎的态度，只是怀疑它是"县城附近"的人口还是城市人口？事实上略一检验，便可明确否定其不是城市人口。定远为荒远僻邑，厅城周长仅为472丈，换算成面积约为0.143平方公里，每平方公里分布人口高达5.3万人，如此离谱的人口密度，谁敢相信数据的真实性？再如陕北的靖边县，光绪《靖边县志稿》卷1记载的镇靖城人口为户776男女大小丁口4546，而镇靖城的规模只有4里3分，换算成面积为0.385平方公里，其人口密度接近每平方公里1.2万人。如果真如此，我们很难解释，该志作者，光绪二十年（1894）靖边县知县丁锡奎因镇靖居民仅有三四十家，城阔难守，请"截去一半"[①]。因此，此处的镇靖人口实为镇靖堡人口，而镇靖堡是光绪靖边县五堡一镇行政区划单位之一，上文对此有分析，此从略。从这个角度我们亦能理解何炳棣所说的，文献中有关城市人口数据大多是一个区域性的人口数字的含义。因此，对于文献记载的疑似城市人口如"在城""在城镇""在城里"等人口数据，应格外小心，谨慎分析，断不可不加分析地将之当作"真实"的城市人口数字加以应用。

四 清代城市空间范围的厘定

历史城市人口数据与城镇行政区域人口数据的混淆与偏差，其根本原因在于我们对历史城市空间范围的模糊与不一。因此，如果我们仍然按照文献记载的城市概念来进行城市人口研究，必然原地踏步，不可能出现实质性突破。为此，我们借助现代地理学的城市概念，结合历史文献记载，对古代城市的地域空间范围做如下界定：古代城市的地理空间构成大致上可分为三个部分，即城内、关厢和附城地区。城内，是指由城墙所围护的区域；关厢，是指城门外的附近地区。所谓附近地区，是

---

① 光绪《靖边县志稿》卷1《建置志》。

指与城墙紧相毗连的地区，与城内仅一墙之隔，实是城内区域向城外的延伸部分，其以民居和商铺为其显著的景观特征。而附城地区，则更是在关厢以外的环城区域。这一区域虽然因城市的等级高低、规模大小、人口多寡而幅员不等，但其必须满足以下几个方面的条件：（1）在地域上与城或关厢紧相毗连并有一定的外缘界限；（2）在行政上与城市隶属于同一个行政单元；（3）兼有城市与乡村的景观特征，是城乡的过渡地带。

对古代城市空间范围做如此判断与界定，主要是基于以下几个方面的考虑。（1）城墙及其关城从其出现以来就是县域内的政治、经济、文化核心区域，无论从地理景观、机构设置乃至人口构成，它都与乡村聚落具有明显的差别，如以城墙、城壕为外缘标志的城池范围，以衙署、坛庙、书院、仓库、监狱为主的政治功能区域，以旅店、商铺、茶馆酒楼为主的商业活动区域等。（2）由城内、关厢及附城地区组成的城市区域，业已涵盖或包含有上文所述的古代城市的形式空间、礼制空间、习惯空间和功能空间，在这一区域几乎集中了传统意义上的城居人口。宣统至民国年间的人口调查，被认为具有现代人口普查意义，其城市人口调查的范围即与上述界定的城市三部分区域一致。现存甘肃省图书馆的宣统年间甘肃人口《地理调查表》，在其涉及的45个府、州、县、厅治城的人口统计范围即包括治城内、关厢或附城村落。在陕西，民国十五年（1926）刊行的《澄城县附志》卷2《建置志·城镇》中关于县城地理事物记载的顺序是："治城内外，包括治城内、东关、南关、西关、北关、土城角"。《朝邑县乡土志·地理》"境内分十四巡警局"，其中"中局在治城内，辖四街两关二十一村"。民国《户县志》记载的县城人口，按区域可分为城内四街、城外四关以及关外近城地区的人户[1]，等等。（3）由城内、关厢和附城地区组成的城市区域，其界线相对清楚，便于利用文献展开相关研究。如关于城墙的长宽高、走向、周长以及关城形态乃至附城村落，地方志记载的信息都相对较为清楚。（4）由城内、关厢、附城组成的城市区域，与现代地理学的城市地理概念较为一致。古

---

[1] 民国《户县志》卷2《乡村第九》。

代城市的城内地区，可视作现代城市地理中的"建成区"；关城地区，与现代城市地理学中的城市过渡地带相当；而附城地区虽然其景观已与乡村地区别无二致，但由于其受到来自城市核心区的政治、经济、文化的强烈影响，因此，将之视为城市的边缘区域，亦无不可。

应该说明的是，虽然在理论上城市从其产生之时就存在城内、关厢与附城地区①，但基于中国古代城市发展的实际考察，由于受到行政等级、地域经济、军事建置等多种因素的影响，区域城市便因时因地而呈现出不同的发展态势。因此，城市空间结构也难得如我们界定的那样整齐划一，有的有关厢，有的无关厢，有的有附城地区，有的无附城地区。更应该引起注意的是，由于地方志作者的认识以及行政区划的影响，一些本应属于城市的区域被排除在城市范围之外，而有些明显不属于城市范畴的地方，却被当作城市的一部分。如府谷县，乾隆年间编纂的《府谷县志》就将附城村落划入乡区②，而乾隆四十二年（1777）编修的《户县新志》不但将一些附城村落归入四乡范畴，甚至将本属于县城的礼制性建筑如社稷坛、历坛也一并划入乡区③。县志作者的这种习惯性认识，在民国时一些地方志的编纂者中仍然存在，如民国《澄城县附志》就将距城里数为零的刘家庄、党家庄、蔡家庄、庐湟、郭家庄、卓子、程庄等村落归属乡里④。其他如富平、蓝田、大荔、旬阳、宝鸡、麟游等有类似情况⑤，恕不一一列述。与此相反的是，一些地方无论从城市空间的不可分割性还是从城市人口的地理聚集特性来看，都不应该属于城市范畴，然而，不知道是什么原因，这些地方或地域却成为州、县、厅城的地域组成部分，如朝邑的柳村、孝义厅的石嘴子街、中部县的石山村

---

① 《说文解字》卷6下《邑部》云："距国百里为郊"。《尔雅注疏》卷七《释地第九》云："邑外谓之郊，郊外谓之牧，牧外谓之野，野外谓之林，林外谓之坰"。即包含此方面的含义。
② 乾隆《府谷县志》卷1《里甲》。
③ 乾隆《户县新志》卷1《地理第一》。
④ 民国《澄城县附志》卷1《乡区村镇一览表》。
⑤ 参见（光绪）《富平县志》卷4《乡甲》，（光绪）《蓝田县志》卷1《二十里图》，（光绪）《大荔县续志》卷4《土地志》，（清）《旬阳县乡土志·地理》，（民国）《宝鸡县志》卷3《建置》，（光绪）《麟游县新志草》卷1《舆地志》。

等即是。康熙五十一年（1712）纂修的《朝邑县后志》记载："朝邑城东南五里许曰柳村，柳村邑附郭，人饶于财而尚礼"①。与此类似，光绪九年（1883）编修的《孝义厅志》将与县城有 5 里之遥的石嘴子街作为厅城的一部分②，中部县的石山村亦是距县有 5 里地，但民国《中部县志》却将其作为"县城及关"来对待③。如果说，朝邑县的柳村，仅就县志本身的陈述我们无法对其属性作出明确的判断，但孝义厅的石嘴子街和中部县的石山村，则明显不属于县治城市范畴。此二县是山区县，自然空间的分割使石嘴子街和石山村无论如何都不可能在地域上与各自的县城相连，只是我们不知道县志作者是出于什么原则或处于什么样的观察角度而作出如此归类。从现代地理学的城市"飞地"理论来看，倒是可以解释得通。但即使如此，这些城市"飞地"的人口亦不能作为治城城市人口，这在今天的城市人口统计中依然如此。因此，基于文献记载、表述的种种歧异，本文所界定的城市区域组成仅是理论上的、原则性的。在实际操作过程中，应充分重视行政区划、习惯认识、功能区位等影响因素，从文本形成的历史情景中去把握或区分古代城市的内涵，任何囫囵吞枣或不加分析地利用文献记载的城市人口资料，都可能导致不可避免的认识性错误。

五　结语

在历史城市人口研究中，研究者碰到的最大障碍或问题是历史城市人口资料的匮乏，正如曹树基教授在评论施坚雅的研究成果时所说的，"历史学家如严格地按照历史学的规范从事研究，断不敢轻易地构造涉及全国城市人口的模型。他们知道，在缺乏实证研究的背景下，奢谈中国城市人口是不明智的"④。而我们在怀疑、诘责甚至否定施坚雅研究成果

---

① 康熙《朝邑县后志》卷 8《艺文志》。
② 参见（光绪）《孝义厅志》卷 2《田赋·户口》、卷 4《建置志》。
③ 民国《中部县志》卷 5《户口志》。
④ 葛剑雄、曹树基：《中国人口史》第五卷《清时期》，复旦大学出版社 2001 年版，第 724 页。

之时，研究者面临的是与施坚雅同样的问题——可供分析的城市人口样本极为有限，用以支撑所谓的"山东城市等级模式"和"陕甘城市等级模式"的样本数量分别为 9（2）[①]、10，样本数量均不足 10%。正如一些研究者所说，我们用于诘责别人的短处，也恰恰是自己的软肋。因此，如何从"区域"人口数据中提取城市人口数，就成为中国历史城市人口研究能否取得突破的基础和关键。而对历史城市空间范围和人口属性问题的廓清和认识，无疑是基本的前提和关键的关键。本文研究表明，历史城市地域空间可由三部分组成，即城内、关厢和附城地区，对于文献记载的疑似城市人口数的检验与判断，用城市人口平均密度法要远比目前学者们所用的城市人口占区域总人口 5% 的经验上限客观、合理得多。应当指出，本文对历史城市空间范围及人口属性的有关认识和判断，仅是依据处于内陆的陕西县治城市而得出的，其是否符合传统社会条件下城市的一般情况，尚需不同区域尤其是沿边沿江沿海城市的检验和数据支持。

[原刊《陕西师范大学学报》（哲学社会科学版）2014 年第 5 期]

[①] 9 个样本，含推测城市人口数在内；"2"是文献明确、可靠的城市人口样本数。

清代城市人口构成问题研究*

——以清代陕西县治城市为例

一 问题提出

在历史城市人口研究中，研究者碰到的最大障碍或问题是历史城市人口资料的匮乏，迄今为止，学术界关于历史时期城市人口规模问题的研究，都是一种复原、估计、推测所得出的认识，其间的看法也难得一致①。以"施坚雅模式"著称中外学界的施坚雅，以四川盆地的城市群为研究对象，构建了晚清帝国的城市等级体系和人口规模序列，并以此估算出清代两个标准时点——1843年和1893年的城市人口基本规模。施坚雅所构建的这一理论模型，曾经一度被中国本土学者奉为经典，甚至直到今天，仍然是中国历史城市人口问题研究的基本参照。然而，怀疑、否定"施坚雅模式"的声音一直不断，施坚雅是如何获得数量庞大的历史城市人口数据的？这些数据客观、合理、可靠吗？施坚雅所构建的中国历史城市人口等级模式符合中国历史城市人口的实际吗？等等。著名学者曹树基在《中国人口史·清时期》中，对施坚雅的工作展开了多层次、多方位的思考、追问，他认为，由于施坚雅所依据的"逾2500张资料卡片的综合材料档"从来未公布过，因而施氏的工作既无法复原，也

---

* 教育部人文社科一般项目"历史时期陕西县治城镇的调查与研究"（10XJA770011）资助成果。

① 以近代中国的城市化率为例，学者估计高者可达34%，而低者为28.1%。参见胡焕庸、张善余《中国人口地理》（上册），华东师范大学出版社1984年版，第267页。

无法检验,"施氏所用城市人口资料的真实性,本身就值得怀疑"①。事实上,施坚雅几乎不讨论任何具体的历史城市人口数据,其所构建的中华帝国晚期城市人口等级序列,不是基于大量的个案考察,而是通过理论假定、推导,这正如人口专家姜涛所言:"施氏模式的缺点也是显而易见的,这就是过分迁就了理论而忽略了历史,为了将各区域中的城市纳入其既定的比例模式,他对若干城市功能级别及其人口数量的认定是有违历史事实的。"② 鉴于此,中国本土学者开始另起炉灶,以个案探讨为基础,以区域城市群体为对象,走进历史现场,在各类城市中,分别寻找有详细人口记载的个案,以个别推及整体③。这一实证加逻辑的研究思路,将中国历史城市人口研究推向了"真实"的历史现场,由此所产出的研究成果要比纯粹理论推演的"施坚雅模式"更客观、真实、可靠。

然而,由于历史时期的人口调查、登记、统计缺乏城市与乡村人口的划分标准和统计口径,以实证研究为基础所探求的历史城市人口等级序列或模式,遇到了如同施坚雅一样的难题,即可供分析的历史城市人口数据样本严重不足。以学者们提出的清代"山东城市等级模式"和"陕甘城市等级模式"为例,用以支撑研究结论的样本城市人口数据均不超过10%,如清代山东有107个县(含府、州附郭县,下同),有明确人口资料的城市只有3个,而清代陕甘共有153个县④,可供分析的城市人口样本数据只有10个。由于样本数量过少,使其研究并不具备统计规律意义。此说无意否定许檀、曹树基、姜涛等人对历史城市人口问题研究所取得的成就,正是因为他们从中国古代城市发展的实际出发,采用区域分析方法,通过对个案研究的细致刻画,才使中国历史城市人口问题研究被赋予历史"现场"感。但应当承认,仅凭数量有限的个案考察就去推求等级不一、经济活动区域差异明显的中国古代城市人口等级、规

---

① 葛剑雄主编,曹树基著:《中国人口史》第5卷《清时期》,复旦大学出版社2001年版,第15页。
② 姜涛:《人口与历史》,人民出版社1998年版,第141页。
③ 许檀:《明清时期山东商品经济研究》,中国社会科学出版社1998年版,第225—244页。
④ 县数,山东为乾隆时期的政区数,陕甘为嘉庆年间政区数。

模，显然是力不从心。正如学者们所指出的，我们用于诘责施坚雅缺乏"个案"研究的短处也恰恰成为自己的软肋。因此，从某种程度上来说，迄今为止，中国历史城市人口问题研究并没有取得实质性突破，甚至可以说我们还没有超越施坚雅的研究水平。

因此，获取足够多的城市人口样本是推进历史城市人口问题研究的基础和关键。从广泛意义上来说，中国历史人口资料极为丰富，既有正史、专志记载的人口调查登记数据，也有野史、族谱、笔记小说等描述性的观察资料，如何从这些资料中提取出历史城市人口资料，是历史城市人口研究必须解决的问题①。舍此，任何再严密的理论架构、逻辑推论都是空中楼阁，其结果都难以使人信服。而要获得历史城市人口资料，就必须首先解决两大问题：一是古代城市的地理范围；二是古代城市的人口构成。城市地理范围，是城市人口的地理属性，如果对于研究对象的空间范围捉摸不定，那么即使是"原始"的、明确的人口数据，其仍然是没有意义的。可供我们利用、分析的历史文献记载或登录的城市人口信息，是基于文献表述的城市概念，而文献表述的城市概念，又由于观察角度的不同而五花八门，既有形式的、功能的，又有文化的、习惯的，我们究竟遵循哪一种城市概念？目前历史城市人口问题研究之所以各说各话、结论相左，其原因也概在于此。对此，作者已有另文专述②，此从略。关于城市人口构成，其问题早已存在，只是未引起研究者足够的重视。从宽泛意义上看，古代人口资料大部分都不是调查区域或人口统计范围内的全部人口情况，这包括地域上的不完整和类型上的不完整③。基于此，本文以清代陕西县治城市为例，来探讨县治城市人口的构成以及各类人口的大致数量。之所以以陕西县治城市为样本，是因为已有的历史城市人口研究，多是以大都名邑或工商业市镇为研究对象，研

---

① 目前学者们提取历史城市人口数据的办法无非是里坊比、样本数据比，其前提是，文献登录的历史人口资料是调查、统计范围内的全部人口。这一做法值得商榷。

② 张力仁：《清代城市的空间范围及其人口属性》，《陕西师范大学学报》（哲学社会科学版）2014 年第 5 期。

③ 葛剑雄主编，葛剑雄著：《中国人口史》第 1 卷《导论·先秦至南北朝时期》，复旦大学出版社 2002 年版，第 65—75、109—131 页。

究者在有意无意之间，忽略了介于上述两类城市之间的、中国古代最大的城市群体——县治城市（含普通府、州附郭县）①。可以说，我们对于这类城市的人口、社会结构及其他事项，几乎处于一无所知的状态。而对这类城市人口的了解，又恰恰是我们对于历史时期各区域城市化水平做出估测的基础和前提②。陕西地处内陆，在近代化的浪潮中，受新式铁路、通信、大机器工业等近代资本主义因素影响较少，其城市形态、政治经济生活仍然表现出封建传统社会的特征。因而，其对于我们认识历史城市人口的一般构成、规模是具有代表意义的。

二　已有城市人口资料的评价与分析

众所周知，依据不可靠的资料，得出的结论是没有意义的。研究者之所以怀疑、否定施坚雅的研究，其根本原因在于，施坚雅没有说明他是如何获得据以研究的 2500 个城市的人口资料的，抑或是，他是如何从区域人口数据中提取出他所认为的城市人口数据的。以实证研究为基础来构建区域人口等级模式，虽然其可信度较之施坚雅"自我循环式论证"要高得多，但仔细核查研究者所用的"原始"城市人口资料，就会发现，这些看似城市人口数据资料，其实并不是城市人口数据，或者是不完整的城市人口数据资料。一个显而易见的错误是，研究者将文献中记载的"在城""在城镇""郭厢里"人口数据作为城市人口数据加以采用③。而更为本质的问题是，由于历史时期的人口调查、登记大部分都不包括全部人口，因而作为文献登录的城市人口数据，也仅是城市人口的一部分，而不是全部。

清代的人口登记、管理，据光绪《大清会典事例》卷 158《户部·

---

①　按照学术界通常的看法，中国古代县及其以上的行政中心城镇均可视作城市，其中又可分为普通县治城市和省、府附郭县城两种层次。

②　曹树基：《洪武时期东南府、县治城市人口数量研究——以京师、福建和江西为例》，《中国经济史研究》1999 年第 1 期。

③　关于此问题的辨析，请参见张力仁《清代城市的空间范围及其人口属性》，《陕西师大学报》（哲学社会科学版）2014 年第 5 期。

户口》记载，其可分为三个阶段：第一阶段是从顺治到康熙年间，第二阶段是从康熙末年到乾隆时期，第三阶段为乾隆以后直至清末。在此过程中，康熙五十二年（1787）颁布的"盛世滋生人丁，永不加赋"，雍正年间的"摊丁入亩"和乾隆五年（1740）的户口登记管理机构由里甲组织转变为保甲组织，历史上长期形成的以赋役征发为目的的人户登记管理逐渐退出历史舞台。从制度层面来看，乾隆五年（1740）以后，清王朝所进行的人口调查、登记已涵盖王朝疆域内的所有人口。然而，由于针对所有人口的调查、普查，是一项复杂而严密的工作，在封建社会条件下，即使是制度设计完善，也不可能不折不扣地完成人口普查，何况各地调查人员素质、对人口调查的认识以及物质技术条件的千差万别，使得这种人口普查在各地执行的程度并不一致。据研究，乾隆四十一年（1776）至道光三十年（1850）的人口普查资料是包含了调查区域内的全部人口，具有较高的可信度和真实性①。但从咸丰元年（1851）以后，由于先是此起彼伏的捻、回等战乱，继之以持续的旱灾、瘟疫等对区域社会的打击、破坏，清王朝已无力进行耗时费力的人口普查，主要负责地方治安、人口管理的保甲制度也趋于松弛或名存实亡，人户登记逐渐向里甲下的人户靠近，类似于乾隆至道光时期的人口调查业已不存在，这从具体执行者所记录的地方人口调查方式、过程、结果中亦可以很明显地看出。如位于陕南秦巴山腹地的平利县，乾隆十九年（1754）由知县黄宽所领导的境内人口调查即是在编查保甲的基础上"合营兵及侨居寄籍之家"②，其人户调查登记已涵盖了当时平利县境内的所有人口类型。陕西省城所在的西安府附郭县——咸宁县，在嘉庆二十三、二十四年（1818、1819）所进行的保甲制下的人户调查、登记即是"商贾军流兵丁雇役皆舆焉"③，很显然其人户调查、登记已包含区域内的全部人户。而

---

① 何炳棣：《1776—1953年中国人口研究》，葛剑雄译，上海古籍出版社1989年版，第四章"1776—1850年的人口数据"：从户口登记技术、户口比、性别比和年龄结构等方面论证了乾隆四十一年至道光三十年人口调查数据的真实性和可信性，他的这一研究成果为中国学术界所接受。
② 乾隆《平利县志》卷2《户口》。
③ 嘉庆《咸宁县志》卷10《地理志》。

类似平利、咸宁县在乾隆、嘉庆时期的人口普查在陕西似乎是一种普遍现象，即使在地瘠民贫、沟壑纵横的陕北黄土高原地区也是如此，如洛川、麟游等县在乾隆、嘉庆时期的人口调查登记均包含了区域内的全部人户①。但到了咸丰以后，这种原则上基于人口调查的数据不但不是全部人口，而且在很大程度上已然与"赋役人口"挂钩②，尽管此类人口不能完全等同于明代至清前期的赋役人口，但称之为"赋役类"人口，大体不差。如光绪《略阳乡土志·人类录》记载略阳县信义里、礼仁里、悦服里、明伦里等四里"共粮户" 5169 户，"本城四乡"男女大小共 85939丁口，并说"此据大粮册而言"。尽管该组数据存在明显的"不实"问题，此暂不论，但可以确定的是，此处文献著录的人口是承担赋役的普通民户，而对于那些不承担赋役的人口显然不在此数之内。

而更能体现文献记载的"民数""户口"是"赋役类"人口的是，地方志作者甚至有意无意地将"编户"或"民数"置于"赋役"条目下，如陕南的洵阳、白河、平利、宁羌，关中的三原、蓝田、扶风、凤县、永寿、汧阳、麟游以及同州府所属的 11 个州县，陕北的安定、延长、洛川等嘉庆或光绪年间的县志，均是如此。这正如民国《洛川县志》所言"地与丁向属一谈，故前志将户口列入赋役"③。有些地方志虽然没有将人户登记置于"赋役"条目下，但往往对这些人户数据冠以限定词，

---

① 民国《洛川县志》卷 6《人口志》；光绪《麟游县新志草》卷 3《田赋志》。
② 其实，这种情况并不是在咸同以后才有的，即使是在乾隆四十一年至道光三十年期间，"几乎遍及全国各地各方人士，无论是都市城镇还是僻远乡村，是少数民族还是沿海渔民，是士绅之家还是旗民旗丁，是僧道尼姑还是乞丐脚夫，都通通严格编入保甲"。（见冉锦惠、李慧宇著《民国时期保甲制度研究》，四川大学出版社 2005 年版，第 56 页）。但在地方上并非如此，不少地方的人口调查、登记仍然以"黄册"人口作为保甲人口而上报。如陕西洛川县，在乾隆五十八年、五十九年、六十年，嘉庆元年、二年以至六年，均"仍据黄册"。嘉庆七年则是"口数据黄册。但保甲册：流寓客商兵丁军流雇工僧道一例编入。实在土著八七八一三口，往来无常者三零五七口，共计九零八七零口，少于黄册之数"。嘉庆八年，仍然是口数据黄册，"保甲册：流寓客商兵丁军流雇工僧道一例编入，实在土著九一四八三口，流寓三〇一五口。总数与黄册同"。此后的嘉庆九年、十年，道光三年"仍据黄册"（见民国《洛川县志》卷 6《人口志》）。清道光初年纂修的《清涧县志》卷 4《田赋志·户口》记载亦与此类似。因此，可以这样认为，乾隆四十一年至道光三十年，虽然保甲制度在国家层面被严格、认真地执行了，但在地方并非如此，地方上仍然以"黄册"作为保甲人口数，而黄册登记的人口数仍然是"赋役类人口数"。
③ 民国《洛川县志·凡例》。

如"烟户""花户""客籍"或"土著烟户""保甲烟户""民户"等，其实质仍然是指普通民户，即承担赋役的人户。纂修于光绪七年（1881）的《同州府续志》对于方志登录的人口与田赋关系就说得很直接："田赋历有蠲豁，皆非旧额，谨就现在征发实数志之，户口差徭税课义仓与田赋相表里，其有增损以类附载"①。该志卷8《田赋志》记载所属各县田赋与人户，其格式是："大荔田赋均仍前志，迭经兵灾约荒一分有奇，户一七九五五，口七二六七九"，"朝邑民田六千二百八十三顷二十三亩四釐四毫，屯田五百零二顷二十亩七分二釐，户二六六八二，口十一万九千八百二十五，屯丁三七五一，民田土粮一万六千七百三十八石五斗二升六合"。其他如蒲城、白水、华州、华阴、合阳、澄城等州县与此类同。我们查光绪五年（1879）编修的《大荔县续志》卷4《土地志》记载的全县户口与同州府志记载的数字一致，表明尽管方志登录的人户数不在"赋役"条目下，但其人户性质仍然是"赋役类"人户。这正如光绪《乾州志稿》所说："户口与日递增，前志（指雍正志）称雍正初年计二万五百余名口，今迭经兵燹，尚不啻五倍过之。我朝（指清朝）以粮载丁户口即寓田赋内，不烦别立专门。"② 这里不排除个别官员和个别地方进行了类似于乾隆至道光时期的认真人口普查，如光绪五年（1879）余修凤在定远厅所进行的人口普查和光绪麟游县志所记载的人口数据，基本上涵盖了调查区域内的全部人口。

然而，从整体上来看，以里甲人户或赋役类人户作为人口调查、登记的对象，是晚清时期陕西各地人口统计的主要来源，亦是地方志人口登录的主要内容。甚至直到民国年间，虽然从当时的保甲制度所调查、登记的人户类型范围来看，已然覆盖了全部人口，然而从地方志记载的格式和人户类型来看，其仍然深受赋役人口的影响，如民国《澄城县附志》登录的人口就是"商贾及寓居者不计"③，完全是承担赋役的"烟户"。因而梁方仲说："自战国后，历代户籍中所登记的民户，基本上是

---

① 光绪《同州府续志》卷首《凡例》。
② 光绪《乾州志稿·凡例》。
③ 民国《澄城县附志》卷3《经政志》。

农民阶层"①。著名历史人口研究者葛剑雄亦认为:"事实上,从西汉以来的统计数据几乎全部是户口,而且大都并没有包括全部人口"②。这种看法同样适用于文献著录的古代城市人口,如保安县,据光绪《保安县志略》记载,光绪二十二年(1896)清查城关共 60 户 275 丁口③。而据同书《官师篇第三》记载,光绪二十四年(1898)保安县署的支俸人员就有 121 名,加上城防守兵(含防勇)60 名,仅城居的公役人员已达到 181 名,如果再加上知县、典史、教谕训导的家人、私人办事班子以及编制外的胥役等,其总人数肯定远远超过 275 名。如此看来,光绪《保安县志略》记载的县城人户无疑仅是指普通居民户,对此下文将有进一步说明。再如陕南的白河县,嘉庆六年(1801)知县严一青说县城"内城(旧城)百姓十余家,外城百姓百有余家",因而是"城之内无民也"④。而据嘉庆《白河县志》卷 2 记载白河县修建外城时,严一青曾倡议县域内官绅民进行捐资,"自邑令以至典商绅士铺户居民书役人等,所捐助银两数目逐一开列于后"。其中城内捐银的各房书吏为 14 人,两班头役为 6 人,如果再加上典商、铺户以及士绅等,其总户数已远远超过严一青所说的"县城民户十余家"的规模,这表明严一青所说的县城人户仅仅是指普通居民。类似如光绪靖边县知县丁锡奎说镇靖城居民仅三四十家⑤,不用解释,是指普通居民,即承担赋役的那一部分人户。到了民国时期,这种情况因记载的详细而更为清楚,如民国《户县志》记载的县城人口,不但在区域上分为城内四街、城外四关以及关外近城地区,而且表明商民之别,以及有无田亩数量,其记载格式是"东街商三八户,男一四三女五,东街民六二户,男二〇七女一〇〇,东街民地数一六〇一·一〇八亩;东关商民二〇户,男四〇女二九,东关地一〇五·二七四;鲁家堡一二户,男五三女三一,地一五七·八五五亩;南堡四二户,男一二

---

① 梁方仲:《中国历代户口·田地·田赋统计》,上海人民出版社 1980 年版,第 8 页。
② 葛剑雄主编,葛剑雄著:《中国人口史》第 1 卷《导论·先秦至南北朝时期》,复旦大学出版社 2002 年版,第 115 页。
③ 光绪《保安县志略·田户篇第二》。
④ 嘉庆《白河县志》卷 2《建置志》。
⑤ 光绪《靖边县志稿》卷 1《建置志》。

三女七五，地三八一·四八三亩……"其他北街、西街、南街记载与此格式同。很显然，县志记载的人户即是传统意义上的"农、工、贾"民数。而民国《乾县志》《中部县志》的人口调查、登记虽然是以保甲编制进行的，但其城内人户数依然与田亩数对应[①]。因此，我们完全可以这样认为，由于中国历史上人户调查登记的目的性以及习惯性的人口认识，文献著录的历史城市人口数据大部分均不包括调查范围内的所有人口，而只是其中的一部分。此观点与韩光辉和史红帅的有关研究不谋而合。韩光辉在对明清北京城市人口的研究中，不但从地域上扩大了北京城市人口的统计范围，而且从类型上分析了明清北京城的人口组成[②]；史红帅则在详细考察清代西安城市人口构成的基础上，认为曹树基推算的乾隆四十三年（1778）西安城"实际人口"为5.5万，"不仅在区域上没有涵盖整个西安城区，就是在类型上也未能反映当时'军民杂处'的城市人口状况，远远小于城区实际常住人口数"[③]。尽管上述两位学者针对的是特殊的县治城镇——附郭县的城市人口，其研究也相对粗略，已有的研究成果仍然不是城市全部的人口。但他们的研究至少说明，学者们已注意到，文献记载的城市人口——并不是全部城市人口，而只是其中的一部分。

三 清代城市人口的构成类型

关于传统城市人口构成类型，学术界也较早地展开过相关研究，尤其是对一些通都大邑人口构成的研究，为我们认识清代普通县治城市人口构成提供了基本的参照系。如美国学者费正清通过对中国传统城市中存在的社会阶层的研究就认为，"这些城市（此处指的是京师、省会城市以及几个最大的府。有些城市既是政治中心又是地区内的重要商业中心，如南京、苏州、汉口、广州、福州、杭州、成都和西安）是清王朝上层

---

① 民国《乾县志》卷2《疆土志·乡村表》；民国《中部县志》卷5《户口志》。
② 韩光辉：《北京历史人口地理》，北京大学出版社1996年版，第85—134页。
③ 史红帅著：《明清时期西安城市地理研究》，中国社会科学出版社2008年版，第410页。

权贵、禁军统领、富商巨贾以及名工巧匠的居住地。在这些城市的人口中，还有在野的名门豪绅、中小商人、官署衙门胥吏、劳工和脚夫，以及没什么文化的僧侣、术士、赋闲的小产业主、落榜举子、退伍军官。此外，还有一批诸如'流浪汉、季节工和无业游民'之类的人。……清末城市生活的特征，无论在政治方面还是在经济方面，都与500年前宋代的情况极为相似"①。县治城市，由于政治、经济功能与通都大邑肯定有差别，其人口构成与通都大邑当然不能等同。为了更好地体现普通县治城市人口的内涵，本文以"城居人口"②来泛指历史城市全部人口类型。准此，检索地方志记载的人口信息，清代陕西县治城镇一般包括以下人员类别。(1) 支俸人口，包括正支项下的知县衙门、典史衙门、教职衙门所属人员以及杂支项下的铺司驿传、孤贫人口等。具体而言，其人员类别有知（州）县、典史、教谕训导、门子、皂隶、忤作、步（马）快、民壮、禁卒、轿伞扇夫、库子、斗级、斋夫、膳夫、钟鼓夫、廪生、铺司兵、驿递夫、扛夫、马夫、孤贫等。(2) 赋役类人口，是指在里甲或保甲编制下所登记、统计的人户，包括土著、客民、雇工等，文献中往往也将之称为"烟户""花户""民户"等，其实质是一致的，即都是承担赋役的人口群体。(3) 城防守兵，主要是指营兵、分防兵、城门守兵以及防勇等，又可分为马兵、步兵、守兵等类型。(4) 其他人口，是指宗教人士、游民、乞丐③、罪犯、娼妓以及"不书名籍"的人口。为了直观显示陕西普通县治城市人员构成，此处按陕南、陕北、关中三大地域随机抽取若干地方志，依照地方志记载的格式及人口类型，将清代陕西县治城市人口构成情况制成表1。在上述四类人口中，城防守兵人数最为清楚也相对确切，而包括宗教人士、游民、乞丐、娼妓、"城居"地主以及"不书名籍"等在内的其他人口信息则最为模糊；支俸人员和赋役类人口文献显示的信息是较为清楚的，但由于其存在"不实"的问题，因此仍然需要探讨和辨析。

---

① 费正清主编：《剑桥中华民国史》第1部，上海人民出版社1991年版，第37页。
② "城居人口"，本文界定为在普通州县城内关厢实际常住的人口。
③ 一般认为乞丐大体上相当于孤贫人口，但在清代，清政府明确规定乞丐不得进入养济院。参见黄六鸿《福惠全书》。

表1　　　　　　　　　　清代陕西县治城镇人口信息举例

类别 城名	支俸人口（人）	赋役类人口（人）	城防守兵（人）	其他人口（人）	资料来源
蓝田	153	4995	70	—	光绪《蓝田县志》卷1、卷6、卷7。
扶风	228	2055	49	—	嘉庆《扶风县志》卷4。
韩城	156	7573	16	—	乾隆《韩城县志》卷2、卷3；嘉庆《韩城县续志》卷5。
耀州	187	1685（户）	107	—	乾隆《续耀州志》卷4《田赋志》。
孝义厅	76	854	123	—	光绪《孝义厅志》卷2、卷4。
保安	121	275（丁口）	60	—	光绪《保安县志略》上卷。
定边	—	6710	353	—	嘉庆《定边县志》卷4、卷8。

说明：（1）支俸人口仅统计在县城的各县属部门"公役"人员，对于不在县城的如巡检司、渡河水夫等则不予统计。（2）蓝田县城铺司兵系按蓝田额设八铺（共24铺）计算平均数；扶风县凤泉驿站马夫30名半，取整数按31名计算，类似情况同此。韩城支俸人员中廪生系按饩粮银折算为20人；孝义厅厅城人口不包括石嘴子街人口；保安县城防守兵含防勇人口。（3）韩城县赋役人口系嘉庆二十二年人口数，支俸人口、城防守兵和其他类人口为乾隆县志人口数。

关于城防守兵人员数量信息，在地方志中多见于《建置志》《兵防志》或《武备志》等几部分。除一些驻防重点县城如陕蒙交界的府谷、神木、靖边、定边以及陕南秦巴山地的宁陕、孝义、留巴、平利、宁羌等厅县城防守兵人数较多外，大部分县城城防守兵人数为30—50人，这即是文献所说的清军制："其分防各府厅州县者少或百人，尤少者数十人"[①]。而且，城防守兵人数是随区域社会环境的变化而不断做出调整，如留巴、宁陕、神木等县，其在清康熙、雍正、乾隆时期驻防兵员数量都在200人以上，但历经拔协、裁汰到清末光绪年间都仅剩100名左右。如孝义厅，顺治时共官兵623名，乾隆时已减为512名，到嘉庆时实存马步守兵261名，而光绪初年仅存马步守兵118名[②]；定远厅，嘉庆时有官

---

① 光绪《定远厅志》卷19《武备志》。
② 光绪《孝义厅志》卷4《建置志》。

兵 324 名，到同治时裁减为 71 名①；佛坪厅，道光年间兵额为 253 名，历经裁汰到光绪年间仅存 50 名②。虽然各县城防守兵数量随着社会环境的变化都发生了一定程度的变动，但在一定时期内人数是相对稳定的。据此，我们可以依据学界一般的认识和看法，即按照州县军户（兵丁）与家属 1∶2 的比例换算出"实在"的人口数。

作为县治城市人口的主体——赋役类人口和支俸人口，有关文献对其记载是相当的清晰和确切，然而，无论是当代还是古代大多数人包括方志作者都往往对这些人口数据表示怀疑，甚至否定其真实性。以地方志记载的赋役类人口为例，不管是里甲制下的"烟户"或"花户"，还是保甲制下的普通商民，地方官员不是"沿例册报"就是"虚奉故事"，甚至编造数据。诚如光绪《略阳乡土志》所说"自康熙间滋生人丁永不加赋，嗣后户口繁多无从调查矣"③。即使是在清末实行新政乃至民国年间实施较为严格的"户籍法"之时，地方志作者有关人事户籍登记声请"均未实行"④，因而"所编户口，多不实在"⑤。现当代的一些人口学者，对清代人口资料"不实"的问题更是展开了深入的讨论，其中以曹树基教授的研究最为全面，他在所著的《中国人口史》第 5 卷《清时期》中，详细评述了各家的研究得失，认为被学者广泛使用的《嘉庆一统志》的户口数据，其错讹甚多。而对被一些学者称之为中国历史上第一次现代人口普查的清宣统年间的人口普查数据，曹著也认为存在的问题太多，"在不少省区，所谓的宣统人口调查，仅仅是衙门中的胥吏在前代的户口数据上，增加或减少了一个他认为适当的数字而已。内容详细，口气严厉的人口普查条例，在许多地区并没有得到严格的执行"⑥。尽管赋役类人口存在"不实"的问题，但由于历史人口调查、登记是不可重复的，

---

① 光绪《定远厅志》卷 19《武备志》。
② 光绪《佛坪厅志》卷 1《地理志》。
③ 光绪《略阳乡土志·人类录》，清光绪年间抄本。
④ 民国《洛川县志》卷 6《人口志》。
⑤ 民国《同官县志》卷 18《自治保甲志》。
⑥ 葛剑雄主编，曹树基著：《中国人口史》第 5 卷《清时期》，复旦大学出版社 2001 年版，第 14 页。

而文献记载的人口资料又是我们研究历史时期中国人口发展、演变的主要依据，因此，对文献登录的"赋役类"人口资料既不可弃而不用，亦不可囫囵吞枣、盲目轻信。而应通过精心整理，对问题数据按照一定的方法进行校正或修正以使其尽量接近客观真实。这方面，学者已做了大量有益的工作，此不重复。然而，对于支俸人口数据的处理，就没有如此简单，虽然从文献记载的人口数据来看，其本身并无问题，但问题在于，地方志记载的支俸人口，仅是额定编制的人口，而对于额定编制以外的实际支俸人口以及不支俸的"公役"人口，文献中则少有记载，即使有，不是只言片语，就是语焉不详。具体而论，在支俸人口中，除知（州）县、典史、教谕训导、斋夫、膳夫、钟鼓夫、廪生、铺司兵、驿递夫、扛夫、马夫等人口信息清晰且变化相对不大外，其他支俸人口，就另当别论。尤其是县署所属的"三班六房"中的书吏与胥役（即俗称的差役），以及并不在官员系列，但却协助知州（县）处理有关金谷钱粮、刑名讼狱等行政事务，由州县官私人延聘的幕宾和长随等，这些在编的和不在编的构成了庞大的职役群体，其数量虽然因县的等级、经济状况、事务繁简等而多寡不一，但可以肯定，几乎所有的县，其额制外的公役人员数量要远远大于额制内的公役人员数量。历经雍正、乾隆两朝，为官多地的御史周人骥云："州县衙门舞弊莫如书吏，若官严明尚知畏法，此外额设衙役如斗级、禁卒、民壮、捕役、门子各管一事，且名数无多，尚易稽查约束，惟各省州县例设民壮二项人役，定额原止数名，州县向俱额外收用，现在多至二三百名不等"[①]。道光十年（1830）御史王玮庆上疏言："山东州县差役，大县多至一千余，小县亦多至数百名，一省如此，他省可知"[②]。同治元年（1862）进士、庶吉士、翰林编修游百川亦说："大邑（胥吏）每至二三千人，次者六七百人，至少亦不少于三四百人"[③]。处于内陆腹地的陕西，其情形是否如上所述？以乾隆时期陕西12县为例，可以查获的其在册的公役人员数量最多的是咸阳县为294人，最

---

① 《清文献通考》卷24《职役考四》，清文渊阁四库全书本。
② 《钦定大清会典事例》卷98《书役》。
③ 盛康辑：《皇朝经世文续编》卷28《吏政十一》。

低的是陕南的商南县，仅为 101 人，这当然不是公役人员的"实在"数。按清人的说法，一名常年衙役通常会有三四名白役跟随挂名①。光绪初年，陕西定远厅同知余修凤曾对辖区内的公役人员有一个估计，在其颁布的《差役承票章程》中规定，"一票内所签之差，除正身外不准私带白役，若票只一差而带至三人、票只两差而带至四五人者，准被害人喊禀"②。按余修凤的说法，其额内差役和额外差役至少是册载差役的 3 倍以上，光绪《定远厅志》记载的支俸人口为 108 人，以实际差役是册载差役 3 倍进行估测，光绪定远厅"实有"公役人员为 304 人，这一修正数字与清人的观察结果较为接近，也间接地说明了我们的估计符合历史事实。从乾隆至光绪，陕西各地册载支俸人口虽然各地多寡不一，但从平均数字来看关中多于陕北，陕南平均数最低（见表 2）。因此，在没有更多资料分析的情况下，我们以陕南定远厅公役人员数量作为陕西县治城市支俸人口的一般规模，应该没有多大问题。事实上，我们的这一估计，仍然偏低，因为上述估测仅是就县府公役人员而言，并没有考虑知州（县）私人延聘的幕宾与长随人口③，如果再加上这一部分人口，那么县府在编和不在编的公役人口则更多。从这个角度来看，费正清所说："中华帝国有一个不可思议的地方，就是它能用一个很小的官员编制来统治如此众多的人口"④，也就不那么"不可思议"了。

---

① （清）徐栋：《牧令书辑要》卷 2《用人》，清同治七年江苏书局刻本。
② 光绪《定远厅志》卷 5《地理志六》。
③ 幕宾，又称为幕客、幕友或幕僚，是知州（县）私人延聘的，协助知州（县）处理有关金谷钱粮、刑名狱讼等事务。据张仲礼研究，州（县）延聘幕宾少者二至三人，多者十数人，平均大约为 7 人。参见张仲礼著，费成康、王寅通译《中国绅士的收入》，上海社会科学院出版社 2001 年版，第 86 页。关于长随，清康熙二十五年（1686）曾有规定："外任官员除携带兄弟、妻子外，汉督抚带家人五十名，藩臬带家人四十名，道府带三十名，同知、通判、州县带二十名，州同、县丞以下官员带十名。"但此规定并未发挥多少作用。清人贺长龄曾说州县"官员每一量移，其眷属僮从，至少亦须百十夫役"，见贺长龄《州县宜照例久任以专责成札》，邵之棠辑《皇朝经世文统编》卷 35《内政部九·臣职》。
④ 费正清：《剑桥中国晚清史》（上卷），中国社会科学出版社 1993 年版，第 22—24 页。

表 2　　　　　　　乾隆、光绪时期陕西部分县支俸人口数据

时期 县名	乾隆时期 册载数据	乾隆时期 估测数据	时期 县名	光绪时期 册载数据	光绪时期 估测数据
咸阳	294	508	富平	137	347
临潼	166	372	蒲城	129	323
白水	114	284	蓝田	153	383
蒲城	107	269	高陵	142	330
富平	168	414	保安	121	315
宝鸡	169	435	定远厅	108	304
商南	101	275	沔县	231	455
洛南	117	291	凤县	134	342
洵阳	167	409	洵阳	121	295
平利	119	299	孝义厅	76	208
延长	122	316			
府谷	138	352			

资料来源：1. 乾隆册载数据来自乾隆各县县志，光绪册载数据来自光绪各县县志；2. 正款杂支的孤贫人口不计入。

在支俸人口中，孤贫人口记载得虽然清楚，但其远不是孤贫人口的真实状况，而且差距相当大。由于救济鳏寡孤独及穷苦流离"无告"之人，是封建政府标榜的一项德政，因而几乎所有的地方志都记录有这方面的信息——方志中的额定孤贫人口数。然而，由于各地情况千差万别，额定孤贫人口数量因而也不一。清代陕西县城额定孤贫人口最少的是陕南的洵阳县和沔县，仅有 2 名；最高的是咸宁县 118 名，大部分县额定孤贫人口在 20—50 名。额定孤贫只是官方正款杂支的孤贫人口，其相对于数量庞大的孤贫人口群体而言，仅占很小一部分。乾隆《宝鸡县志》对此言道："宝邑地广民稠，博济为难，岁有定额，察其尤者居之（指居于养济院），而格外施仁，又在司牧者之随时筹划耳"①。于是，在正项之外，又衍生出额外孤贫，以及由民间有力者捐资收养的季节性孤贫人口。

---

① 乾隆《宝鸡县志》卷 2《建置志》。

额外孤贫虽是依势增设，其实等同于定额，且其收养的孤贫人口大有超过额定孤贫人数之趋势（见表3）。季节性孤贫人口属于临时救济性质，因而其数量更为庞大，已远远超过额定孤贫和额外孤贫人口数。如定远厅，额定内和额定外孤贫仅为13名，但自光绪五年（1879）起每年十月初一日起至次年二月底止，临时收养残疾孤贫人口高达近百人①。再如孝义厅，道光时即设留养局，但到同治初年已是"惜小惠未周贫民率多向隅嗟叹"，时署同知侯鸣珂力倡捐扩留养规模②，虽然文献中并没有具体的接济孤贫人数，但从劝捐义租数量来看，其所留养孤贫人数肯定已远远大于道光时期的留养规模。但即使如此，文献中登录的额定内、额定外以及季节性孤贫人口，仍然不是区域孤贫人口的全部，因为还有一些真正孤贫人口宁愿忍受饥寒交迫，也不愿意接受政府的救济③。基于文献记载的缺失，使我们很难明了传统城市孤贫人口的基本规模。民国十六年（1927），陕西省民政厅曾就所属各县孤贫人口有一个概略的估计："计一县之中尽量收容不过百人耳"④，这是文献仅见的出于官方的估计。如果这一估计可信，那么我们完全可以这样认为，与民国前期社会、经济环境基本相同的晚清时期，普通县城的孤贫人口数最多可能在100人左右。这一最高上限也与我们查获的清代陕西县治城镇孤贫人口的最大规模相接近。因此，以最高孤贫人口数的50%作为清代陕西普通县城孤贫人口的基本规模，应该没有多大问题。

表3　　　　　　　　陕西部分县额内和额外孤贫人口举例

类别＼县城	蒲城	白水	临潼	凤翔	定远	孝义	洵阳	宁陕	清涧	扶风	洛南
额定	59	8	27	52	10	10	2	10	6	16	15
额外	46	41	7	12	3	10	12	15	7	2	28
合计	105	49	34	64	13	20	14	25	13	18	43

① 光绪《定远厅志》卷7《赋役志》。
② 光绪《孝义厅志》卷11《艺文志》。
③ 乾隆《南郑县志》卷2《建置志》。
④ 民国《邠州新志稿》卷15《社会》。

相对而言，地方志对包括宗教人口、游民、乞丐、罪犯、"城居"地主以及"不书名籍"等在内的其他类型人口记载得最不清楚，如雍正《武功县后志》对该县城西郭流寓客户的记载，即是因为其率无常产可守，"去来飘忽，不足为有无也"①；民国《岐山县乡土志》卷3《人类》："歧地当同治以前，人类惟有回民，秦中东至同华西极沙漠种颇繁滋，非仅岐山为然也。自经燔乱（虔）（刘）迁徙荡然无存矣。今所存者饼家小贩三数人而已，时去时来不著籍，无户口可稽焉"。"时去时来"，飘忽不定，自然难以成为当地人户编审的对象。而对于宗教人士、罪犯、游民等类别的人数记载，地方志更是极力回避或不登录②，即使登录，也仅是记载其名称，或是以其所属的管理机构笼而统之，这为我们认识或判断此类人口的基本情况带来了困难。如宗教人士，方志仅记载宗教管理机构、宗教场所名称及方位，而并无具体的人员信息。同样，对于罪犯，在方志中亦仅见其所属管理部门以及看监禁卒、监房间数等，而对罪犯人数则很少提及，即使提及也讳莫如深，如雍正《乾州新志》记载："监犯每名每日量捐口粮并严冬棉衣蓆草不等"③，监犯口粮留支是地方赋税收支的内容之一，虽然很少见到具体的支留额度，但却表明监犯在各地程度不等地存在着。清道光年间，卢坤在《秦疆治略》中曾对陕西所属各州县的社会、经济、文化环境有一个全面评估，其中给人印象较深的是蒲城、泾阳、三原、大荔、安康、镇安、山阳、凤县、石泉等县因"讼狱"繁多而被称为"难治"之区，而礼泉、乾县、武功、同官、耀州、富平、合阳、凤翔、扶风、眉县、邠州、淳化、汧阳、吴堡、延川、洛川、中部等县，则因"讼狱"稀少而成为"易治"之县。如蒲城，为"陕省大县"，其"狱繁赋重"，向称难治；三原县"人多商贩"因而"讼狱烦兴"；安康为水陆通衢商贾辐辏之地，因而是"词讼之多亦甲他邑"；而宁羌州则是"五方杂处"，因之"讼狱繁多，向称难治"；其他

---

① 雍正《武功县后志》卷1《地理志》。
② 这是由于地方志是地方强势利益集团文化道德评价标准的集中体现，其被赋予的强大教化功能和辅助政治控制功能决定了地方志的价值取向，正如康熙《朝邑县后志》卷八《艺文志》所言："事无裨于民者政典不载，必择其利益之者而举之"。
③ 雍正《乾州新志》卷2《田赋》。

"难治"之区情形与蒲城、三原、宁羌等县多有类同。而"易治"之县，如吴堡县是土瘠民贫，"既乏贸易之人，亦鲜勤学之士，词讼甚少，窃案亦稀，故图圄常空，最称易治"；合阳县，"均系老户并无寄籍客民亦无回民"，故"最称易治"；凤翔"田地宽广且多膏腴"，"允称省西乐土"；而中部县则是"土地硗瘠"因而"讼狱亦稀"；其他"易治"之县情形大体与吴堡、凤翔、合阳、中部等县类似①。虽然卢坤并没有给出各州县地方明确的罪犯人数信息，但却揭示了这样一个客观事实：在传统社会条件下，一个区域罪犯数量的多少，与该区域的人口构成与经济发展状况具有内在关联性，人口构成复杂或商业经济发达的地区罪犯人数就多。反之，则少。随着区域人口构成、经济文化环境的变化，"讼狱"现象亦发生"繁多"或"稀简"的相应变化。道光《清涧县志》在详细记载了监狱的方位、空间布局以及内监、外监、女监的间数之后，间接地表述了该县罪犯人数的变化情况，其是这样表述的："父老云狱向无囚，终年洞启。雍正八年署任袁珣于监前建常平仓，堪舆家言囚有粮，狱将满廒，后入狱者累累，果如所言，仓今废。"②而最能说明这种变动趋势的是泾阳县的事例，泾阳县在清前期监房数高达11间，而到清后期的光绪年间仅为5间。监房数量的减少原则上与可能的罪犯人数是对应的，清前期泾阳县商业经济极为发达，甚至是当时"超省域"的经济中心，"县城内百货云集，商贾络绎"，从工经商之人多达3万，"各行店背厢负货闲人亦多至数千"，因而，窃盗窝家赌匪地棍"随处皆有，最称难治"③。而经过咸丰、同治年间的战乱之后，泾阳县城迅速趋于残破，区域经济已与陕西关中普通县没有多大差别，其监房数由多变少，亦从侧面反映了泾阳县从"难治"之区转变为"易治"之县的动态过程。而与此情形相反的是，陕南的洋县，其监房数由康熙年间的5间，增加到光绪时期的13间，县志作者虽然没有言及变化的缘由，但从陕南其他地方治安环境的变化亦可窥见洋县监房数增加的社会原因。清乾隆四十三年（1778）

---

① 以上见（清）卢坤：《秦疆治略》各县条。
② 道光《清涧县志》卷2《建置志》。
③ （清）卢坤：《秦疆治略》"泾阳县条"道光年间刻本。

任陕西洵阳县知县的邓梦琴,曾对该县罪犯人数的变动有一个较为明确的表述,他说康熙时该县"囹圄空虚,出入无忌,然自后狱遂有囚",到乾隆四十三年(1778)时有"囚籍"10人。然而,两年后的乾隆四十五年(1780),该县囚犯就增加到15人①。对于此种现象,邓梦琴是这样解释的:"是今流寓渐广,雀鼠愈繁",因而罪犯增多。而乾隆四十七年(1782),陕西巡抚毕沅在《兴安州升府疏》中说得更为明白:"是以近年户口聚增至数十余万,五方杂处,良莠错居,迩来风俗刁悍,讼狱繁兴,命盗案件甲于通省"②。正是由于从乾隆至道光以及清后期持续的流民涌入,使陕南地域社会一直处于极为动荡之中,雀鼠纷争,讼狱繁兴,成为地方痼疾。清代陕西所属各县监房数最多的几个县几乎全部分布在陕南,如定远厅有监房15间,洋县13间,略阳10间。很显然,这不是偶然现象,它正是清代陕南地方人口"五方杂处"的现实反映。

上文所引的清乾隆四十三年(1778)、四十五年(1780)洵阳县囚犯人数,这是我们在陕西方志中唯一查获的有关罪犯的数量信息。而据知县邓梦琴的说法,册载的囚犯是"皆余手定爰书者,其矜疑者不在"③。显然,邓梦琴所谓的有囚籍是指已判决而服刑的人员,而对于"未决"之犯并未包括在内。同治、咸丰年间曾为官多地的丁日昌,对各地在押人犯和册载人犯有一个笼统的说法,他说各州县在押人犯"往往有册中仅报数名,实押至数十名者"④。按丁日昌的说法,在押人犯大致上是册报人犯的10倍左右,即使我们按最低的2倍估计,乾隆时期洵阳县实际在押人犯至少应在30名以上。按洵阳县在清代县等中为"简"字缺,亦即为民事"净简"区域,其监房数也是陕西所属各县较少的。如此,我们可以以洵阳县监犯人数作为清代陕西普通县监犯人数的一般规模。民国年间陕西宜川、黄陵(中部)、洛川、同官等县的额定监犯人数,也为我们认识清代陕西普通县监犯人数的一般规模提供了佐证。据民国《宜川县志》《黄陵(中部)县志》《洛川县志》《同官县志》等县志记载,

---

① 乾隆《洵阳县志》卷4《建置》。
② 嘉庆《安康县志》卷17《文徵甲集》。
③ 乾隆《洵阳县志》卷4《建置》。
④ 葛士浚辑:《皇朝经世文续编》卷87《刑政四·治狱》。

民国时期宜川县额定收押罪犯为 40 名，黄陵县为 30 名，洛川为 40 名，同官为 30 名[①]，尽管民国时期对罪犯的区分已具有"现代"特征，但这并不影响我们对监犯规模的基本判断。从县的等级来看，民国新县制实行后，陕西省所属各县被分为六等，其中宜川和洛川被定为三等县和四等县，而黄陵（中部）、同官均为五等县，考虑到民国 20 世纪 20—30 年代陕北黄土高原地区是国共交战区，情形已与此前有所不同，如洛川县是当时国民党陕西省第三行政督察区专署所驻地，因此其行政等级自然被提高。即使我们不考虑这种因行政等级变动而带来的影响，仅从五等县的黄陵（中部）、同官县来分析，民国新县制的五等县等同于民国初期的三等县中的第三等，而民国初年的县等划分是从清代县的"官缺"等级演变过来的，尽管其县等划分指标有些许差异，但本质是一致的。在清王朝时期，洛川、宜川、中部（黄陵）、同官等县城官缺都是"简"字缺。换句话说，这些县在清代都是民事"净简"的区域。从方志记载来看，从清至民国时期，上述各县监狱管理机构、监房数、看守工作人员（禁卒）等变化不大，甚至完全相同，这是否意味着清至民国时期各县监狱所能羁押的罪犯"额定"人数是相同的？如果我们假定，清至民国时期，陕西所属各县监狱的卫生、医疗、住宿等方面的条件是相同的，或者是变化不大，那么，我们完全可以将民国五等县的中部（黄陵）、同官监犯额定人数（30 名）作为陕西普通县监犯人数的最低规模。

而游民，由于其浪迹于社会，游荡于城乡，其固有的"奸民"形象更是地方志不愿提及的，也极少见到有地方志对此类人口的正面描述或记录。然而，从零星的资料中，我们仍然能够捕捉到一些关于游民的信息。乾隆《白水县志》卷 3 就说："本朝（清）科征仍行条鞭法，自雍正五年岳总制请将丁银摊入地粮，无业之民不致有差徭之累"。道光年间，卢坤在纂《秦疆治略》时，依据经济状况及人口构成对各地游民有一个概略性的看法，如陕南的宁陕厅由于木厢铁厂"工匠甚多"，因而"游手无业之人不许入牌"，凤县亦是，因铁厂、柴厢达 30 处，雇工、帮工、

[①] 参见民国《宜川县志》卷 16《司法志》；民国《中部县志》卷 14《司法志》；民国《洛川县志》卷 16《司法志》；民国《同官县志》卷 21《司法志》。

搬运工"来往无定之人"难以数计,"酗酒打架赌博窃盗者无处无之";定远厅亦类似。而关中的泾阳、三原县因商业经济兴盛,因而游民众多。当然,也有如富平、户县、耀州、凤翔、眉县等或土沃物丰或人有"恒业"而"无游民"[①]。如果说乾隆至道光时期主流社会对游民现象是遮遮掩掩,含蓄地承认,那么,光绪《定远厅志》则是直面现实,"山内各色痞徒闲游城市者,谓之痞打混,此辈所得银钱随手花销,遇蜩匪则相从劫掠,值兵役亦相帮搜捕,不事生业,总非善良,游食之民,即此辈是。"[②] 并且将游民纳入保甲管理范围之内[③]。当然,像余修凤在定远厅的做法并不多见,更多地是借"游民"而歌颂地方,如光绪《乾州志稿》就说:乾州"瘠土多劳亦无游手之民,又野无旷土,农有余粟,豫晋之人称乾州为米粮川"[④]。与此类似,光绪《扶风县乡土志》亦美言扶风:"不独士农不分,即,有事在官之人,亦皆多有种地",因而"殆几于无旷土无游民矣,吾以为扶风幸,邦之人其勉乎哉"[⑤]。不管是直面现实也好还是歌功颂德也罢,总之都承认游民存在的现实,其中亦透露出这样一个客观规律:在传统社会经济条件下,移民区域游民多,城市或区域工商业经济发达则游民多,而在以土著人口为主的城市或区域,无论是土沃物丰还是地瘠民贫,游民则少。游民地域分布的这一特征与清代陕西罪犯人数的地域分布特征具有一定的关联性。然而,由于文献记载缺乏游民的具体人数信息,使我们很难对清代陕西县治城镇此类人口的基本规模做出判断,但可以依据其他间接资料对游民人口做出大概估测。有人曾对19世纪70年代山东一个府城约1/5的人户进行过调查(大约涉及4000人),发现三教九流人口与宗教人口合计约占该府被调查人口的5%[⑥]。如果不考虑调查地域的特殊性和调查人群的不确定性,仅从调查

---

① 参见(清)卢坤:《秦疆治略》各县条。
② 光绪《定远厅志》卷5《地理志》。
③ 光绪《定远厅志》卷4《地理志》。
④ 光绪《乾州志稿》卷5《土地志》。
⑤ 光绪《扶风县乡土志》第2卷《实业篇第十一》。
⑥ [美]吉尔伯特·罗兹曼主编,国家社会科学基金"比较现代化"课题组译:《中国的现代化》,江苏人民出版社2003年版,第136页。

年份的代表性和城市的等级规模来看，我们完全可以将5%（此处暂时忽略宗教人口）作为一般普通县治城市游民人口占总人口比例的最高上限。1870年（清同治九年）前后，正是清王朝由盛转衰的关键时期，各种社会矛盾急剧恶化，大量无以为生的人口被抛向社会，而这些人口最可能流向各级各类城市，这是因为城市相对于乡村社会而言，其经济机会更多，谋生也更为容易。而府城的政治、经济功能一般都要比县治城市丰富得多，社会生活也相对多元化，因此，将府城游民占总人口的比例作为县治城市游民比例的最高上限，理论上是能够站得住脚的，尽管这一调查仅涉及该府城的局部人口。民国年间，陕西同官县在进行保甲户口登记、统计的过程中，曾对该县游民有一个估计，据民国《同官县志》记载，民国二十三年（1934）该县人口按职业百分比为：农85 工2 商2 学9 兵1 游民1[①]。同官是民国时期新县制实行前陕西的三等县，因此，我们可以将1%作为陕西普通县游民人口的最低比例。又由于县城的经济环境使它的游民人口要远远多于乡村，即是所谓的"乡有莠民，邑有游民"。因此，将1%作为县城游民人口的最低比例应该是没有问题的。尽管上述游民人口从调查群体、城市等级乃至时间点来看，都无类比性，但在传统社会经济条件下，尤其是处于内陆的陕西，其城市性质、政治经济功能都没有发生实质性改变，因此，以1%—5%的中位数3%作为普通县城游民人口占县城总人口的比例，理论上是成立的。我们的这一估计，与清末人的观察大体一致。清末人汤成烈曾对各地游民人口有一个概略性的估计，他说游民"每省不下二十余万人"[②]。按清末时陕西省人口为805余万[③]来估算，则游民人口应约占全省人口的2.5%。考虑到游民大部分混迹于城市，则城市这一比例应更高。如果将乞丐、"城居"地主以及"不书名籍"的人口数量合并考虑，那么，清代陕西普通县城包括宗教人士、游民等在内的其他人口，占县城总人口的3%，应该是没有多大问题的。

[①] 民国《同官县志》卷18《自治保甲志》。

[②] 盛康辑：《皇朝经世文续编》卷34《户政六·赋役一》。

[③] 《清史稿》，中华书局1976年版，第2092页。

四　结论与讨论

　　中国历史人口资料虽然浩如烟海，其中也不乏以"城市"为对象、范围的人口数据，然而，由于历史时期的人口调查、登记、统计缺乏城市与乡村人口的划分标准和统计口径，这就使我们对历史时期城市人口问题的认识一直是"雾里看花"。甚至可以这样认为，在 1953 年中国实行城乡人口分类调查、统计之前，中国城市人口数量、规模简直就是一笔糊涂账。正如曹树基教授在评论施坚雅的研究成果时所说的，"历史学家如严格地按照历史学的规范从事研究，断不敢轻易地构造涉及全国城市人口的模型。他们知道，在缺乏实证研究的背景下，奢谈中国城市人口是不明智的"①。实证加逻辑推理的研究思路，成为中国本土学者与国外同类研究的明显区别。这一研究思路虽然更贴近中国历史城市人口的实际，但由于历史文献登录的城市人口数据大部分并不是历史城市人口的全部，尤其是学者普遍采用的地方志记载的城市人口数据，其仅仅是赋役类人口，如果单纯依靠地方志著录的城市人口数据，即使原始数据是可靠、真实的，由此得出的认识或结果也是错误的、"失真"的。因此，校正或修正文献登录的城市人口数据，使之最大程度地接近历史城市人口的"实际"，就成为历史城市人口问题研究能否取得实质性突破的基础和关键。本文以清代陕西县治城市为研究对象，详细探讨了传统农业社会条件下，普通县治城市人口的构成、规模，为我们区分、提取历史城市人口信息提供了基本的认识论依据。其主要的看法或结论有以下几点。

　　第一，清代陕西县治城市人口是由支俸人口、赋役类人口、城防守兵以及包括宗教人士、游民、罪犯等在内的其他人口共同组成。文献可见的城市人口信息，大部分是城市中承担赋役的人户数据，而不是"真实"的历史城市人口。

---

①　葛剑雄主编，曹树基著：《中国人口史》第 5 卷《清时期》，复旦大学出版社 2001 年版，第 724 页。

第二，赋役类人口，是城市人口的主体，文献记载的信息也较为明确、清晰，但由于其人口数据本身存在"不实"的问题，而历史时期的人口调查、登记是不可重复的，因此，对文献登录的"赋役类"人口资料既不可弃而不用，亦不可囫囵吞枣、盲目轻信。而应通过精心整理，对问题数据按照一定的方法进行校正或修正，以使其尽量接近客观真实。

第三，支俸人口，虽然文献记载也较为详细、确切，但由于官僚体制及其功能的原因，文献显示的此类人口信息远远不是真实的人口状况。其中，政府"衙役"人员实际数量至少是册载数量的 3 倍以上；正款杂支的孤贫人口在普通县城平均数量应为 50 名左右。

第四，城防守兵，可按文献记载的数据，以军户（兵丁）与家属 1:2 的比例换算出"实在"的人口数。

第五，包括宗教人口、游民、乞丐、罪犯以及"不书名籍"的人口等在内的其他类型人口，大致占县城总人口的 3%。

第六，以 $Z_支$——代表支俸人口，$F_赋$——代表赋役类人口，$C_兵$——代表城防守兵人数，X 为县城总人口，则城市总人口可用下式表示：$Z_支 + F_赋 + C_兵 = 0.97X$。此公式中，$Z_支$、$C_兵$ 均为文献可查之定数，$F_赋$、X 为两个变量，知其一，即可求出或检测另一个变量。

应该指出，本文对历史城市人口的分类检验、修正乃至估测，仅仅是依据处于内陆地区的陕西所得出的初步认识，尚需更多不同区域城市人口数据的检验和支持。但无论如何，我们采用分类汇总的办法来复原或统计历史城市人口，较仅仅利用文献记载的"户口"或"民数"人口数据，已是质的不同，这种办法更真实地反映了传统农业社会条件下县治城市人口的实际状况。以往学者们依据文献记载的"城市"人口数据仅是城市人口的一部分，而不是全部，由此所得出的认识也就显得如此的不可靠。但也应当承认，由于我们用于复原估算城市人口的本底数据来源于地方志，而地方志的价值取向以及方志编撰者个人的偏好，使这种人口数量的估测难免存在误差，但在没有更好办法的情况下，这种估算已是理论上最接近真实的一种可能了。

（原刊《中国历史地理论丛》2017 年第 2 期）

清代陕西县治城市的水灾及其发生机理*

　　城市水灾不同于地区性水灾。一个显而易见的表征是，能够引起地区性水灾发生的天气过程，不一定会对城市区域构成威胁；而城市水灾的发生，也并不意味着城市周边区域就会有水灾发生。城市是人类生存和发展的重要场所，亦是人口和财富的聚集地，或大或小的水灾，对城市的破坏和影响远比非城市区域严重而深刻得多，因而城市历来是人类防洪的重点区域。由城墙、河堤、水道、水沟、明暗渠乃至各种防水处理工程如海墁、土牛、水簸箕等，构成了城市远较乡村区域更为完备而有效的防洪排涝系统。也正是因为"人"的因素介入，使得城市水灾的发生、发展远比地区性水灾更为复杂，甚至是质的不同。因此，从历史地理角度探讨城市水灾发生、发展的机理，无疑可为今天城市的防洪减灾提供有益的借鉴。但遗憾的是，以往学术界对城市水灾的研究，多关注洪水对城市的"环境塑造"和"治洪的环境效应"，且多以个案分析为主，对区域整体性的城市水灾研究不多[①]，从

---

* 教育部人文社科研究一般项目"历史时期陕西县治城镇的调查与研究"（10XJA770011）资助成果。

① 目前所见关于城市水灾研究较为重要的成果有：李亚：《历史时期濒水城市水灾问题初探——以北宋开封为例》，《华中科技大学学报》（社会科学版）2003年第5期，第120—124页；行龙：《明清以来晋水流域的环境与灾害——以"峪水为灾"为中心的田野考察与研究》，《史林》2006年第2期，第10—20页；陈隆文：《水患与黄河流域古代城市的变迁研究——以河南汜水县城为研究对象》，《河南大学学报》（社会科学版）2009年第5期，第102—109页。近年来李嘎对城市水灾的研究着力较多，其较为重要的论文有三篇：《明清时期山西的城市洪灾及其防治》，《中国地方志》2012年第6期，第55—62页；《关系千万重：明代以降吕梁山东麓三城的洪水灾害与城市水环境》，《史林》2012年第2期，第1—12页；《旱域水潦：明清黄土高原的城市水患及其拒水之策——基于山西10座典型城市的考察》，《史林》2013年第5期，第1—13页。

人地关系角度探讨城市水灾的就更少。基于此，本文以清代陕西县治城市为例①，复原、分析和探讨城市水灾发生的过程、特征、机理，以此窥探作为中国历史上最大的城市群体——县治城市与水灾的相互关系。不当之处，尚祈方家指正。

一 清代陕西县治城市水灾概况

城市水灾的发生，不外乎三种情形：一是城市及周边区域普降大雨、暴雨或连阴雨，以及由此诱发的江河泛滥所致；二是城市所依河流由于入境客水过多所导致的江河泛滥对城市区域的冲击；三是以上两种情况同时发生所产生的共振效应。陕西地处内陆，区域气候呈现为典型的大陆性季风气候，夏季炎热多雨，冬季寒冷干燥。降雨的集中度随降雨量由南至北的依次递减而增大，年平均降雨量不足陕南秦巴山地一半的陕北黄土高原，其在7—9月降雨量占全年降雨量的50%—65%，且多由几次暴雨所致②。关中和陕南降雨集中度虽然低于陕北，但夏季降雨量仍占全年降雨量的35%—50%。但也有例外，如位于关中平原北部，流经陇县、汧阳、凤翔、宝鸡的汧河，其洪水量占年径流量的80%③。换句话说，汧河流域暴雨所产生的降雨量占全年降雨量的80%以上。降雨量的高度集中，使得以大气降水为主要补给来源的陕西各地河流均具有暴涨暴落的特性。如陕南最大河流汉江，据武侯站观测，1964年最大洪峰流量为5659立方米/秒，而最小流量仅0.38立方米/秒，二者相差一万多倍④；流经黄土高原腹地的洛河⑤，在金佛坪断面，1966年7月26日，一天内流量由不到10立方米/秒陡涨至5920立方米/秒，几小时后又陡落至

---

① 按照学术界的一般看法，古代中国县治及其以上行政中心所在的城镇均可视作城市。
② 《陕西历史自然灾害简要纪实》编委会编：《陕西历史自然灾害简要纪实》，气象出版社2002年版，第3页。
③ 陕西师大地理系《宝鸡市地理志》编：《陕西省宝鸡市地理志》，陕西人民出版社1987年版，第129页。
④ 杨起超主编：《陕西省汉中地区地理志》，陕西人民出版社1993年版，第103页。
⑤ 洛河，在陕西有两条同名的河流，流经黄土高原腹地的洛河，又称为北洛河，而位于秦岭南坡的则习惯上称之为南洛河。

1000立方米/秒以下。类似汉江、洛河、洴河河流径流量的暴涨暴落，在陕西各大河流中都程度不同地存在着，即使是较小的河流亦是如此。

　　清代陕西气候与现今略有差异，据竺可桢研究，明清时期我国的温度平均比现在低 1—2℃①，陕西与全国处于同一水平，因此清代陕西省的气候较今冷湿。尽管如此，今天陕西区域夏季炎热多雨、冬季寒冷干燥的大陆性季风气候，与清代相比并没有太大的差异。文献记录的陕西各地气候状况及河流水文特征也印证了这一点。如佛坪厅（今佛坪县）"夏秋之际，霪雨经旬"②；葭县，"常年春多疾风，夏多骤雨"③；宜川，多对流雨，"其来也骤，其降也猛，辄山洪暴发，冲毁田园，为害颇甚"④。受降水量年际和季节严重不均的影响，河流径流量极不稳定，如流经清涧县城的清涧河，"其水褰裳可涉，遇大雨骤涨势如潮涌"⑤。发源于定边县，流经今吴旗、富县、洛川、蒲城、大荔等陕北、关中多个县域的洛河（俗称北洛河），则是"性暴势猛，夏遇大雨时行山水陡发，千沟万川合涨，一望无涯"，而"春秋水势退尽随处可徒步而涉"⑥。陇州（今陇县）境内诸河"夏秋霖雨涨发激流汹涌，不数日而水落石出矣"⑦。陕南河流性状亦如陕北和关中，如兴安府城⑧（今安康市）南的黄洋河，"每岁五六月水潦暴至，则损伤禾稼，直冲郡城，邑人苦之"⑨；环绕孝义厅（今柞水县）城的乾佑河，每逢阴历七八月间雨潦水涨，"城中居民咸虞为鱼之患"⑩。季节性的暴雨所带来的危害与影响已成为当地居民挥之不去的阴霾。

---

　　① 竺可桢：《中国近五千年来气候变迁的初步研究》，《中国科学》1973年第2期，第168—189页。
　　② 光绪《佛坪厅志》卷2《杂记第七》。
　　③ 民国《葭县志》卷1《天文志》。
　　④ 民国《宜川县志》卷3《气候志（二）·气象》。
　　⑤ 道光《清涧县志》卷1《地理志》。
　　⑥ 宣统《甘泉县乡土志·水》。
　　⑦ 乾隆《陇州续志》卷2《建置志·河渠》。
　　⑧ 由于水灾对于不同等级的城市的影响是一样的，本文遵从历史文献表达习惯，以府城代表附郭县，其他如延安府城、汉中府城、商州等均如此，恕不一一注明。
　　⑨ 乾隆《兴安府志》卷6《山川志》。
　　⑩ 光绪《孝义厅志》卷4《建置志·城垣》。

降雨集中度高与江河的暴涨暴落，极易诱发城市水灾。如发源于秦岭北麓的潼河，穿越潼关城而入黄河，"方其安流也，潺潺一线，似无足经意，然往牒中亦时见其为患焉"①，"考其形势，秦岭诸山凭高而下瞰，势若建瓴。夏秋之交，暴雨如注，合诸山谷之水而下趋，其奔腾而汹涌也"②。位于渭北高原的耀州（今耀县）城，东西为漆、沮二水环抱，而山水陡悍形势靡常，以至于西奔东溃，汕刷无常；仅清乾隆年间漆、沮二水就发生水灾4次③。频繁发生的水灾，使耀州城处在随时面临难以预料的水患的威胁之下，城市居民已成惊弓之鸟，"一遇轰雷怒电，崖震山裂，妇子泣对，登楼环树，秉烛发愿，终宵不寐"④。而四围皆水的陇州（今陇县），则是夏秋霖雨，涨发不时。对此，志书是这样解释的："陇城东北隅逼近北河，河流迁徙靡常，乾隆八年以后夏秋霪雨水发直冲，城根渐遭汕刷。"⑤ 位于渭川河道的周至、岐山、扶风等县城亦如是⑥。陕北黄土高原虽然降雨量稀少，但降雨集中度远较陕南、关中高，更易发生河流暴涨型水灾。如定边县，其降雨量是陕西最少的区域，年平均降雨量为350毫米，仅是南部降雨量最多的大巴山山地的1/4。但由于降雨高度集中，仍然不时发生城市水灾，如嘉庆七年（1802）七月大雨，城南干沟河水暴涨，"县城街衢深至三五尺，城垣庐舍致有倾坏"⑦。其东南部的鄜州（今富县）、宜川、清涧、延川等县，因降雨量的逐步增大，水患远比定边县严重得多。如鄜州就是"环鄜有洛河，在州城东里许，其水自延（绥）流入，遇夏大雨时行潦涧浍，俱汇于洛，势甚汹涌，景泰间州城常为所冲，民居没者数百家。后虽修筑，然屡筑屡圮。"⑧ 宜川的情形与之相似，傍城而流的银川水，"每当夏秋上流积雨新涨，奔驰冲突

---

① 康熙《潼关卫志》卷上《禋祀第三·灾祥附》。
② 纪虚中：《修潼津河碑记》，咸丰《同州府志（二）》卷34《传·附文征录三卷》。
③ 乾隆《西安府志》卷9《建置志（上）·城池》。
④ （明）左佩琰：《迁城论》，乾隆《续耀州志》卷九《艺文志·论》。
⑤ 乾隆《陇州续志》卷2《建置志·城池》。
⑥ 参见民国《周至县志》卷8《祥异》；民国《岐山县志》卷2《城池》；嘉庆《扶风县志》卷5《城廨》。
⑦ 嘉庆《定边县志》卷1《地理志·山川古迹》。
⑧ （清）刘驄：《重修城河记》，道光《鄜州志》卷5《艺文部·记》。

而来，势如箭筒，岁加汕刷，倾替更甚"①。其他如神木、清涧、延川、中部（今黄陵县）等县，都与此类似②。陕南秦巴山地山高坡陡，河流比降大，加之降雨量大，极易发生城市水灾。如留坝城，南滨留坝河，"山水暴发，砰磕雷动，浸啮城根，数年辄圮"③；位于巴山腹地的定远厅（今镇巴县），是陕西年降雨量最多的区域，虽然文献明确记载的水患灾害只有嘉庆二十二年（1817）山水冲坍东城，但从嘉庆年间同知严如熤"定土性不坚，遇秋霖频坍塌，补葺者瘁焉"④的说法，可以肯定，定远厅城水灾既频繁且严重。其他如凤县、孝义（今柞水县）、紫阳、洛南、平利等县都与留坝和定远厅相类似⑤。因此，可以这样认为，由于大气降水系统的不稳定性以及江河的暴涨暴落，清代陕西县治城市都发生过程度不等的洪涝灾害。

尤其值得注意的是，一些远离河流的城市，因暴雨导致的城市内涝也极为严重。如汉中府城（今汉中市），"骤雨时至，辄横流街衢，冲破民舍"⑥；城固县，康熙年间知县王穆整修街道时，"许者掘土三尺许有甄甓出焉，不意淤淖之下旧街宛然在也"⑦。很显然，这种状况是由于多年大雨或暴雨所形成的城市内涝累积性壅淤。关中、陕北虽然没有找到因暴雨导致城市内涝的直接证据，但从关中、陕北县治城市水门、水洞设置的情况亦可看出其亦遭受不同程度的城市内涝。水门、水洞不同于城市固有的水道、水沟等排水设施，其主要功能是宣泄"夏秋城中积潦"⑧。因此，并不是所有的城市都修建有水门、水洞。以陕西为例，文献可查获的清代陕西修建有水门、水洞的县城数为 20 个，仅占清代陕西县城总

---

① 乾隆《宜川县志》卷1《方舆·城池》。
② 参见道光《神木县志》卷3《建置上·城池》；道光《清涧县志》卷2《建置志·城郭》；道光《重修延川县志》卷3《灾祥》；嘉庆《续修中部县志》卷1《建置·城池》。
③ （清）任奎光：《新建留坝城垣记》，道光《留坝厅志》附《留坝厅足征录》卷1。
④ （清）严如熤：《修石城碑记》，光绪《定远厅志》卷25《艺文志一·文》。
⑤ 参见光绪《凤县志》卷2《建置·城垣》；光绪《孝义厅志》卷12《纪事志·灾异》；道光《紫阳县志》卷2《建置志·城池》；乾隆《洛南县志》卷2《地舆志·城池》；光绪《续修平利县志》卷3《建置志·城池》。
⑥ （清）梁铉：《修街濬沟记》，乾隆《南郑县志》卷15《艺文志》。
⑦ （清）王穆：《修街记》，康熙《城固县志》卷10《文》。
⑧ 参见民国《汉南续修郡志》卷8（上）《城池》；民国《米脂县志（二）》卷3《建置》。

数的22%。按照惯性思维，年降水量最多的陕南，城市水门、水洞应该是必有且数量应多，降水量稀少的陕北应该是较少或无。但从文献记载来看，情况恰恰相反，陕北县城水门、水洞的设置比陕南、关中都多（见表1）。清代陕北有10个县城设置有水门、水洞，几占陕北县城的一半，而陕南、关中则各只有5个，仅占其县城总数的19%和12%。陕北县城水门、水洞合计总数达到19个，是陕南县城的两倍还多，近乎关中县城的3倍。而且单体县城水门、水洞数最多的大部分分布在陕北，如鄜州（今富县）、葭州（今葭县）、米脂、府谷，其水门、水洞数量都在2个以上。何以陕北如此重视水门、水洞设施的建置？除方志记载的疏漏外，恐怕更直接的原因是，陕北城市内涝要比陕南、关中更容易发生，也更为严重。

表1　　　　　　　　清代陕西县治城市水洞、水门统计

区域		数量	始建时间	区域		数量	始建时间
关中(9)	同官	2	—明万历元年	陕北(19)	清涧	1	明隆庆间
	蓝田	1	明嘉靖二十年		鄜州	3	—
	澄城	1	清顺治五年		延川	1	—明正统中
	三原	2	—		延长	1	—清乾隆三十四年
	潼关	3	—		洛川	1	—
陕南(9)	南郑	2	—清嘉庆十七年		神木	1	—清乾隆十一年
	留坝	4	—		葭州	2	—
	旬阳	1	—		米脂	3	—
	商州	1	—		府谷	5	—
	洛南	1	—		宜川	1	—

资料来源：民国《同官县志》卷2；雍正《蓝田县志》卷1；乾隆《澄城县志》卷2；乾隆《西安府志》卷9；咸丰《同州府志》卷12；民国《汉南续修郡志》卷8（上）；道光《留坝厅志》卷1；乾隆《旬阳县志》卷4；乾隆《直隶商州志》卷4；道光《清涧县志》卷2；道光《鄜州志》卷2；道光《重修延川县志》卷2；民国《延长县志书》《建置志第二》；嘉庆《洛川县志》卷5；道光《神木县志》卷3；光绪《葭州志》卷2；民国《米脂县志》卷3；乾隆《府谷县志》卷1；民国《宜川县志》卷1。

连阴雨天气过程对城市城墙的霖溶、湿险、坍塌，大雨或暴雨所形成的城市内涝对城市建筑设施如城墙、道路、官舍民居等的破坏，河流河道的自然摆动对城墙、护城堤的侵蚀、冲崩，都会对城市产生一定的危害，但由于这种危害具有缓慢或累积性质，并不会给人们带来创伤性记忆。城市水患威胁主要来自河流的暴涨暴落对城市的淹没与毁灭。南濒汉江的石泉县，不但要面临汉江涨溢的威胁，同时亦要遭受北来珍珠河、饶凤、红河等山溪河的冲激，每当夏秋涨发之际，洪涛巨浪，"沿江居民沉龟产蛙亦其常矣"①。而略阳县，县城位于嘉陵江、八渡河、玉带河三水交汇之地，山高谷深，极易发生河流暴涨型水灾，故"略邑水灾自古有之"②。有清一代略阳城发生水灾多达15次③，是陕西诸县城中水灾发生频率最高的县城，平均不到20年即发生一次洪水灾害，且每次水灾的危害均极为严重，动辄城毁人亡。道光八年（1828），略阳城迁移至旧城东三里许的文家坪，从表面上看是由于道光七年（1827）的大水灾使"城垣庐舍倾圮不堪"，其真实的原因则是"该县旧城三面临水，连年叠遭水患，难以修复"。④ "难以修复"，作者的潜台词则是城池破坏严重，重修工程费用巨大，且屡修屡毁，遥无可期，于国于民均不利。与略阳城有相似遭遇的是兴安城（今安康市），该城位于汉江南岸的洪水河床上，城低河高，形如釜底，加之其南有黄洋河、施家沟、陈家沟等巴山山水河的直冲，从明代建城以来就一直是"城多水患"。为了躲避洪水威胁，兴安城也于明万历年间迁移至旧城南三里的赵台山下，谓之新城。入清以后，兴安府城已形成事实上的双城结构，即南北城或称为新城与旧城。即使如此，并没有解决城市水患问题。旧城依然面临北涨南冲之害，而新城又"屡为山水所冲激"，以至于出现"葺北则圮南，筑南则坠北"之窘况。⑤ 位于汉江、嘉陵江等江河沿岸的城市如此，而一些位于汉江各级支流沿岸的城市，也因山溪水的冲激而不得不迁移。如孝义厅

---

① 道光《石泉县志》卷1《地理志》。
② 光绪《新续略阳县志》卷1《灾异部》。
③ 据道光《重修略阳县志》卷2《建置部》；光绪《新续略阳县志》卷1《灾异部》。
④ 道光《重修略阳县志》卷2《建置部·城郭》。
⑤ （清）董诏：《重修兴安府双城记》，嘉庆《续兴安府志》卷7《艺文志》。

(今柞水县)、留坝厅(今留坝县)、平利县等均因山水冲淹而发生程度不等的城址迁移①。县治城市,是县域内经济社会发展长期积淀的结晶,也早已成为区域社会群体的记忆,人们不到万不得已是不会迁移县城的。位于关中盆地北缘的耀州(今耀县)城,历史上饱受漆、沮二水冲崩之苦,虽然早在明崇祯时即有迁城于城北三里大象原之议,但也只是"议"而未动。而像陕南如此多的县城因洪水危害而不得不迁移,是清代陕西三大区域县城中绝无仅有的,甚至在整个陕西县治城市发展史上也是不多见的。

陕北黄土高原地区的县城,虽然发生水患的可能性远低于陕南,但每一次水灾对城池的破坏程度丝毫不比陕南轻。如延长县,文献可查的水患只有一次,但其危害却极为严重,清顺治十六年(1659),洪水穿城,"城垣倒塌者十之八九,雉堞城楼荡然无存"②。夹处于延河与杏子河之间的安塞县城,历史上屡受二河洪水冲崩之苦,城址也相继移北就南,但水患依然。历史时期安塞县城城市荒凉,方志作者将之归咎于水患连连:"当山水骤来,汹涌澎湃,直撼城下,湍激之声,闻者心悸。所以城内人烟稀少,市井萧条,未必不因此而有戒心也。"③ 而北对洛河,东临牛武城水,西濒採铜川水的鄜州城(今富县),历史时期饱受诸河洪灾之危害。早在明嘉靖年间,该城即已形成三重城垣以防御洪水之危害,但仍然没能阻挡住洪水对城池的冲没。到清初,虽然收缩仅"保守内城",但水患依旧。康熙二十五年(1686)、雍正初年(1722)、道光元年(1821)的水灾,都使鄜州城城毁人亡④。此后,随湾砌石,截岸筑城,水泛滥则用板木塞门,但仍然无济于事。面对"城市民居被灾者屡矣"之窘况,方志作者以近乎无奈的笔触总结道:"郡东一里据水,而城盖亦临不测之渊。"⑤ 显示出地方社会在遭遇频繁而严重的水患之后,人们对

---

① 参见光绪《孝义厅志》卷4《建置志·城垣》;道光《留坝厅志》卷4《土地志》及附录《留坝厅足征录》卷1《文征》;光绪《续修平利县志》卷3《建置志·城池》。
② 民国《延长县志书》卷2《建置志》。
③ (清)余绍侨:《重修安塞县城碑记》,《安塞县志》卷11《艺文志》。
④ 道光《鄜州志》卷2《建置部·城郭》。
⑤ (清)王邦俊:《建堤城记》,道光《鄜州志》卷5《艺文部·记》。

洪水的威胁已近麻木，对防治洪水已失去信心。

关中平原的降雨量和降雨变率，介于陕南和陕北之间，城市水灾发生的概率并不高，但其危害性同样不可小觑。如潼关厅（今潼关县）康熙十九年（1680）的水灾，城内"男妇之溺死者两千三百八十五人，岸旁官民庐舍漂没数百余间"①；耀州（今耀县）城，城建于两条名不见经传的小河——漆水与沮水交汇之处。然而，正是这样两条不起眼的河流，在明清时期，却给耀州城带来了持续的大灾难，乾隆《续耀州志》对此言道："考之州志并前后卷宗，东城于乾隆十四年受冲，经前任知州田邦基动公帑修堤筑坝、疏河引水以保城垣，至二十五年水冲坝溃刷去石堤，城根被浸，城身坍损十余丈，此漆水之为害也。西城于康熙二十五年被水冲坍……西南城角于康熙三十四年被水冲，那入城基六丈，改筑七十余丈。乾隆二十一、二十五等年又被冲坍三十余丈，刷去地面七丈，此沮水之为害也。"而由于河水持续顶冲，导致城池范围一步步内缩，城市平面布局也因而不断被改变。因而乾隆志就发出"惟是那城本以避水，无如城可那而河亦可徙，年侵岁削水患终无已时，城工究无完局"之感叹。

值得注意的是，位于关中平原东部的朝邑县（今大荔县朝邑镇），由于黄河涨溢和河道摆动，其水灾不但多发而且危害严重，如乾隆四十二年（1777）、五十八年（1793），黄河水均入县城，"伤人无算"②。而类似朝邑县水灾中人口财产损失状况笼统而模糊的描述，是地方志记载的常见形式，虽然有如汉中府（今汉中市）咸丰二年（1857）七月大水"庐舍坍塌无算，兵民溺死者三千数百名"以及潼关厅康熙十九年（1680）水灾"男妇之溺死者两千三百八十五人"的具体数字，但不能据此就认定汉中、潼关城水灾频发且严重。恰恰相反，文献之所以刻意详细记载，很可能是因为其"不经常发生"的缘故。一些水灾发生频率高、水灾破坏严重的城市，其记载更重视水患的持续性和破坏性，如鄜州

---

① 康熙《潼关卫志》卷上《城池》。
② 咸丰《朝邑县志》下卷《艺文志·灾祥记》)。

(今富县），"盖城东北隅，昔所谓闤阓列肆，今则龟蛟鱼鳖矣"①；兴安城（今安康市），"民舍偃卧水浒者与波上下，田畴淤塞，民命不存，昔之为鱼者往往俱在"②。而从已有文献记载来看，陕西县治城市水灾对人口生命财产的破坏程度与其发生的频率是基本一致的，即陕南最高，陕北次之，关中最低。

二 清代陕西县治城市水灾时空分布特征

目前，学术界对历史时期旱涝灾害信息的提取及等级划分，已形成了较为科学的方法。但对于城市水灾，却鲜有人涉及。城市水灾发生的过程、后果及其影响都有别于地区性水灾，已有的历史洪涝灾害研究方法，在某种程度上并不适用于城市水灾的研究。加之，由于文献记载详略不一，对城市水灾的破坏性及其影响表述得笼统与模糊，为我们区分和判定某一次水灾是地区性水灾还是城市水灾，甚至构不构成城市水灾，都带来一定的困难。比如，乾隆《绥德直隶州志》卷1记载的"乾隆十六年六月十二日，水冲至南门入市"③；旬阳县，"雍正二年（1724）水冲兴安州城，汉江暴涨至县西关骆驼岭"④。如此等等，恕不罗列。因此，城市水灾的判断标准以及等级划分，是历史城市水灾研究理应先行解决的理论问题。但由于该议题涉及面广，内涵复杂，已非本文所能容纳，容当另文探讨。本文仅利用清、民国时期陕西各地地方志以及《清代黄河流域洪涝档案史料》《清代长江流域西南国际河流洪涝档案史料》《中国气象灾害大典（陕西卷）》等记载的城市洪涝灾害信息对清代陕西城市水灾做一初步研究。依据已有文献记载，参照学术界大致认同的历史洪涝灾害等级划分标准，对清代陕西县城水灾信息的提取、统计做如下界定：凡是造成城市城墙、民居、道路、护城堤、建筑物、市廛等冲没损毁或人员伤亡的某一次洪涝灾害，都视作城市水灾。统计的原则是，以

---

① （清）王邦俊：《修堤建城记》，道光《鄜州志》卷5《艺文部·记》。
② （清）李凤翔：《万柳堤记》，乾隆《兴安府志》卷26《艺文志二》。
③ 乾隆《绥德直隶州志》卷1《岁征》。
④ 乾隆《旬阳县志》卷12《祥异》。

县为地域单元，以年为基本统计单位，凡灾害发生有明确月份记载的，则统计到相应月份，对于个别县城同月多次发生水灾，则按一次水灾计入[①]。而对于文献记载的河流"大涨""被水"以及类似如"屡为山水所冲激""近岁水啮城根"等没有明确发生时间点的均不予统计。虽然由此可能导致统计数据有所遗漏，但从总体上看，不影响趋势分析。依此标准，统计结果见表2。

表2　　清代陕西县治城市水灾情况统计

区域		次数	致灾因子	区域		次数	致灾因子	区域		次数	致灾因子
关中(38)	陇州	3	雨，大水	陕北(37)	延川	2	大水	陕南(73)	孝义	3	大水
	潼关	4	雨，大水		安塞	4	大水		兴安	10	雨，大水
	耀州	7	雨，大水		鄜州	6	大水		略阳	15	大水
					定边	1	大水				
	汧阳	1	雨，大水		神木	5	雨		旬阳	6	雨，大水
	邠州	1	大水		延长	1	大水		沔县	3	大水
	长武	1	雨		延安	7	大水		平利	2	雨，大水
	永寿	1	雨		绥德	4	大水		石泉	5	雨，大水
	渭南	1	大水		清涧	4	大水		白河	2	大水
	朝邑	7	大水		安定	1	大水		汉中	4	大水
	同官	3	大水		府谷	1	雨		凤县	3	雨，大水
	岐山	3	雨		葭州	1	雨		西乡	3	大水
	礼泉	1	雨，大水	陕南(73)	商南	1	雨，大水		洛南	1	雨，大水
	周至	2	雨，大水		留坝	2	雨，大水		镇安	2	大水
	户县	1	雨		定远	1	雨，大水		宁羌	4	雨
	扶风	1	雨		城固	1	雨，大水		洋县	2	雨
	咸阳	1	雨，大水		山阳	1	雨，大水		紫阳	2	雨

资料来源：清、民国时期陕西各地地方志及《清代黄河流域洪涝档案史料》（中华书局1993年版）、《清代长江流域西南国际河流洪涝档案史料》（中华书局1991年版）、《中国气象灾害大典（陕西卷）》（气象出版社2005年版）等。

[①] 这种情况不多，文献仅见朝邑县一例。嘉庆五年七月，朝邑水从南门直入城内，月余以次三，县遂无东街东乡（咸丰初《朝邑县志》下卷《艺文补·灾祥记》）。

尽管文献记载的时间段不一致，但从可查获的清代陕西县治城市水灾来看，陕南因降雨量多，其城市水灾发生的次数也是陕西省最多的。陕北黄土高原地区降雨量最少，但其县治城市的水灾几乎与关中地区相埒。从其平均发生水灾次数上看更为清楚，有清一代，陕南县城平均发生水灾2.7次，陕北1.6次，关中0.9次。从单体县城水灾发生频率来看，清代陕西全省平均发生水灾1.6次，超过1.6次的县城，陕南15个，占清代陕南27县的56%；陕北7个，约占陕北县治城市总数的30%以上；关中7个，约占清代关中县城总数的17%。陕南秦巴山地县城水灾发生频率高，容易理解。但降雨量远低于关中的陕北地区，其城市水灾发生的可能性近乎关中的一倍，令人费解。究其原因，是由于陕北降水变率远较关中大，加之陕北河流比降大，支、毛、细、沟发育，汇水迅速，洪枯水位变化巨大，是陕北濒河城市更易于发生水灾的客观因素。如果将超过平均数的2倍（>3次）作为水灾高发县城的判断标准，那么陕南有略阳（15次）、兴安（今安康市）（10次）、旬阳（6次）、石泉（5次）、汉中（4次）、宁羌（今宁强县）（4次）等6个县城，陕北亦有延安（7次）、鄜州（今富县）（6次）、神木（5次）、安塞（4次）、绥德（4次）、清涧（4次）等6个县城，关中仅有耀州（今耀县）（7次）、朝邑（今大荔县朝邑镇）（7次）、潼关（4次）等3个县城。水灾高发县城仅占全省县城总数的17%，而其水灾次数却占清代陕西全省县城水灾总数的62%，换句话说，全省超过62%的城市水灾发生在仅占17%的县城，城市水灾发生的局部性特征特别明显。这些发生频率较高的城市既分布在汉江、嘉陵江、延河等较大河流沿岸，也有位于如漆、沮、潼河等较小河流沿岸的。城市水灾发生的这种特征提示我们，城市水灾的发生可能与城市所处微地形地貌关系更为密切。如在陕西诸县城中，水灾发生频率最高的略阳县，县城位于象山南的舌状台地上，城东、西、南三面环水，嘉陵江在此接纳八渡河、玉带河之后，即流入峡谷段。三水合流，又遇峡高谷窄，水流宣泄不畅，如遇河水涨发，往往宣泄不及时而抬高上游水位，由此危害县城。今天略阳县城的这种微地形地貌格局与古代并没有什么不同，历史上略阳城屡屡被洪水冲崩、毁灭，其地理原因也概在于此。而位于汉江中游的兴安府城（今安康市），其水灾发生的强度、频度既比处于汉江上游的沔县（今勉县）、南郑、城固、洋县、石泉高，也比处于汉江下游的旬阳、白河高得多。很显然，四围崇山峻岭、地形低洼，又北濒汉江，南有黄洋河、施家沟、陈家沟等源于巴山山地的山水河，如此的孕灾环境是兴安府城水灾高发的客观因素。对此，志书也有比较详尽的分析和论述："兴安逼近汉水，周围皆崇山峻岭，俯视城池，其形如釜，城之东有黄洋河，每值水发，流与汉合，汹涌澎湃，又有陈、施二沟之水，从城南而北，四水混一，茫无际涯。"①而关中北部的陇州城（今陇县），南北介于汧河、北河之间，由于河流迁徙靡常，"每水冲辄坏"，故而史书说其形势是"环山带水，形同泽国"②。位于陕北黄土高原腹地的鄜州城（今富县），道光《鄜州志》对其水患形势有一个较为科学的分析：郡城带山襟水，"其北则洛河水，其东则牛武城水，其西则採铜川水，合三川之水而汇于城北而南注也。其南则有陵峦崇岭，天关夹峙，嶙竖盘礴，如不欲其径南注也。"③ 很显然，鄜州城水灾多发，与其所处的微地形地貌及城市与河流的相对位置关系密切。凡此等等，不一而论。尽管我们不能据此笼而统之地认为清代陕西县治城市水灾的发生，都是由于城市孕灾的地理环境所引起的，但毫无疑问，大部分城市水灾的发生都与城市所处的地形地貌有关。

从清代陕西城市水灾发生的时间过程来看，其年际变化并无规律可循，但水灾发生的月份却高度一致与集中。无论是城市水灾最多的陕南，还是最少的陕北黄土高原，其城市水灾发生的月份均在阴历五、六、七、八四个月，且大部分集中在夏季的六、七、八月。据表2，文献可查有明确发生月份的城市水灾共59次，其中发生在六、七、八三个月的为53次，占89.8%。这与陕西季风气候导致的降雨量尤其是暴雨主要集中于夏季是一致的。明清时期是我国五千年气候变化周期中的第四个寒冷期，其中公元1650—1700年、1825—1911年是相对较冷时期④。为了便于比

---

① （清）王希舜：《修惠壑堤碑记》，乾隆《兴安府志》卷26《艺文志二》。
② 乾隆《陇州续志》卷2《建置志·城池》。
③ （清）王邦俊：《修堤建城记》，道光《鄜州志》卷5《艺文部》。
④ 竺可桢：《中国近五千年来气候变迁的初步研究》，《中国科学》1973年第2期，第168—189页。

较，我们按照上述时间段对清代陕西县城水灾进行统计，结果是，这两个时段发生水灾共计62次，约占总数的43%，而寒冷期约占57%，表明低温下的冷干气候发生城市水灾的频率更高，这与目前学界已有的认识相一致①。从城市水灾发生的成因、类型来看，既有连阴雨或暴雨对城市的直接破坏，亦有因河流的自然摆动或泛涨而造成的洪水冲崩。为了简明且具有表征意义，表2用"雨""大水""雨，大水"来指征城市水灾的致灾因子，其中因"雨"成灾的有22次，"大水"74次，"雨，大水"52次，直观显示了江河涨溢是城市水灾的主要致灾因素。分区域而论，关中因"雨"成灾的有7次，"大水"12次，"雨，大水"19次。"雨，大水"占关中城市水灾的50%，显示了关中平原降雨与江河泛滥具有同步性。陕北因"雨"成灾的有7次，"大水"30次，"雨，大水"为"0"次，"大水"致灾占陕北城市水灾的绝对多数，表明"河流暴涨型"水灾是陕北城市水灾的主要类型。陕南因"雨"致灾的有8次，"大水"32次，"雨，大水"33次，"大水""雨，大水"是陕南城市水灾的主要致灾因子，其水灾特征表现为"暴雨"与"江河暴涨"构成的复合型水灾。这与陕南降雨量大，大雨、暴雨等强降雨与江河暴涨同时发生高度一致。就全省而论，单纯因"雨"而导致的城市水灾为22次，约占清代陕西城市水灾总数的15%，表明暴雨或连阴雨对城市的影响并不大。这一点充分说明在高度"人化"的城市区域，由城墙、护城堤及各种防洪设施所围护的城市空间，其水灾发生率要远远低于非城市区域。如果将因"雨"致灾看作城市水灾与地区性水灾二者之关联度的话，按15%换算成地区性水灾次数约为967次。而据统计，清至民国陕西共发生地区性水灾1113次②，如果剔除掉民国年间的水灾数，二者已非常接近，表明15%

---

① 阴雷鹏、赵景波的《明代泾河流域洪涝灾害研究》一文对公元1000年至20世纪中期的低温期进行研究，发现500年来黄河流域发生的4次大洪水，有3次出现在低温期（《干旱区资源与环境》2008年第8期，第56—60页）。

② 耿占军、仇立慧：《清至民国陕西水旱灾害研究》，《中国历史地理论丛》2014年第1期，第39—56页。另，通过检索清、民国时期陕西各县方志及《清代黄河流域洪涝档案史料》《清代长江流域西南国际河流洪涝档案史料》《中国气象灾害大典（陕西卷）》等文献资料，统计清代陕西地区性水灾共发生993次，亦与估测数十分接近。

的关联度较好地反映了清代陕西城市水灾与地区性水灾的关系。

正因为城市水灾的主要致灾因子是江河泛涨，而陕西河流普遍具有暴涨暴落的特性，由此也决定了陕西城市水灾具有突发性特征。如沔阳城，明嘉靖二十六年（1547）六月二十五日沔河水涨冲城，邑人蔺秉祥是这样描述此次水灾发生过程的："及是夜半，雷声震警，雨势滂沱……少焉北城一隅为水所倾，自西而南俱倾溺矣。"① 水灾发生之突然，使时任沔阳县知县的张涵亦在睡梦中被洪水冲没，足见洪水来势之猛与急，已远远超出人们的反应。潼关城，"康熙十九年（1720）五月二十九日午时，南门外偶有黑云一片，瀹然而作，俄而大雨如注，水积浪高，遂陵城而入，城内两岸居民急不能避，男妇之溺死者两千三百八十五人。"② "急不能避"，反映的是此次水灾毫无征兆，来势之猛使灾区人们无时间应对。康熙三十二年（1693）兴安城（今安康市）的水灾，其暴发亦极具突然性，"是岁五月十七日黎明，汉水暴涨，漂没官舍民居殆尽"；康熙三十三年（1694）夏汉江水复暴涨，对此，时任郡守的王希舜用"滔涝直上"、翌晨"而水乃顿退"③来表达其来也急、其去也速之景况。再如略阳，光绪二十四年（1898）六月十五日，三河齐发，水涨十丈余，"城中人民逃亡不及"④；耀州（今耀县），乾隆十五年（1750）因漆水急剧"异涨"⑤，导致正在修筑的堤坝被冲毁。而文献中常见的"山水骤发""江河陡涨"等均表达了水灾的突发性。除此而外，处于河流中下游沿岸的城市，其城市水灾的发生，很大程度上与河流上游区域的天气过程有关，这即是文献记载的河流泛涨性城市水灾，如顺治十六年（1659）六月，安塞城、延安城、延长城依次发生水灾，便是延河暴涨洪峰由上而下推移的结果。而乾隆三十五年（1770）闰五月，汉江暴涨，导致安康、旬阳、白河等沿江城市依次发生城市水灾。这种由江河洪峰推移而

---

① （明）蔺秉祥：《沔邑河水变异记》，道光《重修沔阳县志》卷10《艺文志》。
② 康熙：《潼关卫志》卷上《禋祀第三·灾祥》，《中国地方志集成·陕西府县志辑》第29册，第35页。
③ （清）王希舜：《修惠堅堤碑记》，乾隆《兴安府志》卷26《艺文志二》。
④ 光绪《新续略阳县志》卷1《灾异部》。
⑤ 乾隆《续耀州志》卷1《地理志》。

产生的濒江临河城市依次发生水灾，可视为沿河城市水灾发生的"线性特征"。虽然其发生的概率较小，但作为城市水灾形成之原因却不可忽视，尤其是对今天沿江濒河城市的水灾预警与防御，不无启示意义。

三 天灾抑或人祸：清代陕西县城水灾发生机理分析

城市历史发展的规律表明，选择靠近水源地是中国古代城市选址的基本规律。然而，靠近水源地，使城市获得生存、发展的诸多便利条件之时，又不可避免地使城市处于水灾的威胁之下。城市的孕灾环境从初始就具有自然与人文的双重特性。这一点，与地区性水灾一样，我们不能仅仅关注自然因素如暴雨天气过程、河流水文、积水面积、区域水土流失等因素，而应将人文因素放在更为重要的位置加以关注①。因为，城市无论从地形、地貌、植被还是经济、人口，乃至城墙、护城堤、民居建筑等，都从根本上改变了城市区域的水资源格局，尤其是改变了城市地表雨水集散的自然状态。因此，城市水灾的发生，某种程度上是"人类"因素与自然因素的叠加与共振。从更宽泛的意义上来讲，水灾是相对于人类社会这个受灾体而言的，无人类社会也就无所谓水灾。水灾的这一内在属性也决定了我们必须认识和把握人类活动在水灾中的作用，只有如此，才能从根本上把握城市水灾发生的实质与机理。

当然，诱发城市水灾的自然因素我们不应该忽略，也无法忽略。如前文所述的略阳、兴安（今安康市）、耀州（今耀县）、陇州（今陇县）、鄜州（今富县）等城市的水灾，自然因素是城市水灾频发且严重的主要影响因子。对此古人也早已有所认识。如王希舜对兴安城、吴炳对陇州与宜川城、汪灏对耀州城之水灾与自然环境关系的认识即是如此。但同时，自汉代以来形成的"天人"观念，使中国古人具有朴素的辩证唯物主义思想，既尊重自然，又不盲目崇拜自然，强调人类改造自然的能动

---

① 以往在研究洪水灾害的过程中，学者们大多将注意力集中在自然因素方面，而对人文因素关注不够。最近这几年，情况有所变化，学者们在关注自然孕灾环境的同时，也关注人文因素的作用。

作用与自然规定性之间具有互动关系。清康熙年间任兴安州知州的王希舜，在面对康熙三十二年（1693）五月兴安城水灾"漂残之后，一望成墟"的现实时，不由得发出这样的责问："盖自故明万历间阅今百一十载，而复遭此一虐，岂亦天运使然耶？"但王希舜并没有停留在对"天道"的怀疑，而是积极应对，"首先议筑堤岸，计募夫一千三百名，共用工六万五千数……凡几阅月而告竣"。次年夏，江涨水溢，"滔㴒直上，去堤只二指许"，但未造成城毁人亡的大灾难。尽管王希舜最终仍将此功归之于"神灵"的护佑①，但客观地说，王希舜发动民夫大修城池、加固堤坝应是其免于洪水覆灭的根本原因。

与王希舜仅仅怀疑"天道"不同的是，清乾隆年间主政潼关厅（今潼关县）的纪虚中，更是明确认定潼关厅城 20 年一发的水灾是"人祸"而非"天灾"。在《修潼津河碑记》中，纪虚中是这样记述的："潼关潼津河，发源商洛诸山，由南水关入城，穿潼津桥，自北水关出而归于黄，由来旧矣。戊辰（乾隆十三年，1748 年）秋余莅兹土，检阅关志，载潼河之溢而为害也，凡廿余年一经。是说也，余盖疑之，岂数之限于天者？果若是不爽欤，抑人事之有未尽也？"②事实上，纪虚中的这种怀疑、认识，并不是他一个人的，撰修于康熙二十四年（1685）的《潼关卫志》就已经将潼关城的水灾与"人事"不举直接关联："独是潼水经流城中，当年修浚之防今废不举，每遇涨发，城内居民屋宇多遭崩漂之患，是为大害。"③这里的"当年"，是指明洪武、正德年间创建南北水关时，曾定有修浚之制，"河三年一疏，故数百年无水患。后制废弛，砂石壅河心高于岸。天启七年大水，水关崩冲，后虽辑弗固"④。因此，"后制废弛"是潼河 20 余年一次水灾的人为原因。尽管明天启七年（1627）水灾之后，人们通过浚修河道，使河流安澜如初。然而"后虽辑弗固"，仍然成为潼河水灾发生的隐患。果不然，50 年后的清康熙十九年（1680），潼河

---

① 以上引文均见（清）王希舜：《修惠壑堤碑记》，乾隆《兴安府志》卷 26《艺文志二》。
② （清）纪虚中：《修潼津河碑记》，嘉庆《续修潼关厅志》卷下《艺文第九》。
③ 康熙《潼关卫志》卷上《建置第二》。
④ （清）杨端本：《潼河修北水关记》，咸丰《同州府志（二）》卷 34《传》附《文征录三卷》。

再次发生严重的水灾:"水势北行,北门泄水之洞又为乱木砖石所塞,冲激逾时,方决洞而出,北洞溃,水缩,河乃裂岸东徙,向来故道竟成平陆,亦异事也。"如此前所未见之水灾,方志作者表达了极为困惑的认识:"盖潼水挟诸山谷之水而来,乘高趋下,势若建瓴,关城地势尤低,设遇暴雨霪霖,河身窄隘,必至泛溢,北门区区数洞,亦不能约其汹涌之势而使之安流以去。虽曰天灾不时有,而地势如此,原非人力之所能预筹,平时加意疏浚,司牧者固无容辞其责。"① 在这里,作者虽然将此次水灾归结于"天、地",但仍然表达了人事之可为的思想。与明天启年间一样,此次水灾之后,又是一次大修河工与城工,"于是关疆巩固,河水患除"②。而经过整修的河道,安澜了近乎70年。到乾隆十四年(1749),潼河又因"骤雨"而暴涨,冲崩南北水关。虽然此次大水并未造成如康熙十九年(1680)那样严重的人员及财产损失,但足以促使人们更为深刻地检讨和思考水灾发生与人类行为的关系。而亲身经历此次水灾的纪虚中,对此更有独特的感受和认识:"余亲诣河干,考其形势,秦岭诸山凭高而下瞰,势若建瓴。夏秋之交,暴雨如注,合诸峪之水而下趋,其奔腾而汹涌也,固宜。然有黄河之宽以为容纳,不患其不受之裕,如而去之迅速也,其必廿余年而溢者,天欤?人欤?余终有疑而未信也。乃集厥耆庶博採详咨,有告余者曰:潼津桥之初建也,乃五洞,骑而过其下者,举策而及其鞭。今则沙壅其三,其二亦高不数尺矣。余乃恍然曰:潼河之廿余年而一溢也,盖人也,非天也。夏秋之交也,大雨之如注也,无岁不然也。其始也有桥之五洞以泄之,顺流而趋于黄不溢也。及其后也,日积月累,五洞壅其半矣,更兼惊涛骇浪擁大木数十而下,则并其半而亦塞之,激而行之,焉得不成在山之势也哉。然则桥洞之下不疏也,非守土者之责而谁责欤?"并且通过历史事实反复强调自己看法的正确性:"潼河之溢,人而非天也,不较然哉!"如此明确而坚定的认识,实属难能可贵。在遭此一劫之后,更加促使纪虚中下决心从

---

① 康熙《潼关卫志》卷上《禋祀第三·灾祥》。
② (清)杨端本:《潼河修北水关记》,咸丰《同州府志(二)》卷34《传》附《文征录三卷》。

根本上解决潼河 20 余年一次的水患灾害。于是，"请司农钱九千余金，淤者疏之，塞者通之"。继之，决定建立潼河"岁修"制度："夫水之溢者，由于桥之塞；桥之塞也，由于河之淤；而河之淤也，实由于积日累月之所致。今如不为岁修之计，吾恐两季之后阳侯复苦吾民矣。"纪虚中的努力，也确实起到了消除潼河水灾的效果，从乾隆十四年（1749）的水灾，到嘉庆二十年（1815）秋七月潼河再次暴涨，其间间隔已近乎 70 年，虽然乾隆五十四年（1789）阴雨连旬，潼河大涨，但此次河水暴涨并没有对潼关城造成明显的破坏。可见，纪虚中当年的认识具有远见性，其防治洪水的措施和制度也确实起到了作用。难怪其以刻石立碑的方式，谆谆告诫后来者："书曰：靡不有初，鲜克有终，吾碑之以告来者，务尽人事以回天数，可也。是为记。"①可谓寓意深远。

　　这种由于人事的不作为，在水灾严重的城市容易引起人们的警觉和反思。但在通常情况下，尤其是一些水灾发生率低的城市，容易被人们忽视或漠视。一个明显且具有对比性的是，凡是积极且预警性的水灾防御，其城市水患发生的概率就低；反之，则高。如扶风县，城建于漳河和七星河交汇之处，由于河流的自然摆动，不断向城市靠近，因而屡"啮城根"。但由于自明至清，历任知县均重视补筑城垣，培堤濬河，使河"复故道"②，从而有效地消除了城市水灾发生的可能性。同官县（今铜川市），自从明代筑堤护城之后，历任知县均积极地疏濬河道，对此，顺治志、乾隆志乃至民国志，都将其作为重要内容予以转录："漆、同二水，为城患甚，往多挑濬，以（娱）目前，靡费不赀。"③虽然方志作者对不断挑浚河道而带来的经济负担颇有微词，但又不得不承认其对消除同官城水灾的作用与价值。再如华阴县，乾隆《华阴县志》记载道："西门外则长涧之水也，涧水带沙而行，逾夏秋则涧身淤浅，每岁春仲拨夫挑挖。"④这里作者暗含着这样的因果关系，即虽然傍城而过的长涧水，

---

① 以上引文均见纪虚中：《修潼津河碑记》，咸丰《同州府志（二）》卷 34《传》附《文征录三卷》。
② 嘉庆《扶风县志》卷 5《城廨》。
③ 民国《同官县志》卷 2《建置沿革志》。
④ 乾隆《华阴县志》卷 3《城池》。

含沙量大，夏秋河涨时容易淤积堵塞河道，但由于"每岁春仲拨夫挑挖"，使河道始终具有应对洪水涨发的泄洪能力。位于黄土高原沟壑区的长武县城亦如是，"泾、漆、黑诸水所经泥沙易淤，故亦每岁挑濬"[1]。正因为定期修浚河道，确保了河流正常的泄洪能力，无疑是上述诸县城少水灾的重要原因之一。陕南的山阳县，则较好地诠释了这种修浚河道与城市水灾的关系。据乾隆年间志书记载，山阳县，"城南丰水东来，循南山麓曲折西流，城外旧有堤岸，嗣因旧河壅塞水势北流。雍正六年间山水骤发，堤决城亦冲圮"，后经商州知州王如玖勘明，水灾发生的原因——"非堤之不固，乃水之不循故道也"。于是"遂祥请疏旧河修堤岸，自是水患无闻。然山河易淤迁徙靡定，司土者可不留意矣欤"[2]。因河流自然摆动而导致的城市水患，在陕西诸县城中较为常见，如鄜州（今富县）、耀州（今耀县）、宜川、咸阳等城，其水患均与傍城河流有关。如耀州（今耀县），明崇祯郡人左佩玹有一个形象的比喻："况雨水之于城，二十年止啮其胁，十年犹射其肩，今且冲其脑矣。"[3] 很显然，河流淤积改道，是河流动力运动的自然规律，人类可以认识并利用它。一些原不为害的河流之所以为害，根本原因在于人事的不作为，这是有见识的官员之所以要谆谆告诫后来者的根本原因。前述潼关厅纪虚中如此，于耀州城水患有深刻认识的张凤鸣亦是如此："计惟顺漆水势决东，东流即以其土为堤，壅培城址，则漆害可除。顷开河东崖，约长一百六十余丈，土敷，西接城堤，沿新河南迤东，城庶永保无虞。西城沮河亦宜准此濬筑，则费减工固"，并认为"来者踵修，则沮害亦可永除"[4]。

而洛南县的事例，则为我们提供了典型的人水相争的案例。明万历二十一年（1593），县令洪其道在葺补被洪水冲毁的城与堤时，首次别出心裁地将堤防之内的河流冲积滩地改造为园地"二十一亩"，并"植桑教蚕作课桑亭"。这种"与河争地"的人类行为，在很大程度上改变了或者破坏了河流原有的水沙、河相的稳定关系，也使城市与河流之间失去了

---

[1] 宣统《长武县志》卷1《城池图》。
[2] 以上引文俱见乾隆《直隶商州志》卷4《建置第三（上）》。
[3] （明）左佩玹：《迁城论》，乾隆《续耀州志》卷9《艺文志》。
[4] （清）张凤鸣：《耀州漆沮源流利害说》，乾隆《西安府志》卷71《艺文志下》。

缓冲地带,由此将城市直接置于河流洪水泛滥的威胁之下,这对于背靠燕子山、南临洛河(俗称南洛河)的洛南县城而言,水灾的发生也只是时间问题。果不然,崇祯三年(1630)洛河水暴涨,毁堤冲城,"亭地俱没"。然而,这种惨痛的教训并没有引起人们的注意。入清以后,这种"与河争地"非但没有改变,反而不断被强化。顺治十六年(1659),时任洛南县令畅体元几乎如法炮制,修城的同时亦"修堤复蚕桑"。其结果不言而喻,康熙四十年(1701)大水冲堤陷城,园地尽毁。然而当时的县令陆肇昌仍然依原样踵修①,同样的故事又开始了。到了乾隆四十八年(1783),河决堤崩,满眼荒凉,时署洛南县事的何树滋,非但没有改弦更张,反而做得更为彻底。他不但将堤内之地改为水田,而且在堤坝上建设关厢,对此,何树滋有自己的看法和想法:"丙午(按,指乾隆五十一年,1786年)春以义学事竣,境内无事,熟(筹)所以保护南关并城垣者,自春徂夏,筑为堤坝以障河流,树之杨柳以期稳固,移为碍之沙嘴,补久缺之关基,即以其旷土改为水田,一洗崩颓荒凉之旧。议者以为此实足以保城郭而壮气象,为益无穷也。余思关基虽补,倘将来水再来逼亦难持久,且现在宽广之基,使之闲空无用,无以培补转瞬亦将废弃,诚可惜。莫若于基之上修为街房,于基之前修为关厢,即于关厢之上建为楼,可以永为镇峙。"② 然而,何树滋自认为其所采取的措施可以"保城郭而壮气象,为益无穷",但其结果却是,没过多久,关厢连同石坝即被冲毁。洛南县从明到清治河实践验证了古人早已悟出的通俗道理:"人不与水争势,水自不与人争地"③,人若与水争地,水即与人争势。这种违背自然规律的做法,到头来,不是人定胜天,而必然是自然界以更大规模、更猛烈的方式报复人类。

认识并尊重自然规律,坚持按自然规律办事,是人类社会积极应对和防御城市水灾的必由之路。违背自然规律,很可能是事倍功半,甚至导致灾难性后果。如耀州城,乾隆二十六年(1761)以前防御洪灾均是

---

① 以上引文俱见乾隆《洛南县志》卷2《舆地志》。
② (清)何树滋:《修南关新街并关楼说》,乾隆《洛南县志》附志一卷。
③ (明)左佩琰:《迁城论》,乾隆《续耀州志》卷9《艺文志》。

采用当冲筑堤、拦河筑坝、开河引水的办法，其结果是财费力殚，水患依旧。乾隆二十六年（1761）大水灾之后，知州汪灏同其前任一样，捐资修筑如故，继修堤370丈，石堤14道，耀州城也成为清代陕西县城中护城堤修筑最多的。虽然文献记载的这次修筑依然是"权为保护"，从表面上看只是此前防御工程的延续或补充，但不同的是，此次修堤是在东城之北、西城之北各修筑滚石坝三座，东门以南修筑滚石坝二道。这一不经意的变化，使得此次治河与此前"傍崖开河，当冲筑堤"已有质的区别。滚石坝与拦河坝或当冲筑堤不同，它有效利用了河流动力学原理，通过抬高河床高度，降低水流落差，使水势减缓，从而达到利用河流自然淤积来减轻洪水冲刷的危害。诚如汪灏所说"俟数年之后，河身渐徙渐远，城基日淤日高"，因而当工程筑竟之后，出现了意想不到的结果，"迄今完善，城身亦得巩固无虞"①。再如宜川县，清乾隆年间任职陕西多地、治水颇有贡献的吴炳，就指出修城筑堤难于抵挡傍城而流的银川水的奔驰冲突，尤其是对其前任知县刘国泰提出的议开新河引水离城表达了不同意见："前令刘议于河西因渠道古迹开凿引水北流，意至美也，然非筑坝阻水势且仍趋旧河，冲损如故，奚资扞卫？"因此，治河不当或防御措施不合理，是一些县城屡防屡受洪水灾害的重要原因，这也即是吴炳所说的"臣虽涂饰补苴何益大计？"② 由此他提出了解决宜川城水患的关键或根本是："于西城官路下起至新挑河口止斜廻筑砌石脚土坝一条，截住沿城河流，顺势引水并入新河，需长五十六丈宽四尺高二丈，不惟补前议挑河之未逮，实为护卫城根石台之关键。如此庶河流离城根稍远，城根石台可保，城身亦永无倾塌之虞矣。"③ 因地制宜，是吴炳这位封建时代官员难能可贵的特点，这一如其在对陇州城（今陇县）水患的认识与治理一样："陇城东北隅逼近北河，河流迁徙靡常，乾隆八年以后夏秋霪雨，水发直冲，城根渐遭汕刷，旧议仿洪泽湖笆工成法以为捍卫，计诚善，然修而圮屡矣。"因此，"用土木之工远护城根，何如用土木之工

---

① 乾隆《西安府志》卷9《建置志（上）》。
② 乾隆《宜川县志》卷1《方舆》。
③ （清）吴炳：《筑坝议》，乾隆《宜川县志》卷8《艺文志上》。

就坨筑坝，再于河之下游就势挑濬为河水去路，一堵一泄水不浸城城自无患。"① 类似如吴炳这样的地方官员并不多见，而要求古人拥有与我们今天一样的自然地理知识，也是不现实的，尤其是不适合对兴安城水灾防御的评判。兴安府城（今安康市），早在明嘉靖年间即修建有六道防护堤，然而由于城低河高，不利的地形地貌条件，将兴安城的水患防御逼入两难境地。一方面为了抵挡来自各个方向的洪水入城，不断加高培厚城、堤，以增强防洪能力；另一方面不时的大水入城，使原本用于防御洪水的堤防工程，反而成为城内洪水宣泄的障碍，其必然的结果是，要么被城内洪水冲毁，要么扩大洪水灾情，二者都是人们所不愿看到的。如处于兴安旧城东北的惠壑堤，其"地势最卑"，汉江水涨溢，该堤首当其冲，因此加高培厚自比其他堤优先。但同时，该堤所在方位，又是城内洪水最可能出口，历次城内洪水消退，均是以冲毁惠壑堤为前提的。如乾隆三十五年（1770）闰五月，"汉江泛涨，诸堤既有倾塌，而小北门地形微低，初九日黎明，水遂冲门倒灌陡成泽国。是夜水势渐退，而堤内之水反限于堤而不能出。次日巳刻，直决东关北之惠壑堤，势速激箭，声如奔雷，冲刷之深，遂与河底等。"② 很显然，防御洪水的工程措施反过来成为城市二次洪灾的诱发因素。

以上论述表明，人类活动在城市水灾发生、发展过程中，具有广泛性、隐蔽性和严重性的特点。城市水灾的轻重，在某种程度上取决于人类活动的合理与否，凡是人类活动遵循自然规律，就会减轻或消除自然灾害的发生、发展；反之，就会加剧自然灾害的严重程度，使轻灾变为重灾。因之，防止"人为灾害"的发生，就成为城市水灾防御的重中之重。

四 结论

水灾，本质上是大气降水与地表特征相互作用的产物。城市水灾是

---

① 乾隆《陇州续志》卷2《建置志》。
② 嘉庆《续兴安府志》卷8附《郡志补遗》。

地区性水灾的特殊形式，它是自然成灾因素与人类因素的叠加与共振。清代陕西城市水灾的发生、发展，既有自然背景的一致性，又有明显的地域差异，主要表现在以下几个方面。

第一，普遍性。区域大气系统的不稳定性与江河的暴涨暴落，使得清代陕西各地城市都发生过程度不等的水灾。这一点，无论是降雨量较多的陕南秦巴山地，还是降雨量较少的关中平原、陕北黄土高原地区，概莫能外。

第二，季节性。清代陕西城市水灾年际变化并无规律可循，但水灾发生的月份却高度一致、集中，无论是城市水灾最多的陕南，还是最少的陕北黄土高原，其城市水灾发生的月份均在阴历五、六、七、八四个月，且大部分集中在夏季的六、七、八月份。

第三，突发性。城市水灾不同于地区性水灾，其发生既可能是城市及其周边区域的大雨或暴雨所导致，也可能是由于城市所依河流客水所致。因而城市水灾大多是毫无征兆，其来也急，其去也速。文献常常将"山水骤发""江河陡涨或暴涨"等水灾发生原因与"城中人民逃亡不及"或"急不能避"作因果关系表述，即是城市水灾突发性的直接写照。

第四，局部性。文献统计表明，清代陕西全省超过62%的城市水灾发生在仅占17%的县城，城市水灾发生的局部性特征特别明显。这表明，城市水灾的发生可能与城市所处的微地形地貌关系更为密切。

第五，城市水灾主要的致灾因子——江河暴涨暴落。清代陕西50%的城市水灾是由于江河暴涨所发生，如果将"雨，大水"所产生的城市水灾合并考虑，那么与江河暴涨有关的城市水灾就占清代陕西城市水灾总数的85%还多。由此可以认为，清代陕西城市水灾大部分都与江河暴涨暴落有关。

第六，城市水灾具有"人化"特征。城市是高度"人化"的区域，人类活动不但改变了城市区域的地形地貌、河流水文性状，也改变了城市所在区域的气候状况。正是由于"人"的因素介入，使城市水灾变得更为复杂。从某种程度上来说，区域人类的生产生活活动以及应对水灾的方略与措施，决定了城市水灾发生的频次与程度。

总之，城市水灾的发生，既有其自然背景因素，也与人类活动息息相关。而水灾发生的自然因素如大气环流、地表形态等，其遵循的自然规律，人类只能认识、利用以及合理应对，而不能改变。因此，充分认识和把握"人类"因素在城市水灾中的作用，最大限度地降低或减少"人为灾害"，就成为城市防灾减灾的关键。这一点，对一般性的水灾研究同样适用。

（原刊《史学月刊》2016年第3期）

山崖上的都城

——以氐杨政权根据地仇池山为中心的分析

魏晋南北朝时期，在今陕西西南部、甘肃东南部、四川西北部的西秦岭山地，存在过一个历时长达300余年、几乎与魏晋南北朝相始终的氐族杨氏少数民族割据政权，即是为后世史家所称的仇池政权。仇池氐杨政权无论从疆域面积、人口经济乃至政治军事等方面都难以与同期的"五胡十六国"以及南北朝政权相提并论。然而，其颠而不破，灭而复立，一脉相承的政权延续，却是同期其他政权所难以比拟的。历来研究者多倾向于探讨地理环境、经济基础、社会组织结构、民族构成以及灵活多变的对外政策等因素对氐杨政权存在、延续的作用与影响[1]，却鲜见对氐杨政权存在的根本——仇池国都城进行探讨。20世纪80年代，著名史学家严耕望先生曾撰文《中古时代之仇池山》[2]，对氐杨政权的"中心根据地"——仇池山进行了详细述论，可能是受题旨所限，严氏仅从仇池山的地望、形势与风土等方面，"以见此山区具有坞堡城守与避世环境之双重条件"。而对仇池山与氐杨政权的关系并未展开论述。国都是一国之根本，无论是大一统的王朝还是偏居一方的割据政权，大多将安全、

---

[1] 徐日辉有系列论文：《前仇池国述论》《后仇池国述论》《武都国述论》《武兴国述论》《阴平国述论》等，载《秦州史地》，陕西美术出版社1994年版；胡小鹏：《仇池氐族杨氏政权浅析》，载胡小鹏《西北历史文献与历史研究》，甘肃人民出版社2004年版，第11—21页；王浩、强竹青：《浅析仇池国存在的原因》，《陇东学院学报》2009年第4期；刘燕翔：《仇池国通考》，载雍际春主编《陇右文化论丛》第三辑，甘肃人民出版社2008年版，第176—210页。

[2] 严耕望：《中古时代之仇池山——由典型坞堡到避世胜地》，载《严耕望史学论文选集》（上），中华书局2006年版，第122—131页。

腹地以及便于制衡内外等因素作为都城选址、经营的基本考量因素，而类似如氐杨政权将都城选择在山体之巅，实属罕见。氐杨集团何以会"以山为都城"？建立在仇池山上的都城究竟对氐杨割据政权有何作用和意义？氐杨之后仇池山何以会迅速湮没无闻？本文在学界已有关于仇池国历史发展演变认识的基础上，试图对以上问题作一粗略探讨。不当之处，尚祈当世方家予以指正。

一 氐杨及其割据政权

氐杨是氐族的一支，其世居陇右。早在夏商周时期，即与中原王朝发生关系。《诗经·商颂·玄马》就说："昔有成汤，自彼氐羌，莫敢不来享，莫敢不来王。"到了秦汉时期，以武力拓疆的秦、汉王朝一方面"郡县其地"，将封建地域管理机制推进到陇南山地；另一方面大量外迁氐羌部落，以杀其势。史载"自汉开益州，置武都郡，排其种人，分窜山谷间，或在福禄（今酒泉），或在汧陇左右，其种非一"[1]。然而，即使如此，其社会结构依然是"今虽统于中国，然自有王侯在其墟落间"[2]。汉献帝建安初年（196），原居于略阳清水（今甘肃清水县）的氐杨部落，在其"部落大帅"杨驹的率领下，由清水越过渭河南下，"始徙仇池"[3]。经过一段时间的发展，到杨驹儿子杨千万手里已初具规模，被魏"拜为百顷王"[4]。汉建安十八年（213），"百顷王"杨千万因响应马超、韩遂反魏，率众离开仇池，兵"屯兴国（今甘肃秦安县境）"[5]，与统有"部落万余"[6]的兴国氐王阿贵合为一体支持马超。建安十九年（214），马超兵败，旋即"阿贵为夏侯渊所攻灭，千万西南入蜀，其部落不能去，皆

---

[1] 《三国志》卷30《魏志》注。
[2] 《魏略》卷21《西戎传》。
[3] 《宋书》卷98《氐胡传》。
[4] 《宋书》卷98《氐胡传》。
[5] 《三国志》卷一《武帝纪》。
[6] 《三国志》卷9《诸夏侯曹列传》。

降"①。入蜀后的杨千万经数十年的苦心经营,到其孙杨飞龙时始恢复元气,时在西晋初期。晋武帝司马炎赐予杨飞龙假平西将军称号,并准许其率部落"还居略阳"②故地。杨飞龙无子,以外甥令狐茂搜为养子,是为杨茂搜。晋元康六年(296),关中氐帅齐万年领导的氐羌大起义,震动关陇。氐王杨茂搜乘机率部4000余家迁回仇池以自保,并自号辅国将军、右贤王③,以此为标志,揭开了氐杨仇池政权建立的帷幕。自此以后,氐杨"遂世居仇池",并奠定了割据地方300余年的基业。综合学术界已有的研究和认识,氐杨政权可分为五个时期,即前仇池国、后仇池国、武都国、武兴国、阴平国,其各时期代际变化、中心根据地(国都)、疆域大致范围等情况见表1。这五个政权除阴平国后期为仇池氐杨之旁系外,其他均是一脉相承。首先,从氐杨政权五个时期的政权独立性、疆域范围、人口乃至政权结构、组织水平等方面来看,以仇池山为中心根据地的前、后仇池国时期,是氐杨政权发展历史上的兴盛时期。前仇池国的开国者杨茂搜先是自号辅国将军、右贤王,然后才接受南北政权赐予的封号,后仇池国的建立者杨定亦是"自号龙骧将军、平羌校尉、仇池公,称藩于晋。孝武帝即以其自号假之"④。而从武都国开始,无一不是借助于南北政权的扶持才得以立国。如建立于宋元嘉二十年(443),以仇池杨氏子孙杨文德为首的武都国,即是在南朝刘宋政权扶持下建立的地方政权⑤;武都国亡后同时并存的武兴国、阴平国,一个附魏,一个附宋,都受到各自依附国的支持与庇护。尤其是阴平国建立者杨广香,是因为助魏攻杀同族武兴国国主杨文度而被魏授予阴平公的,《南齐书·氐传》说杨广香"元徽中为虏攻杀文庆(度),以为阴平公"。其次,从氐杨政权所拥有的人户规模来看,前后仇池国时期是仇池氐杨政权历史发展过程中,拥有人众最多的时期。东晋咸安元年(371),前

---

① 《魏略》卷21《西戎传》。
② 《宋书》卷98《氐胡传》。
③ 《宋书》卷98《氐胡传》。
④ 《宋书》卷98《氐胡传》。
⑤ 参见:《魏书》卷14《河间公齐传》、《资治通鉴》卷124《宋纪六》、《宋书》卷98《氐胡传》。

秦苻坚遣兵攻仇池,前仇池国国主杨纂率众五万拒之①。东晋太元十九年(394),后仇池国开国国主杨定率四万步骑往伐西秦乞伏乾归②。虽然杨纂因此战败而导致前仇池国亡,杨定亦因兵败而被杀,此是后话,但从杨纂能率众五万、杨定率兵"四万"来看,即使保守估计其境域内的人口也应在 20 万—30 万人。这与开国者杨茂搜时期的四千户部曲、武都国杨头时期的"四千户"荒州以及武兴国杨智慧时期"求率四千户归国"相比,其人户已超过十倍。前、后仇池国时期亦是仇池氏杨割据政权疆域最广的时期,从杨茂搜开始,不断地东拓西扩,南下北出。尤其是后仇池国杨难当时期,其疆域一度北至汧陇,南达益州北部,东至梁州,西有漒川、赤水等地,是仇池国历史上疆域范围最广的时期。也就在杨难当时期,这位雄心勃勃的氐人首领,公开抛弃南北政权假于的名号,堂而皇之地做起了"天子"。史载,元嘉十三年(436)二月辛未,仇池氏王杨难当自称大秦王,年号名建义元年,以妻为王后,世子为太子,仿照宋魏二王朝的天子制度设置百官,"皆如天子之制"③,其所设置官职有公、侯、丞相、侍郎、刺史、州牧、太守、长史、兼长史、将军、校尉、司马、督护、都督、参军、使持节等,基本上与南北对立割据政权官职相同。虽然五年后的元嘉十七年(440),杨难当因仇池大旱而自降为武都王④,但这丝毫无损其政权实力之强大。事实上,在杨难当之前,前仇池国国主杨难敌和后仇池国国主杨保宗,都曾有过不做"藩属国"之举动。如杨难敌在俘获前赵仇池镇将田崧之后,曾要求田崧与自己共谋"大事",史载"(前赵)田崧,字子岱,仕赵,为大鸿胪,镇南大将军益州刺史仇池镇将,杨难敌自汉中还袭仇池,城陷被执,立之于前,左右令崧拜,崧瞋叱之曰:'氐狗,安有天子牧伯而向贼拜者乎?'难敌字谓之曰:'子岱,吾当与子终定大事,子为刘氏可谓尽心,得不能尽心于我乎?'崧厉色大言曰:'贼氐,若本奴才,安敢希冀非分,吾宁为国家鬼,岂可为贼臣,何不速杀我',顾排一人夺取其刀前刺难敌,不中,

---

① 《资治通鉴》卷 103《晋纪二十五》。
② 《十六国春秋》卷 85《西秦录一》。
③ 《资治通鉴》卷 123《宋纪五》。
④ 《宋书》卷 98《氐胡传》。

遂为所杀"①。在后仇池国国主杨保宗时期,其妻北魏公主在劝杨保宗反北魏时就说:"事立,据守一方,我亦一国之母,岂比小县之主。"② 显然,从杨难敌、杨保宗时期的暗流涌动,到杨难当时期的公开称王称帝,没有强大的政治经济军事实力作为支撑,氐杨政权也断不敢有此非分之想。因为对于南北政权而言,都不可能容忍一个与己对立的仇池国存在。后仇池时代的武兴国,在杨邵先时期因"恐武兴不得久为外藩"而叛魏降梁称帝自立③,随即招来北魏大军讨伐,称帝不足三月即被灭国。由此可见,杨难当的称王称帝绝不是一时的冲动。然而,也正是这个杨难当,他在将仇池国推向鼎盛的同时,也将氐杨政权推向衰败。由于杨难当不断北上南下,窥伺关陇,进扰梁益,招致南北政权对其进行轮番的军事打击,最后于元嘉十九年(442)被刘宋军攻灭,杨难当本人亦被迫逃入魏境,最后客死他乡。自此以后,氐杨政权便如日落西山,一国不如一国。在武都国、武兴国、阴平国时期,伴随着疆域自北而南日益蹙缩,其国都也不断南移。在末代阴平国时期,其疆域仅有约今甘肃文县、武都县、康县南部,四川平武县、青川县一带地方,其政权中心也由阴平移至黎州(今四川广元)。到西魏废帝二年(553),西魏"乃分其部落,更置州郡以处之"④。至此,绵延长达300余年的仇池氐杨割据政权彻底退出历史的舞台。

表1　　　　　　　　仇池国发展演变情况简表

时期	历时(年)	代际	中心地(国都)	疆域范围
前仇池国	296—371 共75年	五代八主	仇池山	约今甘肃东南的礼县、西和县、武都县、文县、成县、徽县、康县和四川北部的青川县,共计两省八县地。

① 嘉庆《武阶备志》卷9《名宦传上》。
② 《魏书》卷101《氐传》。
③ 《魏书》卷101《氐传》。
④ 《周书》卷49《氐传》。

续表

时期	历时（年）	代际	中心地（国都）	疆域范围
后仇池国	385—442 共 57 年	三代五主	仇池山、历城	约今甘肃东南的西和县、礼县、徽县、两当县、成县、武都县、文县、康县、宕昌县；四川北部的青川、平武两县和陕西南部的凤县，计三省十二县之地。
武都国	443—478 共 35 年	一代四主	前期：白崖 中期：白水 后期：葭芦	仅有今陕西汉中西部及四川北部一小部分地方。
武兴国	478—500 530—553 共 50 年	四代五主	武兴	约今陕西略阳县、凤县，甘肃康县等地。
阴平国	478—580 共 102 年	两系七主	前期：阴平 中期：平兴 后期：黎州	约今甘肃文县、武都县、康县南部，四川平武县、青川县一带地方。

说明：各时期的疆域范围均取其最强盛时期的疆域范围。

二　山崖上的都城

仇池国是以氐杨割据政权中心地——仇池山而得名。尽管氐杨政权的中心并不一定在仇池山上，甚至氐杨割据政权所能控制的地域范围已不含有仇池山，如武都国、武兴国、阴平国时期，但由于这些政权的建立者均为氐杨后裔，因而仍然被认为是仇池国的延续[①]，是完整意义上的仇池国的组成部分。这正是，国因山为名，山因国而显。

仇池山，亦名常羊、仇维、仇夷、瞿堆、河池、氐池、百顷，其地在今甘肃省西和县南 60 公里处，行政区划上属于西和县大桥乡。新编《西和县志》第二编"地理""仇池山"条说："仇池山……位于县南 60

[①] 参见张维、李祖桓《仇池国志》，书目文献出版社 1986 年版；马长寿《氐与羌》，广西师范大学出版社 2006 年版；杨铭《氐族史》，吉林教育出版社 1992 年版；王钟翰主编《中国民族史》，中国社会科学出版社 1994 年版。

公里处。该山系西秦岭南延余脉，呈北南方向，三面环水，一头衔山，尽于西汉水与洛峪河交汇的河谷。其山悬崖峭壁，四面斗绝，山上地势平缓，沟壑纵横，泉水交盈，有良田千余亩。东西宽约3公里，南北长约6公里，最高山峰伏羲崖，海拔1793米，相对高程791米。山形状如巨轮，在两水夹峙中荡漾，故今村有上、下码头之称。自古以来，历代兵家常依此天险，称王称霸，雄踞一方。"① 魏晋南北朝时期，氐杨所建立的割据政权，正是以仇池山为中心。南北朝以迄唐史家对此均有片段论述，但多论之不详，且大同小异。试举数例，以窥一斑。

《后汉书》卷86《白马氐传》："白马氐者……居于河池，一名仇池，（地）方百顷，四面斗绝。"

《宋书》卷98《氐胡传》："仇池地方百顷，因以百顷为号，四面斗绝，高平地方二十余里，羊肠蟠道三十六回，山上丰水泉，煮土成盐。"

《南齐书》卷59《氐杨传》："汉世，居仇池，地号百顷。……仇池四方壁立，自然有楼橹却敌状，高并数丈，有二十二道可攀缘而升，东西二门盘道可七里，上有冈阜泉源。氐于上平地立宫室、果园、仓库，无贵贱皆为板屋土墙，所治处名洛谷。"

《水经注》卷20《漾水注》亦谓："汉水又东径瞿堆西，又屈径瞿堆南。绝壁峭峙，孤险云高，望之形若覆壶。高平地方二十余里。羊肠蟠道三十六回。《开山图》谓之仇夷，所谓'积石嵯峨，嶔岑隐阿'者也。上有平田百顷，煮土成盐，因以百顷为号。山上丰水泉，所谓'清泉涌沸，润气上流'者也。"

《通典》卷176"成州上禄县"条："有仇池山，晋永嘉末为氐杨茂搜所据，其土地百顷，四方壁立，峭绝险固，自然有楼橹却敌之状，东西二门盘道可七里，上有冈阜泉源，王于上立宫室囷仓，皆为板屋土墙。所理处名洛谷。"

据上文献所述，我们可以作如下的延伸与讨论。仇池山，呈北南方向，三面环水，一头衔山，尽于西汉水与洛峪河的交汇处。山体略呈方形，山上周方二十余里，有冈阜泉源，低平地方，面积约百顷。有泉流

---

① 新编《西和县志》，陕西人民出版社1997年版，第210页。

交灌，煮土可以成盐，居人利便。山下为沧、洛二水所冲激，故下石而上土，四面斗绝，形似覆壶。东西两面皆绝壁，而南北两面山势相对较缓，可攀缘而上。汉建安中，氐酋杨驹率部曲"始徙仇池"，即是利用了仇池山上的独特的自然环境和自然资源，发展壮大。到其儿子杨千万时，就被魏拜为百顷氐王。晋元康六年（296），杨茂搜率部落"四千户"还保仇池，自号辅国将军、右贤王，同时接受西晋王朝的封号和印玺，从此立足于仇池山上的氐杨政权正式成为名正言顺的藩属国。仇池山也成为氐人政治、军事的中心根据地，"氐于上平地立宫室、果园、仓库，无贵贱皆为板屋土墙，所治处名洛谷"。氐人虽然"无贵贱皆为板屋土墙"，但作为政权中心，其既立"宫室、囷仓"，也应该有城郭加以围护，惜文献并未明言。严耕望先生认为，文献记载的"东西二门盘道可七里"，"实指东西二门之盘道而言，即氐王城郭东西二门外之盘道为七里也"；"所谓二十余里者，当指由山麓上山之路而言；而盘道七里，乃指攀登治所城郭之东西门而言。即百顷山之主道由南北两面攀登，凡二十余里，建宫室之城郭则东西二门，盘道七里也。"[1]准此，我们可以对氐杨时期依仇池山所建之都城做大致复原：以西汉水、沧谷水、洛谷水为其外城壕，构成环绕都城的第一道屏障；而四方孤立斗绝的仇池山，"壁立百仞，有自然楼橹却敌，分置均调，有如人工"[2]，是为由自然山体构成的具有防守功能的外郭城墙；沿南北山麓二盘道而上，凡二十里，"羊肠蟠道三十六回"，成为仇池都城与外界交往的唯一通道。而建于山上的氐杨政权治所城郭，则有东、西二门，门外"盘道可七里"，其既是仇池氐杨政权与山下联系的通道，同时亦是其都城防守的关键所在，有"一人守关，万夫莫向"[3]之险。因此，由自然和人工构成的多道防护体系，为氐杨政权的生存与发展提供了保护，"杨氏故累世而据焉"[4]。据有仇池山，氐杨强盛时则下山四处劫掠，攻城略地，扩大自己的势力范围；而遇到

---

[1] 严耕望《中古时代之仇池山》即认为有城郭，见《严耕望史学论文选集》（上），中华书局2006年版，第126页。

[2] 《元和郡县志》卷22"成州上禄县"条。

[3] 辛氏《三秦记》，据《后汉书·白马氐传》李贤注。

[4] 《元和郡县志》卷22"成州上禄县"条。

挫折之时，即退缩至仇池山，在这里获得喘息的机会，并以之抗拒强敌。自从建安初氐酋杨驹奠定了仇池立国基础之后，仇池山便成了氐杨活动的根据地，保守仇池也便成了历代仇池国主的战略指导思想。我们试罗列一些典型的史实：

（1）晋元康六年（296），（杨）茂搜避齐万年之乱，十二月，自略阳率部落四千家还保仇池①。

（2）晋元帝太兴三年（320），"（刘）曜亲征氐、羌，仇池杨难敌率众来拒，前锋击败之，难敌退保仇池"②。次年，"刘曜伐难敌，与坚头俱奔晋寿，臣于李雄。曜退，复还仇池"③。

（3）晋太宁三年（325）三月，杨难敌自武都还袭仇池，克之，杀前赵镇将田崧。

（4）晋咸和三年（328），"（刘）曜遣其武卫刘朗率骑三万袭杨难敌于仇池，弗克，掠三千户而归"④。

（5）晋永和三年（353），"六月，秦苻飞攻氐王杨初于仇池，为杨初所败"⑤。

（6）晋咸安元年（371），前秦苻坚遣重兵攻仇池，氐王杨纂败降，仇池亡国。晋太元十年（385）十月，氐酋杨定重建仇池国，自称仇池公，令杨盛保守仇池。

（7）晋隆安四年（395）正月，"（后秦）姚硕德攻仇池，败之，六月，复攻，拔成固，仇池请降"⑥。

（8）晋元兴三年（404），"九月，（西秦）乞伏乾归及杨盛战于竹岭（仇池的前方堡垒）为盛所败"⑦。

---

① 《资治通鉴》卷83，"晋元康六年"，参《宋书》卷98《氐胡传》。
② 《晋书》卷103《刘曜载记》。
③ 《宋书》卷98《氐胡传》。
④ 《晋书》卷103《刘曜载记》。
⑤ 《资治通鉴》卷99，"晋永和九年"。
⑥ 《晋略》，《国传六·姚兴传》。
⑦ 《资治通鉴》卷113，"晋元兴三年"。

（9）晋义熙元年（405）六月，"（姚）兴遣其将姚硕德、姚敛成、姚寿都率众三万伐杨盛于仇池。寿都等自宕昌，敛成以下辨而进，盛遣其弟寿拒成，从子斌拒都"①。

（10）晋义熙八年（412）十月，氐王杨盛与前来讨伐的后秦大将姚嵩、姚平战于竹岭，取胜后，退还仇池。

（11）宋元嘉三年（426）十一月，刘宋梁、南秦二州刺史吉翰，遣始平太守庞咨据武兴。仇池大帅杨玄遣弟难当率众拒咨。咨击走之②。

（12）宋元嘉十三年（436），"赫连定之西迁也，杨难当遂据上邽。秋，七月，魏主遣骠骑马大将军乐平王丕，尚书令刘絜河西、高平诸军以讨之，先遣平东将军崔赜赍诏书谕难当"，"杨难当惧，请秦诏，摄上邽守兵还仇池"③。

（13）宋元嘉十八年（441）十二月，宋文帝下令进兵仇池。杨难当节节抵抗，失败后，投奔北魏。

（14）宋元嘉二十年（443）五月、十二月，（武都王）杨文德两次发兵攻打仇池，均以失败告终。

（15）宋元徽四年（476）杨文弘两次进攻仇池，其中本年冬十月占据仇池。这是氐杨政权失去仇池山根据地之后首次登上仇池山，同时也是最后一次。

氐杨以仇池山为其割据政权之都城，严氏称其为"直一大典型坞堡耳"④。确实，坞堡政权在魏晋南北朝时期是一种较为常见的形式，但像氐杨仇池政权这样顿而复起，灭而复兴，则极为少见。即使是在氐杨酋豪集团被迫离开仇池山，其所建立的后续政权中心根据地仍然选择类似仇池山的地形地貌地区，如武都国之据白崖，武兴国之据武兴山均是如此。如白崖，"形势颇类仇池，惟局度差小耳。高不数武，广百余亩，丰

---

① 《晋书》卷117《姚兴载记上》。
② 《宋书》卷65《吉翰传》，参见《资治通鉴》卷120，"宋元嘉三年"。
③ 《资治通鉴》卷123，"宋元嘉十三年"，参见《魏书》卷4《世祖纪》。
④ 严耕望：《中古时代之仇池山》，载《严耕望史学论文选集》（上），中华书局2006年版，第122页。

樵薪水泉，三面斗绝，不可上，前通一径，仅堪容骑，亦复险峻可怖"，史家评论说"其据白崖也，犹前世之据仇池也"①。显然，以山为城，不但成为氐杨政权立足之根本，也成为以杨氏为代表的氐族内心深处永远的记忆，个中缘由，值得深思。

三 何以因山为都城？

都城是一国之根本，亦是国家政权重心之所在。尽管都城的区位选择往往受限于政权实际控制的地域范围所提供的可能，但在一定地域范围内，都城的区位选择基本上都遵循了区域中心地原则和内制外拓原则。换句话说，都城的位置力求适中，并具有一定的自然和人为条件的屏蔽和护卫，其对内能实施有效的地域管控，对外能展示积极的开拓姿态，无论是统一王朝还是偏安一隅的割据政权，其都城的选择莫不如此。本文所论的氐杨政权都城——仇池山，其空间区位虽然大体遵循都城选择的一般原则，但其内涵却有别于传统意义上的都城选择，这主要表现在以下几个方面。

第一，仇池山作为氐杨政权的都城，并不是出于一个政权生存、发展的考量，其最初仅仅是氐杨部落为了躲避战乱而不得已的"自保"行为。无论是氐杨部落的"始徙居"仇池山，还是杨茂搜时再入仇池山，其初衷是为了躲避战乱。而仇池山也确实起到了庇护氐杨部落的作用，否则在不到10年的时间，氐杨从初始迁居不可能成长为拥有部落万余的地方势力，也不可能兵屯兴国，参与马超反魏②。而最为明显的是，前秦在灭掉前仇池国之后，采取了"徙其民于关中，空百顷之地"③，从根本上摧毁了氐杨政权存在的基础，当后仇池国的建立者杨定从前燕军队中逃回仇池之时，其"招合夷晋得千余家"④。然而，仅仅过了9年时间，东晋太元十九年（394），自称陇西王的杨定就率众四万往伐西秦，足见

---

① 李祖桓：《仇池国志》第八卷《仇池地理表》。
② 《三国志》卷30《魏志》注。
③ 《魏书》卷101《氐传》。
④ 《宋书》卷98《氐胡传》。

仇池山在氐杨政权生存、发展中的作用。

第二，仇池山为氐杨政权的生存和发展提供了天然的庇护场所。仇池山四面壁立斗绝，只有一线相通，易守难攻，加之山上丰于水泉，地方百顷，形成了退足以自存，进可以四出攻掠。从更广阔的范围来看，仇池山处于陇南山地腹地，周围群山连绵不断，关隘重重，为立足于仇池山的氐杨政权提供了多重地理屏障。事实上，南北政权也曾多次想剪灭仇池政权，但多无功而返。如前赵刘曜的兵发仇池，后秦姚兴的大军压境，均以失败收场。其原因正如后秦姚兴参军所说："先皇神略无方，威武冠世，冠军徐洛生猛毅兼人，佐命英辅，再入仇池。无功而还。非杨盛（后仇池国国主）智勇能全，直是地势使然也"①。民国时张维在其编纂的《仇池国志》中亦表达了同样的看法："山岭丛峻，易守难攻，族类劲强，易动而难靖，长时陆梁，厥因在是。"② 因此，可以这样说，在长达300余年的氐杨政权存续期，无论从疆域面积、人口还是经济、军事实力而言，杨氏政权都不能与南北政权相颉颃。而氐杨政权之所以常常"恃险不服"或"恃险骄慢"而周旋于南北政权之间，正是借助于陇南山地这种独特的地理环境优势。

第三，仇池山的地理区位，使得氐杨政权既可以东出西进，亦可以南下北上，为其政权发展提供了较为广阔的腾挪空间。仇池山所在的陇南丘陵山地，南邻四川盆地，北与关陇毗连，东接陕南秦巴山地，西连青藏高原。白龙江、西汉水、嘉陵江等河流谷地，成为陇南山地与周边地域联系的天然通道。仇池氐杨政权正是利用陇南山地的这种地缘优势，不断地东拓西进，南下北上，尤其是在前仇池国杨难敌时期和后仇池国杨难当时期，其疆域不断扩大。如前仇池国杨难敌时，北与前赵对峙，南与成汉争锋，其疆域一度东有梁州，南达今四川北部，雄霸一时，因而史家盛赞杨难敌武功是"大宁咸和间执田崧（前赵仇池镇将），擒李稚（成汉安北将军），抗衡前赵，控制后蜀，鼎峙三国，雄霸一隅，一时英

---

① 《晋书》卷118《载记十八·姚兴下》。
② （民国）张维：《仇池国志·疆域》，甘肃省银行印刷厂承印本，1950年。

杰也"①。而杨难当更是一位不甘寂寞、力图有所作为的国主，从登位的第二年始，几乎历年都有对外的军事行动，如宋元嘉十年（433）杨难当一方面派兵南下，进扰蜀地，另一方面自率大军攻占宋属汉中②；元嘉十六年（439），杨难当北攻北魏上邽，元嘉十八年（441）杨难当倾国入蜀③，因而史书用"难当寇盗犹不已"④来形容其四出攻掠的情形。杨难当时期也是仇池氏杨政权疆域最广的时期，其势力一度东达汉中，北有上邽（今天水市），南入益州北部，西至宕昌，可谓盛极一时。对于仇池氏杨政权的这种地缘优势，张维先生有一段精到的分析，他说："杨氏据地多在西汉水、白水上游，自仇池循西汉而东为下辨、武兴；南出关城则至汉中；自武都波白水而南为葭芦，阴平又南则至景谷、白水；若自仇池溯西汉北出塞峡，则可撼动天水、略阳，故历代有事，杨氏与夫杨氏之凭轼外莫不在此三途"。

第四，离开仇池山之后的氐杨政权发展，更凸显了仇池山对于氐杨政权的重要性。宋元嘉十九年（442），刘宋政权终于对杨难当不断进扰、攻掠梁益二州忍无可忍，发大军一举攻灭仇池国。至此，以仇池山为中心根据地的氐杨政权彻底离开了仇池山。此后由氐杨后裔所建立的地方政权如武都国、武兴国、阴平国，虽然各政权都对恢复仇池山根据地念念不忘，并在宋元徽四年（476）一度占据仇池，但很快得而复失。失去了仇池山的氐杨后裔政权，一国不如一国，无论从政权实际控制的疆域范围、人口、经济乃至政治、军事实力，都难以与前后仇池国相提并论。如武都国，就是刘宋政权一手扶持起来的傀儡政权，阴平国则是北魏支持下的氐杨政权，其难免不受南北政权的左右。若论疆域范围，武都国仅据有今陕西汉中西部及四川北部一小部分地方，武兴国也仅有今陕西略阳县、凤县及甘肃康县等地，到阴平国时随着政权重心的南移，疆域范围也仅有今甘肃文县、武都县、康县南部及四川的平武、青川一带，与前后仇池国时期动辄跨州连郡已不可同日而语。然而，更为重要的是，

---

① 李祖桓：《仇池国志》，书目文献出版社1986年版，第223页。
② 《宋书》卷98《氐胡传》。
③ 《资治通鉴》卷123《宋纪五》。
④ 《宋书》卷47《刘怀肃传》。

离开仇池山之后的氐杨政权，再也难以像前后仇池国时期那样，使群氐"归服"。相反，在武都国、武兴国、阴平国存续期间，氐族内部不同部落之间的攻伐不断，如武都国国主杨文德与哎提氐及同族人杨高之战，仇池公杨元秀与杨灵珍的对垒，武兴国国主杨集始与杨馥之、杨灵珍、杨后起之间的大战①，正是这种群氐部落之间、酋豪之间的相互攻杀，从根本上不断消减了氐杨政权的力量。而氐杨最后一个政权阴平国的解体与消亡，仍然是导源于氐酋之间、部落之间的攻伐。西魏废帝二年（553），氐酋杨法琛与氐酋杨崇集、杨陈倢等各拥部曲相攻，成州刺史赵昶乘机"乃分其部落，更置州郡以处之"②。尽管氐杨政权的最后消亡是处于当时全国大一统的前夜，其消亡已不可避免，但从后仇池时代起，氐族内部部落之间的相互攻伐，已预示了其民族联合体的逐渐解体，其结果是政权结构日益松散、疆域日见蹙缩、人口也不断流失，并最终消失于民族融合之中。

综合以上几点，我们可以做出以下推论：氐杨建都仇池山上，既可以自保又可以获得广阔的发展空间，同时又足以以仇池山为中心绥靖诸部、联合各部，从而形成较为强大的地域民族联合体。后仇池时代的武都国、武兴国都努力要打回仇池山去，其个中原因恐怕亦在于此。因此，建都仇池山，对于氐杨政权的生存、发展都具有重要的作用与意义。

四 氐杨政权之后的仇池山

随着氐杨政权的消亡，仇池山也逐渐淡出了人们的视线。唐李吉辅在《元和郡县志》"上禄县条"中记录仇池山是"仇池山，在县南八十里。壁立百仞，有自然楼橹却敌，分置均调，有如人工。上有数万人家，一人守道，万夫莫向。其地良沃，有土可以煮盐。杨氏累世据焉"。可以说，与《南齐书》《宋书》《水经注》的记述并没有不同。然而，到了中

---

① 参见：《魏书》卷51《皮豹子传》；《资治通鉴》卷125《宋纪七》；《南齐书》卷57《魏房传》；《资治通鉴》卷140《齐纪六》；《资治通鉴》卷135《齐纪一》。

② 《周书》卷49《氐传》。

唐以后，随着"安史之乱"所带来的巨大变故，尤其是一些有治国平天下抱负的文人士子，深感无能为力，于是萌发遁世思想，寻找理想中的"桃花源"地。而高耸入云天、四面绝壁的仇池山，极好地满足了文人对"洞天福地"的想象："万古仇池穴，潜通小有天，神鱼今不见，福地语真传，近接西南境，常怀十九泉"。虽然文学作品的夸张与想象，是它的魅力所在，然而，诗中将仇池山描绘为万古"福地"，有独立于世的"自然空间"，有"神鱼"瑞像，其中折射的桃源已在"世外"的思想跃然纸上。

到了宋朝，仇池仍然是文人士子心中的桃花源地。苏东坡《桃花源》诗小序云："世传桃源事，多过其实。……尝意天壤之间，若此者甚众，不独桃源。余在颍州，梦至一官府，人物与俗间无异，而山川清远，有足乐者，顾视堂上，榜曰仇池。觉而念之，仇池武都氏故地，杨难当所保，余何为居之！明日以问客，客有赵令畤德麟者，曰公何为问此，此乃福地，小有洞天之附庸也。……他日工部侍郎王钦臣仲至，谓余曰，吾尝奉使过仇池，有九十九泉，万山环之，可以避世如桃源也。"① 苏东坡未曾至仇池，而梦中所见之，殆心中已向往久矣。

南宋时期，随着胡虏的南下中原，面对家国沦丧，文人士子又借助仇池山以表达"万里河山"的理想。南宋绍兴四年（1134），曹居贤在重修仇池氐王杨难敌庙时，曾纂有《仇池记》，该记在叙述仇池山的历史、形胜之后，说"观其上土下石，屹然特起，界于沧、洛二谷之间，有首有尾，其形如龟，丹岩四面，壁立万仞，天然楼橹，二十四隘路，若羊肠，三十六盘，周围九千十四步，高七里有奇。东西二门，泉九十九，地百顷。农夫野老，耕耘其间。云舒雾惨，常镇山腰，朝晖夕阴，气象万千"。可以说，历经500年的沧桑演变，物仍是当年的物，但人已不是当年的人，事更只能在历史的传说中追忆。因而"当其上，群谷环翠，流泉交灌，集而成池，广荫数亩，此世传仇池之盛"。在这里，作者以现实回忆昔日之盛，却无意中透露出仇池环境的变化。而"广荫数亩"已难当仇池之名。如再向后延伸，到清末已是"而今只有沮洳水，不见当

---

① 《东坡续集》卷3。

时十九泉",可见其变化之大。然而,自然环境的变化丝毫不影响人们对仇池"世外桃源"的向往,"且神鱼闻于上古,麒麟瑞于近世,有长江穷谷以为襟带,有群峰翠麓以为蘛藻,虽无琼台珠阁、流水桃花,其雄峻之状,壮丽之观,即四明、天台、青城、崆峒亦未过此,非轻世傲物餐霞茹芝者,似莫能宅之,宜少陵咏送老之诗,坡仙怀请注之梦。由是此山增重,小有天,一点空明,始闻天下,名公巨卿,冠盖相望,争访古人陈迹。"①《仇池记》所述的"宜少陵""坡仙"是指杜甫、苏东坡,表明在唐、宋之际,仇池山已因其"洞天福地"而名扬天下。

然而,到了元明清时期,在大一统的王朝环境条件下,氐杨时期凭依自保的自然环境,这时反而成为阻断仇池山与外界交往的严重制约条件。陇南山地虽与内地山水相连,但由于关隘丛隔,交通不便,实则如同边地。区域持续地被"边缘化"②,使得处于陇南山地丛山围屏的仇池山成为名副其实的"世外"之地,完全消失于人们的视野之外。氐杨时期仇池山之盛也仅仅是仇池山居人茶余饭后的"曾经故事",有诗为证:"杨家难敌与难当,三百年来割据强,太息山下仇池路,居民犹自说杨王"③。2012年夏,笔者在当地友人的帮助下,借助现代交通工具,费时近4个小时才到达早已尘封在故纸堆中的仇池山,山依然是1800年前氐杨徙居时的仇池山,四面绝壁,高约百仞,一条简易的盘山公路,引导我们穿行在悬崖绝壁之间。望之山上,道路一线,飘入云端;俯视山下,空濛恍惚,深不见底。及至山顶,眼前豁然开朗,汽车也如释重负,欢快地奔驰在宽阔的马路上。放眼环顾,平畴旷野,一望无际,农田村庄,点缀于冈阜之间,一幅静谧、祥和的乡村画卷展落在我们眼前。站在仇池山的最高点——伏羲崖上,我们仿佛回到了1000年前的仇池山。连绵不断的群山,像海浪一样围荡在它的四周,伸手可及的白云,萦绕在山谷峰峦,青山绿水,鸟鸣猿啼,宛如天籁之音,这不是仙境是什么?自古以来,中国人心目中的三大理想仙境模式——昆仑模式、蓬莱模式、

---

① 光绪《阶州续志》卷31《艺文志》。
② 张力仁:《论地理因素在陇南山地历史发展中的地位与作用》,《中国历史地理论丛》2012年第2期。
③ 光绪《阶州续志》卷31《艺文志》。

桃源模式（或陶渊明模式），仇池山似乎都具备其基本要素，如高入云天像昆仑，漂浮在波浪起伏的群山之巅像蓬莱仙境，而一条盘旋三十六回的险隘通道则与桃源模式相合。如此难得的人间神域为何只是成为唐宋人的向往？或许，那个遥不可及的昆仑已不可能成为中国人桃源思想的寄托，而近在咫尺、须臾可至的仇池山才是唐宋人可能而又真实的选择；或许，是氐杨以区区四千部曲为核心、以仇池山为中心根据地，建立了一个与南北政权相抗衡、绵延长达300余年的仇池政权——这一前所未有的奇迹，成为唐宋时人心中无法解释的谜团（这也是今人所追寻的问题）。或许都不是。但有一点是明确的：中国人既理想又现实的价值取向，从根本上决定了人们心目中"神域""仙山"的最终归宿。从这个角度来看，氐杨选择仇池山，是将现实（避乱）与理想（建立自保政权）完美结合的典型，因而光绪《武阶备志》说"杨氏窃据，地界南北，难乎其存矣。顾能于兵戎扰攘中，连跨数郡，历年三百，是未可以异类忽之也。"当如是。

（原刊《中国古都研究》2014年第1期）

大夏国都统万城的兴与衰[*]

——一段历史的考证和考古调查的推测

清道光年间，怀远县（今陕西省横山县）知事何丙勋奉榆林太守徐松之命实地踏勘夏州故城（统万城），并写有《复榆林徐太守松查夏统万城故址禀》稿存世[①]，使在沙漠中消失了近800年的夏州故城（统万城）首次有了确指，上距匈奴后裔赫连勃勃营建统万城已长达1500年。据文献资料记载，赫连夏的统万城"高隅隐日，崇墉际云，石郭天池，周鯀千里""华林灵沼，崇台密室，通房连阁，驰道苑园"[②]。但这座"永世垂范，亿载弥光"的"白城"仅做了十年大夏国都，便随着大夏国的覆灭而永远失去了国都地位，此后，在持续的人为毁损和自然力的破坏下，日渐衰败，终于在宋以后被历史遗忘。

20世纪60年代以后，随着科学工作者对统万城地区的考察考古工作的逐步展开，使人们有理由确信，这个屹立千年而岿然不动的沙漠古都——统万城在古代建筑史、环境变迁史、社会经济发展史、城市史、军事史、交通史、文化史等方面都具有其独特的历史内涵。统万城（夏州故城）所在的红柳河流域正是我国沙漠与黄土分布的边界区域，也是草原文化与农耕文化的过渡地带，自然生态环境敏感、脆弱，地质地理条件相对复杂，究竟是什么原因促使役使十万夷夏人民，花费六年工夫，

---

[*] 教育部人文社会科学研究2003年度专项任务项目"统万城遗址单位申报世界文化遗产的突出价值和综合影响"（03JD70006）资助成果。

① 民国《横山县志》卷4《艺文志》。
② 《晋书》卷130《赫连勃勃载记》。

倾一国之力，营建如此高大坚固的城池？是什么力量使这座坚固无比、繁华一时的都城沦为沙漠肆虐之地？本文在文献考证的基础上，结合实地考察，对上述有关问题作一初步探讨。

一　赫连勃勃为什么选择统万城地区建都？

关于大夏国建都统万城，后世史家广泛引用赫连勃勃说过的话："北游契吴，升高叹曰：美哉斯阜，临广泽而带清流，吾行地多矣，未有若斯之美"①。赫连勃勃北游的契吴山，在今统万城遗址以北70里，地名仍为契吴山。史家由此引申出远在赫连勃勃时代，契吴山以南的鄂尔多斯高原就是河湖众多，林草茂密，自然条件相对较为优越的所在。但由于自然地带性规律的作用，处于半湿润半干旱地带的鄂尔多斯高原景观也必然是河湖、林草、沙地相间分布。事实上就在北魏时代，郦道元在写《水经注》时就提到鄂尔多斯高原已有三条沙带，统万城所在的奢延水（即红柳河）流域也出现了沙陵、赤沙阜，可见当时的环境并不是史书记载的那样。考古工作者发现，统万城是直接坐落在古风成沙之上②，当地群众在古城内打井时也发现地面以下深达十数米依然是细沙（即古风成沙），表明统万城最初就选择了沙草并存的自然环境。史称，赫连夏盛时其疆域"南阻秦岭，东戎蒲津，西收秦陇，北薄于河"③，如此舒展的区域，赫连勃勃为何偏偏选中统万城地区作为建都所在，要揭开这个谜，只有从统万城建城之前和建城之后赫连勃勃与臣下关于都城选址和迁都的言论中，或许能窥探出个中原委。

公元407年，即在统万城建城前六年，赫连勃勃曾提兵三万攻下其岳父没奕干的高平城，当时就有群臣谏言定都高平，其理由是"陛下将欲经营宇内，南取长安，宜先固根本，使人心有所凭系，然后大业可成。高平险固，山川沃饶，可以都也"④。但这一进言却遭到赫连勃勃的反对，

---

① 《太平御览》卷555《礼仪部34》。
② 戴应兴：《统万城城址勘测记》，《考古》1981年第3期。
③ （清）顾祖禹《读史方舆纪要》卷3《历代州域形势三》。
④ 《晋书》卷130《赫连勃勃载记》。

赫连勃勃认为"我若专固一城，彼必并力于我，众非其敌，亡可立待。吾以云骑风驰，出其不意，救前则击其后，救后则击其前，使彼疲于奔命，我则游食自若，不及十年，岭北、河东尽我有也"①。出于对自己实力和时局的正确估计与分析，当时的赫连勃勃还没有建城立都的打算，也反映了赫连部族还处于"游食"阶段，社会形态还比较落后的历史事实。但过了十二年之后，即公元418年，情况就为之大变，赫连夏实力大增，拥有关中平原、黄土高原大部、河套等当时农业较为发达的地区。面对如此大好形势，当时就有群臣劝他移都关中，可这时的赫连勃勃却另有一番考虑，他说："朕岂不知长安累帝旧都，有山河四塞之固，但荆吴僻远，势不能为人之患。东魏与我同壤境，去北京（指统万城——引者注）裁数百余里，若都长安，北京恐有不守之忧。朕在北方，彼终不敢济河"②。要了解赫连勃勃的这一顾虑，得从他的家世渊源说起。早年赫连勃勃父辈即为朔方一带部落首领，历后赵、代、前秦一直都督朔方事务。但公元391年（北魏登国六年），北魏拓跋珪攻入勃勃父刘卫辰国，杀死刘卫辰。赫连勃勃被迫逃亡姚秦高平公没奕干处，从此聚集种姓积极复国。经过十五六年的发展，至公元407年，赫连勃勃始复其故国，并自称天王、大单于，建元龙升，国号大夏。因此，面对强敌在侧，又集家仇国恨于一身，赫连勃勃自是不敢忘记。果如勃勃所料，在他死后的第二年，即公元426年（大夏承光二年），北魏乘夏国之丧，兵分数路，大举伐夏，北魏太武帝拓跋焘亲率二万轻骑驰袭统万城。第二年五月（427），大夏国都统万城即被北魏攻克，大夏主赫连昌西逃上邽。此是后话，与本文无关。

北魏之所以不遗余力要拿下统万城，盖缘于统万城四通八达的交通地理位置，由统万城经延、绥可直下关中平原；东出济河，可达（北魏）平城；西到银川，经由河西走廊可通西域。有关五胡十六国统万城的交通地理位置已有专文论述③，此不赘。需要指出的是，五胡十六国时期由

---

① 《晋书》卷130《赫连勃勃载记》。
② 《晋书》卷130《赫连勃勃载记》。
③ ［日］市来弘志：《论大夏统万城的战略地位》，《中国历史地理论丛》1998年增刊。

中原通往西域的丝绸之路时断时通，因此位于漠北的草原丝绸之路地位突然上升，而统万城正好位于这一通道上。早在大夏凤翔二年（414），赫连勃勃即与称王河西走廊的北凉主沮渠蒙逊结盟，双方约定互通有无，患难与共①。同年，燕王冯跋亦与赫连勃勃结盟。大夏凤翔五年（417），东晋大将刘裕攻入长安，灭前秦，即遣使持书请与赫连勃勃通好。公元427年，北魏攻克统万城后，随即兵锋西指河西走廊沮渠氏的北凉政权，可见北魏早就急于打通由平城（北魏都城）至西域的草原通道。

位于红柳河北岸的统万城，地形险要，攻守兼备。据说，赫连勃勃选都建邑是颇费了一番考量的。史书说他"近详山川，究形胜之地，遂营起都城，开建京邑"，并说建城后的统万城"背名山而面洪流，左河津而右重塞……石郭天池，周绵千里。其为独守之形，险绝之状，固已远迈于咸阳，超美于周洛"②。虽带有粉饰夸张的色彩，但却反映了统万城异常坚固、易守难攻的形势。史载，赫连勃勃命叱干阿利为匠作大将，叱干阿利性尤残暴，蒸土筑城，锥入一寸，即杀作者而并筑之。如此严格的工艺要求，使统万城城墙击之火出，"其坚可以砺刀斧"③。在统万城存在的近600年历史中，统万城几乎没有被直接攻破过。北魏进攻统万城是诱使守军出城，予以消灭；唐攻梁师都，则采用践其禾稼、断其粮草④，以使其不攻自破。当然这与本文主旨关系不大。需要引出的问题是，如此精心选择的都城，异常严格的筑城工艺要求，赫连勃勃究竟有何长远的考虑，难怪当群臣劝他移都关中即皇帝位时，他却如此客气谦让，"朕无拨乱之才，不能弘济兆庶……垂之来叶，将明扬仄陋，以王位让之，然后归老朔方，琴书卒岁"⑤。尽管赫连勃勃最后还是在霸上筑坛即了皇帝位，改元昌武，定长安为南都。在做完这些官样文章之后，就匆匆忙忙引军北还统万城，可见赫连勃勃骨子里有着很深的"归老朔方"情结，赫连勃勃的心一刻也没有离开过生他养他的鄂尔多斯高原。

---

① 《晋书》卷130《赫连勃勃载记》。
② 《晋书》卷130《赫连勃勃载记》。
③ 《魏书》卷95《铁佛刘虎传》。
④ 《旧唐书》卷56《梁师都传》。
⑤ 《晋书》卷130《赫连勃勃载记》。

二　外郭城、东城和西城

根据文献和考古发掘资料可知，大夏统万城平面结构可分为三个部分，即外郭城、东城和西城，也即何炳勋所记述的头道城、二道城和三道城①。就目前文献资料来看，自宋代毁城以来，何炳勋是第一个实地踏勘并详细记录夏州故城（统万城）的人，应该说何炳勋看到的夏州故城（统万城）是最接近宋代毁城后的夏州故城。虽然他将某些遗址的方位、功用记述得与历史事实不符，但他记录的夏州故城应该是真实的、可靠的。按何炳勋的记述顺序是由东向西，"计渡无定河即登彼岸，西行二里许进头道城，又西半里进二道城，又一、二箭许进三道城"。二道城和三道城即后世所说的东城和西城，何炳勋所说的一、二箭许地，经实测为504米，应无疑问。而外郭城与二道城距离，按何炳勋的说法为半里，考虑到当时何炳勋按步测量的实际情况，二城之间的距离当与此有出入，但应不会超过500米，即一里地。问题是，何炳勋只记述了外郭城东城，外郭城西城、北城、南城走向如何，何炳勋并没有提及，这是本文要探讨的问题之一。东城和西城里程、方位清楚，二城共用一夹墙，且夹墙东侧建有较为密集的马面，因此，长期以来研究者普遍认为西城先建东城后建，对此，本文提出商榷意见。

1957年，当时陕北文物调查征集组曾发表有《统万城遗址调查》报告，报告中对外郭城是这样记述的："外城遗址据说在内城之北约六里，东南约二里，均尚有一小段"，"内外城都是用略带灰青色的白土所筑成，版筑清晰可数，很坚实"②。这段报告透露了这样的信息：外郭城北城在西城（内城）以北六里，东南二里；筑城所用材料和筑城方式都与内郭城相同。以地望合，东南二里，与何炳勋所记里程约略相当。过了大约三十年，即1981年，当时的陕西省文管会又在当年《考古》第3期发表了《统万城城址勘测记》，文中对外郭城的记述比1957年的调查报告似

---

① 民国《横山县志》卷4《艺文志》。
② 俞少逸：《统万城遗址调查》，《文物参考资料》1957年第10期。

乎更为模糊:"外郭城依无定河北岸原边地势,呈西南—东北走向,然后西折,趋向东城北垣,破坏严重,仅留断断续续的几段略高于地面的残迹,轮廓不大清楚。从其断垣走向和城址瓦砾、骨渣分布范围判断,外郭城面积比东、西两城略大"。可以看出,外郭城走向可能与东、西城走向一致,即呈西南—东北方向展布,外郭城面积比东、西两城略大。1999年,戴应新发表《大夏统万城址考古记》①,其中说外郭城"因迁就地势和包容最大面积,颇不规则。东垣最短,长约300公尺……北垣与东垣夹角呈钝角,作弧状向西延伸,至内城东北方向变成直线,愈向西愈接近两内城北垣,二者相距150—100公尺,截止于西城西垣西北,长2000余公尺……南垣平面呈V字形,底尖在原边,东段因河道侵蚀,原坡下滑致倾塌,残存的部分段则被高大沙丘所覆盖,南垣西段斜向直行,垣土微露于地表,与二内城南垣距离不及百公尺,止于西城西南,与北城末端南北相望,长约2100余公尺"。如按此对统万城外郭城作一简单复原,会发现戴文所记述的外郭城的面积较为狭小,与当时统万城内生活的人口数不相适应②。尤其是北垣距内城(西城)150—100米,南垣距内城不及100米,已失去"筑城立郭"的意义,因此,里程恐有偏差。但戴文提供了一个重要信息,即文中所说的"外郭城无西垣,亦即城圈没有合围",首次对西郭城做了明确的界定。2003年,邢福来又撰文认为,"外郭城北垣与东、西城北垣在一条直线上,方向113℃,东垣切近原边,依地势呈东北—西南走向,然后西折趋向东城南垣,破坏严重,面积比东西二城总合略大"③。该文实际上否定了北郭城的存在,在放大东郭城的同时也表明了统万城无西郭城,这与戴文意见一致,但文中对东郭城的认定与何炳勋所见到的东郭城则有很大的出入。假如统万城没有北郭城,也就无从解释北魏两次进攻统万城都是选择由城北绕道城西,在没有新的证据证明内城北具有其他屏障可资利用的情况下,本文倾向

---

① 戴应新:《大夏统万城址考古记》,台湾《故宫学术季刊》1999年第17卷第2期。
② 据邓辉等《从统万的兴废看人类活动对生态环境脆弱地区的影响》一文推测赫连夏盛时统万城内有人口逾40000人,文见《中国历史地理论丛》2001年第2期。
③ 邢福来:《统万城遗址考古发掘的新收获》,载《走向世界的沙漠古都——统万城》,《中国历史地理论丛》2003年专辑。

于有北郭城。而白寿彝《中国通史》（以下简称《通史》）又有另一种说法，"（统万城）郭城依无定河北岸地形，呈西南向东北方向延伸，破坏严重，南垣、北垣情况不明，东垣、西垣相距五公里，可知范围相当广阔"。东垣、西垣相距五公里，《通史》并未指明其判断的依据。但从前一句"南垣、北垣情况不明"分析，《通史》有充分的依据作结论，可惜《通史》并未陈述。揆诸史实和当地地形，五公里之说恐怕偏大。按何炳勋所见，外郭城与二道城（东城）东城墙相距最大不超过一里，即使以一里为计算起点，外郭城西墙与内城相距达 3 公里。统万城以西地势低平，红柳河由西傍城南而过，红柳河为四季河，下切达 30—50 米，这是现在的情况。1600 年前，红柳河水量充沛，流量稳定，与统万城落差应不大，很有可能还是统万城城市用水的重要水源之一。受红柳河水文状况及城川古湖盆的影响，统万城以西地区形成了大大小小的湖泊和沼泽。20 世纪五六十年代，当地群众为了改良沼泽地，曾在红柳河统万城段人为炸开渠道以宣泄水流，才使统万城以上红柳河谷泥沼地改为良田。征问当地耆老云：早先（1949 年以前）这里海子（湖泊）众多，比较大的有明水海子、大海子、双海子、四扑树海子、海子滩海子等，在今天1∶450000 地图上，统万城以西地区仍然有很多以"海子""滩"等为名称的地名，由此可以上推 1600 年前统万城以西地区河流、湖泊、沼泽的分布状况。由此也不难理解北魏两次进攻统万城都是驻扎在城北，而攻城却是在西城西门，很可能缘于西城没有外郭城，不像南、北、东方向有外郭城、东城等构成进攻上的多重障碍，从城西进攻可直接攻入宫城，达到擒贼先擒王的目的。另外，城西沼泽、湖泊广布，地形复杂，易守难攻，置身于高大且建有环形栈道的西南、西北隅墩台上，俯视城西了如指掌，建郭城也就成为不必要。

顺着这个思路，可将统万城外郭四至做如下复原，即西外郭城与内城西城西城墙在一条直线上，南依红柳河北岸向东北延伸，至城东南二里西折，趋于北城，郭城北垣距内城六里，与内城北墙基本平行向东延伸。

东城和西城四至、走向就比较明了，东城和西城相连，即东城西墙是西城东墙，且夹墙东侧与内城（西城）南、西、北墙外侧一样建有马面，如此一来问题就出来了，东城和西城是同时建造抑或有先有后。白寿彝的《中国通史》最早主张西城先建东城后建，此后这一看法被大多数学者所认同而成为定论，但随着考古、考察的深入和新的资料的补充，这一结论显然有些勉强。

先看看历史事实。史载，大夏凤翔元年（413），赫连勃勃命叱干阿利为将作大匠营建都城，并"复铸铜为大鼓，飞廉、翁仲、铜驼、龙兽之属，皆以黄金饰之，列于宫殿之前"①。宫殿先建，殆无疑义。此后到418年赫连勃勃还统万，当年冬（十一月）即发兵关中，在占据长安之后匆匆忙忙即了皇帝位，旋即于419年二月返回统万城，留下长子璝镇守长安。关于这一次还都统万城，史书多写了几笔："勃勃还统万，以宫殿大成，于是赦其境内，又改元真兴，刻石都南，颂其功德"②。这就是有名的《统万城铭》，它标志着作为都城的统万城已经建成，从公元413年的破土动工到419年刻石颂功，就是习惯上认为的统万城建成时间，中间并无停顿，此后也未曾增建。而从《统万城铭》来看，当时郭城已建，东城自当先于郭城而城，即东城在418年已建成。据考古资料可知③，统万城内有两处宫殿遗址，一在西城东门内偏南，距东垣21米，一在东城东部稍偏北，再联系史书所说"勃勃还统万，以宫殿大成"这句话，亦可证东城亦于此时建成。

史载赫连勃勃仿汉仪、置百官④，应该说机构庞大，而西城面积不足0.5平方公里，在如此狭小的区域内，既要建造宏伟的宫殿，又要摆置百官，显然不可思议。因此，在东城建造官署衙门就成为计划中的事，东城的宫殿遗址抑或官署遗址，或未可知⑤。此处存疑。另外，东城除官署外，可能还居住有大量被征服的各族首领，从这个角度来理解夹墙马面可能更容易看清问题实质。这里有两个事例可作为旁证，一是赫连勃勃两次将掠来的人口安置在大城，大城在今内蒙古自治区杭锦旗东南，后

---

① 《晋书》卷130《赫连勃勃载记》。
② 《晋书》卷130《赫连勃勃载记》。
③ 戴应斯：《统万城城址勘测记》，《考古》1981年第3期。
④ 《魏书》卷95《铁佛刘虎传》。
⑤ 《统万城遗址勘测记》认为东城这一遗址为宫殿遗址。文见《考古》1981年第3期。

其族人反叛，被赫连勃勃镇压；二是当赫连勃勃在关中即了皇帝位后征召关中才子韦祖思，因其过于恭维而遭勃勃杀头，其理由是"吾以国士徵汝，奈何以非类处吾"①，可见赫连勃勃对被征服地区的人民具有很强的防范心理。将被征服地区的人民置于东城，既有利于统治阶级监视，又充当了西城保护的屏障，可谓一举两得。再者，从城墙马面密度来看，西城东墙马面密度低于西城南、北、西墙马面密度，平均 77 米才有一个马面，而与之相邻的南墙与北墙却每隔 62 米和 56 米就有一个马面，如果西城先建，那么马面的密度应该相差不大。

就夹墙本身来看，版筑的厚度、密度与西城其他墙体有很大的不同。西城南、西、北墙夯层厚度在 15—20 厘米，要害处如城门道、隅墩拐角等，夯层趋薄，每层厚 12—14 厘米，甚至有薄 7 厘米者。但观东、西两城间的隔墙则较为粗疏，一般夯层厚度在 20 厘米以上，甚至有达 40 厘米者②。从城基宽度来看，西城普遍宽约 16 米，而东城城基较窄，宽仅 6—12 米。凡此种种均说明东西隔墙的结构、坚固度及防御功能都不如西城西、南、北三墙，合理的解释可能是也只可能是，东、西城同时建筑，其功能各不相同，夹墙是作为区分、限隔东、西两城的，是作为宫城外墙建筑的。

三　毁城在先，沙化在后

长期以来，形成了一种比较一致的看法，认为统万城是逐渐为流沙所吞噬的。这种看法主要来源于以下材料，一是《新唐书·五行志》记载说："长庆二年（822）十月，夏州大风，飞沙为堆，高及城堞"；二是宋代的一纸废城诏书，其理由之一就是夏州故城（统万城）已"深在沙漠中"，所以不得不废弃③。但仔细分析这两条资料就会发现其间很有问题，夏州古城被废毁并不是缘于流沙吞噬，而是另有其因。

先看看唐朝统万城地区的情况。唐初，朔方人梁师都据夏州反叛，

---

① 《晋书》卷 130《赫连勃勃载记》。
② 戴应斯：《统万城遗址勘测记》，《考古》1981 年第 3 期。
③ 《续资治通鉴长编》卷 35，"淳化五年纪事"。

建元称帝，事在唐武德元年（618）。直到唐贞观二年（628），唐太宗才平定梁师都叛乱，于其地置州设府。在新贵唐朝持续的军事压力下，以统万城地区为依托的梁师都割据政权生存了长达十二年之久，表明唐初的统万城地区农牧业经济足以满足一个区域割据政权的需要，由此可以判断，唐初统万城地区的自然生态环境还是比较好的。中唐天宝年间，今游牧于夏州朔方郡境内的党项平夏部落就有户2838，口12362，应该说这是一个不低的游牧人口数字。也就在唐长庆二年（822）前三十年，即唐贞元七年（791），当地农民还在统万城东部的纳林河流域修建了延化渠，"引乌水入库狄泽，溉田二百顷"，可见当地自然环境仍然有利于农业生产活动的展开。从历史时期气候波动来看，隋唐时期我国西北地区正处于第二个暖湿气候适宜期，沙漠、沙地处于生草成壤阶段，亦未见有大面积风沙水旱等自然灾害的发生，而这种气候状况与上述人类在这一地区的社会经济活动相符合。因此，唐长庆二年（822）的"扬沙"现象很可能是一次短尺度的区域气候独立事件[1]。

　　接下来再分析宋代的废城诏书。大多数研究者已注意到夏州故城（统万城）"深在沙漠中"，是北宋当局弃城毁城的条件之一，并不是夏州故城（统万城）无法生存的全部理由。它透露的信息是，北宋时代统万城地区沙丘活化，土地沙化，流沙肆虐，自然环境不断恶化的事实。关于北宋当局毁城的根本原因，其实那一纸诏书已说得很明白，因"久困兵锋"，而"百稚之城，深在强邻之境，豺狼因而为援，蛇豕得以兴妖"[2]。党项夏一直是北宋王朝的心腹之患，双方在夏州城（统万城）展开长期争夺战，尤其是李继迁、李元昊时期，党项夏更成为北宋王朝在西北边疆的强劲对手，由此也不难理解北宋弃城毁城的苦衷。而这时上距北宋宠遇夏州的诏令《曲赦夏州德音》才刚刚过去十二年，原本指望夏州成为"一方之巨屏""千里之长城"[3]，一晃之间竟成为北宋王朝西

---

[1] 据《新唐书·五行志》记载，唐长庆二年、三年、四年，统万城地区连续三年都出现了"大风""大风霾"的气候现象，而这种情况在有唐一代统万城地区的气候记载中都是比较特殊的。

[2] 《宋大诏令集》卷159《政事12》。

[3] 《宋大诏令集》卷218《政事71》。

北边疆的忧患，面对粮道断绝和西夏的虎狼之师，北宋政府已无力支撑夏州城（统万城）的存在——"自陕以西，民运斗束粟饷，其费数千，人不堪命，道路愁苦"①，于是毁城弃城也许就是最好的结局。

宋代毁城迁民之后，西夏据有其地。宋咸平三年（1000），西夏主李继迁"徙绥州吏民之半"于夏州，于夏州故城（统万城）复置平夏城，于此顾祖禹顺势点评了一下，他说西夏"以为巢穴"②。事实也确实如此，史书记载李继迁"居夏州，修复寝庙，扶绥宗党，举族而安"③，可见当时夏州地区的自然环境还没有恶化到废弃的地步。过了大约40年，即宋宝元元年（1038），雄才大略的李元昊还于夏州建元称帝，史称西夏，说明即使过了四十余年，夏州地区的自然环境依然不是宋毁城时所说的已"深在沙漠"中。又过了四十余年，即宋元丰三年（1080），时任宋鄜延路经略安抚使的沈括曾提出修葺夏州城（统万城）计划，并于第二年（1081）④，宋军兵分五路讨夏，其中宋将王中正所率的河东路军，一路由米脂、银州西进，攻克夏州城（统万城）。但关于沈括提出的修缮夏州城（统万城）计划并未见在其后付诸实施。很可能是，在辽金元持续的军事压力下，宋廷已是自顾不暇，哪有能力去经营远在边陲的夏州城。从区域历史发展过程来看，至迟在宋室南渡之前，统万城地区还有人类活动，夏州城（统万城）还在被利用。

宋室南渡之后，统万城地区情况不明。要了解此后统万城地区发展情况，只有从考古、考察入手，或许能寻得一点蛛丝马迹。1845年，何炳勋来实地踏勘时夏州故城（统万城）内并未有人居住⑤，由此可以推测，在长达800余年的历史时段内，人类在统万城地区的活动极为微弱。又过了100余年，即1957年，统万城内外才有居民40余户⑥，且都为农

---

① 《新五代史》卷40《李仁福传》。
② 《读史方舆纪要》卷61《陕西十·临洮府》。
③ 《西夏书事》卷7，"宋咸四年"。
④ 《宋史》卷335《种谔传》。
⑤ 何炳勋禀稿后附杨江附记云："余寄迹怀远者七年，屡问夏州旧都，土人皆不解。遍访知者间得一二人，仅称西草地有白土城三层"，可知当时并未有人居住。
⑥ 俞少逸：《统万城遗址调查》，《文物参考资料》1957年第10期。

牧兼营，说明这一地区的自然环境仍然适宜人类生产生活。事实也确实如此，晚至1949年，统万城周边地区仍然分布有众多的河流、湖泊、沼泽，这可佐之于现今统万城地区以"海子"为名称的地名。1949年后，由于在各个河流的上、中游地区修建了大大小小的水库，才使统万城地区的湖泊、沼泽逐渐趋于萎缩、干涸，但丝毫不影响在这之前统万城地区的自然景观。

毋庸讳言，历代发生在统万城地区的战争对统万城地区环境的破坏是广泛的、持久的。北魏攻克统万城，尽掠统万城地区人口，使这一地区的人口和农牧业经济结构发生重大变化，北魏以此为牧地，使大批农田闲置荒废。到唐时，尽管唐王朝给予漠北强有力的军事控制，但统万城地区却少有宁日，仅唐长庆二年（822）以前，这里先有梁师都割地称王，继有突厥人康待宾反叛，后有回纥寇掠、吐蕃攻掠，而每一次战争莫不以夏州（统万城）为争夺目标。在长期的兵焚、践踏下，统万城地区原本脆弱的生态环境遭到持续破坏，由此引起当地暗沙变为明沙，这也为"夏州大风。飞沙为堆，高及城堞"，"茫茫沙漠广，渐远赫连城"[①]找到了变化的依据。宋毁城以后，尤其是北宋政府实行空城、空地战略，尽迁统万城地区20万人口于绥、银，尤加抚置，使原有的耕作土地此时人为撂荒，对统万城地区自然环境的破坏几乎是致命的。加之此时西北气候逐渐趋于冷干，沙漠化过程加强，这些被撂荒的土地迅速就地起沙，加剧了统万城地区的沙化环境。但即使如此，由宋至元，统万城依然作为区域重镇而活跃在北中国的政治舞台上。统万城被沙化，是在统万城地区人口迅速减少并最终完全退出统万城之后发生的，而这一过程很可能发生在宋元之际[②]。从今天统万城内流沙堆积的方向和厚度来看，或许

---

① 民国《横山县志》卷4《艺文志》。
② 顾祖禹《读史方舆纪要》卷61在述及宋毁城、李继迁复据夏州城（统万城）后说："又党项在夏州境者，亦曰平夏部也，元废。"另，笔者在统万城考察时见一蒙民妇女告知，统万城以北蒙民中流传有很多有关统万城的传说，可惜笔者并未前往加以调查。其中有一条说统万城被毁于明朱元璋赶达子，虽然与事实不符，但反映了至少在明以前，统万城地区为游牧民族牧马之地。明时，统万城更被弃于关外，成为鞠茂草之地。今统万城地区存有大量蒙古语地名如索罗布湾、妈妈地湾、波罗地湾等，亦为蒙民长期游牧于此之证明。

可以为这种判断提供支持。

就统万城现存东、西城遗址来看（外郭城遗址不清晰，不作为判断的依据），东城城墙走势清楚，但东、南、北城墙两侧已被流沙淤平，西墙也几乎被流沙淤平（东城西墙即西城东墙），而反观西城，大部分墙体依然高出地面 2—10 米。很显然，东城被废弃要早于西城，这也与统万城历史发展相吻合。至迟在唐初，东城还在发挥作用，唐武德六年（623），延州总管段德操奉命平叛梁师都，"克其东城，师都保西城"[1]，贞观二年（628），右卫大将柴绍、殿中少监薛万均"率劲卒直据朔方东城以逼之"[2]，可见东城还在被利用，而且还具有一定的军事防御功能。唐有其地，置夏州领四县，统万城为夏州及附郭朔方县治所。唐贞元十三年（639），距唐平定梁师都大约十二年，夏州有户 2323，口 10286，每县平均约 2572 口，作为州、县治的统万城人口数当不会超过此数，以此推算，当时西城足以容纳这些人口，东城当自动废弃。即使到了唐开元年间，夏州有户 6132，每县平均 1533 户，约 7665 口（每户按五口计）。到北宋年间，夏州人口急剧下降，宋太平兴国年间，夏州地区共有汉户 2096，蕃户 19290，如按上述方式计算，则夏州朔方县治（统万城）人口最高不超过 699 户，3495 口，显然，其与大夏时统万城地区人口已不可同日而语。

与东城流沙堆积相对照，西城城墙只有个别地段被流沙淤平，具体是南墙东南角，西墙大部段，北墙中段，而且墙外侧流沙淤积的高度和宽度都要比墙内侧高和宽，这与迎风方向和背风方向砂砾随风速沉降速率不同有关。以西城和北城为例，西城西段 100 米和北段 40 米（靠西南墩台和西北墩台方向）为流沙弱降区，介于这之间为一不规则 m 型，第一个强沉降区在今永安台遗址以北 15 米左右，这条沙梁宽约 80 米、长约 240 米，其中部沙积已高出现存城墙 10—20 厘米。西墙另一个流沙高堆积区在北段，大约距西北墩台 100 米处，这条沙带无论宽度还是长度都比前述沙带要宽和长，其宽大约是 160 米、长大约是 400 米，介于二者之间

---

[1] 《读史方舆纪要》卷 61《陕西十·临洮府》。
[2] 《旧唐书》卷 56《梁师都传》。

的为次降区，由此怀疑第一个高沙梁带的中心线与城墙的交点即为西城门，也即史书记载的"服凉门"。北魏攻夏首先毁的就是此门①，此后也未见有大规模的修缮举动。宋毁夏州城（统万城），其西门也必是破坏重点，此不多言。在北城西段距离西北墩台大约210米处，又有一沙梁漫过城墙且在城墙内侧形成一宽15米的缓降沙坡，坡长约为40米，疑此处为北城门，即平朔门。从流沙入侵地点及沙尘堆积的宽度、厚度、走向来看，这一过程显然是在统万城被彻底废弃后发生的。

需要指出的是，除东南墩台较低已与积沙平外，西南、西北、东北墩台内外侧均无明显流沙堆积，而这很可能与城墙坐西北向东南，旋转度为南偏东40°有关。统万城地区风多且大，风向以南风居多，西北风次之。城墙以南偏东40°旋转，使南风与南城墙形成140°的夹角，西北风与西城墙形成100°的夹角，而这种夹角使得原朝向城墙的风头遇城墙的阻力而改变方向，使风向背离城墙，并在一定程度上使原堆积在城墙外侧的积沙，在强大的风速裹挟下远离城墙。西南隅墩台外30米的弧状沙梁可能就是在这种物理作用下形成的。西南隅墩台既高且大，是统万城的制高点，现存高度为31米。从西南方向吹来的风沙在与高大的隅台相撞，自上而下形成强烈的回旋，使原本沉降在城墙底部的砂砾随回旋风而远离城墙。由此可以推测，在统万城建城前，设计者可能已考虑到当地常年的大风气候对统万城城墙所构成的潜在威胁，所以才将统万城设计成与西南风有一定夹角的西北—东南走向。而且，当时这一地区也曾出现过沙尘天气。史书记载，大夏承光三年（427）五月，北魏攻夏，"会有风起，方术宦者赵倪劝世祖（拓跋焘）更待后日"②。疑这次大风为历史上常说的"晦风"，即今天所说的沙尘暴，否则也不会被方术之士附会为不祥之兆。从风沙事件本身来看，其之所以能引起当时及后世史家的关注，很可能是一次比较突出的偶然事件。但由此也说明了在统万城建城之时，该地区就已经存在风沙天气现象。

---

① 《魏书》卷95《铁佛刘虎传》。
② 《魏书》卷95《铁佛刘虎传》。另从节气和魏军进攻的方向来看，当时的风向应为东南风。

基于以上论述，本文认为，大规模的人口迁移及战争破坏，使得统万城地区自然环境迅速恶化，而人为的毁坏城池和迁移人口，则是统万城被流沙吞噬的主要原因。

（原刊《统万城遗址综合研究》，三秦出版社2004年版）

五　技术转移与社会环境

古代外官本地回避制与东西部技术转移

外官本地回避制是古代职官任用的重要制度之一，萌芽于东汉，成形于北宋，完善于明清。其核心内容是除京官以外的流官不得由本地人充职[①]，换句话说，就是省、府、州、县大员一律不许由本省人士担任，甚至连佐贰副职也不得由本省人士就职。这种任职制度其本意是从根本上杜绝徇私舞弊、贪污腐化等官场恶疾，但客观上却产生了经济技术一体化的区际效应。大批"精英"人士异位互动，使不同地区文化发生碰撞、交流与整合，为技术文化的空间转移提供了基本的准入条件，使技术输出方和接受方文化相容度最大[②]，更兼古代中国权力凌驾于一切社会生活之上，以官员为主导的技术转移无形中就获得了"权力"的支撑，因此其转移速度快、效率高，成为古代东西部技术转移的主要形式之一。

一 异地为官为技术转移的发生提供了载体

在信息流动较为缓慢的古代社会，高度信息化的技术转移主要依靠人员流动来实现。而在"鸡犬相闻，老死不相往来"的小农社会，除被迫的流民无目的地生计逃亡外，很少有人群发生有目的的空间位移。因

[①] 详见白钢主编《中国政治制度通史》第三卷《秦汉》，第384—387页；第六卷《宋代》，第701—713页；第九卷《明代》，第435—436页；第十卷《清代》，第552—544页，人民出版社1996年版。

[②] 这个相容度是指转移技术与环境的相关性程度，其存在一个"域"值，在这个"域"内都是相容的。

此以人群为载体的自发的有需求的技术转移几乎在古代中国没有发生过，大部分是被动转移。而以官员为主导的技术转移在客观上是被动转移，技术随官员的移动而流动，但在主观上却变成官员追求政绩的主动行为，在这一过程中官员既是技术输出方又是技术接受方，使技术转移更容易实现对接。早在唐宣宗时期，任四川泸州刺史的冼宗礼就开始在当地少数民族中推广小麦种植技术，"给嘉种，喻以深耕，始令蛮伯之邦，粗识荷仓之积"①；元至元年间，曾先后任云南大理等处劝农官和巡行劝农使的张立道，看到主要居今昆明大理等地的彝、白族人民"虽知蚕桑，而未得其法"，遂教之饲养技术，"收利十倍于旧"②。这个事例说明，建立在技术可通约性基础上的文化交往，即使是最为疏远的文化谱系也能够很容易地彼此互借。逮至清代，随着职官制度的进一步完善和健全，以官员为主导的技术转移也随之大面积发生。陕北黄土高原由于气候条件的限制和水资源的紧缺，不适宜水稻种植，仅适宜种植小麦。但清中叶云南人赵秀峰出任位于陕北黄土高原腹地的宜川县知县，即在此地倡导种植水稻，并获成功，据称赵秀峰"开渠，纳水利，教民种稻，粒食始足"③。在四川，福建闽侯县进士翁若梅任四川黔江县知县，时值凶年，史书记载说："邑向无甘薯……乃进里老于庭，问之曰：有甘薯乎，能种乎？答曰：无不能。于是购种教以种植之法，今黔民赖此以补粟麦之不足，皆公之赐也。"④ 甘薯的引进不但解决了当时的粮荒，而且成为日后黔江县不可或缺的粮食作物。曹琨（浙江嘉善人）知新都时，县西数千亩地，向苦乏水，置为闲田，遂乃决渠引溜，教民垦艺，不数年，顿成膏腴⑤；同样的事例是，云南人沈焘在乾隆八年（1743）知甘肃漳县，见当地土壤硗瘠，种植虽广，而所收甚薄。沈焘令以灰油拌种之，遂易瘠土为沃壤，所产倍于前⑥。清末联豫出任西藏帮办大臣，他看到"藏河两

---

① 李商隐：《请留泸州刺史状》，《舆地纪胜》卷 153 引。
② 《元史》卷 167《张立道传》。
③ 《陕西兴安府知府秀峰赵公墓志铭》，载《白族历史调查》，云南人民出版社 1988 年版。
④ 光绪《黔江县乡土志·水利》。
⑤ 嘉庆《四川通志》卷 106《职官志》。
⑥ 道光《通海县志》卷 2《田赋》。

岸，膏腴之地亦甚多，而不知耕种，更为可惜"，即"派人速购秧苗，并办农器，使之试种"①。联豫这些措施的效果如何？我们不得而知，不过估计其影响不会很大。而古代官员流动规模大，变动频繁，且地域跨度较大，有的人士在一生中主政十余州县②，如乾隆年间姜炳璋任四川石泉县知县，以"民业山，惟种荞麦充粮，因教以注水作堰法，民遵行之，始知有水田利"，后署江油又谕民修筑，开田数千亩③。

从地区的角度来看，官员分布相当广泛，为了说明这个问题，本文选择了两个地区作为分析样本，一是作为官员输出地的四川省，二是作为官员任职地的陕西靖边县，时间以清代为限，官别以进士出任省、府、州、县大员为标准进行统计。有清一代四川省共有进士774名④，占清代进士总数的1/35。再经过技术处理得到实际出仕省、府、州、县官的进士431名⑤，占清代四川进士总数的55.7%。这些进士为官地域遍及大江南北、长城内外，有近在邻省的贵州、湖南、湖北、陕西、甘肃，也有远至辽宁、台湾，其具体分布见表1。对任职陕西靖边知县也进行了相似的技术处理，结果得到38人⑥，占清代靖边知县总数（47）的80.9%，其籍贯分布地遍及11省区，具体分布见表2。

---

① 吴丰培主编：《联豫驻藏奏稿》，西藏人民出版社1979年版，第37页。

② 如王朝杰，四川璧山县人，道光壬辰年进士，任湖北汉川、当阳、运安、麻城等县知县，后复授山西太原县、太平县知县；再如毛徵，四川仁寿县人，光绪庚辰进士，任山东定陶县、菏泽县、历城县、济南府等十余县府。

③ 嘉庆《四川通志》卷106《职官志》。

④ 据《大清会典》《续文献通考》统计。

⑤ 768名进士再按照以下指标体系进行分类剔除：（1）以布政使、知州、知府、知县为正选对象，京官、翰林院庶吉士、散官、儒学、监察使、按察使、道员、通判、同知等均不列入；（2）以官员第一次任职地为准计入，如文廷杰，汉州（今德阳市广汉县）人，嘉庆丁丑年（1817）进士，分发广东，任遂溪县知县，因奔父丧服阕，补安徽当涂县知县。因此计入时仅以出仕广东计入，余皆类同；（3）不可考者不计入，如文景藩，涪州人（今涪陵），康熙癸丑年进士，授知县，但县域不可考，不计入；（4）不入仕途者不计入，如文朝辅，腱为县人，同治辛末年（1871）进士，及第后不愿出仕，亦不计入；（5）外转官以第一次外转地为统计标准，如王公辅，富顺县人，光绪庚寅年（1890）进士，选翰林院庶吉士，外转湖北京山县任知县，以从仕湖北计入。

⑥ 时间起于清雍正九年（1731），止于宣统二年（1910），对籍贯为黄旗、镶白旗、镶蓝旗者不计入，另有六人籍贯不可考，亦不计入。

表 1　　　　　　　清代四川进士出仕人数分布　　　　（单位：人，%）

地区	陕西	甘肃	山西	山东	河北	辽宁	河南	湖南	湖北	福建	云南	贵州	安徽	江西	广东	江苏	浙江	广西	台湾	总计
数量	33	14	32	30	30	2	14	27	36	14	21	42	18	25	29	22	20	21	1	431
百分比	7.66	3.25	7.43	6.96	6.96	0.46	3.25	6.27	8.35	3.25	4.87	9.75	4.18	5.80	6.73	5.10	4.64	4.87	0.23	100

表 2　　　　　　　清代陕西靖边县知县籍贯分布　　　　（单位：个）

地区	河北	山西	甘肃	河南	山东	湖南	四川	浙江	江西	湖北	广西	总计
数量	3	5	4	2	4	8	1	1	5	4	1	38

从表1、表2可以看出，无论是四川士子主政南方还是南方士子任职北方都超过了当地同类型人士的2/3，这种代表当时当地最高文化水平的士人的大范围的移动，必然与移入地的文化产生较大的落差，而这种落差就是技术转移的势能差。按技术转移的规律，势能差愈大技术转移的效率就愈高，但相应的技术转移的风险也就愈大。如湖南湘阴人左宗棠在天山南路发展蚕桑事业即是一例。天山南路水土自然条件宜于蚕桑，历史上也早有栽桑和养蚕织绸的记载，但由于受生产力水平的局限，发展缓慢，"蚕织之利未广"。清光绪四年（1878），时任西征主帅的左宗棠即谋兴蚕桑之利惠于民，曾招募浙江湖州的蚕工、织工60余人来新疆传授技术，但由于求成心切，不问土宜，大力推广，结果"行之期年，上下交怨"，没有达到预期效果。光绪三十三年（1907），新疆布政使王树又派戊员赵贵华前往南疆考察蚕桑之利，这一次与左宗棠时不同，赵贵华是浙江人，通晓养蚕缫丝之法，在深入考察之后，即积极摸索适合新疆水土条件的养蚕织丝之法。他一方面访求当年从江南来的而未返回原籍的工匠作为技术班子，另一方面试制缫丝器拿到民间教授使用，又剔选蚕种，按当地条件改善饲养方法，终于大获成功。为此清政府于宣统元年（1909）下令南疆官吏一切举措皆采用赵贵华的方法。这个败而复

成的事例说明，技术的转移并不以某种政治力量或个人意志为转移，转移技术必须遵循技术转移的基本规律，只有当技术输入地的社会、经济、文化支持系统的环境与转移技术所隐含的社会文化系统具有可通约性时，技术转移才可能成功，并发挥转移技术的优势。

为了更好地说明官员与技术转移的关系，本文仍然以清代四川为例。清代四川地方官员大部分来自长江下游地区，这些来自水利事业较为发达地区的官员，或多或少地将原籍地的生产技术带入任职地，限于篇幅限制，仅依据嘉庆《四川通志》卷115、卷116和有关地方志制成表3，以见一斑。需要说明的是，对来自同一个地方的官员仅列其一，余不列入。如乾隆年间知彭山的张凤骞与知绵州的费元龙均为浙江人，乾隆年间知双流的黄锷与康熙年间知大邑的黄黎同为福建人，二者只录其一。

表3　　　　　　　　　　官员与技术转移举例

官员	籍贯	任职地	任职时间	转移技术（事迹）
费元龙	浙江归安	绵州	乾隆年间	开鬲鹤堰
黄锷	福建将乐	双流	乾隆年间	开浚塘沟、潴水待耕
关圣基	广西临桂	双流	乾隆年间	作筧引水
王宗佑	广东东会	温江	康熙年间	筑江安堰
胡㵾	江西庐陵	雷波卫	雍正年间	疏凿水道、引泉灌田
尤秉元	江苏元和	乐至	乾隆年间	开沟筑堰
赵惠茅	湖南涞水	眉州	康熙年间	创修黄连、董家、白家三堰
王士魁	陕西三原	夹江	康熙年间	修筑昆卢堰
阚昌言	湖北安陆	德阳、罗江	乾隆年间	开发冬水田

表3中的王士魁是北方人，习惯意义上他于南方有何作为？王士魁为陕西三原人，三原自秦汉以来即属著名的引泾灌区的一部分，水利事业历来较为发达，受此环境影响，王士魁自然能于南方任职地有所作为。

二 异地为官消除了技术转移的阻力因素

技术转移是指技术从发源地被空间位移到原地以外的地区，因此地理空间阻力就成为技术转移的客观障碍，尤其是在古代交通条件不发达，信息交流相对缓慢，地理障碍就成为东西部技术交流的主要阻力。清中叶湖南人王崇礼出任陕西延长县知县时，看到这里人对玉米种植竟然不知①，而就在其相邻的关中地区玉米已成为主要的粮食作物。究其原因，盖因为延川地形破碎，交通不便。再如贵州，地无三尺平，俗有"八山一水一分田"之说。丘陵山地占总面积的97%以上，交通极为不便，明清时期贵阳府附郭所在的坝子里，其农业技术在黔地属较为先进之列，但距其仅约50公里的广顺州之金筑司，却是"耕作不用牛，用铁脾代犁，耰而不耘"②；清乾隆嘉庆年间，首府遵义一带蚕业已经相当兴盛，但安平县直到道光初年才由知县刘祖宪"捐廉购橡种，延聘工师，教树橡育蚕，厥后县人渐知此项畜业"③。西藏的地理环境比贵州又等而下之，西藏造纸业不知起于何时，一说起于唐代文成公主进藏④，但终究难于考释。直到20世纪50年代，西藏的造纸技术一直停留在以狼毒草（藏语对一种瑞香属草的称呼）的根为原料的原始手工制造阶段，其工艺水平基本上与东汉时蔡伦发明的造纸技术没有多大差别。而在其周边邻近省份的四川、贵州、云南等地的少数民族的造纸技术却与内地相仿佛。清统治西藏时期，前有查办大臣张荫棠的设想，后有川边大臣赵尔丰的积极推动，才改变了西藏造纸工业仅能生产"粗纸"的落后面貌⑤。因此，西部高大的山脉，多样化的地域条件，构成了技术转移的天然障碍。关于这一点，有人从蚕桑业角度分析了地理空间的阻碍因素，"中国古代的

---

① 乾隆《延长县志》卷10《艺文志》。
② 道光《黔记》，"克孟牯羊苗"条。
③ 民国《平坝县志》卷11《第一农业》。
④ 据《旧唐书·吐蕃传》记载："因请蚕种及造酒、碾硙、纸墨之匠，并许焉。"说明当时内地的造纸匠已进入西藏，但具体情况文献无考。
⑤ 参见房建昌《历史上西藏造纸业考略》，《中国历史地理论丛》1994年第4期。

养蚕，方法多样，地区广阔，由于社会封闭性的限制，各个民族都按各自风格特色的文化或技术办事，加以山河横亘、部族之间的隔绝，蚕的品种不可能相互传播，因而在各个地区，在不同时期，在不同程度上，分别将多化性桑蚕，驯化为各个地方品种"①。此处虽仅言及蚕桑技术传播的影响因素，但亦可推及采矿、农业、医学等技术领域。正是由于地理阻隔因素，使以信息流动为主要形式的古代技术转移发生得相对缓慢。而异地为官从政治制度上无形中消除了这种地域阻力，它使技术、经济、信息流动通过政治渠道加以传递与转移。而官吏考核制度又促使官员必须于地方有所作为，为技术转移助加了内在动力。

从技术转移所需要的文化支持条件来看，虽然技术输入地与技术输出地的文化存在一定差异，但由于政治力量的作用，官员总是以他的文化常识和文化积淀来影响和改变当地的文化形态，使之与其文化达到最大的一致性。另外官员以自己的文化素养对技术进行有选择的转移，转移的技术总是与当地环境以最大的适应性为主，如甜橙（即川人谓之广柑）传入四川就是一例。橙树是四川当地古老的树种之一，早在汉代就见诸于史籍，因此四川的水土、气候条件是适宜于橙树生长的。但甜橙传入四川则较晚，清乾隆三十年（1765），时任四川江津知县的广东人曾受一将广东甜橙引入江津②，并迅速成为四川盆地重要的经济物产；再如"冬水田"法的传入，四川在清以前，山田完全依靠天然降水，即所谓的"雷鸣田"。康雍之际湖北人阚昌言知德阳，以民间于秋冬后不知蓄水，至来年春耕，田涸土斫不敷浸灌，往往弃而不治，于是仿照湖北家乡"冬水田"法，令民于收获后以秋水满浸滔田，及来年栽插时挹彼注滋，无不沾足，从此一县皆守其法③。阚昌言后任罗江④知县，在罗江他仍反复于民间劝导推广"冬水田"。据他自己说，"署任后，恐小民始勤终怠，农务稍懈，又刊俚语谕民曰：劝民预蓄冬水，明春栽插更易，高培田埂，停潴一亩，旁灌三亩，早禾多收无虫，此言千金不易。若任水梢大河，

---

① 蒋蠰龙、[日]吉武成美：《家蚕的起源和分化研究》，《农业考古》1988年第1期。
② 杨定伦：《四川柑橘调查》，1937年。
③ 嘉庆《四川通志》卷116《职官·政绩》。
④ 罗江位于川北山区南部，其地今分属于德阳和安县。

堰长惰民究治"，可见他是抓住了川北农业生产的根本问题，而不遗余力地推广"冬水田"。沈潜，浙江秀水人，乾隆七年至十年（1742—1745）任罗江县知县，他认为山田无源水者，蓄冬水最要。为此，他在民间广为劝导冬水田，后人赞称曰："前任沈君劝民筑堰开塘，预蓄冬水，又刻农书以教民，罗民颇知遵奉，收获倍多"①，可见冬水田技术不但与当地自然环境相适应，而且还产生了巨大的经济效益，后绵竹知县安洪德即将"泡冬田，作冬堰"补入修筑灌溉诸法，从此冬水田法迅速普及全川。更为可贵的是，在"冬水田"的基础上一些官员还发明了"山田逆灌法"。据记载，乾隆元年（1736），乐山令江吴鉴发现乐山竹公溪数十里田中，水头（高地）田寒，禾苗稍迟，水尾（低地）田暖，禾苗较早。旧例引水灌溉，先水头，次水尾，水尾得水不时，少有收获，于是改为先水尾，后水头，彼此无碍而秋成加倍，吴鉴因此被晋升为茂州知州②。道光中乐至县知县裴显中撰《水利说》谈到塘堰与梯田的密切关系："随地高下气所贯皆有水，其涌为泉注为溪为涧，潴为塘堰虽梯田架壑，足乎浸灌一也。"③

技术的改进和修正也是以适应当地环境为主，并尽可能地将转移技术纳入当地技术文化体系之中。四川合江人罗文思于乾隆十一年（1746）做了陕西商南县知县，他一上任就否定了当地传统的塘堰做法，将本地以布桩法固堤代之以植柳法固堤，以塘草法代替种荷法养塘，其利弊是："堤上植柳，以枝叶可荫塘，根能固堤脚……塘水肥菱草，乃生鱼，易长；种荷成藕，坏堤。"此人之所以能很快看出问题所在，缘于他"家居时曾作塘，知其悉"④。罗文思此前曾在贵州石阡为官，亦在当地大力推广水利技术。他说："阡近一带，安车之法可谓尽善，未见有用农骨车者，当授其法也。"这个法就是将塘坝技术与水车技术有机结合，照罗文思自己的话说就是："水分则势，缓聚则势急。安车之处必急，水方能冲转，非筑坝不可。其法用劲木，长六尺为桩，将一头削尖，交叉打入水

---

① 乾隆《罗江县志》卷4《水利》。
② 嘉庆《嘉定府志》卷32《政绩》。
③ 光绪《新修潼川府志》卷4《舆地志4》。
④ 民国《商南县志》卷5《田赋志》。

中，如鹿角状，于近岸安车，用沙石壅堆，使无摇动。其布桩上广下狭，逼水急流至车所，车自转动。若河平水缓，则离下坝十余丈以上更筑一坝，仍于坝头接作曲坝，直连下坝，则众水由一港奔窜，逼成急势，可安水车两座于一处。"① 此处大段引用文献，其目的就是说明古代官员在引入技术的过程中，非常注意引入技术与当地环境的关系，并且常常从当地实际条件出发，因地制宜地调整技术与环境的关系，最大限度地利用自然环境条件和发挥技术的能动作用。源于清末的西藏造纸技术的改进就是一个典型例证。清宣统二年（1910），时任川边大臣的赵尔丰为了开发西藏东南部的林业资源以造纸，曾命人考察西藏造纸技术情况，其结果是，"鸡贡（今察隅县吉公乡）地方多构树，夷民取皮造纸，虽不甚莹洁，亦差可用"。"倘得良工改造，其纸适足为用"，他一方面积极鼓励驻藏官兵利用自身已有技术改造当地制造技术，另一方面令人于内地采购西藏造纸所需的铁锅、竹帘，经过一番努力改变了西藏生产粗纸的历史，生产出了与内地相似的白纸。为此赵尔丰感慨地说："工业一道，非悉心考究，不能得其精要，该管带（程凤翔——作者注）于产竹之区能督工造成纸张，足见事在人为，甚堪嘉慰。"②

古代东西部技术转移的最大障碍是小农经济对技术转移所需承担的经济风险明显不足，单靠小农自身是无法解决的，即使农民有采用这种新技术的欲望，但无法预知的未来风险又使他们望而却步。如贵州安平县，清乾隆时安平人刘祖宪念民不知蚕乃捐廉俸购橡种发民栽种，雇善蚕者教民养蚕，设立机房，招织匠，前后费银两千金③。他还作《橡茧图说记》凡四十一条，其内容"明白显易，俾知所遵循而乐于从事，蚕利大兴，民赖之"④。然而就是这样一种合乎当地自然资源又有利于民生的技术在一开始却不被人们所接受，刘祖宪经过一番调查方知事情原委，

---

① 光绪《石阡府志》卷2《渠堰》。
② 以上内容请参见：《清末川滇边务档案史料》，中华书局1989年版，第649—686、821—888页。
③ 咸丰《安顺府志》卷5《地理志》。
④ 民国《闽清县志》卷7《列传》。

"是无石粮者安肯出中人产而谋此未见之利哉?"① 因此,经济的不发达,农民对新技术投资能力的严重不足,是古代中国鲜见由民间自发的有组织的技术转移的真正原因。但从古代中国东西部农业技术转移过程来考察,大部分农业技术转移是源于政府行为,农户自发的技术转移很少,技术转移缺乏主动性、积极性和原动力。究其原因,乃为个体小农户无力应用新技术。传统农业投资周期长(以年为回收单位),利润较低,单靠农业自身积累很难进行农业生产技术的更新。从这个角度来看,唐以后西部农业愈来愈衰落的根本原因就在于失去了政府对农业的投入,使西部农业经济在底层次上循环,依靠个体小农脆弱的经济基础是不可能进行农业技术的空间转移的。但以官员为主导的技术转移,往往将这种风险以社会力量来化解,使这种技术转移的风险于技术采用者大大降低,在一定程度上刺激了技术接受方的积极性。柞蚕放养缫丝技术从山东转移到贵州遵义就是显著的例证。清乾隆三年(1738)山东历城人陈玉璧出任贵州遵义府知府,他巡视民间,发现"郡故多槲树,以不中屋材,薪炭而外,无所于取"②。槲树是放养柞蚕的天然资源,于是他派人往山东老家历城购买蚕种并延请蚕师,但此次所买蚕种未至贵州即在沅湘间因气候和季节原因而致羽化,技术引进工作宣告失败。但陈玉璧并未放弃努力。乾隆六年(1741)冬复遣人购买蚕种,且以织师来。次年即在郡治西侧小山丘上放养,结果春茧大成。由此,"遂谕村里,教以放养缫丝之法,令相教告,授以种,给之工作之资,经纬之具,民争趋若取异宝"。但好景不长,次年冬,由于蚕民操作不当,又使蚕种断绝。于是陈玉璧再一次派人前往山东购买蚕种,其间曲折《护蚕谱》的作者郑珍说得很详细:"尝闻乡老言,陈公之遣人归售山蚕种者,凡三往返。其再也,既于治侧西小邱获春茧,分之附郭之民为秋种,秋阳烈,民不知避,成茧十无一二。次年烘种,乡人又不谙薪蒸之宜,火候之微烈,蚕未茧皆病发,竟断种。复遣人之历城,候茧成多致之,事事亲酌之,白其利病,蚕则大熟。乃遣蚕师四人,分教四乡。收茧既多,又于城东三里许

---

① 道光《安平县志》卷6引刘祖宪《橡茧图说记》。
② (清)郑珍:《护蚕谱》卷首《志惠》。

白田坝，诛茅筑庐，命织师二人，教民缫煮络导牵织之事。公余亲往视之，有不解，口讲指画，虽风雨不倦。"这一曲折艰难的技术转移过程再次印证了单靠小农经济是无法完成这样的技术转移的。生产经验的不足、知识认知的欠缺使农民无法预见及防范技术转移过程中的风险，而底层次的经济循环又在本质上扼制了小农采用新技术的欲望。

为了消除农民的恐惧心理，大部分官员以试验示范方式加以推广，使农民眼见为实。技术示范实际上是技术吸纳方对技术风险性进行的实际效果的评判，它能从根本上消除农民对新技术的懵懂和惧怕失败的心理。如四川永川、璧山县一带的县官，以"永、璧无荞麦，捐俸买种，令民播殖，无池塘，示以开凿，灌田养鱼。不务蚕缫，教树桑柘。不重茶茗，训以种植。民利悉兴"①。当然如果一种新的种植技术所能带来的市场效益（利益驱动）远远大于为采用这种技术支付的机会成本，农民仍然愿意冒风险去采用新技术。如陕西省巡抚陈宏谋为了发展陕西蚕桑业，于乾隆十六年（1751）发布《劝种桑树檄》，并在省城设立蚕局，买桑养蚕，由是"诱民兴利，民间渐知仿效"②。正是由于一些有作为的官员的不懈努力，才促使古代技术的空间转移。

而清代水车在兰州的应用则为技术转移提供了另一个典型例证。据乾隆《甘肃通志》记载："黄河水在皋兰城北横流，东西两滩为翻车。导引灌田，自州人段续始。"③ 翻车是水车的一种，在当时皋兰一带应用较广。关于"导引灌田，自州人段续始"，乾隆《皋兰县志》是这样说的："郡人段续创为翻车，倒挽河流以灌田亩，致有巧思，然有力自办，无力官贷，修补之工，无岁无之。"④ 段续何许人也？能制造出如此复杂、功能优越的翻车。查段续，甘肃皋兰县人，明嘉靖间进士，曾历官至云南、河南、湖南、湖北等地，因此深谙水车之利，卸官回乡后于当地建造水车以造福乡梓。然水车在引黄河水灌溉农田的效果并不理想，其原因除了水车之利不宜旱涝外，即在于建造水车对于农民家庭的投资能力要求

---

① 同治《崇阳县志》卷7《选举志》。
② 《清经世文编》卷37《户政12·农政中》。
③ 乾隆《甘肃通志》卷15《水利》。
④ 乾隆《皋兰县志》卷5《疆域》。

更高，这一点清人已经看得很清楚，"一车需费百余金，一坏即不能用。余谓农家贫者居多，分毫计算，岂能办此"①。道光《皋兰县志》也分析了水车的利弊，认为造价昂贵、岁修浩繁是兰州水车被废折的根本原因，并说这是"前人所不及逆料者"②。很显然，如果没有外界经济力量的介入，小农经济无论如何也承担不起使用水车所需的费用。因此，当生产者的产出水平只能达到家庭最低限度的消费需要时，生产革新与发展的风险和不确定性，就使生存威胁成为生产者面对的最基本的问题，这时，生产活动的主要目的并非收入的最大化，而是家庭生计可能性的最大化，生产技术的低水平状态，使小农时时面临生计压力，产生了使风险最小化的内在要求，生产的常规化便成为其首要的选择。正是这一根本性原因，使小农难于启动大规模的生产变革，而陷于低产量—低收入—低投入—低产出（量）的贫困循环中。这为农民，尤其是在最底生存线上挣扎的农民对于生产创新的态度和行为提供了一种新的解释路径。

转移技术要获得成功，除了要与当地的环境文化经济相适应外，更重要的是要有掌握和会使用的技术人才，单纯依靠模仿和摸索，使技术转移的效率降低，风险加大。而以官员为载体的技术转移从一开始就注意有关人才的培养，如陕西巡抚陈宏谋在陕西推广红薯种植，他不但发布《劝种甘薯檄》，将红薯种植之法刊刻分发，广行劝种，而且还要求"各官先行觅地试种，或租民地试种，听小民观看"。略阳等地甚至"雇有善种之人到陕，或署中现有曾经种薯之人"，令本县"曾种园蔬之人，与之讲解明白下种、移栽、灌壅等法"③。在四川盆地东南山区，乾隆黔江县令翁若梅收到故旧陈世元（福建人）的《金薯传习录》，"爰进里老于庭，出是书示之，告以种植之法与种植之利"，动员种植红薯④。贵州平越知府黄乐为了推广蚕桑技术更在全府刊印《蚕桑宝要》一书，以让府民悉知"栽桑节候及饲蚕抽丝一切事宜"⑤，这一过程按现在的说法就

---

① （清）钱泳：《履园丛话》卷3《考索》。
② 道光《皋兰县志》卷3《水利》。
③ （清）陈宏谋：《培远堂偶存稿》卷20《文檄》。
④ 光绪《黔江县志》卷3《田赋》。
⑤ 民国《余庆县志》卷11《物产》。

是技术的本地化过程，大大提高了技术转移的成功率。清代乾嘉时期四川一些地方官员还将农业技术实践及理论加以总结，大大推动了农业技术的改良传播。如新都、成都知县张文枫（浙江人）的《农书》，德阳知县阚昌言的《农事说》，罗江知县沈潜（浙江人）的《蚕桑说》等（见表4）。

表4　　　　　　　　　　官员技术推广举例

官员	籍贯	推广技术方式	技术推广地	资料来源
罗文思	四川合江	《堰塘说》	陕西商南县、贵州石阡县	乾隆《商南县志》卷4，光绪《石阡府志》卷2
陈宏谋	广西桂林	《劝种甘薯檄》	陕西	陈宏谋：《培远堂偶存稿》卷20《文檄》
严如煜	湖南	《汉中渠利说》	陕西汉中	《清经世文编》卷114
阚昌言	湖北安陆	《蓄水说》	四川德阳县、罗江县	嘉庆《直隶绵州志》卷9
黄锷	福建将乐	《论民种法》	四川双流县	乾隆《双流县志》卷6
安洪德	山东聊城	《改修冬堰说》	四川绵阳县	道光《绵阳志》卷3
王崇礼	湖南安化	《示谕》	陕西延长县	乾隆《延长县志》卷10
翁若梅	福建	《金薯传习录》	四川黔江县	光绪《黔江县志》卷3
黄乐	福建	《蚕桑宝要》	贵州平越府	民国《余庆县志》卷11《经业》
王荣绪	山东青州	《蚕说》	四川丰都县	咸丰《青州府志》

三　技术转移的基本特征

从上述由政府官员促动的技术转移过程来看，技术转移呈现了以下几个特点：一是技术随官员个体流动而呈现跳跃式转移，它与技术梯度式转移截然不同；二是技术转移呈现为聚点转移，表现为转移技术与官员任职地的高度一致性；三是技术转移规模大、效率高。

这种以官员为载体的技术转移，由于官员任职制度的作用，使技术转移的地域跨度较大。如甜橙、甘薯、蚕丝分别由广东、福建、山东等沿海地区被引入西部内陆省份四川,即使地域邻近的技术转移如冬水田技术由湖北转移到四川,其空间跨度也往往在数百里之遥。但不管距离远近,以官员为主导的技术转移依然遵循技术转移的选择率,即最大限度地与当地自然人文环境相适应,并力求把转移技术纳入当地技术文化体系中。如贵州遵义的蚕桑业,自乾隆时遵义知府陈玉璧从山东艰难引山蚕种成功后,遵义迅速成为蚕丝发达之地,以致乾嘉之际这里流传这样的民谣:"家家门前种青冈,家家虔拜马头娘,大姑格丝小姑理,蚕丝忙过农事忙"。"八年秋会,报民间所获茧八百万。""秦晋之商,闽粤之贾,自此云集遵义。"① 史书记载遵义蚕丝"盛行楚闽滇诸省,村落多种柘树,茧客至春时,买其树,放蚕于上,茧成,来收取之,广东程乡亦遵义丝也"②。这很有一点今天期货的味道,也足见当时遵义蚕丝之精细、销路之广阔。不仅如此,遵义蚕业还带动了黔北的正安、湄潭、绥阳、桐梓等县,形成了具有一定专门化程度的蚕丝业集中分布区,放蚕缫丝之风弥漫全境,"邻叟村媪相遇,惟絮话春丝几何?秋丝几何?子弟养置善否?"③ 自此"渐推渐广,精益求精,以致遵义茧丝之名竟与吴绫蜀锦争价中州。黔南各县即极力经营,无出其右"④。遵义蚕丝业如此发达,而遵义以外的贵州其他地区,情况就另当别论。道光五年(1825)时任贵州按察史的宋如林就曾指出:"他处间有种植青冈树,惟取以烧炭,并不养蚕。"⑤ 从乾隆初年遵义引蚕种成功,到道光年间宋如林按察贵州,其间经历了近100年,何以遵义蚕业蜚声神州,遵义以外的贵州地区却毫无动静?盖源于由官员所策动的技术转移往往跨度较大,风险也较大,如果没有政府官员的介入和引导,小农户是无力完成这样的技术转移的。

再如"冬水田"技术,它是一种将耕作与灌溉结合起来的水利技术方式,以提高夏季作物的水分保证率为目的,极为适合四川丘陵山地秋雨多、春雨少易发春旱的气候环境条件,提高了丘陵山地梯田种植的水

---

① 道光《遵义府志》卷16《农桑》。
② 民国《平坝县志·业产志第十·植物》。
③ 道光《遵义府志》卷16《农桑》。
④ 民国《八寨县志稿》卷17《农桑》。
⑤ 《清经世文编》卷37《劝种橡养蚕疏》。

分保证率，因此自清乾隆以来沈潜、阚昌言、安洪德等地方官员在川北地区的大力推广，这种技术迅速在盆地内部推广，如川东的情况就是"秋收后遇雨即蓄之，谓之关冬水，阡陌注满，望若平湖"[1]。川东南亦是"农家者流，其耕耘收获重属大率相同……其田不种小春者。即储冬水以待春耕"。可见建设冬水田已成为川东南一带重要的农事活动。不仅如此，由于西南地区农业自然环境相似，冬水田技术在西南地区便具有广泛的适用性。故此，清代中叶以后，冬水田技术被很快地推广到四川盆地以外的西南地区，如贵州就是"山田多，平田少，山田依山高下层级开垦如梯，故曰梯田。畏旱，冬必蓄水，曰冬水"[2]。秦巴山区的一些地方则是"山田土较瘠，冬仍蓄水以养地力，兼防次年乏水，俗称冬水田"[3]。因此，基于以官员为主导的技术转移，往往呈现为地域跨度较大，转移效率高，转移技术与官员所任职地地域大小高度一致，这是由官员的特殊身份和社会角色所决定的，也是以官员为主导的东西部技术转移的基本特征。

（原刊《科学技术与辩证法》2005 年第 2 期）

---

[1] 道光《新宁县志》卷 4《风俗》。新宁，今开江。
[2] （清）吴振棻：《黔语》卷下《塘堰》。
[3] 民国《南郑县志》卷 3《实业》。

我国古代东西部技术转移与文化摩擦[*]

技术转移作为人类的一种技术实践活动，它的历史可以追溯到史前时代，甚至可以说，它与人类的历史同长。我国古代的技术转移主要体现在东西部之间的技术转移，特别是伴随着历代统治者开发西部所实施的技术转移。不过，由于受当时生产力发展水平、自然地理环境和区域民族文化等因素的影响，因此就使得在实施技术转移的过程中产生了很大阻力或障碍，即在其过程中产生了许多文化摩擦。对这段历史时期的技术转移进行考察，了解导致文化摩擦的自然和文化因素以及解决的对策和方法，这对于推动当前的技术转移，有效地实施西部大开发是有所裨益的。

一 技术转移的路径及其特征

（一）通过移民转移技术

这是指依靠人口的跨地域流动而带动技术的转移，它是人类社会较为古老也较为原始的一种技术转移路径。"人是观念、信息、文化的载体，当人迁移流动时，不论是迁移流动的个体，还是群体，所具有的各种文化特征，所遵循的文化模式、价值取向和行为方式、生产生活方式，毫不例外地随之移动。"[①] 历史上的移民大多是从经济文化较发达的地区主动或被动地迁移到经济文化相对较为落后的地区，因此，他们便把自

---

* 国家哲学社会科学基金项目"西部大开发中的技术转移与文化摩擦研究"资助成果。
① 路遇主编：《山东人口迁移和城镇化研究》，山东大学出版社1988年版，第108页。

己原来所在地区的先进技术一同转移进来了。

秦汉时代，先后向西北河套、河西走廊地区的大规模移民便是如此。当时，随同移民被转移的技术主要是中原地区先进的农业种植技术和水利工程技术。例如，用于深翻土壤的铁铧犁具和先进的田间耕作技术"代田法"等。在今新疆伊犁昭苏县一座西汉时期的乌孙墓出土了舌形大铁铧，这种能深翻土地的生产工具就是从中原地区被转移到该地区的。同铁铧犁一样，在今内蒙古自治区的居延西汉遗址发现的大型畜力播种器——耧车，也是从东部地区被转移到该地区的。这种播种技术是由汉武帝时代曾任搜粟都尉的赵过发明的。使用这种技术能够改先前的漫种为行播，从而有利于苗间通风和锄耕，这种先进技术在发明以后不久就被转移并应用到西北边远垦区。可见，伴随着这种大规模有组织的移民跨地区的迁移，技术实现了跳跃式转移，促进了后进地区经济文化的发展。因此，汉代制定和实施的这一策略被后世奉为圭臬，以后的历朝历代都先后实施过大规模的移民迁移活动。延至清代，清廷在秉承前代边疆移民策略的同时，还主动从内地引进技术。清代在新疆移民屯垦即是如此。乾隆二十八年（1763），在科布多一带主持屯政的定边左副将军成衮扎布等就曾向朝廷奏称："科布多地方田亩膏腴，水草丰美，本年所添之喀尔喀等不谙耕种者，悉令绿旗兵指引。是添派蒙古，不若添派绿旗兵。请再拨善于耕种之绿旗兵一百名，并选派木匠、石匠、铁匠数人前来，于修理农具及建筑城垣、仓库诸务，颇为有利"[①]。

不仅有政府组织的大规模移民转移技术，而且当时自发跨区域流动的流民也转移技术。例如，在乾隆至道光年间，曾出现过大规模的自发的流民浪潮。流民们熟悉玉米具有耐寒耐低温，又可以在沙土地上生长，极适合在高山土地瘠薄地区种植等优点，就把这种农作物引入西部高寒山地。清乾隆年间撰修的《洵阳县志》就记载了玉米被引入陕西的经过："江楚居民从土人租荒山，烧山播种包谷"[②]，甚而有"江楚民……熙熙

---

① 《清高宗实录》卷694，"乾隆二十八年九月戊辰"。
② 乾隆《洵阳县志》卷11《风俗志·物产附》。

攘攘，皆为包谷而来也"①。在陕南，"乾隆三十年以前，秋收以粟谷为大庄，与山外无异。其后川楚人多，遍山漫谷皆包谷矣"②。这时的四川，"蜀中南北诸山皆种之（玉米）"，垫江"闽广楚民入山开挖，遍种包箩"③。在云南，据道光时巡抚何煊奏称："云南地方辽阔，深山密菁未经开垦之区，多有湖南、湖北、四川、贵州穷民往寮栅居住，砍树烧山，艺种包谷之类。此等流民，于开化、广南、普洱三府为最多。"④ 开化、广南、普洱均为云南边陲地区，可见传播之快。在这些外来流民的示范作用下，当地的少数民族开始引种玉米。对此，乾隆《镇雄府志》即言道："汉夷平民，率其妇子，垦开荒山，广种济食"⑤，甚而有"秤嘎野人，在澜沧江、怒江之极北墨齿、绣面，以包谷为食"⑥。另外，在此期间，流民也熟悉红薯具有对热量、水分、土地肥力要求不高等特点，就把红薯引入西部高寒山地种植并获得了成功。

当时的流民们不仅转移上述种植红薯的技术，而且他们还转移种植水稻、棉花等技术。例如，清乾隆年间，来自湖、广等地区的流民在关中北山种植水稻并获得成功⑦。在陕南，乾嘉时期，湖广、安徽和四川一带的大批人口进入秦巴山区，流民用"南方渠堰之法"发展了秦巴山区的水稻种植⑧。秦岭西部本无水利可言，但乾隆以后随着"川楚人民来此开垦，引溪灌溉，或数十亩或十数亩"⑨，各自根据地形发展水田。关于向西部地区转移种植棉花技术，清代陕南洵阳县流传的一首竹枝词对此作了生动描写："洵河大半楚人家，夜夜篝灯纺手车；宝庆（即今湖南邵阳——作者注）女儿夸手段，明年多种木棉花。"⑩ 可见，湖南宝庆移民

---

① 乾隆《洵阳县志》卷11《风俗志·物产附》。
② 道光《石泉县志》卷4《事宜》附录。
③ 道光《垫江县志》卷2《风俗》。
④ 道光《威远厅志》卷3《户口》。
⑤ 乾隆《镇雄府志》卷5《物产》。
⑥ （清）张泓：《滇南新语》，《丛书集成新编》。
⑦ （清）岳翰屏：《清峪河各渠始末记》："近又有湖广人，入北山务农者，凡遇沟水、泉水入河者，莫不阻截以资稻田。"文载刘屏山《清峪河各渠记事》。
⑧ （清）严如熤：《三省边防备览》卷8《民食》。
⑨ 民国《续修陕西省通志稿》卷60《水利》。
⑩ 光绪《洵阳县志》卷14《艺文志》。

不但将棉花种植技术引入陕南洵阳，而且还以其先进的纺棉技术使棉花成为当地主要的经济作物。此外，流民们还把甘薯①、荔枝②等种植技术转移到了西部地区。

上述不管是军事开发性移民还是流民自发式的迁移，他们所实施的技术转移大都属于被动型技术转移。所谓被动型技术转移是指转移技术带有强制性和不可选择性，主要体现在上述以政府为主导的大规模的军事开发移民所促使的技术转移和以流民为主体的无目的性的技术转移。这种类型的技术转移伴随着移民和流民身份的转化，如由军屯转为民屯，占地为籍，其技术会逐渐融入当地技术文化体系之中。

（二）通过官员转移技术

我国古代统治者们在任用官员时制定和实施了"外官本地回避制"的制度。这种制度萌芽于东汉，成形于北宋，完善于明清。其核心内容是除京官以外的官员不得由本地人充职③，即各省、府、州、县的官员一律不许由本省人士担任，甚至连佐贰副职也不得由本省人士就职。受这种任职制度的影响，大批官员在广泛的东西部地区之间进行了相互流动。在这个过程中，他们把水利技术、番薯、玉米、水稻等作物种植技术、土壤施肥技术、蚕丝技术等都成功地转移到其所任职的地区，促进了当地经济的发展。

与流民和军事开发移民所导致的技术转移不同，以官员为主导的技术转移表现出主动性和选择性等特点。其中，主动性源于官员的铨选制；选择性则来自官员自身的知识储备和对转移技术所依存的环境的把握和判断。从技术转移的过程来看，政府官员实施的技术转移往往使技术输出方和技术接受方合二为一，消除了技术转移的文化障碍，使转移技术

---

① 甘蔗由流民传入四川，见孙敬之《西南地区经济地理》，第38页；嘉庆《南溪县志》卷3；民国《南溪县志》卷2。
② 荔枝由流民传入四川，见民国《合江县志》卷2。
③ 详见白钢主编《中国政治制度通史》第三卷《秦汉》，第384—387页；第六卷《宋代》，第701—713页；第九卷《明代》，第435—436页；第十卷《清代》，人民出版社1996年版，第552—544页。

所需要的社会文化支持系统与技术本身的文化系统的通约性达到最大。再者，由于官员特殊的社会角色，使转移技术能够得到政府足够的财力支持和充分的技术展示（示范效应），大大降低了技术转移的风险度。早在唐代，在西北河西走廊的沙洲地区，官吏们就进行"桑麻累年劝种"[①]的工作。唐宣宗时，时任四川泸州刺史的洗宗礼就开始在当地少数民族中推广小麦种植技术，"给嘉种，喻以深耕，使蛮伯之邦，粗识荷仓之积"[②]。乾隆年间，新疆乌鲁木齐水稻的引入及试种即是由当时新疆都统明亮倡导引种的。据乾隆四十七年（1782）明亮奏称："乌鲁木齐等处田地肥美，渠水畅流，历年出产小麦、青稞、粟谷、胡麻，各均获丰收，节经奏明在案。今查迪化州昌吉、绥来二县一带地方，更有膏腴近水之处，经发来遣犯中素种稻谷之人，一切布种插秧事，最为熟悉，曾经栽种稻禾，收成丰稔，试有成效。"[③] 由此可知，当时，明亮根据当地的自然气候环境，首先令掌握种植水稻技术的人试种水稻，待试种效果甚好以后，他就饬令地方官自该年起劝导当地人大面积种植水稻，从而大大推动了北疆地区水稻的种植，也取得了很大的经济效益。

（三）通过政府推广技术

由于当时西部地区的农业生产力很不发达，农民自身很难独自承担转移技术的经济负担和风险，也很难在短时间内就能够迅速认同外来技术，从而给技术转移带来了许多障碍。因此，在这种情况下，就需要政府根据当地的自然环境条件，有目的地选择技术并组织人力、物力和财力，有计划地、强制性地推广技术和普及技术，以此促进技术转移和当地经济的发展。

例如，明朝洪武年间，政府强行推广种植棉花，命凡民田5亩至10亩者，栽桑、麻、木棉各半亩，10亩以上加倍。洪武二十四年（1391），为了推动甘肃农业的发展，政府调拨陕西西安右卫以及华阴诸卫的官军

---

① 大谷文书2836号《长安三年董文彻牒》。
② （唐）李商隐：《请留泸州刺史状》，《舆地纪胜》卷153引。
③ 《朱批屯垦》，乾隆四十七年四月二日明亮折。

8000余人到甘肃屯田，屯田所急需的生产资料由政府提供，史称"官给农器谷种"①。永乐初年，河西屯田缺乏耕牛和农具，于是，明太宗便下令"官市牛给之，耕具于陕西布政司所属铸造"②，这样就有力地推动了甘肃农业技术的发展。

再如，清代也曾以政府力量在全国推广种植技术和养殖蚕桑技术。由于番薯能耐旱抗瘠，适应性极强，而且产量特高，能接济民食，因此，官府便大力推广这项种植技术。乾隆皇帝就特诏谕吏民，倡导种薯，"使民间共知其利，广为栽种，接济民食"③。当时的贵州省和陕西省等地方政府也都发文推广番薯种植技术。乾隆初年，四川大足县知县王㻋（山东胶州人），从山东运去柞蚕种蚕，在大足县试养成功。四川按察使姜顺龙知道后，便于乾隆八年（1743）冬，给乾隆皇帝的奏章上说：山东有吃椿叶的椿蚕，和吃柞叶的山蚕。只要"散置树枝"，就能"自然成茧"。他请朝廷"敕下山东巡抚，将椿蚕、山蚕二种如何喂养之法，详细移咨各省"，以便各省如法喂养，"以收蚕利"④。乾隆帝看到奏章后，即命令山东巡抚照办，次年三月便编成《养蚕成法》分送各省。由此促使种桑、养蚕、缫丝技术在西部的四川、贵州、云南、广西、陕西等地得到广泛推广。

不仅如此，清政府还在内蒙、新疆等边疆地区大力推广内地先进的农业耕作技术。由于蒙古牧民"田土播种后，即各处游牧，谷虽熟，不事穫获，时至霜陨，亦不收敛"。针对牧民的"耕耨褥之术，皆所不讲"的情况，清政府采取了一些因势利导的措施，即诏令理藩院派遣谙熟农业的官员去蒙古地区"教彼耕种"⑤，从而迅速改变了内蒙古地区农业技术的落后面貌。在新疆地区，乾隆二十七年（1762），办事大臣旌额哩奏称："乌鲁木齐每年各屯所需农具，具由内地运送，今陆续迁移民户，所

---

① 《明太祖实录》卷207"洪武二十四年正月至二月"。
② 《明太宗实录》卷25"永乐元年"。
③ 《清高宗实录》卷236，"乾隆五十年八月庚寅"。
④ 《清高宗实录》卷204"乾隆八年十一月丁亥"。
⑤ 《清圣祖实录》卷203，"康熙四十年三月丁未"。

需农具，较前倍多。"[1] 光绪十年（1884），新疆建省后，新疆官府就组织工匠打制了 2 万张新犁器具用于当地屯垦事业，大大改善了维吾尔族地区的犁耕技术。

上述三种技术转移的途径或方式并非彼此独立、互不相关，而是迭为主次、互为依存的。从本质上来说，这三种技术转移都属于被动型的技术转移，而以技术差异或社会需求为动力的主动型技术转移在当时是很少发生的。其原因在于在技术转移过程中，还存在许多制约因素，致使人们在实施技术转移的过程中存在许多文化摩擦，也在很大程度上使得人们很难主动地实施技术转移，从而阻碍了技术转移的有效实施与实现。

二 文化摩擦的致成因素

技术转移的过程主要由技术提供方、接受方、转移渠道和转移环境组成，它是与技术相关的人、物、信息在空间的转移过程。在这一过程中，技术输出方和技术接受方在人、物、信息之间的通约性的大小就决定了技术转移的成败与效率，而这种通约性大小主要取决于在技术转移双方或多方之间的如下影响因素及其相互关系，如果认识和处理不好这些因素及其相互关系，就会在实施技术转移的过程中产生文化摩擦，从而影响技术转移的实施与实现。

（一）地理环境

技术转移必须借助一定的载体和相应的技术通道才能得以实施与实现。但是，在西部地区，四川盆地、云贵山地、黄土高原及青藏高原及西北的沙漠、戈壁、草原，或因地形破碎交通不便，或因山地高大难以逾越，成为人口和信息空间流动的巨大障碍，这也在很大程度上弱化甚至阻碍了技术转移。例如，玉米早在唐代就已经在关中地区被大面积种植，但由于交通不便和地理隔离而使陕北的延长县直到清代仍不掌握种

---

[1] 《三州辑略》卷9《艺及门下·物产门》。

植玉米的技术①。四川盆地虽然很早就广泛推广使用了精耕细作农业技术，但紧邻其地的川西高原直至清代仍没有掌握到这种技术，仍然延续着刀耕火种的原始生产方式（如"流耕"或"游耕"②）。

地理环境阻碍技术转移的结果，使得不同地区逐渐形成了不同的技术，或者一种技术在不同地区形成了不同的技术形态，表现出了技术多样化的特点。以蚕桑技术为例，"中国古代的养蚕，方法多样，地区广阔，由于社会封闭性的限制，各个民族都按各自风格特色的文化或技术办事，加以山河横亘、部族之间的隔绝，蚕的品种不可能相互传播，因而在各个地区，在不同时期，在不同程度上，分别将多化性桑蚕，驯化为各个地方品种"③。蚕桑技术的转移如此，制盐技术、造纸技术等也莫不如此。制盐技术不但受到矿业资源地域分布的限制，而且也受到技术空间的隔离。例如，四川的井盐开采技术就和陕北的池盐生产技术以及东部沿海地区的海盐生产方式都不同。造纸技术虽然自东汉以后逐渐向中原以外的地区传播，但直至今天，我国西部地区如白族、壮族、纳西族、傣族、藏族等少数民族的造纸工艺不但古老滞后（即使是在陕南秦巴山地，至今仍然残留着类似于东汉时代的造纸工艺作坊），而且还各不相同。其中，在加碱去碱、蒸煮方法、捞纸、榨压、晒纸等方面都呈现了各自不同的工艺流程④。

很显然，这些不同的技术或技术形态更加降低了彼此之间的通约度。在这种情况下，不管是把现代技术转移到这些地区，还是把这些地区中的某一种形态的技术转移到另一个地区，都会因其各自具有特殊性或不

---

① 乾隆《延长县志》卷10《艺文志》。
② 陕西千阳县是一个距宝鸡市仅40公里的山区县，新中国成立初，这里尚存一种流动性的农业经营方式，农户开地多而分散，有的土地远在村庄数十里之外，每逢播获季节，农民就地挖窑搭棚暂栖，美其名曰"山庄"。种收完毕又搬回村庄家中，有的农家还设数处山庄，四处轮流种田收获。农史家称这种农业经营方式为"流耕"或"游耕"，认为是一种独特类型的原始农业的残留。详见张波《西北农牧史》第四章"晋唐时期西北传统农牧业深入发展"，陕西科学技术出版社1989年版。
③ 蒋蝤龙、［日］吉武成美：《家蚕的起源和分化研究》，《农业考古》1988年第1期。
④ 参见李晓岑《云南少数民族的造纸与印刷技术》，《中国科技史料》1997年第1期；房建昌《历史上西藏造纸业考略》，《中国历史地理论丛》1994年第4期。

可通约性而产生矛盾或摩擦，从而阻碍了技术转移的实施与实现。

（二）气候风土

气候风土是指气候、地形、地质、湿度、气压等因素。众所周知，气候风土对动植物的影响是通过自然选择进行的，"橘逾淮而北为枳，鸲鹆不逾济，貉逾汶则死"。同样，气候风土对技术也起到了自然选择的作用。这是因为，器物的制造所需要的原料、温度、气候等因素皆与气候风土有关，一项器物的完成，除了与其主体的技能等主观因素有关以外，还与外界气候风土等客观因素有关。《考工器》中论述了制造器物的四大要素，即"天有时、地有气、材有美、工有巧，合此四者，然后可以为良"，以及"合理选材、用材思想"，这足以表明技术与气候风土之间的密切关系。正因如此，在转移技术特别是转移受区域气候风土影响很深的农业技术的过程中，就必须考虑到这种因素，否则就会阻碍技术转移的顺利实施，甚至还会导致失败。

例如，清雍正初年，政府在新疆厄尔得尼地方实施屯垦时，首先从内地引进谷种到该地区进行种植，但由于所引进的谷种不太适宜当地的气候风土，因此，并未获得理想的效果。于是，政府又派人前往俄罗斯寻找与当地气候风土相适宜的谷种，并按时耕种，结果获得了理想的收成[①]。

再如，新疆天山南路的气候风土很适宜于发展蚕桑，历史上也早有栽桑和养蚕织绸的记载。因此，清光绪四年（1878），时任西征主帅的左宗棠就在该地区谋兴蚕桑之利惠于民，曾招募浙江湖州的蚕工、织工60余人来新疆传授技术，但由于求成心切，不问土宜，大力推广，结果"行之期年，上下交怨"，没有达到预期效果。光绪三十三年（1907），新疆布政使王树又派戍员通晓养蚕缫丝之法的赵贵华前往南疆考察蚕桑之利。赵贵华在经过深入考察之后，即积极摸索适合新疆水土条件的养蚕织丝之法。他一方面把当年从江南来的而未返回原籍的工匠召集起来组成技术班子，另一方面把试制缫丝器拿到民间，教授当地人使用它，又

---

① 《清世宗实录》卷43，"雍正四年四月丁卯"。

剔选蚕种，按照当地的气候风土条件改善饲养技术和方法，终于大获成功。为此，清政府于宣统元年（1909）下令，南疆官吏一切举措皆采用赵贵华的方法，从而促进了该项技术的有效转移。

（三）经济基础

古代的农业经济特别是西部的农业经济以经济规模小型化、投资收益长期化（以年为单位）为其主要特征。这种经济难有足够的经济积累，其基础很薄弱。受其影响，古代的西部农民既无法预知使用外来技术可能带来的技术与经济风险，也很难支付为采用一项新技术所必需的先期成本，这也将会阻碍技术转移的实施与实现。

例如，乾隆年间，曾经先后在云南、河南、湖南、湖北等地为官的甘肃皋兰县人段续深谙水车之利，卸官回乡后于当地建造水车，引黄河水灌田亩，以造福乡梓。但是，要建造水车"需费百余金，一坏即不能用"①。即是说，建造水车造价昂贵、岁修浩繁，这对于农民家庭的投资能力要求更高，而当时这一地区的农民又无力承担如此昂贵的费用。因此，水车没有在当地被广泛推广使用。

再如，清乾隆年间，贵州安平县人刘祖宪发现当地不懂得养蚕技术，于是，他便一边捐廉俸购买橡种并发农民栽种，一边雇用知晓养蚕技术者教农民养蚕。此外，他还设立机房，招募织匠，前后费银两千金。不仅如此，为了在当地广泛普及养蚕技术，他还作《橡茧图说记》凡四十一条，其内容"明白显易，俾知所遵循而乐于从事，蚕利大兴，民赖之"②。然而就是这样一种合乎当地自然资源又有利于民生的技术在一开始却不被人们所接受，刘祖宪经过一番调查方知事情原委，"是无石粮者安肯出中人产而谋此未见之利哉？"③ 即由于当地农民个人的经济力量薄弱，所以他们很难承担使用这种新技术的成本和风险。也就是说，落后的生产力和薄弱的经济基础阻碍了技术转移。

---

① （清）钱泳：《履园丛话》卷3《考索》。
② 民国《闽清县志》卷7《列传》。
③ 道光《安平县志》卷6引刘祖宪《橡茧图说记》。

（四）社会制度

我国古代很少将技术所应具备的工艺流程以数理或文献的形式加以记载或传播，大都将技术隐含在人的世代经验中，或以"匠籍制""师徒制""父子制"等形式把技术限制在帮规行会和家族秘籍中，或受到政府制度的限制。因此，技术也只能以单传或内传制等形式进行传播或交流，从而严重制约了技术的发展。例如，依据清末民初腾冲人李国仲写的《李氏世业农用铁器碑记》记载，明正统年间，王骥征麓川时腾越所用的农器，均由一位姓李的汉族铁匠铸造。明政府特发给其印照："以后凡腾越城乡及各土司地之农器，只准我李姓支炉开铸，永久世袭为业……历代以来，不无冒鼓铸之人，皆经呈请地方官出示捕拿禁止。"① 这样就人为地限制了技术的转移和扩散。

另外，由于居住在不同区域环境之中的民族在长期的生活实践中，形成了自己特殊的与其他区域不同的异质型的社会制度。如两汉时代的属国制度，隋唐时代的羁縻州县制，明清时代的土司制度，等等。因此，当外来技术被转移到这些地区的时候，就会受到这些地区社会制度的限制，技术转移也随之受到影响。

仅以清代云南永宁地区的技术转移为例。清代，在汉族农耕技术文化普遍进入永宁地区以前，长期居住在永宁地区的彝人土司对汉族农耕文化持排斥态度，"禁居民不得瓦屋，不得种稻"②（有的土司势力强大，如云南东川府在雍正以前是"膏腴四百里无人敢垦"③，形成了技术转移的人为禁区），使农耕文化多分布在永宁坝区以外的山区，而水稻种植条件较为优越的永宁坝区却迟迟没有发展水稻种植。清末地方政府曾派官员到永宁地区要求在盆地内发展水稻种植，但皆因坝区内永宁土司的故意阻挠而不能取得成功。永宁土司总管认为，如果种植水稻就要引进汉人的农业技术，而引进汉人的农业技术，就会导致汉人的势力进入永宁

---

① 《永昌府文征》卷21文《李氏世业农用铁器碑记》。
② 道光《恩南府续志》卷2《地理门》。
③ （清）魏源：《圣武记》卷7《雍正西南夷改流记》。

盆地，所以水稻是万万不能种植的。

（五）宗教习俗

我国西部是一个多民族、多文化分布的地区，宗教信仰与民族文化习俗因地而异。当异质文化中的技术文化被转移到该地区以后，就会因与该地区的宗教信仰和文化习俗发生矛盾而受到拒斥或阻碍。

例如，西藏牧民长期信奉佛教，认为铁匠打造刀矛是在为戕害生灵提供工具，因此，他们不使用这种技术，从而严重妨碍了铁制手工业技术的转移。此外，他们还崇拜和敬仰山神和土地神，拒绝和排斥以深翻土地为主的来自中原地区汉族的农耕技术文化，一直到清代，依然如故。清光绪三十二年（1906），勘定巴塘理塘边务大臣赵尔丰在今川西地区劝谕藏民垦荒，虽然给予当地藏民三年之后方升科纳粮的优惠条件，但仍然不能调动他们的垦荒积极性。究其原因，藏民们认为，"未垦之地乃神山也，山有神，动之则雨，炀不若，刀兵立兴，疫疠必起。是以土司历代封禁不耕种，免牧畜，止打猎，阻采薪"①。另据光绪《炉霍屯志·公牍》一书记载："炉霍夷人……地荒不敢开，山童不敢植，必请喇嘛问卦吉凶而决。"更有甚者"惑宗教上干忤鬼神之说，未敢轻行启垦"②。西藏查办大臣张荫棠在谈到西藏地区矿产丰富而藏民因受宗教文化的影响而怠于开采时也说过："藏矿丰富，西人以为冠绝全球。三十年，《英军入藏记》记载藏属各矿颇详，其尤著者为纳尔仓七百里之金田，及葛大克之金矿，现有土人数百用土法开采，但器诚苦窳，日获仅足糊口。其余各矿山，藏官素惑于鬼神风水之说，封禁不准开采。"③

再如，伊斯兰教禁忌开垦土地，受之影响，生活在西部地区的伊斯兰回民长期不用铁犁以助耕，而保留以手木棒耕锄的习惯。即使在四川盆地传统农业区，由于受到这种文化习俗的潜在影响，他们也是因循守旧，不敢或不愿意使用外来先进技术，"凡耕耘灌溉培壅转输等事，概遵

---

① 《西康建省记·说康人垦荒》，民国元年，铅印本。
② 《民国卫藏揽要》卷 4《宗教志》。
③ 《西藏地方历史资料选集》，生活·读书·新知三联书店 1973 年版，第 260 页。

成法，不敢稍变。至收获之丰歉，水旱虫蝗之流行，谓冥冥之中自有主宰"①。在新疆地区，落后的文化习俗使得当时的"南北农人，酖楳逸恶劳，以稻多水乡，涂体沾足，工费力句，故乐种麦不喜艺稻"。又曰"缠民性愚惰，苟给粗粝，即辍业而嬉，不为蓄谋"②。另外，清代胡麻种植技术在天山南北已被广泛推广和普及，然而在东疆地区推广这种技术的过程中却遇到了阻碍。乾隆二十七年（1762），当时任陕甘总督的杨应琚对此就有奏称，辟展"上年屯兵所种菜籽、胡麻，虽已试有成效，但回地向来种植未尝有此，恐非回民所素习，若必强令分种，转非随俗从宜之道"③。很显然，回族的民族文化传统和风俗习惯已成为推广菜籽、胡麻种植技术的阻碍因素。

三　文化摩擦的消除对策

根据上述所论，笔者认为，应当根据在技术转移中所出现的上述影响因素，依据文化的自我适应，形成针对变化环境的应对机制（这个过程是一个文化调整过程），并以此为基础产生与社会的需求、资源、环境、劳动力及资本等相适应，并能为当地社会环境和经济发展有所促进的技术——适应技术。也就是说，实施文化调整和形成适应技术是消除文化摩擦的对策。其具体表现有以下几方面。

（一）通过交流促进当地人转变观念，使外来技术迅速扎根并得以推广

以割漆技术为例。秦巴山地漆树资源非常丰富，但长期以来当地居民并未利用，"山产有漆可取，惟南人袍而沥之，邑人则不能"④。"漆树，南北山甚多，识者少。"⑤ 直到清乾隆年间，随着南方流民的大量涌

---

① 民国《宣汉县志》卷5《农业》。
② 《新疆图志》卷4《实业》。
③ 《清高宗实录》卷658，乾隆二十七年四月乙丑。
④ 康熙《雒南县志》卷4《物产》。
⑤ 康熙《商南县志》卷5《物产》。

入，才带来了比较先进的割漆技术。但是，当地人并没有立即认同和使用这种技术，只是处于观望状态。也就是说，这种技术并未和当地的经济文化融合，还处于离散状态。到了乾隆中期，当地人开始认同并开始模仿使用这种技术。"向来多湖北客民割去，量给租银，近年本地有效其术者。"① 等到嘉道时期，当地人不仅积极使用这种技术，而且他们还积极种植了大量的漆树，为推广这种外来技术创造了条件。同时也表明，这种外来技术已被本地化了。这个过程先后经历了文化调整（即通过外来流民与当地人之间的文化交流，促进当地人对外来流民及其技术的观念认识发生了转变，由观望转变为认同直至使用和推广）和适应技术的扎根和普及推广过程。

（二）根据环境需要，选择、引进外来技术

以引进"冬水田"灌溉技术为例。四川本为水资源丰富的地区，但在清以前，丘陵山地农田完全依靠天然降水，即所谓的"雷鸣田"。康雍之际湖北人阚昌言到德阳任知县。他看到当地人在秋冬后不知蓄水，至来年春耕，田涸土矸不敷浸灌，往往弃而不治。于是，他仿照湖北家乡"冬水田"灌溉技术方法，令民于收获后以秋水满浸滔田，及来年栽插时挹彼注滋，无不沾足，从此一县皆守其法②。后来，阚昌言又到罗江③任知县。在罗江，他仍反复于民间劝导推广"冬水田"灌溉技术。据他自己说，"署任后，恐小民始勤终怠，农务稍懈，又刊俚语谕民曰：劝民预蓄冬水，明春栽插更易，高培田埂，停潴一亩，旁灌三亩，早禾多收无虫，此言千金不易。若任水梢大河，堰长惰民究治"。后来，绵竹知县安洪德即将"泡冬田，作冬堰"补入修筑灌溉诸法，从此冬水田法迅速普及全川。

阚昌言之所以能够成功地引进外来的"冬水田"灌溉技术，一是因为他能够抓住川北农业生产的根本问题，而这个问题又是当地人比较关

---

① 乾隆《镇安县志》卷7《物产》。
② 嘉庆《四川通志》卷116《职官·政绩》。
③ 罗江位于川北山区南部，其地今分属于德阳和安县。

心的涉及自身经济利益的问题，引进能够解决该问题的外来技术就很容易受到当地人的理解和支持；二是因为他能够根据当地自然环境情况和客观需要，有目的和有选择地引进与之相适应的外来技术，从而有助于外来技术迅速在当地扎下根；三是因为他能够利用自己权力的支撑，不遗余力地积极推广"冬水田"灌溉技术，并能够迅速给当地人带来经济利益。这个过程也经历了一个文化调整（即阚昌言对当地农业生产技术的认识和当地人对他的认识以及他对当地人进行劝导）和形成适应技术（即选择外来技术和推广外来技术）的过程。

（三）根据当地人的经济基础条件，通过技术示范推广外来技术

古代西部地区的经济基础薄弱，因此，当地人不能马上接受外来技术。为了解决技术转移的经济限制因素，调动农户采用新技术的积极性，需要实施技术示范。技术示范实际上是技术吸纳方对技术风险性进行的实际效果的评判，它能从根本上消除农民对新技术的懵懂和惧怕失败的心理。"以民之取利甚于官之教民，苟利所在，必争先往鹜。"[1] 清乾隆年间，陕西巡抚陈宏谋在陕西推广红薯种植，他不但发布《劝种甘薯檄》，将红薯种植之法刊刻分发，广行劝种，而且还要求"各官先行觅地试种，或租民地试种，听小民观看"。略阳等地甚至"雇有善种之人到陕，或署中现有曾经种薯之人"，今本县"曾种园蔬之人，与之讲解明白下种、移栽、灌壅等法"[2]。由此推动红薯在陕西大面积种植。而玉米在云南摩梭人居住地区传播就要艰难得多。云南永宁地区的摩梭人长期种植埤子燕麦和青稞等几种传统粮食作物，即使在清咸同以前，在其周边地区早已有玉米种植的情况下，摩梭人依然固守自己的种植传统。约在19世纪80年代，有两户迁居永宁开坪乡的仲家（布依族和云南壮族的旧称）首先在永宁山地上种植玉米，由于玉米具有适应性强、产量高等特点，到20世纪初，这种以整地、播种、施肥和除草为主的玉米种植技术才逐渐为摩梭人所接受，玉米迅速成为当地的主要粮食作物。从仲家肇始到摩梭

---

[1] 《清经世文编》卷38，乔光烈《同州府荒地渠泉议》。
[2] （清）陈宏谋：《培远堂偶存稿》卷20《文檄》。

人普遍种植，其间经历了一个近30年的示范和观望过程。可见，这个过程中的文化调整是通过官员围绕外来技术对当地人进行技术讲解、劝导，亲自进行技术示范来完成的，其适应技术也是依靠官员和技术人员对所转移的技术进行改良来完成的。

（四）根据实际需要，利用外来技术改良当地的传统技术

西部地区长期形成的传统技术未必就与当地的环境相适应，为此，外来者们就利用外来技术对当地的技术进行改良，产生适应技术，从而能够更好地适应环境和实际需要。

例如，四川合江人罗文思于乾隆十一年（1745）做了陕西商南县知县。他一上任就否定了当地传统的塘堰做法，将本地以布桩法固堤代之以植柳法固堤，以塘草法代替种荷法养塘，其利弊是："堤上植柳，以枝叶可荫塘，根能固堤脚……塘水肥菱草，乃生鱼，易长；种荷成藕，坏堤。"此人之所以能很快看出问题所在，缘于他"家居时曾作塘，知其悉"[①]。罗文思此前曾在贵州石阡为官，亦在当地大力推广水利技术。他说："阡近一带，安车之法可谓尽善，未见有用农骨车者，当授其法也。"这个法就是将塘坝技术与水车技术有机结合，照罗文思自己的话说就是："其法用劲木，长六尺为桩，将一头削尖，交叉打入水中，如鹿角状，于近岸安车，用沙石壅堆，使无摇动。其布桩上广下狭，逼水急流至车所，车自转动。若河平水缓，则离下坝十余丈以上更筑一坝，仍于坝头接作曲坝，直连下坝，则众水由一港奔窜，逼成急势，可安水车两座于一处。"[②] 可见，罗文思非常注意引入技术与当地环境的关系，并且常常从当地实际条件出发，因地制宜地调整技术与环境的关系，最大限度地利用自然环境条件和发挥技术的能动作用。

另外，清宣统二年（1910），时任川边大臣的赵尔丰为了开发西藏东南部的林业资源以造纸，曾命人考察西藏造纸技术情况，其结果是，"鸡贡（今察隅县吉公乡）地方多构树，夷民取皮造纸，虽不甚莹洁，亦差

---

① 民国《商南县志》卷5《田赋志》。
② 光绪《石阡府志》卷2《渠堰》。

可用"。"倘得良工改造，其纸适足为用"，他一方面积极鼓励驻藏官兵利用自身已有技术改造当地制造技术，另一方面令人于内地采购西藏造纸所需的铁锅、竹帘，经过一番努力改变了西藏生产粗纸的历史，生产出了与内地相似的白纸。为此，赵尔丰感慨地说："工业一道，非悉心考究，不能得其精要，该管带（程凤翔——作者注）。于产竹之区能督工造成纸张，足见事在人为，甚堪嘉慰。"[1]

还有，云南泸沽湖畔世代居住的是纳西族和普米族人，他们的生产技术落后，长期以来只在沿湖岸边的沼泽和滤不干的所谓"渣巴地"撒种毛稗，产量极低。清咸丰、同治年间，有南京清河籍傅姓和福建汀州籍张姓两户随大批汉族流民迁入泸沽湖地区，二姓均采用租佃土司土地以行耕种，由于他们率先采用了新式二牛抬杠的耕作方式，使原来沼泽和滤不干的"渣巴地"经过"拱商滤水"后，变成适于种植玉米和各种豆类作物，大大提高了土地利用效率。随后这种极利于改良当地土地利用方式的耕作技术被长期居于此的纳西族和普米族人所接受和传习。

（原刊《自然辩证法通讯》2005 年）

---

[1] 以上内容请参见：《清末川滇边务档案史料》，中华书局1989 年版，第649—686、821—888 页。

后　　记

　　人地关系是历史学、地理学、社会学、政治学、哲学、历史地理学等学科长期关注的研究对象，也是人类社会发展所必需面临的历史与现实问题，探讨、总结历史时期区域人类活动与地理环境之间相互作用的过程、规律，无疑对今天区域人类行为具有重要的理论与现实意义。位处我国大陆腹地内部的西北地区，自然生态环境脆弱而多样，高原、盆地、黄土、沙漠以及半湿润、半干旱、干旱的气候条件在空间上的组合，为区域农牧业的生成、发展、演变提供了可资选择的地域生态环境。从古至今，西北地区都是我国北方典型的农牧混合分布地带，民族、人口以及生产方式的多元化与区域多样化的生态空间相互激荡，共同参与、演绎了内容丰富、多元而统一、具有西北地域特征的人地关系演变图景。

　　著者为土生土长的西北人，骨子里与生俱来的西北情结，使对西北的"人"和"地"情有独钟，是故在远赴岭南广州求学之际，即将西北地区的人地关系作为自己研究的主攻方向，今天呈现在本书中的《历史时期河西走廊多民族文化的交流与整合》《层化的河西地名的形成及变迁》《河西走廊民风的区域差异》《河西走廊民风的濡化与刚化》以及《历史时期河西走廊农牧业的交替演变及其效应》等论文，即是以河西走廊为例，对西北人地关系发展、演变的初步探讨。

　　河西走廊是我国古代东西方民族、人口、经济、文化交往的重要孔道，亦是我国西南—西北民族走廊的重要区域，由此往西即是以长城—天山为标志的北方民族交流通道，往南为以南北走向的横断山脉为轴线的西南藏彝民族复合地带，自然环境条件的差异以及民族、人口、文化、生产方式的不同，使其区域人地关系迥异于河西走廊地区，《论汉藏民族居住区域的地理分界线》《论地理因素在陇南山地历史发展中的作用与影响》《山崖上的都城》《人类行为与环境关系初步研究》《流民问题与清代陕南社会动荡》等论文，便是西南民族走廊人地关系有选择的个案探讨。当然，如条件允许，对西南藏彝民族走廊以及长城—天山民族通道的研究，仍然是作者的首选研究专题。

2010年，笔者申请的教育部人文社会科学一般项目"历史时期陕西县治城市的调查与研究"获准立项，由此展开了对区域人类活动中心——县治城市人地关系的全面审视，《清代城市的空间范围及其人口属性》《清代城市人口构成问题研究》《清代陕西县治城市的水灾及其发生机理》等论文，便是对高度"人文化"的城市区域人地关系的初步解读。城市是人与环境相互刻画的集中区域，其人地关系不仅仅受城市所在微地形、地貌、水文的影响，更与城市所辐射、联系、影响的广大区域的开发、发展历程不可分割。陕西北部与内蒙古毗连的府谷、神木、榆林、横山、靖边、定边等六县的设立、发展、演变便与长城以外地域的农业发展息息相关。自清康熙年间开放、开垦蒙地以来，持续而大规模的人口涌入，不但改变了长城边外的自然、人文环境，也引起了地域格局、政治生态乃至行政区划的变动，其影响一直持续到今天。《"国家存在"与清代伊克昭盟南部"禁留地"的放垦》《清代伊克昭盟南部蒙汉经济共同体的建构与解散》《民国陕绥划界风波述论》《民国时期陕绥划界纠纷研究中的几个基本问题》等论文，即是从"人类"因素，从"国家"行政层面解析生态脆弱地区人地关系内涵的一次尝试。

人地关系的实证研究，是一个广阔而又丰富的研究领域，多学科、多方面的参与与协同，是推动历史时期人类活动与环境关系研究走向更高层面的学术基础，笔者与北京化工大学科学技术与社会（STS）研究所张明国教授合作的《我国古代东西部技术转移与文化摩擦》《古代外官本地回避制与东西部技术转移》，便是从实证到哲学层面思考人地关系发展、演变本质的跨学科合作的成果，其虽然显得粗疏、浅显，但却彰显了具有普遍意义的人地关系的基本内核，其象征意义已然遮盖了本身的"幼稚"。

学无止境，历史时期人地关系实证研究的差异性、逼真性与理论研究的普遍性、离地性，使人地关系研究既困难重重又前景广阔。回望自己艰难而又顿挫的学术历程，感慨良多，难于言表，"路漫漫其修远兮，吾将上下而求索"。

　　是为记。

张力仁

2018 年 6 月 1 日于陕西师范大学